黄土路基工程

谢永利　杨晓华　著

人民交通出版社股份有限公司

北京

内 容 提 要

本书系统总结了作者20多年来有关对黄土地区路基工程方面的建设经验与研究成果，内容包括黄土的工程特性、黄土地区公路工程区划、公路黄土地基承载力、公路黄土地基处理、公路黄土路基压实、黄土高填路堤沉降变形、公路黄土高边坡工程、黄土路基边坡支挡工程与黄土高填路堤涵洞工程等。书中成果对提高黄土地区路基工程的基础理论和实践应用水平具有重要指导意义。

本书可作为高等学校土木工程等学科研究生的参考教材，也可供道路工程等土建类相关领域技术人员参考。

图书在版编目(CIP)数据

黄土路基工程 / 谢永利，杨晓华著. — 北京：人民交通出版社股份有限公司，2020.12
ISBN 978-7-114-16996-0

Ⅰ.①黄… Ⅱ.①谢…②杨… Ⅲ.①黄土区—路基工程—研究 Ⅳ.①U416.1

中国版本图书馆 CIP 数据核字(2020)第 263875 号

Huangtu Luji Gongcheng

书　名：	黄土路基工程
著　作　者：	谢永利　杨晓华
责任编辑：	赵瑞琴
责任校对：	孙国靖　魏佳宁
责任印制：	刘高彤
出版发行：	人民交通出版社股份有限公司
地　　址：	(100011)北京市朝阳区安定门外外馆斜街3号
网　　址：	http://www.ccpcl.com.cn
销售电话：	(010)59757973
总　经　销：	人民交通出版社股份有限公司发行部
经　　销：	各地新华书店
印　　刷：	北京印匠彩色印刷有限公司
开　　本：	787×1092　1/16
印　　张：	17.75
字　　数：	425千
版　　次：	2020年12月　第1版
印　　次：	2020年12月　第1次印刷
书　　号：	ISBN 978-7-114-16996-0
定　　价：	68.00元

(有印刷、装订质量问题的图书由本公司负责调换)

前言

我国黄土分布广泛，侵蚀发育，沟壑纵横。20世纪90年代，黄土地区高速公路建设刚刚起步，尚无系统的理论指导，缺少相应的系列处治技术，没有成熟的设计施工经验及相应的标准规范，工程建设面临巨大挑战。21世纪伊始，在多项科研项目的资助下，许多研究者通过理论分析、数值计算与试验等，开展了黄土地区公路路基关键技术方面的系统研究，涉及黄土核心区域所有高速公路的建设项目，取得了大量原创性成果，不仅在黄土基本特性理论研究方面取得突破，而且完善了设计方法，规范了施工工艺，对于科学指导黄土地区公路设计施工技术、修订和完善相关规范都具有重大现实意义。

全书共分10章，第1章由谢永利、杨晓华主笔整理，在背景描述的基础上总结了黄土地区路基建设方面的工程现状与研究进展；第2章由谢永利、岳夏冰主笔整理，重在阐述黄土的物理、浸水入渗、增湿变形与强度等工程特性；第3章由晏长根主笔整理，主要建立黄土地区公路工程分区及自然区划与黄土路基工程场地指标体系；第4章由李哲主笔整理，提出了黄土公路地基承载力评价的成套技术，满足了黄土公路地基的技术需求；第5章由张莎莎主笔整理，给出了基于变形控制的黄土地基处理对策与技术；第6章由李又云、李哲主笔整理，内容涉及公路黄土路基的压实标准、压实技术及工艺；第7章由李又云主笔整理，提出了黄土高填路堤沉降变形计算方法；第8章由晏长根主笔整理，在提出黄土高边坡稳定性评价方法的基础上，改进了黄土地区公路高边坡的设计计算方法；第9章由杨晓华主笔整理，介绍了黄土路基边坡支护的新技术和边坡复合型防护的基本结构形式、施工工艺与质量控制标准；第10章由张宏光、谢永利主笔整理，主要内容涉及黄土高填路堤中的涵洞工程；全书由晏长根和岳夏冰完成统稿和图表制作。

本书所涉及的内容主要基于以下研究项目取得的创新性成果：①国家自然科学基金项目"黄土湿陷的大变形理论描述与数值仿真分析"（No.598780401，完成单位：长安大学）；②交通部西部交通建设科技项目"黄土地区路基工程技术指标体系与控制参数研究"(No.200631881291,完成单位:长安大学);③交通部西部交通建设科技项目"黄土的浸水特性研究"(No.200131881214,完成单位:长安大学);④交通部西部交通建设科技项目"黄土的物理特性研究"(No.200131881212,完成单位:长安大学);⑤交通部西部交通建设科技项目"黄土地区公路高边坡防护技术研究"(No.200131800020,完成单位:陕西省公路勘察设计院和长安大学);⑥交通部西部交通建设科技项目"黄土路基压实技术"(No.200131800018,完成单位:甘肃省高等级公路建设开发有限公司和长安大学等);⑦交通部西部交通建设科技项目"湿陷性黄土地区路基路面病害处治技术研究"(No.200131800019,完成单位:甘肃省交通规划勘察设计院有限公司和长安大学等);⑧交通部西部交通建设科技项目"黄土地层公路工程地质类型及地基承载力评价技术研究"(No.200131822316,完成单位:交通部公路科学研究所和长安大学等);⑨交通部西部交通建设科技项目"黄土地区公路路基设计与施工技术研究"(No.200131836115,完成单位:陕西省交通厅世界银行贷款项目执行办公室和长安大学等);⑩交通部西部交通建设科技项目"探测湿陷性黄土暗穴技术研究"(No.200131881213,完成单位:长安大学);⑪交通部西部交通建设科技项目"山区高填方路堤涵洞结构的研究"(No.200231881224,完成单位:长安大学和甘肃省高等级公路建设开发有限公司等)。

  研究实施过程中也得到了甘肃、陕西、宁夏、山西、青海、河北、新疆等地有关工程建设项目的大力支持。值该书出版之际,对所有项目参研人员与研究生、支持单位的有关人员表达真诚的谢意!

著作者

2020 年 12 月

目录

第1章 绪论 ··· 1
  1.1 基本概念 ·· 1
  1.2 发展现状 ·· 2
  1.3 面临的工程问题 ··· 10
  1.4 本书的内容概要 ··· 11

第2章 黄土的工程特性 ··· 13
  2.1 概述 ··· 13
  2.2 黄土的物理特性 ··· 13
  2.3 黄土的浸水入渗特性 ·· 14
  2.4 黄土的增湿变形特性 ·· 33
  2.5 黄土的强度特性 ··· 44

第3章 黄土地区公路工程区划 ··· 50
  3.1 概述 ··· 50
  3.2 黄土的地质特征 ··· 51
  3.3 公路区划控制参数 ·· 54
  3.4 公路区划控制标准 ·· 57
  3.5 小结 ··· 64

第4章 公路黄土地基承载力 ·· 65
  4.1 概述 ··· 65
  4.2 黄土天然地基承载力 ·· 65
  4.3 黄土复合地基承载力 ·· 74
  4.4 柔性基础复合地基承载力 ·· 85
  4.5 小结 ··· 96

第5章 公路黄土地基处理 ·· 98
  5.1 概述 ··· 98
  5.2 湿陷性黄土地基处理 ·· 98

5.3　湿软黄土地基处理 …………………………………………………………… 100

　　5.4　不良地质体的处理 …………………………………………………………… 107

第 6 章　公路黄土路基压实 …………………………………………………………… 120

　　6.1　概述 …………………………………………………………………………… 120

　　6.2　黄土路基压实标准 …………………………………………………………… 120

　　6.3　黄土路基压实技术 …………………………………………………………… 129

　　6.4　黄土路基压实工艺 …………………………………………………………… 139

　　6.5　小结 …………………………………………………………………………… 144

第 7 章　黄土高填路堤沉降变形 ……………………………………………………… 146

　　7.1　概述 …………………………………………………………………………… 146

　　7.2　压实黄土的物理水理特征 …………………………………………………… 146

　　7.3　压实黄土的力学特征 ………………………………………………………… 157

　　7.4　黄土高路堤的变形规律与设计控制指标 …………………………………… 165

　　7.5　黄土高路堤沉降计算方法 …………………………………………………… 180

　　7.6　黄土高路堤沉降变形控制 …………………………………………………… 184

第 8 章　公路黄土高边坡工程 ………………………………………………………… 188

　　8.1　概述 …………………………………………………………………………… 188

　　8.2　公路高边坡地质结构模型 …………………………………………………… 188

　　8.3　公路黄土高边坡的破坏机理 ………………………………………………… 193

　　8.4　黄土高边坡合理坡型与生态防护 …………………………………………… 203

第 9 章　黄土路基边坡支挡工程 ……………………………………………………… 212

　　9.1　概述 …………………………………………………………………………… 212

　　9.2　刚性挡土墙 …………………………………………………………………… 215

　　9.3　半刚性挡土墙 ………………………………………………………………… 220

　　9.4　柔性挡土墙 …………………………………………………………………… 224

　　9.5　小结 …………………………………………………………………………… 240

第 10 章　黄土高填路堤涵洞工程 ……………………………………………………… 241

　　10.1　概述 ………………………………………………………………………… 241

　　10.2　高填路堤涵洞土压力特征 ………………………………………………… 242

　　10.3　涵洞减荷机理与减荷技术 ………………………………………………… 253

　　10.4　黄土高填涵洞设计与应用 ………………………………………………… 260

　　10.5　小结 ………………………………………………………………………… 272

参考文献 ………………………………………………………………………………… 273

第1章 绪 论

1.1 基本概念

黄土是一种第四纪沉积物,我国黄土及黄土状土的分布面积约为64万km^2,以北纬33°~45°、东经102°~116°之间地区最为发育。西北黄河中游地区大面积黄土连续覆盖所形成的黄土地貌蔚为大观,其分布之广、厚度之大、沉积之典型、地层发育之完整,均属世界罕见。我国的湿陷性黄土分布面积约为黄土分布总面积的3/4,湿陷性黄土的主体为晚更新世(Q_3)和全新世(Q_4)新黄土,它们一般位于地层上部,其性状对工程建设影响很大。

我国黄土分布自西向东以乌鞘岭和太行山为界分为三个大区:西北干燥内陆盆地、中部黄土高原和东部山前丘陵及平原,越靠近西部颗粒越粗、孔隙越大、土质越疏松,在这三个大区内湿软黄土的成因、特性、分布各自不尽相同。

从岩土工程的角度来说,对黄土的研究常聚焦于黄土的工程性质,特别是力学性质和变形特性。由于我国黄土的广阔性以及它在工程建设中特殊的重要作用,我国学者在黄土力学特性及应用方面做了大量的研究,在世界上产生了重要影响,因此在一定程度上代表着黄土力学特性及应用研究的国际水平。尽管如此,对黄土的认识仍存在不足。在实际工程建设中,由于黄土湿陷而造成的事故屡见不鲜。随着中西部地区经济的发展、国家西部大开发战略和"一带一路"倡议的实施,许多重点工程和项目纷纷出台,特别是在高等级公路建设中,不可避免地面临黄土地区公路修筑问题。因此,在已有基础上进一步深入探讨黄土的力学工程特性和研究相关修筑技术就显得具有特殊的重要性。

20世纪80年代后,随着我国公路交通事业的迅速发展,国家各科研机构以及高等院校也曾对黄土的公路工程特性进行了大量的研究,并建立了与某种黄土工程特性相关的理论与方法,但一般都立足于以个别工程项目为依托的黄土工程特性及处治技术的研究,研究成果具有显著的局域性、离散性和片面性,尚缺乏全面系统的与各种典型黄土公路工程病害相关联的黄土工程特性基础研究。我国目前在黄土地区路基稳定、高边坡防护、泥石流、滑坡、坍塌、沉降等道路病害防治的理论体系方面尚不完善,极大地制约了黄土地区公路建设质量和运营服务水平。

综上所述,黄土地区公路建设起点较低,技术储备较少,在高速公路飞速发展的情况下,许多路段在使用初期就出现了早期破坏。因此,为提高我国西部黄土地区公路建设水平,必须对西部黄土地区各省份在不同时期建成的高等级公路和典型路段进行详尽的资料收集和现场调查,针对设计、施工和养护各个环节中有关黄土地区公路修建的处理原则和措施进行全面的分析和总结。本书通过资料收集、现场调查、室内试验、现场试验、数值仿真、理论推导以及依托工程应用实例等,对黄土地区公路修建所涉及的各个方面进行系统研究,研究成果对于我国西部黄土地区高等级公路,提高修建水平、降低工程造价、提高用工效率、缩短养护周期、延长使用寿命、保护沿线生态环境都具有重要意义。

1.2 发展现状

1.2.1 黄土的工程特性

国外有关路基的研究,苏联、东欧国家和美国对黄土的工程性质的研究都较早,但多偏重于黄土湿陷特性水土流失规律方面。我国学者20世纪初期开始对黄土工程性质进行研究,但是对黄土工程性质的系统研究始于新中国成立初期,此后对黄土开展了多学科的研究工作,取得了长足的进步。但早期研究主要集中在对黄土的认识方面,如黄土的地质地貌特征、黄土的构造特征、黄土的湿陷性等;20世纪60年代中期到70年代末主要对新近堆积黄土工程特性、地基湿陷性评价以及湿陷性黄土地基的容许承载力进行研究。20世纪80年代,黄土工程性质的研究进程大大加快,在黄土微结构特征(高国瑞、雷祥义等)、本构模型(刘祖典、陈正汉等)、区域自重湿陷性黄土敏感性(涂光社等)、湿陷性黄土地基处理方法等方面取得丰富研究成果。《湿陷性黄土地区建筑规范》(BJG20—1966)、(TJ25—1978)、(GBJ25—1990)反映了这些研究成果,其中1990规范对湿陷性黄土地基处理采取以治为主的综合治理措施。

20世纪90年代以来,在黄土微观结构定量研究、黄土动力特性、黄土湿陷变形理论、黄土强度理论、非饱和黄土理论等方面有重大发展。施斌、胡瑞林、谢定义、齐吉琳(1999)、胡再强(2000)等从定量的角度对黄土结构性进行了研究。其中胡再强等利用电镜扫描的方法通过试验建立了黄土结构与湿陷性之间的关系。巫志辉、谢定义、刘保健、张振中、王兰民等对黄土结构水敏性、黄土震陷、黄土地基动承载力、动弹模与固结压力的关系、黄土液化、地震不规则波作用下黄土动力特性等方面进行了较为全面的研究。黄土湿陷理论研究在黄土湿陷机理、增减(湿)特性压实黄土湿陷性、湿陷敏感性、黄土湿陷本构模型等方面展开。许多学者围绕黄土湿陷变形这一黄土地区工程建设的关键技术深入研究,取得了大量研究成果。邢义川、刘祖典(1992)、骆亚生(1998)等在黄土破坏条件、黄土断裂破坏强度等方面对黄土强度理论进行了研究。非饱和土测试技术的发展,使非饱和土土力学有了突破性的进展,杨代泉、沈珠江(1992)等在双应力变量理论的基础上建立了非饱和土广义非线性本构理论,陈正汉(1991)等以现代连续系统物理混合物理论为基础建立了非饱和土固结的混合物理论,卢肇钧(1992)等提出了通过膨胀压力来估算非饱和土的吸附强度的方法。黄土作为典型的非饱和土,在非饱和黄土孔隙压力特性、孔隙流体运动规律和应力变形规律等方面取得了较大进展。

20世纪80年代以来,张苏民、张炜、郑建国等对黄土在增湿和减湿时的强度和变形特性也进行了较为系统的研究,建立了增湿软化变形模型ZSM体,对增湿变形的时间效应、速率和实质进行了分析,并提出了应力增湿路径和应力增湿变形曲面以及湿陷性黄土的变形势和湿陷势等概念。随着研究的深入,剩余湿陷、多次湿陷、先期湿陷含水率、增湿含水率、湿陷极限含水率、间歇性增湿路径等概念也逐渐建立起来,黄土湿陷性理论越来越完善,为以后的研究奠定了坚实的基础。

1.2.2 黄土地区公路工程区划

早期的国外区划工作多停留在对自然界表面的认识上,对自然界内在的规律缺乏认识和了解,区域划分也只采用气候、地貌等单一要素的指标。近年来,区划工作出现了一些新的趋势,主要包括不断深入地探讨区划有关的理论和方法,完善、深化入地对系统及其地域分异规律的认识,构建更为严密完整的区域划分体系,在区划研究中考虑人文因素等。人口、环境、资源、发展等问题对区划研究工作提出了更高的要求。

在公路工程领域的设计和施工等方面也提出了一系列的指标体系,这些指标大多集中在路基、路面的强度与气温、温度、土质等方面的研究。如美国沥青协会提出了回弹弯沉代表值的计算公式,英国道路运输研究所提出了温度与路面弯沉值的关系公式,日本提出了气温与路表温度与不同厚度的层内温度关系式,美国公路战略研究计划沥青项目研究提出了沥青及沥青混合料气候分区,并建立了气温与路面温度之间的函数关系式。

在我国,公路交通领域对公路区划也进行了大量的研究工作。新中国成立初期,我国的公路自然区划沿用了苏联的一套方法,采用了以气候单因素为主要区划指标的区划方法,建立了"公路气候分区图"。1974年9月交通部公路一局设计所和北京大学地理系提出"关于《中国公路自然区划图》的报告"。1975年6月交通部公路规划设计院给出了"关于中国潮湿系数数值计算的工作报告"。1978年耿大定等提出了中国公路区划方案,区划分三级,7个一级区,33个二级区,以及二级区的副区19个,共52个区。一级区划是以全国性的纬向地带性和构造域性因素为依据,二级区划以水平地带性为主,并结合垂直地带性和地域性因素,三级区划为各种地方性因素的组合。1978年11月15日交通部公路局制定了《中华人民共和国公路自然区划图》,并纳入同期批准的《公路柔性路面设计规范内部试行》中。在以上的区划研究成果的基础上,1986年交通部颁布了《公路自然区划标准》,对我国公路自然区划进行了更为系统和具体划分,并沿用至今。

针对《公路自然区划标准》(JTJ 003—86)存在的不足,在不同的研究区域,研究者在其基础上提出了新的研究思路和方法。张碧琴、康庆华等对新疆地区公路进行了公路三级区划工作,研究认为自然环境对公路工程的影响体现在5个方面:路线选取、路面稳定性和耐久性、路基强度和稳定性、公路病害、施工条件和养护与运营管理等。从这几个方面出发提出了新疆公路三级区划中的环境指标参数。王彩霞等对我国东部温润季冻区公路进行了公路三级自然区划研究,提出了分区指标。徐强,陈忠达等按照河南省的具体情况,在全国二级自然区划基础上,采用地貌、土质、水文三个分区指标进行了公路三级自然区划。梁乃兴等根据云南省地形、地貌和构造特点,对云南省进行了地形地貌的三级区划,分析研究了三级自然区划上的土基回弹模量设计参数,确立了不同自然区的不同土质的土基回弹模量的范围。苗英豪等通过分析影响公路的气候过程和气候条件的特征,构建了评价太阳辐射、高温和低温过程、高低温循环、潮湿、干湿循环或降水分别与高温和冻融循环组合等气候过程以及极端低温条件的评价指标。

上述公路区划多是我国针对全国或者某个具体省份的自然区划,但是由于黄土地区地形地貌复杂多样,气候、植被等变化明显,黄土地区具有特有的突出地域性,因此在黄土地区进行自然分区,既不同于全国性分区,也有别于省区级分区。景可等进行了黄河中游侵蚀类型区的划分工作,选择了以海拔高度同时考虑相对高度作为划分级类型区的主要指标,区划分的主要指标是物质组成与形态特征。贾恒义等将黄土高原地区土壤养分资源的特点进行分区。杨文治等在综合分析黄土高原地区土壤水分背景、地带性和非地带性因素的基础上,采取逐步判别分析法,将整个黄土高原地区划分为6个土壤水分生态区。张孝中根据土壤物理性黏粒含量,将黄土高原土壤质地分为10个区。清华大学王兆印等依据植被侵蚀动力学理论,综合考虑水土流失状况及植被发育现状,将黄土高原划分为4个类型区。

另外在工程领域也有学者对黄土地区进行了分区研究工作。王兰民等针对黄土高原地区黄土地震灾害进行区划研究,采用了一系列分区诸如地层、地形地貌、天然含水率、孔隙比和地脉动等指标进行了三级的分区。王亚强等还应用对黄土地震滑坡灾害进行了灾害预测区划的工作。除此之外,针对黄土高原某个行政区或具体区域也进行了各种类型的区划工作,例如王治国等就对晋西黄土地区进行了侵蚀地貌进行了分区。长安大学张小荣等对甘肃地区公路自然区划做了大量的工作,选取了个不同类型的环境指标参数。除地质灾害方面的环境指标参数国内外有这方面的研究外,其他环境指标参数的研究未见报道。刘怡林、支喜兰等根据收集的大量黄土实测资料的统计分析,研究了黄土地区承载力的变化规律,结合公路工程地基的特点,以地基承载力结合当地黄土含水率、湿陷性为指标,将黄土地区进行了承载力的分区。

以上分别介绍了国内外区划工作的研究进展和概况,无论是在地理自然区划,公路行业的各类区划、分区,还是黄土高原地区各行业的分区研究工作,都在各自研究领域起到了一定的指导作用,同时对其他行业的分区研究具有一定的参考借鉴作用,尤其是分区指标的确定和计算。但是对公路工程建设的分区研究,目前多局限于一定的省区或一定的行政区域所进行的,没有针对黄土这一特殊土分布地区的公路分区研究成果,而且目前现有的公路自然区划多是集中体现地理、气候等方面的要素,没有充分考虑公路建设的因素,不能体现公路特点,不能很好地指导公路工程的建设。所以针对目前的研究状况进行黄土地区公路工程分区及指标体系的研究,既能在以往自然区划基础上体现公路的特点,还能在公路分区中体现黄土的特点。

1.2.3 公路黄土地基承载力

《湿陷性黄土地区建筑规范》(BJG 20—66)根据我国黄土的特征,从工程地质角度出发,提出了《中国湿陷性黄土工程地质分区略图》和《中国湿陷性黄土工程地质分区参考表》。同时规范了黄土地区应用实测荷载板试验确定地基承载力的原则和方法。

随着工程经验的积累和对黄土理论研究的深入,1978年建设部颁发了《湿陷性黄土地区建筑规范》(TJ 25—78),在黄土地区承载力的确定和分布方面对 BJG 20—1966 规范进行了几个方面的修改:①将工程地质分区略图进行了适当调整和补充,由5个地区改为7个地区;②用荷载板试验确定黄土地基承载力确定的标准,由"$s/b = 0.03$"改为"$s/b \leq 0.02$";③将 BJG 20—66 规定的"湿陷性黄土地基标准承压力表"改为"一般湿陷性黄土的容许承载力表",具体是以黄土地区的实测荷载板试验资料作为样本,统计了承载力和物理指标之间的关系,以表格的形式给出了承载力参考值,同时增加了"压缩性较高的新近堆积黄土的容许承载力表";④修改了 BJG 20—66 规定的基础深度和宽度的承载力修正系数。

1990年颁发了《湿陷性黄土地区建筑规范》(GBJ 25—90),在承载力评价方面基本沿用 TJ 25—78 中的内容,仅对天然含水率小于塑限含水率的土,改为按塑限含水率确定黄土的承载力,对天然含水率大于25%的土,改为按饱和黄土的承载力表确定承载力。

2001年9月,结合近十年来的科研成果和工程建设经验,对 GBJ 25—90 进行修订,在报批稿中取消了 GBJ 25—90 在地基计算中规定的承载力基本值、标准值和设计值以及相关的承载力表,提出了承载力特征值的概念,并确定承载力特征值可以由勘察部门根据现场原位测试结果或结合当地经验与理论公式计算确定。

1) 承载力影响因素的研究

在分析黄土地基承载力影响因素方面,许多学者从不同角度采用了多种方法进行分析。应用黄土形成的风成学说分析黄土颗粒在横向的变化以及物理力学性质的区域性差异;采用了近代科学的研究方法,借助先进的仪器,在黄土的微观机理的研究中取得了一定的成果,如高国瑞采用扫描电镜的方法,对我国黄土显微结构进行了分析和研究,提出了中国黄土区域性变化规律;胡瑞林应用分形几何方法分析了黄土的微观结构,蒲毅林提出用 CT 技术对黄土进行观测分析的新方法。

2) 承载力理论计算公式的研究

现有应用理论计算确定承载力方法很多,许多学者提出了各种思路和方法。1925年美国土力学专家太沙基发表了第一部土力学专著,随后斯凯普顿(Skempton)、汉森(Hansen J. B.)、普朗特尔(L. prandtl)、泰勒(D. W. Taylor)等学者从不同的角度提出理论计算确定地基承载力的方法;罗晓辉提出用遗传算法确定地基承载力。现有的理论计算确定承载力的方法还都处于探索阶段,还需要大量的工程实践的检验,进一步修正和完善。

3) 公路行业对承载力的研究

由于我国的公路工程建设起步较晚,对于黄土问题的研究多是借鉴建筑等部的成果。目前公路桥涵地基承载力的确定主要参考建筑部门《湿陷性黄土地区建筑规范》(TJ 25—78)。同时公路行业也从不同的角度提出了黄土分区,如现有的根据自然气候因素的《公路自然区划》,结合公路特点提出了《黄土地基湿陷性区划》和《公路路基区划》以及黄土高原黄土路基设计分区图,从不同角度对黄土进行了区划。

1.2.4 公路黄土地基处理

目前对于软黄土地基的处理主要是借鉴软土地基处理方法,一般采用换填、抛石挤淤、机械成孔灌注桩、碎石桩、石灰桩、强夯、加气硅化、高压旋喷等方法。对软黄土地基处理方法、设计参数的选取等大都依据经验。

冯瑞玲通过数值计算及现场实测分析了水泥粉喷桩复合地基加固软黄土和淤泥质土地基的受力性状,认为粉喷桩处理软黄土形成的复合地基桩顶应力、桩土应力比高于同样置换率时淤泥质土的情况。周建民通过单桩荷载试验与群桩荷载试验验证了水泥搅拌桩处理饱和黄土地基的可行性。杨晓华采用正交试验设计方法进行了土工格室加固饱和黄土地基承载力的室内模型试验,认为土工格室加固方法适宜于处理厚度小于 3m 的浅层饱和黄土地基,加固后地基承载力可提高 2~3 倍,并尝试性地建议土工格室加筋体地基承载力的计算公式。杨波研究了陕西地区过湿黄土地基的地质结构和物理力学性质,分析了强夯法、砂砾垫层和灰土垫层处理过湿黄土地基的适应性,为处理湿软黄土地基提供了一定的参考。丁兆民针对土家湾隧道软黄土地基加固工程,对水泥粉喷桩黄土复合地基在软黄土区公路工程中的设计方法和设计参数的选择、施工工艺、质量控制措施及质量检测方法等方面进行了分析和研究,通过荷载试验,探讨了水泥粉喷桩复合地基处理软黄土地基的适应性,为水泥粉喷桩复合地基技术在软黄土区公路工程建设中的推广和应用提供了帮助。

传统的湿陷性黄土地基处理方案往往是在满足工程项目实际情况的前提下,根据已有的同类型的经验,加上设计者的判断,拟定和提出的。方案的选择一般多受设计者的经验影响,某些时候可能还带有一定程度的偏见和盲目性。因此,方案的选择往往无法达到最优。方案选择的偏见和盲目性对工程的建设是有害的:有的设计者为了达到省钱的目的,结果造成了工程事故,得不偿失;另外,有的设计者片面追求安全,成本急剧上升,结果造成了极大的浪费。在过去的几十年间,我国在湿陷性黄土地基处理方面相继发生了很多严重的工程事故,不仅对项目的工期造成了延误,经济上产生了浪费,而且对周边环境、社会信任度等也产生了极其严重的消极影响。因此,对湿陷性黄土地基处理技术进行具体系统的适应性总结和评价,具有重要的社会意义和经济价值。

以往关于黄土覆盖区黄土暗穴的研究相对较少,未能形成一致的认识,在理论上也没有深入的研究。直到21世纪初,才开始深入研究黄土暗穴。相关研究表明:黄土暗穴的形成、发育、致灾与其本身具有的结合和组成密切相关,而黄土暗穴分布特征又表现出显著的地域差异性。

罗来兴、朱显谟结合黄土暗穴发育的位置,认为水流沿着黄土沟壑或动物洞穴下渗引起的洞穴机械侵蚀是暗穴形成的主要原因。杨怀仁认为黄土暗穴的形成与沟蚀作用相似,是由于地下水的溶蚀和冲刷,再加上崩塌作用所成的。20世纪末,相关学者再次对黄土暗穴的成因和分类进行了探究。其中,王斌科认为暗穴形成的内在原因是黄土本身结构疏松,并且遇水容易崩解。当土层抵抗冲击的能力差,且内部存在较多裂隙时,在水流的作用下易形成暗穴。鉴于该种成因,黄土洞穴可划分为4类:陷穴、跌穴、跌穴及其派生残余形态和水涮窝。王景明认为地质构造和节理的存在是形成暗穴的重要前提。此外,孙建中也对陷穴与湿陷性问题进行过深入研究。进入了21世纪后,彭建兵等人对黄土暗穴的成因重新进行了深入研究,指出黄土暗穴是在一系列内外界因素综合作用下在黄土地层中发生的一种不良地质现象。

暗穴检测的主要任务是将暗穴从正常路基中区分出来。当前暗穴隐患的检测方法有地质钻探、静力触探、坑探、井探及人工探视、工程物探等,其中工程物探属无损检测,因此备受重视。被检测对象(公路)的主要特点是线路长、要求高。因此对工程物探又提出了不同于其他方法的要求,即先要求有一种快速、准确的方法对被检测路段进行普查,查出隐患区段,亦即将存在于公路中的暗穴从没有隐患的公路中区分出来,找到进一步详查的靶区,然后采用综合检测方法如钻探、静探、井探、坑探、物探等,进行详细探测,查明隐患性质、范围、深度,为下一步的治理提供可靠的依据。工程物探在暗穴检测中的作用定位适当,往往能取得事半功倍的效果。但是,对湿陷性黄土暗穴问题的研究,目前尚处于起步阶段,把黄土湿陷性暗穴问题作为专门课题加以研究的报道在国内外文献中很少见到,尤其是对于湿陷性黄土暗穴的探测技术研究,几乎是空白。到目前为止,还没有找到有效快捷的探测方法。研究快捷有效的湿陷性黄土暗穴探测方法或技术组合,对黄土地区暗穴的成因、分布特征进行研究具有重要实际意义。

1.2.5 公路黄土路基压实

在近些年黄土地区的高等级公路建设中,为了提高公路的路基质量,有关单位在路基压实中普遍使用重型压实机械,并采用了强夯与冲击压实等新技术,在公路建设中发挥了一定的作用。这些新技术的合理性需要通过研究与工程应用得到完善。

强夯是使用吊升设备,将具有较大质量的夯锤起吊至较大高度后,使其自由下落,强大的冲击能量使地基产生强烈的振动和很高的动应力,从而在一定范围内使土体的强度提高,压缩性降低,并可改善砂土地基抵抗振动液化的能力,消除黄土的湿陷性和提高土层的均匀程度。强夯法是法国 Louis Menard 技术公司在重锤夯实法的基础上,于 1969 年创立了。这种方法由于具有设备简单、施工速度快、无须添加特殊材料、处理成本低等优点,在地基处理中得到广泛应用。我国于 1978 年引进这项技术,现已广泛应用于各行业工程地基处理。国内外很多学者对于强夯的机理展开了深入研究。

冲击式压路机最早在南非产生。美国西田纳西州湿陷性黄土地区的高速公路对土基进行冲击压实(1968),美国艾奥瓦州 117 高速公路路基土基也有文献(1975)报道了冲击压实土基的应力—应变特征。但总体上,由于国外黄土分布的局限性,黄土地区冲击压实技术的发展相对较慢。

我国有关黄土路基冲击压实技术的报道始于 20 世纪 90 年代末。陈福泽(1997)、周萼秋和李自光等(1995)、吴翔君和吴菲等(1995)均设计出冲击式压实机。杨世基(1997)设计的冲击压实机可用于加固软土地基、湿陷性黄土地基与路堤,可以增强路基的强度和稳定性。

国内外的工程实践和研究表明,通过压实提高路基质量,是保证路面达到应有使用期的重要而经济有效的技术措施。由于高等级公路交通量大、汽车轴载重型化、建设周期短,路基完成后要立即进行路面铺筑并开放交通,这都要求作为路面支承层的路基必须达到较高的压实度,只有这样才能确保路基本身和路面的稳定。

国内公路交通科研部门曾对路基压实标准和路基土的压实特性做过较多的研究,沙庆林(1998)对公路路基压实问题进行了较系统总结,并在公路科研及工程中得到广泛应用。在近几年黄土地区的高等级公路建设中,为了提高公路的路基质量,有关单位在路基压实中普遍使用重型压实机械,并采用了强夯与冲击压实等新技术,在公路建设中发挥了一定的作用。这些新技术的合理性需要通过研究与工程应用得到完善。但对黄土这种特殊土,基本上沿用一般黏性土的压实理论和经验方法。对于路基压实标准的理论确定,尚未见相关报道。

1.2.6 黄土高填路堤沉降变形

路堤沉降是一个古老而又复杂的课题,国外发达国家修建高等级公路时,鉴于私人拥有轿车较多,很少考虑横向通道的设置。而且,大部分高路堤也为高架桥所替代,很少出现高路堤的路基。因此,对路堤沉降问题研究得不多,难以找到适合我国国情的技术资料。

出于改善公路线形、节省资金即修建路堤代替桥梁等的需要,黄土地区修建了大量的高路堤,而高路堤往往沉降变形过大。因此,在今后的公路建设中,如何避免路堤沉降和处治已有路堤沉降,将变得越来越重要。

我国铁路部门早于公路部门从事路堤和路基沉降方面的研究。早在 1888 年,我国第一条铁路(唐山至天津)修建起,铁路部门对路堤沉降问题就有研究。铁道部科学研究院西北研究所的贾士谔(1978)和楚华栋(1987)分别对黄土高填路堤作了下沉试验研究,并根据实测资料分析了路堤的沉降规律。1988年,柴锦春进行了黄土高填土路堤的沉降计算,用平面有限元方法,对南同蒲与陇海铁路联络线上的田家沟黄土高填土路堤,在施工期和竣工后的沉降进行了计算,其结果与实际相符。1989年李善桌认为路堤顶面以下沉降量是路堤本身及其基底土层在填土静载和列车动载作用下产生的压缩之和,并采用单向压缩分层总和法计算总压缩量。

1984年,中铁第一勘察设计院有限公司线路路基处和铁道部第十二工程局第四工程处在陕西省东坡矿支线的杜康沟车站西端修建了高路堤,长210m,最大填土高65m,底宽270m;该路堤在1987年特大降雨中仍安然无恙,竣工后测试结果表明,其沉降量小于1‰。根据观测资料,建立了竣工沉降量与路堤高度之间的经验关系,并提出了与时间的函数关系,从曲线中可以看出,总沉降量的60%发生在竣工后的第一年,建议对高于20m的路堤的压实系数,基床部分应达到0.95,基底部分应达到0.90。

20世纪80年代以来,尤其是近10年来,随着我国高等级公路建设的迅速发展,不少学者开展了一些路堤变形方面,尤其是路堤和天然地基共同变形方面的研究。1988年,左佐生通过分析,认为提高压实系数可以减小施工预留量,并得到压缩系数 E_s、相对压缩量 $\Delta H/H$ 与压实系数 K 的关系曲线,最后建议填土预留沉落量(相对压缩量)。郑治将路堤自身的压缩变形与固结变形分开计算,认为压缩变形是填筑过程中产生的,固结则从填筑开始,到工后仍有发展,将填土近似作为饱和土,运用太沙基一维固结理论计算填土的固结变形。1991年,由成都科技大学、甘肃省交通厅公路局和甘肃省交通科研所,组成课题组。共同承担交通部"八五"行业联合攻关项目《黄土地区公路特殊结构研究》,该项目通过深入现场调查研究和对黄土高路堤、高填方涵洞及黄土隧道、高路堑、黄土软地基等黄土特殊结构的性态,进行全面系统的试验研究和数值计算分析,完善并发展了黄土地区公路路基的设计理论,提出了一系列新概念和新方法,丰富了黄土力学的理论和实践。同年,郝传毅等用非线性有限元法对新填土路堤的自身压缩问题进行了研究,但由于采用了邓肯-张模型作为土体的本构模型,计算参数较难获取,故难以推广应用。1992年,谢新宇、魏汝龙等基于土体的一维应力应变关系,提出了用应变定义的固结度与按应力定义的固结度之间的换算关系,直接根据土中一点在任意时刻的有效应力与应变的关系建立沉降公式。1996年郑治等在其"路堤自身压缩的分层总和法"中,介绍了高填方路堤的离心模型试验和试验路段的沉降分析结果,在分析填土自身压缩特点的基础上,对目前通常使用的分层总和法进行了改进。

铁道科学研究院西北研究所和第一设计院对黄土高路堤下沉的观测研究表明,当压实系数 $K=0.85$ 时,路基顶面以下填土核心部位竣工后下沉量约为路堤高度的0.7%~1%,边坡部位的下沉还要大些。

土坝设计规范规定,坝的沉降变形(除高坝外),按分层总和法计算。即在设计压实度下进行压缩试验,确定上覆荷重下的最终压缩孔隙比,据此算出其最终沉降量,然后在竣工时,测定出土坝不同高度土层的实际孔隙比,据此算出竣工时的沉降量,二者之差即为工后沉降量。经验证明,此法一般可用最终沉降量的15%~20%估计。但是,对这种方法直接用在公路的高路堤测算沉降的合理性,仍未作出论证与研究。

公路设计手册《路基》(第二版)中:"黄土高路堤的工后下沉量与填土高度有直接关系。根据铁路、公路的少量观测资料,对压实较好的高路堤,可按填土高度的1%~2%估计。"公路路基设计规范中:"对高度大于20m的路堤,应按工后沉降量预留路基顶面加宽值,工后沉降量可按路堤高度的 0.7%~1.5% 估算。"

1.2.7 黄土公路高边坡稳定性及防护

1)坡体稳定性计算研究现状

(1)岩土参数的可靠性分析

土性参数,尤其是黏聚力 c、内摩擦角 φ 值的确定,长期以来是工程上的一个难题,其大小只能通过有限的室内或现场试验测量得出,但测试数据的离散性很大,往往难以直接应用。因而统计方法在处理这些数据时显得非常重要,目前工程中用均值、方差和变异系数统计指标修正测试值的偏差。近年来在 c、φ 值的处理上提出很多新的方法,如杨强的可靠度分析法、孙林柱的线性规划法、况龙川按变异系数置信区间的置信上限折减法等。这些方法说明 c、φ 值需正确分析其区域变化、分布特点及发展趋势。Sivakumar 及 Gorden 考虑土性参数的空间变异性,应用变量自相关距离,建立自相关方程,进而应用于可靠度计算中,但是建立合适的自相关方程较为困难。

(2)可靠度计算模型的研究

目前边坡稳定性分析或滑坡设计的可靠度计算模型有:Monte-Carlo 法、一次二阶矩法、函数连分式法和 Rosenbleuth 法等。这 4 种方法在目前边坡工程应用中自由变量多数仅考虑强度指标 c 和 φ,实质上边坡稳定性的可靠度分析还需考虑施工的不确定性、突发灾害的不确定性及使用时间的不确定性等。香港特区政府规定对高 3m 以上的开挖边坡必须进行备案和跟踪调查,到目前为止有近 55000 个边坡的主要特征记录。Raymond 等通过对这些记录的统计分析,建立起相关降雨强度和开挖边坡使用时间的失效概率计算方程,可预测不同使用年限的失效概率。Sivakumar 将基质吸力引入非饱和土强度方程,计算出具有时间概念的可靠度指标,但测试非饱和土的基质吸力并非易事。

(3)可靠度指标的研究

我国建筑结构设计经过长期的经验积累,按工程的安全等级提出了目标可靠度设计指标,Sivakumar 对边坡可靠性的评价采用 U. S. Army Corps of Engineers 提出的可接受失效概率水平和相应的目标可靠指标。可接受失效概率达到 7% 就认为极差,0.1% 被认为好于平均水平。期望水平好的可接受失效概率为 0.003%,相应的可靠度指标为 4.0,比延性破坏的一级结构所要求的还要高一些。对黄土边坡工程,显然没办法达到。李萍采用 Monte-Carlo 法系统计算了陕西黄土路堑边坡的可靠度指标,在 c、φ 值变异系数采用工程测试均值情况下,失效概率多数情况为 10% 左右。显然采用以上各个来源的可接受失效概率水平,都不能接受这一事实,进而提出建议的可靠指标设计值,并提出与坡高有关的系统取值方法。

2)边坡生态防护

目前,植物防护技术最先进的当属日本,而我国干旱的黄土地区路堑高边坡的植物防护技术研究仍处于探索阶段。近年来,许多水土保持界和业内人士对公路黄土路堑边坡植物防护做了大量的研究工作。如中国农科院兰州畜牧所的常根柱和陕西省高管局的赵贵钧、韩顺学先后对陕西西渭、西宝、西铜高速公路,山西太旧高速公路等北方多条高速公路的绿化进行了实地考察,对我国北方地区高速公路的绿化现状与发展前景从中央隔离带、边坡生物防护、刺篱生物封闭等几个方面进行了较系统的阐述和尝试性的探索。该研究对黄土路堑边坡采用

"挖穴投种""种包塞植""种籽直播""野生狗牙根栽植"等方法进行对比分析研究,认为边坡绿化以挖穴投种—覆土—浇水的方法最好。但由于挖穴投种的许多技术问题未能解决,也未能大面积施工应用。

1999年交通部科学研究院针对黄土高原山区公路路堑高边坡植被恢复,应用液压喷播技术,在铜黄线上进行了深入的试验和研究。试验初期,边坡上的人工植草长势良好,为道路景观增添不少美色。由于环境气候因素等多种原因,不久草被逐渐枯萎。2004年赵之胜、谢永利、杨晓华、倪万魁等,在西安绕城高速公路采用三维网植草技术防护、在阎良—禹门口高速公路采用坡面平台植树和厚层基材喷播植草技术,以及采用新型的土工格室生态护坡和绿化板生态护坡技术在黄延高速公路的成功应用,这些坡面防护措施都为黄土路堑高边坡坡面稳定性提供了有力的保证。

1.3 面临的工程问题

根据上述研究现状,黄土地区公路修筑主要存在以下几方面的问题。

(1)黄土基本特性理论有待完善。实际工程建设中,由于黄土浸水造成的工程事故屡见不鲜。特别是在高等级公路建设中,黄土浸水造成的危害性态和对其处治的原则与工业与民用建筑方面的要求存在很大差别,如建筑规范对黄土湿陷的处治已由以防为主转为以治为主,而按此处治原则,公路建设中的投资则无法承受。考虑到公路构造物和路基的不同要求,研究其浸水特性,提出适用高等级公路建设特点的黄土处治原则与处治技术,在西部公路建设中具有极其重要的作用。黄土的浸水特性研究过去做了很多工作,很少进行黄土浸水后入渗规律测试与研究,更没有进行黄土增湿过程变形性状的研究,只给出总的均匀湿陷量,而难以评估黄土非均匀湿陷对工程构造物的影响。

现有的工作和取得的成果还不能满足评估黄土非均匀湿陷计算工作的需要,主要问题在于还缺乏对黄土浸水入渗规律和增湿变形和强度特性的完整认识,而这些认识应基于公路工程的特点。

(2)黄土地区公路工程区划体系不够细化。近年来我国各地区的气候、水文等自然条件发生了较大改变,而且无论是公路工程建设方式、建设理念,还是公路筑路技术都发生了很大的变化。1986年版的公路自然区划标准,在深度和精度等方面已经不能很好适应现代公路工程建设的要求,同时旧标准中一些标志数据不充足还导致自然区划结果在部分地域的不准确性。另外在1986年版的中,二级区划采用以潮湿系数为主导指标并辅助以其他因素的标志体系,但上述指标如果在水热条件变化不大的区域里就很难区分出来;同时区域内公路建设的主要问题已不再是水热变化为主的问题,而更多的是地质灾害、公路病害和筑路材料等方面的问题。在三级区划方面仅提出指导性的方法,没有进一步的划分,区划深度明显不够。

(3)黄土地基承载力评价方法、公路湿陷性黄土地基处置技术尚不成熟。总结现有黄土地基承载力评价的现状,建筑、水利、冶金、铁路等行业在这方面做了大量的工作,取得了大量的经验。但不同的行业研究黄土的工程力学性质有不同的侧重点。公路工程黄土地基承载力的确定和评价标准等都有别于其他行业,目前,在公路路基设计时缺少对黄土地基承载力初步评价的依据。因此,需要结合公路工程特点进行针对性研究,在已有研究成果的基础上,分析黄土地区地基承载力的变化规律,按照承载力对我国黄土地区进行分区,同时提出各种评价承载力的思路和方法。

尽管目前黄土地基处理的研究已取得了很大的进展,但这些研究大多只是将处理的方法割裂开来分别进行。现实情况中,地基处理方法的选择也多是追求一个安全的地基处理方法,而不是一个最优的地基处理方法。现代社会的发展,科学的进步以及人们理念的提高,都对黄土地基处理的方法提出了一个更高的要求:即在满足安全可靠的前提下,需要合理选择黄土地基处理的方案,减少消耗,节约成本,保护环境,促进技术和经济的最大结合。

(4)黄土路堤沉降计算方法及设计控制指标不够系统,差异沉降的病害机理与处治技术急需突破。土体在荷载作用下的变形包括压缩变形和固结变形。对路堤变形而言,在施工期主要完成了压缩变形,而固结沉降变形则发生在竣工后相当长的时间内。分析表明,上述研究路堤沉降问题都是结合某一实体工程开展的,且只考虑特殊、单一的变形情况,研究不具广泛性,因而不便于推广。对于路基填土大多为非饱和土的状况,目前的研究方法均较单一,没有充分考虑路基的压缩变形和固结变形共同作用的影响,再加上对路基土的性状认识不统一,如路基填土呈现复杂性和非均匀性,或为黄土、膨胀土和盐渍土,或为饱和土和非饱和土的情况,致使大量研究成果无法充分应用于实践。因此,对于特殊土路堤,尤其是黄土路堤,有必要建立基于合适的土体固结理论、考虑路基压缩变形和固结变形共同作用的固结方程,来指导路基工程设计和施工。

(5)已有的黄土高边坡稳定性评价与支护设计不完善。随着我国高速公路建设事业的蓬勃发展,尤其是我国以人为本、全面、协调、可持续发展的科学发展观的实施,高速公路的修建既要保证行车安全和舒适,又要考虑与周围环境的协调性,即安全、舒适与生态保护并重,这对高速公路黄土高边坡的防护与加固提出了更高的要求。对照目前采用的设计方法,不论在防护与加固的力度,还是在防护与加固措施的针对性方面,都存在一些值得进一步商榷的问题。主要有防护对策较单一、植物防护措施偏少、植物防护"贵族化"严重等几个方面的问题。

1.4 本书的内容概要

(1)黄土的工程特性

基于大规模黄土原位浸水入渗规律试验及系统的室内物理力学特性试验研究,进一步揭示黄土层中水的运移及增湿变形规律,建立非饱和黄土浸水入渗计算模型与湿陷性黄土增湿本构模型,完善并实现黄土增湿变形的大变形理论描述体系及黄土工程的仿真分析与科学决策。

(2)黄土地区公路工程区划

通过大量收集、调查和分析国内外有关黄土地区公路工程分区的研究成果以及收集各种自然环境要素资料、基础数据、基础图件以及工程部门各种标准、技术规范资料和研究成果,建立一套黄土地区的公路工程分区框架体系,确定进行分区的指标,系统进行黄土地区公路综合区划的研究,完成中国公路黄土区划图,实现黄土地区公路建设与养护的分类指导。

(3)地基承载力特征及评价技术

基于系统的室内试验及大规模的原位测试和大型荷载试验研究,揭示出公路黄土地基的承载力特征,对黄土地基承载力的各影响因素进行定性和定量分析,利用显微镜和扫描电镜(SEM)对土样的微观图像进行分析,揭示黄土地基承载力与微观结构的内在联系。建立由静力触探、动力触探和标准贯入等测试方法得到的强度指标与荷载试验确定的地基承载力特征值之间的回归公式;给出适合公路工程特点的黄土地区公路工程地基承载力计算公式及评价方法。

(4) 黄土地区公路地基处理技术

基于对黄土地区高等级公路地基处理的现状调查,汇总集成项目研究成果,根据湿陷性黄土地基和湿软黄土地基的具体特点,提出黄土地区公路地基处理的设计要点。建立变形控制的黄土地区公路地基处理成套技术。以大量的现场调查为基础,描述黄土暗穴的基本特征,对成因进行分类,开展物探资料处理技术,建立湿陷性黄土地区暗穴探测的成套技术系列。

(5) 公路黄土路基压实技术

依托实体工程,通过系统的室内外试验,针对压实度、含水率对压实黄土物理力学特性的影响及路基(不同公路等级、不同路面结构)各部分回弹模量的要求,给出适用于不同路基类型的黄土路基压实标准,并提出相应的压实度建议值。对比研究振动压实(振动压路机)、强夯压实及冲击压实等技术的工艺特点和压实效果,对比分析各种压实方法的适用范围;建立振动压实条件下黄土最佳含水率和最大干密度新的测定方法;总结出公路黄土路基的压实技术并优化其压实工艺。

(6) 路堤差异沉降机理及处治技术

借助有限元数值分析、大比例尺模型试验及现场试验等手段对拓宽路堤差异沉降变形特征及影响因素、路桥过渡段路基病害及机理分别展开系列研究,给出路堤差异沉降处治技术。

(7) 黄土路基沉降计算与变形控制

基于非饱和土的计算原理,综合压实黄土与原状黄土的研究成果,引入非饱和黄土的浸水入渗模型和增湿本构模型,建立黄土路基的沉降计算模型并给出其参数取值范围。提出黄土路基沉降及不均匀变形的控制措施与相关技术。

(8) 边坡稳定及支挡防护技术

基于离心模拟试验和CAT仿真技术,揭示黄土高边坡的降雨入渗规律与变形破坏机理,建立黄土地区公路高边坡防护决策支持系统,实现对公路高边坡稳定性的快速评价。通过现场调查及综合分析,对黄土地区公路边坡的类型进行分类,提出边坡设计理念及坡型推荐方案,推出黄土公路高边坡综合生态防护技术。

(9) 黄土高填路堤涵洞工程

依托实体工程,借助数值仿真技术和离心模型试验,明确黄土地区涵洞土压力作用机制和涵洞减荷机理,并提出涵洞减荷方法和黄土高填涵洞设计方法与相关技术。

第 2 章 黄土的工程特性

2.1 概　　述

本书针对典型湿陷性黄土,通过大规模的原位浸水试验和系统的室内试验,历时 3 年,在以下几方面取得进展:

(1)黄土的基本物理特性。

(2)黄土的浸水入渗规律。黄土的增湿变形问题,首先要解决的是非饱和土的入渗问题。本书选择了 3 处典型黄土场地,开展了大规模的原位黄土浸水入渗试验,揭示黄土入渗场中含水率的时空变化规律及临空面对入渗场的影响特征等;试验规模之大,历时之长,测试技术之先进,量测数据之完整,均前所未有。基于原位浸水入渗试验成果,引入余误差函数,建立了单相流非饱和黄土入渗理论模型。

(3)黄土的增湿变形。通过大量的单线法和双线法压缩试验,深入分析了湿陷性黄土的增湿变形特性,以割线模量法为基础,建立了黄土增湿变形本构模型。

(4)黄土的强度特性。重点探讨土样体变随轴向应变的变化规律、侧向应变随轴向应变的变化规律、极限强度与初始含水率的关系、极限强度与围压的关系,绘制黄土在增湿情况下的强度曲面、试样的莫尔圆和强度包线;简要阐述黄土的抗拉、动等其他强度特性。

黄土的以上工程特性不仅是对黄土力学方面的重大理论贡献,而且在工程设计、工程评价及工程优化方面具有重要的应用价值。

2.2 黄土的物理特性

2.2.1 原状黄土的一般特性

黄土颜色以黄色、褐黄色为主,有时呈灰黄色;黄土复杂的形成过程和多样的组成成分,决定了其颗粒组成很大的不同。黄土颗粒成分一般以粉土粒(粒径 0.05~0.005mm)为主,它的含量占黄土总质量的 52%~72%,其中 55%~65% 者居多;黏土颗粒(粒径小于 0.005mm)和砂土颗粒(粒径大于 0.05mm)成分含量都比较低,黏土成分略等于砂土成分,其成分含量都在 10%~30% 之间,粒径大于 0.25mm 的较少。

黄土富含多种矿物,组成这些矿物的化学成分主要有 3 类,分别为二氧化硅、倍半氧化物和碳酸盐类。二氧化硅的含量成分最高,是黄土矿物质的主要组成部分,其交叉填充在各类颗粒级组之间;倍半氧化物以镁铝胶体的形式存在土中,能被盐酸溶解,碳酸盐类以固态或液态存在土中,构成土体骨架;黄土过低的天然含水率,表明了黄土形成或存在于气候干燥的环境当中,其富含较高的碳酸盐类物质,尤其由硅、铝、钙、镁等组成的碳酸盐。

2.2.2 原状黄土的水理特性

黄土是一种特殊性状土,湿陷性黄土的工程性质最特殊之处就是变形、强度对水作用的特殊敏感性,即水敏性。黄土的水敏性来源于黄土特殊的地域与生成条件造成的粉粒性、富含盐、大孔隙、欠压密性、非饱和性和各向异性,即低的湿度,低的密度和脆弱的架空结构。半个世纪以来,黄土对水的特殊敏感性及其在黄土变形、强度和本构关系等力学特性上所表现出的影响规律一直是黄土力学特性研究的重点。

黄土在天然状态下常处于欠压密状态,在一定的压力作用下弹性变形很小,主要为压密变形,而压密变形又表现为两种形式:压缩变形和湿陷变形。湿陷变形具有突变性、非连续性和不可逆性,因此对工程、建筑物的危害很大,一直以来是黄土研究中的重中之重。但并不是所有的黄土和黄土状土浸水后都会产生湿陷,有些黄土如老黄土(Q_1、Q_2)就不具有湿陷性(或轻微湿陷),被称之为非湿陷性黄土;有些黄土如新黄土(Q_3、Q_4)在一定的附加压力作用下,浸水后发生湿陷,被称之为湿陷性黄土,在自重压力作用下产生湿陷,则被称之为自重湿陷性黄土。

黄土对水的敏感性之根本原因在于黄土特殊的微观结构,主要表现在大孔隙率和可溶性胶结物,它与分布地域、生成时的气候有密切关系。黄土的骨架颗粒成分、形态、排列方式、孔隙特征、胶结物种类以及胶结程度等,对黄土的工程性质有着重要影响。黄土的湿陷现象是一个复杂的物理、化学变化过程。目前,对黄土湿陷的原因和机理的研究,国内外学者持有多种见解,如毛管假说、溶盐假说、胶体不足说、水膜楔入说、欠压密理论以及结构学说等。但无论哪种假说都可以归纳为内因和外因两个方面。内因主要是由于土本身的物质成分(指颗粒组成、矿物成分和化学成分)和其结构,外因则是水和压力的作用。水使黄土的结构软化,是产生湿陷的必要条件;力使黄土的结构破坏,是产生湿陷的主导因素。

2.2.3 原状黄土的结构特征

土的结构性是土的几何特征(包括土的骨架特征和孔隙特征)和连接特征的通称。黄土被认为是一种特殊土正是由于其特殊的结构所决定,具体如下:

(1)以粒状为主,支架接触,亦有镶嵌接触,存在肉眼可见的大孔隙,架空孔隙较多,接触—基底式胶结。

(2)在剖面中,随着深度的增加,黄土的微结构类型自上而下发生了相应的变化:由以粒状为主向以粒状为主并夹以凝块状过渡,由以支架接触向镶嵌排列逐渐过渡,中、大孔隙含量明显减少,微、小孔隙含量明显增多。胶结类型由接触式胶结向接触—基底式胶结转化。

2.3 黄土的浸水入渗特性

2.3.1 背景描述

20世纪60年代以来,多位学者在黄土地区结合工程建设进行了现场浸水试验,为我国乃

至世界的黄土理论研究作出了重大贡献,取得的有益研究成果较多,简要叙述如下:

(1) 黄土原位浸水试验关键技术。主要测试含水率、土体沉降,推算渗流场中特征剖面的含水率随时间和空间的变化,观测地表的沉降变形和裂缝的发展过程等。

(2) 自重湿陷变形规律。浸水坑面积对自重湿陷量的影响、自重湿陷的发展过程、自重湿陷量、耗水量与时间关系及浸水影响范围等。

(3) 湿陷性评价。综合分析现有研究成果,正确预计土体内水分入渗时含水率的时空分布,遇水后吸力变化等有关黄土浸水后入渗规律测试与研究的试验数量偏少,难以定量评估黄土非均匀湿陷对工程构造物的影响。黄土浸水后的入渗规律是揭示黄土浸水特性的钥匙,是定量评估黄土浸水所造成危害的基础。本书在研究中首先选择了3处典型黄土场地,开展原位浸水入渗试验,旨在分析入渗场中含水率的时空变化规律及临空面对入渗场的影响特征等。

2.3.2 黄土浸水入渗原位试验

在甘肃定西、陕西韩城和洛川选择试验点,进行原位大面积浸水试验,利用原位TDR水分测试探头,结合现场取样后的室内模拟试验,揭示典型湿陷性黄土浸水后的入渗规律。

1) 原位试验目的

黄土浸水入渗试验的目的是通过测试渗流场某些特征剖面上区域含水率的变化来描述整个渗流场的时间变化和空间变化,并利用数据可视化技术,把渗流场描述出来,为分析黄土入渗规律提供支持。主要解决以下4个问题:①渗流场特征剖面上含水率的时空变化规律;②渗流场地表的湿陷变形性状;③临空面对渗流场的影响特征;④入渗水量随时间的变化情况。

2) 原位试验关键技术

原位浸水入渗试验测试的主要指标是土中含水率值,最关键的是含水率的原位测量技术。只有用原位无损测量才能获取该区域含水率的连续变化值。通过调研与比选,采用基于介电常数法原理的TDR(Trime Data Pilot)与HH2(Soil Moisture Probe type SMS2 and Meter type HH2)(图2-1)来测量指定剖面的体积含水率,并辅之其他剖面的探孔深层取样作为补充,实现了含水率原位无损连续快速测量。

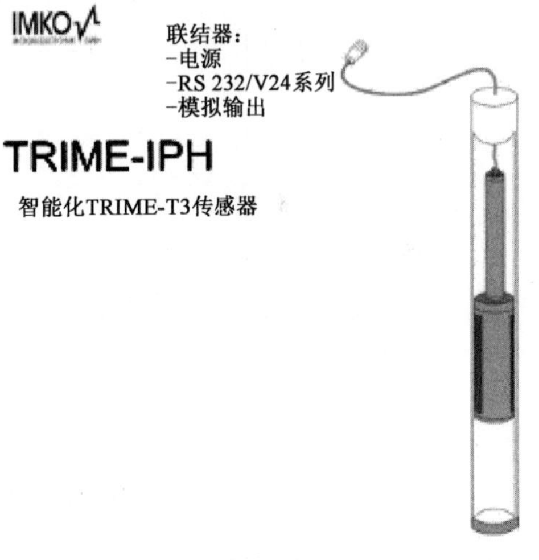

图 2-1 TRIME-IPH 探头

3) 原位试验方案

原位浸水试验以甘肃陇西自重湿陷性黄土为主,选址在GZ45峛柳高速公路新庄岭隧道西出口南侧台地上。并在陕西洛川塬及韩城芝川附近分选一处进行浸水试验作为补充对比。参考有关黄土原位浸水试验资料,确定了现场浸水入渗试验方案。甘肃新庄岭的试验场地布置如图2-2和图2-3所示。

根据工程地质勘察资料,试验点的黄土湿陷层厚度约为15m。现场浸水池采用圆形,直径15m,深度50cm,底层铺设20cm水洗细砂,浸水试验时控制浸水池内水头保持在15cm。

观测土槽到浸水池边缘距离为6m，深度8m，采用钢模板和木撑杆支护。为了减小冬季气候对浸水试验的影响，在浸水池上搭建了直径20m的防护棚。试验用蓄水池100m³，用塑料棚膜铺制。

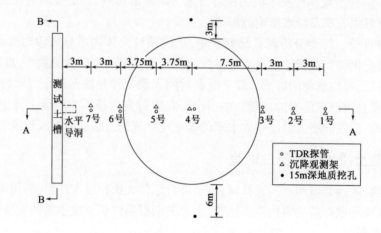

图2-2　TDR探管和沉降观测架平面布置图

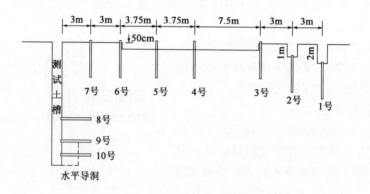

图2-3　TDR探管和沉降观测架剖面A-A布置图

2.3.3　浸水入渗过程分析与试验模型

1）试验数据分析思路

黄土原位浸水试验测量的数据主要是入渗场特征剖面上的体积含水率，分析中先将其转化为土样的饱和度，用饱和度来描述入渗场随时间、空间的变化。试验数据分析主要解决两方面的问题：①根据试验数据描述出浸水入渗场中各个所测物理量的变化趋势，从而选取合适的函数来建立入渗模型；②依据试验数据回归得到所建模型的相关系数。

基于对试验数据分析的不同需求，可用不同的表现形式来描述入渗场的变化规律。如用时间、深度、饱和度3个变量的立体图来描述入渗场的变化趋势，便可建立对浸水入渗场的直观形象认识；用二维曲线图则可描述两个变量之间的变化规律，便于建立函数关系并回归参数（见图2-4）。

2) 试验分析数据库

现场试验数据主要包括土体物性指标、工程性质指标、场地信息指标及各项测试指标。新庄岭原位浸水试验历时 3 个月，不仅采集的数据量很大（尤其是含水率的数据），而且数据类型多样、要求数据处理的周期要短，以保证浸水过程中实时为试验决策提供支持。因此，数据库的设计以满足上述数据特点和试验分析要求为前提，体现了高效性、可扩充性及兼容性原则。数据库系统对应试验中数据采集、数据处理、数据分析 3 个阶段，其核心部分也由原始数据库、规范数据库、结果数据库 3 个子库组成，且在核心数据库基础上扩充了数据采集模块、数据处理模块、数据分析模块和分析结果输出模块等。图 2-5 示出数据库结构图。

3) 试验数据处理系统

基于 Visual C++、Microsoft Access、Matlab，编制了试验数据综合处理系统，该系统主要包括数据处理、数据库设计和数据分析 3 个部分，系统结构示于图 2-6。

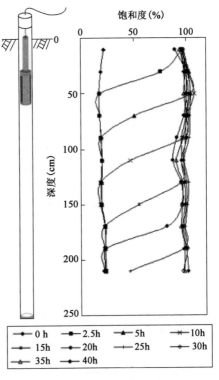

图 2-4 TDR 探管测试示意

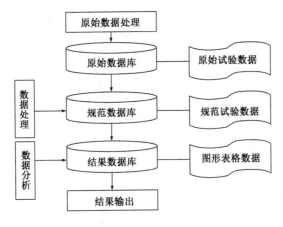

图 2-5 数据库结构图

4) 浸水入渗过程分析

甘肃新庄岭浸水试验工点除准备阶段外，浸水历时 60d，累计浸水量近 3000m³。

新庄岭浸水试验浸水量的变化示于图 2-7，入渗率的变化见图 2-8。由图 2-7 可以看出，浸水开始时入渗速率很快，最初 20min 内入渗速率达 453m³/d，此后逐渐降低，第 24h 减至 96m³/d，第 48h 减至 80m³/d，第 6d 减至 49m³/d，以后基本稳定在 49m³/d 左右。

新庄岭浸水试验场共布置 10 组 TDR 探管，通过 TDR 无损连续检测，获得了土中水迁移的实时运动状况，以浸水池中心 4 号探管和 5 号探管为例进行分析。

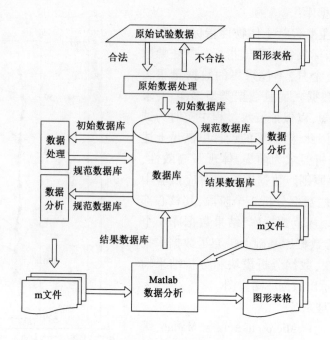

图 2-6　试验数据综合处理系统系统结构图

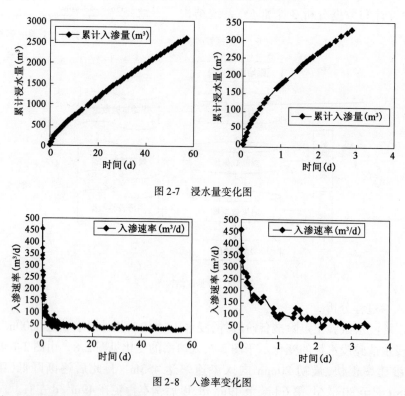

图 2-7　浸水量变化图

图 2-8　入渗率变化图

(1) 浸水池半径中点处 4 号探管

图 2-9 为浸水试验开始至结束整个时段内，4 号探管各测试深度质量含水率的变化情况。

由图可见,开始浸水时沿着 TDR 探管深度依次从非饱和天然状态进入非饱和入渗状态,含水率增长很快,饱和度也随之增大;当入渗锋面经过以后,含水率继续增大,水分几乎完全充满土体孔隙,饱和度大约在 96%,随后进入稳定入渗的渗流导水状态。亦即,浸水过程中 4 号探管不同深度的土体经历了 3 个状态:天然非饱和状态(非入渗过程)、非饱和入渗状态和饱和入渗状态。开始入渗时土体处于天然非饱和状态;入渗锋面经过时处于非饱和入渗状态;入渗锋面经过后在饱和导水区充分供水的条件下处于饱和渗流状态;停水后供水条件不足时又处于非饱和入渗状态;停水一段时间后,土体中含水率处于动态变化的平衡状态,又回到天然非饱和状态。

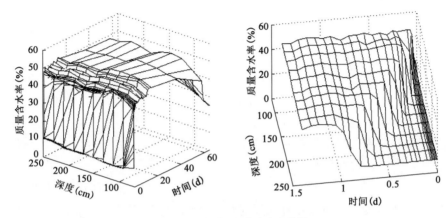

图 2-9　4 号探管剖面含水率变化图

图 2-10 示出了 4 号探管各测试深度土体饱和度随时间变化的比较情况。由图可见,深度上等距离的饱和度变化曲线之间的时间间隔,随着深度的增加而逐渐增大,亦即,入渗锋面向下运动的速度随着入渗深度的增大而减小。这说明随着入渗锋面的向下运动,入渗的深度越大,饱和传导区内水的渗流运动受到的孔隙阻力也越大,损失的水头能量也越大。

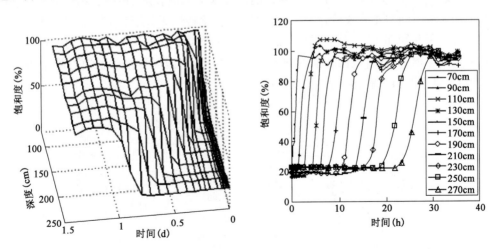

图 2-10　4 号探管剖面饱和度变化图

如果定义非饱和入渗时间为土的含水率从天然含水率增大到饱和度接近于 1 时的含水率所需的时间,则图 2-11 描述了非饱和入渗时间随深度增大时的变化情况。图中表明,随着入渗锋面深度的增大，入渗锋面的非饱和区域变大。入渗锋面非饱和区域扩大是水在土体中的扩散而引起的，但这一过程中浸水量锐减，也就是说入渗锋面非饱和区域虽然需要水来补充，但却不能有足够的水量渗流过来。由此可见，饱和传导区内饱和土体的导水能力是制约入渗锋面运动的重要因素。

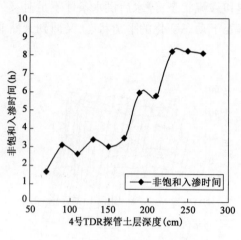

图 2-11　4 号探管非饱和入渗时间图　　　　图 2-12　停水后含水率变化图

图 2-12 是浸水试验结束阶段 4 号探管剖面含水率的变化情况。当停水以后，土体孔隙中的水在重力作用下向下运动，含水率迅速降低，土体又进入非饱和入渗状态，其后含水率不断降低，饱和度亦随之减小，直到土体处于含水率动态变化的平衡状态，此时土体水分的饱和度也就是滞留饱和度。从图中还可看出，土层深度越浅，含水率变化得越快，变化的幅度也越大。

（2）浸水池半径中点处 5 号探管

图 2-13 和图 2-14 分别示出了 5 号探管剖面含水率和饱和度的变化情况，图 2-15 为 5 号探管非饱和入渗时间与 4 号探管比较，其含水率的变化特性无显著区别。但 5 号探管沿深度各观测位置处于非饱和入渗状态的时间较 4 号长，其原因在于浸水池的侧壁用塑料膜隔水，池中的水只是向下渗透，随着入渗锋面的向下运动，水分也向四周扩散。扩散过程中，越是远离浸水池中心，供水能力越弱，制约了入渗锋面的运动。

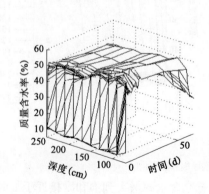 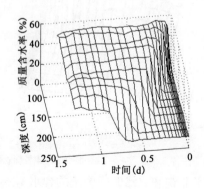

图 2-13　5 号探管剖面含水率变化图

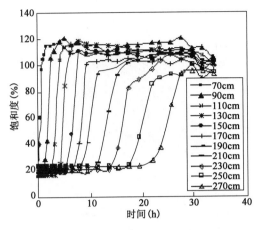

图 2-14 5 号探管剖面饱和度变化图   图 2-15 5 号探管非饱和入渗时间图

8 号、9 号、10 号探管位于观测土槽内,其位置见图 2-16,布置土槽内水平方向探管的目的是想要测量水平入渗锋面的变化规律。8 号探管各个测试土层最大饱和度为 70%,6 号与 10 号探管最大饱和度为 65%,三者都没有达饱和状态,亦即,8 号、9 号、10 号探管位置都在浸润线以上。图 2-17、图 2-18 和图 2-19 分别为 8 号、9 号和 10 号探管剖面饱和度变化情况。

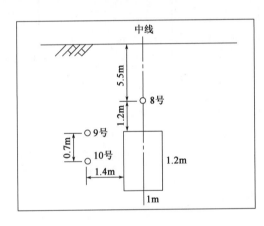
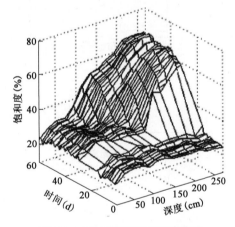

图 2-16 测试土槽中 TDR 探管布置图   图 2-17 8 号探管剖面饱和度变化图

通过以上分析,可以得到典型黄土原位浸水入渗的一些常规特性,为了更直观的考察浸水入渗场中饱和度的时空变化性状,这里引入饱和度等值线分布图把入渗场对称剖面上的饱和度变化描述出来,见图 2-20 ~ 图 2-22。

这 3 个图主要描述了 TDR 探管测试深度范围内土体饱和度的变化情况。由于含水率沿着 TDR 探管的采集间隔小(20cm)且采集频率较大,对试验数据仿真分析的主要算法是对测试数据采用线性内插,由离散点饱和度绘制渗流场饱和度等值线,通过饱和度等值线的分布特征来进一步分析黄土浸水入渗的性状。

浸水试验最初 10h 内,水在重力势和土的基质势共同作用下向下运动,入渗锋面向下移动 130cm,而水平方向上入渗锋面的移动很小,6 号探管距离浸水池边缘仅 30cm,无水入渗。

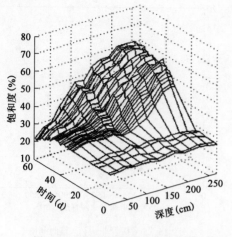

图2-18 9号探管剖面饱和度变化图

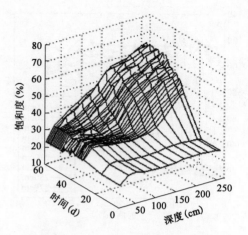

图2-19 10号探管剖面饱和度变化图

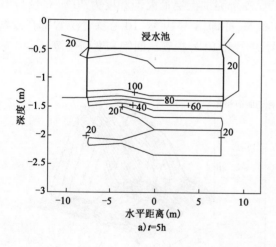

a) $t=5h$

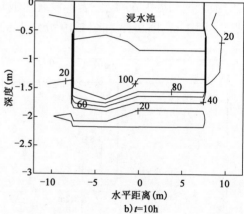

b) $t=10h$

图2-20 浸水初期对称剖面饱和度等值线分布图

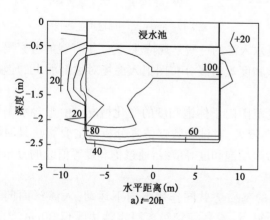

a) $t=20h$

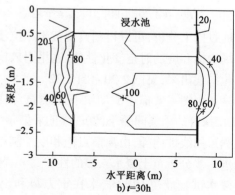

b) $t=30h$

图2-21 浸水期间对称剖面饱和度等值线分布图

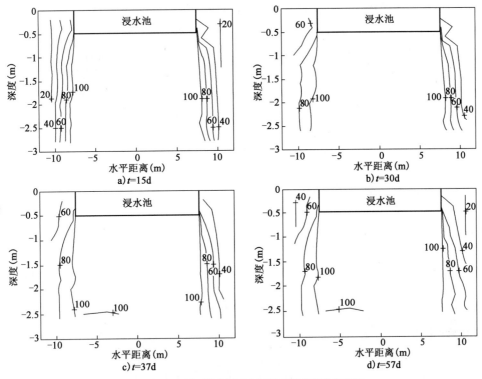

图 2-22 浸水后期间对称剖面饱和度等值线分布图

水平入渗锋面并没有继续沿水平方向运动,而是非饱和入渗区内的入渗锋面向下运动。黄土的这种入渗特性对于建立非饱和土入渗模型提出了特殊的要求,连续介质中热传导类模型恐难以描述这种入渗过程。

由于 TDR 探管长度的限制,40h 以后,浸水池中深层土体的含水率变化检测不到。根据图中水平入渗锋面的变化情况,还可预测 $t=40$h 以后的变化趋势,即在重力势和基质势的作用下,入渗锋面水平运动速度仍将非常缓慢,入渗锋面向下运动的速度明显大于水平运动速度。根据洛阳铲取样数据,水平方向入渗范围不大于浸水池边缘 6m,而根据浸水量估算入渗深度大约 20m。

浸水池左右两侧的饱和度等值线的分布有明显区别,左侧的饱和度等值线明显疏于右侧。这说明了左侧的非饱和入渗区范围大于右侧。其原因可能有三个,一是左侧土体的孔隙率较大,水平渗透系数大于右侧土体;二是浸水池中各点浸水湿陷量不同,导致浸水后期浸水池中湿陷量大的地方水头大,即水头边界不同;三是由于 8m 深的观测土槽形成了临空面,导致位置边界不同。

2.3.4 黄土浸水入渗理论模型

1) 一维非饱和入渗经验公式

$$S = \begin{cases} S_0 & t \leq t_0 \\ S(t,z) & t_0 < t < t_1 \\ S_1 & t \geq t_1 \end{cases} \quad (2\text{-}1)$$

式中:t_0——单元体从天然状态进入非饱和入渗状态的时刻;

t_1——单元土体从非饱和入渗状态进入饱和导水状态的时刻。

式(2-1)描述了单元土体中非饱和入渗过程,要确定饱和度的变化,则需要确定 t_0、t_1 两个时刻与 $S(z,t)$ 的表达式。

在一维 Richards 入渗公式中,利用 Boltzmann 变换,可以得到入渗深度是时间平方根的幂级数,即

$$z = \sum_{i=1}^{n} a_i t^{\frac{i}{2}} \tag{2-2}$$

式中:z——入渗深度;

a_i——第 i 层土对应的渗透系数;

t——渗透时间。

取前两项作为近似,则

$$z = a_1 \sqrt{t} + a_2 t \tag{2-3}$$

对 z 求导,得到

$$V = \frac{dz}{dt} = \frac{1}{2} a_1 t^{-\frac{1}{2}} + a_2 \tag{2-4}$$

又由达西定律

$$V = \frac{K}{\rho g} \cdot \frac{\partial p}{\partial z} + K \tag{2-5}$$

式中:V——渗透速度;

K——渗透系数。

比较式(2-4)和式(2-5)可得

$$\begin{cases} a_2 = K + \lambda \\ a_1 = 2t^{\frac{1}{2}} \left(\frac{K}{\rho g} \cdot \frac{\partial p}{\partial z} - \lambda \right) \end{cases} \tag{2-6}$$

式中:λ——与土体特性和浸水入渗边界条件相关的参数。

由此可见,a_2 是与渗透系数相关的参数,a_1 与土体的扩散性有关,可以通过试验回归得到。

分析各深度的饱和度变化曲线,可以发现非饱和入渗时间段内,饱和度的变化近似为一条直线,因此,可假定非饱和入渗时间段内饱和度随时间线性变化。这样,就可得到一维非饱和入渗经验公式:

$$S = \begin{cases} S_0 & t \leq t_0 \\ S_0 + (S_1 - S_0) \dfrac{t - t_0}{t_1 - t_0} & t_0 < t < t_1 \\ S_1 & t \geq t_1 \end{cases} \tag{2-7}$$

式中:S——单元体中三种状态的饱和度;

S_0——单元体未进入非饱和入渗状态时的饱和度;

S_1——进入饱和导水状态后的饱和度;

t_0——单元体从天然状态进入非饱和入渗状态的时刻;

t_1——单元土体从非饱和入渗状态进入饱和导水状态的时刻。

式(2-7)的适用条件是入渗面积较大,积水深度较小的积水入渗,并且供水能力大于入渗能力,浸水入渗时间不太长。

新庄岭黄土原位浸水入渗试验中,4 号与 5 号探管的边界条件很相似,具有可比性。在 4 号与 5 号探管剖面入渗锋面运移图中,将时间取平方根,并用二次多项式回归,则可得到图 2-23,从图中便可求得参数 a_1、a_2 值,亦即

4 号 TDR 探管:

$$\begin{cases} z_0 = 0.2866\sqrt{t_0} + 0.0318 t_0 \\ z_1 = 0.1775\sqrt{t_1} + 0.0317 t_1 \end{cases} \tag{2-8}$$

5 号 TDR 探管:

$$\begin{cases} z_0 = 0.2778\sqrt{t_0} + 0.0405 t_0 \\ z_1 = 0.1998\sqrt{t_1} + 0.0266 t_1 \end{cases} \tag{2-9}$$

式中:t_0——单元体从天然状态进入非饱和入渗状态的时刻;

t_1——单元土体从非饱和入渗状态进入饱和导水状态的时刻。

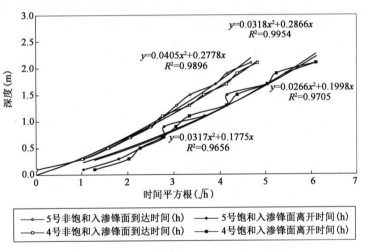

图 2-23 4 号与 5 号探孔剖面入渗深度最小二乘法回归

根据回归结果可见,4 号探管具有良好的规律性,a_2 在数值上比较接近,如果取 $\lambda = 0$,即可得到垂直方向的渗透系数 $Kz = 8.83 \times 10^{-6}$ m/s。

5 号探管位置则由于入渗过程中湿陷变形较大而引起孔隙率的变化,饱和度计算时又取了固定孔隙率,故数据处理中引入了误差,但即便这样,仍然具有良好的变化趋势。

2)点源入渗非饱和入渗公式

定义湿润比为点源入渗时水平湿润锋与垂直湿润锋的比值,并给出如下假设条件:

(1)土体为刚性多孔介质;

(2)土中孔隙气压力等于大气压力,不考虑孔隙气体的流动;

(3)水的入渗仅在吸力作用下发生,即不考虑重力影响;

(4) 入渗时土体传导区内水分运动通量不随位置而变化,仅是时间的函数;
(5) 入渗过程中,湿润比不随时间而变化;
(6) 土体初始含水率处处相同。

根据达西定律和土水特性曲线可以推出土体点源二维非饱和入渗公式:

$$S_r = S_{rb} + (1 - S_{rb})\left(\frac{R^0 - R}{R^0}\right)^{\frac{n}{m-1}} \quad (2\text{-}10\text{a})$$

参数计算如下:

$$\begin{cases} R^0 = \dfrac{x_0 z_0}{\sqrt{z_0^2 \cos^2\alpha + x_0^2 \sin^2\alpha}} \\ R = \sqrt{x^2 + z^2} \\ \alpha = \arctan\dfrac{x}{z} \\ x_0(t) = Az_0(t) = A(a_1\sqrt{t} + a_2 t) \end{cases} \quad (2\text{-}10\text{b})$$

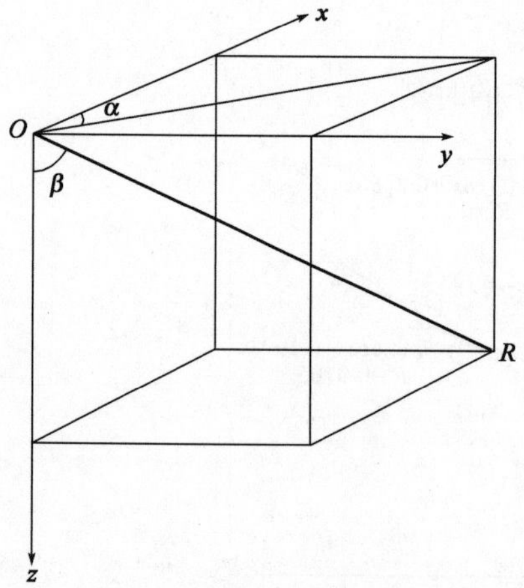

式中: m——形状系数;
n——土水特性曲线形状系数;
S_{rb}——对应于 θ_b 的滞留饱和度;
a_1、a_2、A——用来确定入渗锋面的试验回归参数;
R——土中计算点相对浸水点的距离;
x_0、z_0——入渗某一时刻水平方向和垂直方向的湿润锋距离。

这样,知道了浸水点的位置就可得出土中任一点在各时刻的饱和度。

式(2-10)可以方便地推广到三维情形,选择坐标系如图2-24所示。

图2-24 坐标系示意图

$$S_r = S_{rb} + (1 - S_{rb})\left(\frac{R^0 - R}{R^0}\right)^{\frac{n}{m-1}} \quad (2\text{-}11\text{a})$$

式中参数计算如下:

$$\begin{cases} R = \sqrt{x^2 + y^2 + z^2} \\ R^0 = \dfrac{R_0 z_0}{\sqrt{R_0^2 \sin^2\beta + z_0 \cos^2\alpha}} \\ R_0 = x_0 \cos^2\alpha + y_0 \sin^2\alpha \\ \alpha = \arctan\dfrac{x}{y} \\ \beta = \arctan\dfrac{\sqrt{x^2 + y^2}}{z} \\ x_0(t) = A_x z_0(t) = A_x(a_1\sqrt{t} + a_2 t) \\ y_0(t) = A_y z_0(t) = A_y(a_1\sqrt{t} + a_2 t) \end{cases} \quad (2\text{-}11\text{b})$$

式中：A_x、A_y——用来确定入渗锋面的试验回归参数；

x_0、y_0 和 z_0——入渗某一时刻 x 方向、y 方向和 z 方向的湿润锋距离。

3）三维非饱和入渗经验公式

在一维非饱和入渗经验公式的基础上可以建立三维非饱和入渗经验公式。对于点源入渗，假定坐标轴与渗透张量主方向平行，K_x、K_y、K_z 分别是 x、y、z 方向的渗透系数，且取入渗点源处为坐标原点，建立笛卡儿坐标系，则 $P(x,y,z)$ 处的渗透系数可以表示为

$$K = K_x \cos^2\alpha \sin^2\beta + K_y \sin^2\alpha \sin^2\beta + K_z \cos^2\beta \quad (2\text{-}12a)$$

式中：　K——渗透系数；

K_x、K_y、K_z——x、y、z 方向的渗透系数；

α,β 意义如图 2-25 所示。

$$\alpha = \arctan\frac{x}{y} \quad \beta = \arctan\frac{\sqrt{x^2+y^2}}{z}$$

则式（2-12a）满足

$$K = \begin{cases} K_x & \alpha = 0, \beta = \dfrac{\pi}{2} \\ K_y & \alpha = \dfrac{\pi}{2}, \beta = \dfrac{\pi}{2} \\ K_z & \beta = 0 \\ K_0 & K_x = K_y = K_z = K_0 \end{cases} \quad (2\text{-}12b)$$

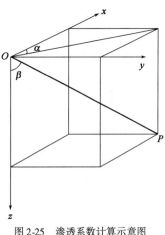

图 2-25　渗透系数计算示意图

渗透系数的各向异性是由黄土微观结构特性决定的，它导致黄土入渗特性各向异性，因此式（2-12）的换算关系同时适用于入渗角、入渗锋面空间各向异性描述物理量。

一维入渗定解

$$\begin{cases} \dfrac{\partial \theta}{\partial t} = \dfrac{\partial}{\partial z}\left[D(\theta)\dfrac{\partial \theta}{\partial z}\right] - \dfrac{\partial K(\theta)}{\partial z} \\ \theta|_{t=0} = \theta_0 \\ \theta|_{z=0} = \theta_s \\ \theta|_{z\to\infty} = \theta_0 \end{cases} \quad (2\text{-}13)$$

式中：θ——含水变量；

θ_0——$t=0$ 及 $z\to\infty$ 时的含水率；

θ_s——$z=0$ 处时含水率；

$D(\theta)$——扩散系数。

在某种意义下,用 D^* 代替 $D(\theta)$;并用 $K = \dfrac{K_s - K(\theta_0)}{\theta_s - \theta_0}$ 代替 $\dfrac{\partial K(\theta)}{\partial \theta}$,其中 $K(\theta)$ 为渗透系数。将(2-13)化为常系数线性微分方程,应用拉普拉斯变换可以求得:

$$\theta(z,t) = \theta_0 + \frac{\theta_s - \theta_0}{2}\left[erfc\left(\frac{z - Kt}{2\sqrt{D^* t}}\right) + erfc\left(\frac{z + Kt}{2\sqrt{D^* t}}\right) e^{\frac{Kz}{D^*}} \right] \tag{2-14}$$

式中,余误差函数 $erfc(x) = \dfrac{2}{\sqrt{\pi}} \int_x^{\infty} e^{-\beta^2} d\beta = 1 - \dfrac{2}{\sqrt{\pi}} \int_{-\infty}^x e^{-\beta^2} d\beta = 1 - erf(x)$。

式(2-14)是一个近似线性化方程,余误差函数在形式上有些复杂,图2-26 描述了余误差函数,比较图2-26 与图2-28 可以看出,余误差函数在图形变化趋势上与4号TDR 探管某一时间饱和度随深度变化图有很多相似之处。图2-27 描述了误差函数,比较图2-27 与图2-29可以发现,误差函数在图形变化趋势上与4号TDR 探管某一深度饱和度随时间变化图也有共同的性状。两组图形存在上、下限并且中间变化曲线形状非常相似。由此得到启示,可用误差函数来描述渗流场中饱和度随时间和空间的变化规律。

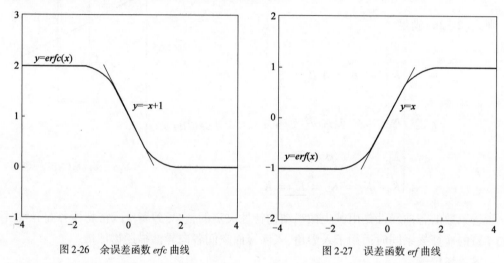

图 2-26 余误差函数 erfc 曲线　　　　图 2-27 误差函数 erf 曲线

误差函数和余误差函数可用分段函数来表示,上下限的表示比较方便,关键是确定中间区段的表示方法,可以引用最佳一致逼近、最佳均方逼近或根据饱和度对土体工程性质的影响大小确定。这里采用如下近似:

$$erfc = \begin{cases} 2 & x \leqslant -1 \\ -x + 1 & -1 < x < 1 \\ 0 & x \geqslant 1 \end{cases} \tag{2-15}$$

$$erf = \begin{cases} -1 & x \leqslant -1 \\ x & -1 < x < 1 \\ 1 & x \geqslant 1 \end{cases} \tag{2-16}$$

通过以上分析,引入假定非饱和入渗场饱和度的时空变化满足(余)误差函数曲线。为了用(余)误差函数描述入渗场的变化,需要处理以下3个问题:

①将非饱和入渗变化区段映射到(余)误差函数区间[-1,1]的曲线上；
②将天然饱和度状态和饱和导水状态映射到(余)误差函数区间(-∞,-1),(1,+∞)的曲线上；
③当深度固定时,得到形如余误差函数的表达式,当时间固定时得到形如误差函数的表达式。

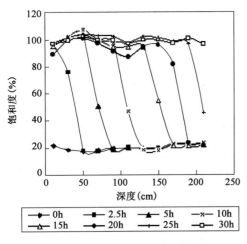

图 2-28　4 号 TDR 探管饱和度变化图　　　图 2-29　4 号 TDR 探管饱和度变化图

构造一维非饱和入渗公式

$$\theta(z,t) = \theta_0 + \frac{\theta_s - \theta_0}{2}\mathrm{erfc}\left[\frac{A(z,t)}{B(K,D)}\right] \tag{2-17}$$

式中：$A(z,t)$——入渗锋面的位置；

$B(K,D)$——非饱和入渗区域的大小,二者量纲都是[L]。

在充分供水的最不利情况下,$A(z,t)$ 与深度、时间和饱和渗透系数有关,取 $A = z - (a_1\sqrt{t} + a_2 t)$,当 $A=0$ 时,$z = a_1\sqrt{t} + a_2 t$,此时的入渗锋面为非饱和入渗区域中心组成的曲面,可以验证,它满足③。

$B(K,D)$ 表示非饱和入渗区域的大小,与土体的微观结构特性有关,取决于土体的饱和区入渗系数和扩散系数。图 2-30 描述了浸水池中 4 号与 5 号 TDR 探管剖面非饱和入渗区域长度随时间的变化,从图中可见,浸水过程中非饱和入渗区域长度稳定在 0.3m 左右。B 可由试验确定,它满足①②。

由此得到一维非饱和入渗公式

$$\theta(z,t) = \theta_0 + \frac{\theta_s - \theta_0}{2}\mathrm{erfc}\left[\frac{z - (a_1\sqrt{t} + a_2 t)}{B}\right] \tag{2-18}$$

分析浸水入渗场对称剖面饱和度等值线变化图可以看出,浸水入渗区域近似于梨形,上半部分近似为一个台体。若浸水池为圆形,则为圆台;若浸水池为矩形则为棱台;若浸水池不规则,则为不规则台体,但其形状由入渗角确定。也就是说,以与竖直方向夹角为入渗角的斜线为母线沿着浸水池边缘为轨迹运动形成的台体就是浸水区域的上半部分。下部为一个近似的半椭圆体形,如图 2-31 所示,图中 γ 为入渗角。黄土浸水入渗区域可以分为三个部分,浸水区内近似为一维入渗,入渗深度可由式(2-18)确定,两侧 ABC、FDE 近似为扇形。入渗角可按下式计算:

$$\gamma = \gamma_x \cos^2\alpha + \gamma_y \sin^2\alpha \tag{2-19}$$

式中:γ_x、γ_y ——x、y 方向的入渗角,可由试验确定。

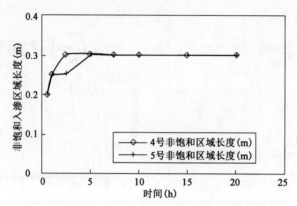

图 2-30 非饱和入渗区域长度变化图

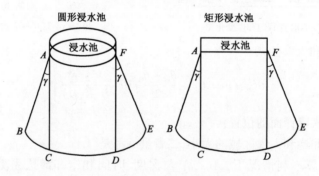

图 2-31 非饱和入渗区域计算图

由此可得任意积水入渗的三维入渗公式

$$\theta(x,y,z,t) = \begin{cases} \theta_0 + \dfrac{\theta_s - \theta_0}{2} erfc\left[\dfrac{z - (a_1\sqrt{t} + a_2 t)}{B}\right] & (x,y,z) \in f(x_1,y_1,z_1) \\ \theta_0 + \dfrac{\theta_s - \theta_0}{2} erfc\left[\dfrac{z - (a_1\sqrt{t} + a_2 t)\cos\gamma_0}{B}\right] & (x,y,z) \notin f(x_1,y_1,z_1) \cap \gamma_0 < \gamma \\ \theta_0 \end{cases}$$

(2-20a)

$$\gamma = \gamma_x \cos^2\alpha + \gamma_y \sin^2\alpha \tag{2-20b}$$

$$z = a_1\sqrt{t} + a_2 t \tag{2-20c}$$

$$\gamma_0 = \arctan\dfrac{g(x,y)}{z} \tag{2-20d}$$

式中:$f(x_1,y_1,z_1)$ ——横截面浸水区域的柱体;

$f(x_1,y_1,0)$——浸水区域；

z——t 时刻垂直入渗深度；

$g(x,y)$——计算点 (x,y,z) 到柱体 $f(x_1,y_1,z_1)$ 的最短距离,可由具体的浸水池形状写出表达式。

当计算点位于浸水池区域内时,可看作是一维垂直入渗,当计算点位于浸水池区域两侧扇形区内时,采用投影的思路建立含水率计算公式,当计算点角度大于入渗角时,认为计算点土体不受入渗场的影响,含水率保持不变,其他计算参数同式(2-18)。

采用图 2-32 笛卡尔坐标系,建立严格的黄土浸水湿陷固结方程,需要将连续方程和平衡方程相耦合。三维固结问题中,需要求解 5 个未知变量:x、y、z 方向的位移以及水、气的体积变化。这 5 个未知变量可以由 3 个平衡方程和水、气两个连续方程求解,这些方程是根据土、水、气的本构关系确定的。根据解决问题的需要,平衡方程可以采用大变形固结理论,也可以采用小变形固结理论,对于连续性方

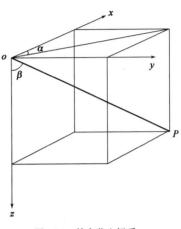

图 2-32　笛卡儿坐标系

程,考虑水、气两相更接近与工程实际,也可根据实际情况只考虑单相水的运动。为了使问题简化,本节只探讨均匀各向异性刚性多孔介质中单相水的运动问题,不考虑耦合情况。

黄土入渗基本假定:

①等温入渗,即不考虑温度变化;

②土体孔隙气压等于大气压力,不考虑孔隙气体的流动。

将 Darcy 定律式代入连续性方程(2-12),得到非饱和黄土入渗控制方程

$$\frac{\partial \theta}{\partial t} + \nabla \cdot [K(\theta) \nabla h] = 0 \tag{2-21}$$

式中:θ——含水率;

h——入渗深度。

根据解决问题的不同需要,式(2-21)可以写成不同的形式。

(1)以含水率 θ 为因变量的入渗控制方程

$$\frac{\partial \theta}{\partial t} = \nabla \cdot [D(\theta) \nabla \theta] + \frac{\partial K(\theta)}{\partial z} \tag{2-22a}$$

式中:$D(\theta)$——扩散系数,是渗透系数与容水度的比值。

定解条件

①初始条件:

$$[\theta(x,y,z)]_{t=0} = \theta_0(x,y,z) \quad (x,y,z) \in \Omega \tag{2-22b}$$

②边界条件:

水头边界

$$\Gamma_1:[\theta(x,y,z,t)]_{\Gamma_1} = \theta_s \quad (x,y,z) \in \Gamma_1, t > 0 \tag{2-22c}$$

入渗锋面边界

$$\Gamma_2:[\theta(x,y,z,t)]_{\Gamma_2} = \theta_0 \quad (x,y,z) \in \Gamma_2, t > 0 \quad (2\text{-}22\text{d})$$

（2）水头 h 为因变量的非饱和入渗控制方程

$$\frac{\partial}{\partial x}\left[K_x(h)\frac{\partial h}{\partial x}\right] + \frac{\partial}{\partial y}\left[K_y(h)\frac{\partial h}{\partial y}\right] + \frac{\partial}{\partial z}\left[K_z(h)\frac{\partial h}{\partial z}\right] - \frac{\partial K_z(h)}{\partial z} = C(h)\frac{\partial h}{\partial t} \quad (2\text{-}23\text{a})$$

式中：$C(h)$ ——土体容水度；

K_x、K_y、K_z —— x、y、z 方向的渗透系数。

定解条件

①初始条件：

$$[h(x,y,z)]_{t=0} = h_0(x,y,z) \quad (x,y,z) \in \Omega \quad (2\text{-}23\text{b})$$

②边界条件：

水头边界

$$\Gamma_1:[h(x,y,z,t)]_{\Gamma_1} = h_b(x,y,z,t) \quad (x,y,z) \in \Gamma_1, t > 0 \quad (2\text{-}23\text{c})$$

流量边界

$$\Gamma_2:\left[K_x(h)\frac{\partial h}{\partial x}n_x + K_y(h)\frac{\partial h}{\partial y}n_y + K_z(h)\frac{\partial(h-z)}{\partial z}n_z\right]_{\Gamma_2} = q \quad t > 0 \quad (2\text{-}23\text{d})$$

式中：$n_j(j = x,y,z)$ ——边界的外法线方向余弦。

（3）以压强 p 为因变量的入渗控制方程

$$\frac{\partial(\rho_w \phi S_w)}{\partial t} = \nabla \cdot \left[\rho_w \frac{K(S_w)}{\mu}(\nabla_P - \rho g K)\right] \quad (2\text{-}24\text{a})$$

参数取值范围

饱和区：

$$\begin{cases} p > 0 \\ S_w = 1 \\ K(S_w) = K \end{cases} \quad (2\text{-}24\text{b})$$

非饱和区：

$$K = \begin{cases} K(S_w) & S_w > S_{w0} \\ 0 & 0 \leq S_w \leq S_{w0} \end{cases} \quad (2\text{-}24\text{c})$$

$$\begin{cases} p < 0 \\ S_w = S_w(p) \\ S_{w0} \leq S_w \leq 1 \end{cases} \quad (2\text{-}24\text{d})$$

式中：p ——压强；

ρ_w ——水的密度；

S_w ——饱和度；

K ——渗透系数；

$K(S_w)$ ——不同饱和度对应的渗透系数；

μ ——泊松比。

2.4 黄土的增湿变形特性

2.4.1 背景描述

试验土样共计 600 余件,分别取自甘肃定西、陕西洛川、韩城等地,均属典型的 Q3 湿陷性黄土。取土深度 1.3~1.8m,土呈褐黄色,硬塑状态,天然含水率为 6.2%~9.7%,天然密度为 13.5~14.1kN/cm³,天然孔隙比为 1.00~1.20,细根状大孔发育,有虫孔、细树根和草根、少量蜗牛壳和蚁穴以及某些微小动物尸体,土质不太均匀。

通过室内试验测得该土的基本物性指标如表 2-1 所示,判定该土为级配良好的中液限粉土(M_L)。

试验用土的基本物性指标　　　　表 2-1

液塑限试验	塑限 W_p	液限 W_L	$26\% < W_L < 42\%$
	19%	28.3%	$L_p = 9.3 < 10$
颗粒分析试验	不均匀系数 K_u	曲率系数 K_c	$K_u > 5$
	11	2.27	$1 < K_c < 3$

在原始含水率下,试验用土的孔隙比 $e \geq 0$,而且压缩系数 $a_{1-2} < 0.5\text{MPa}^{-1}$,为较疏松的中压缩性土;自重湿陷系数 $\delta_{sz} > 0.015$,为自重湿陷性黄土;在标准压力(200kPa)作用下,湿陷系数 $\delta_s > 0.07$,为强烈湿陷性黄土。

2.4.2 黄土增湿压缩试验

1)试验目的

试验中分别采用单线法和双线法对所取土样进行增湿情况下的单轴压缩试验,将试验结果进行对比分析,以便更好地反映黄土增湿时的变形特性。

2)湿陷压缩试验方案

试验设备:浮环式压缩仪。

试样尺寸:面积 50cm²,高度 2cm。

试验方法:单轴压缩试验(单线法和双线法),环刀土样的增湿采用预湿法,放在保湿缸内静置时间不少于 24h;减湿采用烘箱烘干。

加荷等级:考虑到荷重率对压缩变形规律的影响以及实际工程的加荷速率,采用的加荷等级为:25kPa、50kPa、100kPa、200kPa、300kPa、400kPa、500kPa、600kPa、700kPa、800kPa。

预压荷载:规程规定施加 1kPa 作为预压荷载,而实际上预压 1kPa 根本不能保证试样与仪器上下各部件之间接触良好,故本试验采用吊盘(约为 7.5kPa)作为预压荷载。

压缩试验中,双线法共做了 8 组,含水率变化依次为 0.0%、7.42%(原始含水率的平均值)、11.95%、15.1%、18.58%、22.57%、27.2%、31.28%。因为 $w = 31.28\%$ 时,土样已接近饱和,进行单线法湿陷试验无实际意义,故单线法仅做了前 6 组。

2.4.3 黄土增湿变形特征

实际中,黄土的增湿变形可以由地下水位上升引起或是地表水的入渗引起。前者增湿自下而上发展,浸水面积大,湿陷均匀,而后者增湿自上而下发展,浸水局限在小范围内,浸水不均匀,湿陷速率一般较大,变形过程较快。

黄土在一定应力状态下由干变湿的过程中,由于土颗粒间的毛细张力、水的润滑作用以及颗粒矿物的浸水软化,造成土颗粒间相对靠紧、滑移、颗粒本身的破碎及重新排列;同时,颗粒间的黏结成分遇水溶解也造成了土的结构破坏。故该变形具有突变性、非连续性和不可逆性。

1)湿陷系数与压力的关系

湿陷系数(δ_s)是指单位厚度土样在土的自重应力或自重应力与附加应力共同作用下受水浸湿后所产生的湿陷量。这里所说的多为增(减)湿到某一初始含水率下的湿陷系数。

增湿变形系数(δ'_s)是指单位厚度土样所产生的增湿变形,假定初始含水率为 w_1 时的湿陷系数为 $\delta_{s1} = h_1/h_0$,w_2 时的湿陷系数为 $\delta_{s2} = h_2/h_0 (w_1 < w_2)$,则增湿变形系数为 $\delta'_s = (h_1 - h_2)/h_0 = \delta_{s1} - \delta_{s2}$。其实,不同初始含水率下两条湿陷曲线的纵坐标差,即表示在相应压力下这种增湿程度所产生的增湿变形系数 δ'_s。

图 2-33 是不同初始含水率下单线法及双线法湿陷系数与压力关系曲线,对比分析图中曲线得出:无论是单线法还是双线法,随着初始含水率的增大,湿陷系数将明显下降,这表明黄土的湿陷性随增湿而减小,随减湿而增大。随着初始含水率的增大,湿陷量减少,曲线逐渐降低平缓,最后在初始含水率达到预湿饱和状态时,曲线趋近于横坐标轴。

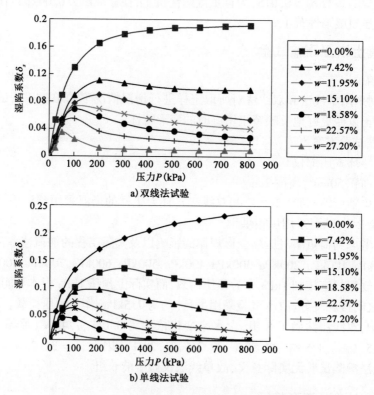

图 2-33 不同初始含水率下湿陷系数曲线比较图

在不同压力作用下的湿陷系数均有一个峰值,即在某一压力作用下,土将呈现最大的湿陷性,最大的湿陷系数即为峰值湿陷系数,相应的作用压力为峰值湿陷压力。图中显见,峰值湿陷系数和峰值湿陷压力都随增湿而降低,随减湿而增大。

在较小压力时,黄土的湿陷敏感性在某一范围内会逐渐增强。例如在压力 $P = 100\text{kPa}$ 时,初始含水率由 7.42% 增至 18.58%,增量为 11.16%,但 $\Delta\delta_s$ 仅为 0.019;当初始含水率由 22.57% 增至 27.2% 时,增量为 4.63%,而 $\Delta\delta_s$ 却为 0.03,说明此时微量增湿即可湿陷,黄土具有微湿效应。

分级浸水试验结果也表明,黄土在微量浸水($\Delta w = 2.6\% \sim 5.0\%$)时也会产生湿陷变形。在低应力水平状态下黄土的微湿效应并不明显,在较大应力作用下黄土的微湿效应则十分明显,而且微量浸水作用下可能使黄土地基完成其总湿陷变形的 40%~60%。所以说,湿陷性黄土的微量增湿对建筑物的危害性也是不容忽视的。

即使是在较小的压力作用下,湿陷性黄土在浸水增湿时也有可能产生一定的湿陷变形,因此严格地说,并不存在发生增湿变形或湿陷变形的起始压力。我国《湿陷性黄土地区建筑规范》规定:"对湿陷性强的土层,宜取湿陷系数 $\delta_s = 0.015$ 所对应的压力作为湿陷起始压力值"是作为解决工程应用问题来考虑的。

一般地,湿陷起始压力 p_{sh} 可以定义为湿陷性黄土的湿陷系数达到 0.015 时的最小湿陷压力,它是反映黄土湿陷性的一个重要指标,标志着黄土湿陷的开始。从图中可以看出,无论是单线法还是双线法,湿陷起始压力都随着土的初始含水率的增大而增大。结合增湿变形的概念,如果给 $\Delta\delta_s$ 也规定一个具有工程意义的界限值 0.015,则相应于 $\Delta\delta_s$ 达到 0.015 所需的最小作用压力即为增湿起始压力。增湿起始压力随初始含水率的增大而增大,随增湿程度或增湿含水率(黄土在增湿后所达到的含水率)的增大而减小。

除了完全干燥的情况下,湿陷系数与压力关系曲线都有峰值。也就是说,当压力超过某一值时,湿陷系数不再增加反而会有所减小,当压力达到足够大时,湿陷系数将降低到小于 0.015 以至趋近于零。这说明在一定的条件下,过大的压力会使土被压密,加荷变形将完成总变形量相当大的一部分,土的湿陷性将相对减弱甚至完全丧失。把湿陷性黄土的湿陷系数大于或等于 0.015 的最大湿陷压力定义为湿陷终止压力,它标志着黄土湿陷的终结。图中显见,湿陷终止压力随着土的初始含水率的增大而减小。

只有当湿陷压力超过湿陷起始压力而又不大于湿陷终止压力时浸水饱和,才可能产生相当于 $\delta_s \geq 0.015$ 的湿陷变形,这个压力区段称之为湿陷压力区间,其幅度随土的初始含水率的增大而缩减。湿陷压力区间以峰值湿陷压力为界,又可以分为湿陷递增区段和湿陷衰减区段。

上述 $\delta_s - P$ 曲线的变化规律,普遍存在于湿陷性黄土中,但由此而定义的一些湿陷特征指标(如湿陷起始压力、湿陷峰值压力、湿陷终止压力以及湿陷压力区间等)的数值则随黄土的形成年代、分布地区的不同而有所差异。对于同一种黄土,这些特征指标的数值将随土的初始含水率的不同而发生变化,总的规律是:随初始含水率的增加,湿陷起始压力略有增大,而湿陷峰值压力、湿陷终止压力和湿陷压力区间都明显减小。

图 2-34 所示系土样由天然含水率增湿到不同含水率时的增湿变形系数变化曲线。同一压力下,增湿含水率越高,增湿变形系数 δ'_s 值越大,且 $\delta'_s \sim P$ 曲线存在一个转折点,折点以前,随着压力增大,δ'_s 增长较快;折点以后,δ'_s 变化趋缓,当增湿含水率 w 达到一定程度时,甚至出现减小现象,这时的转折点即为峰值,说明在较大的压力作用下,随初始含水率的增大,湿陷的

敏感性将逐渐减弱。还可发现 δ'_s-P 曲线的转折点基本上都发生在同一应力水平下,双线法在 200kPa 左右,单线法在 300kPa 左右。

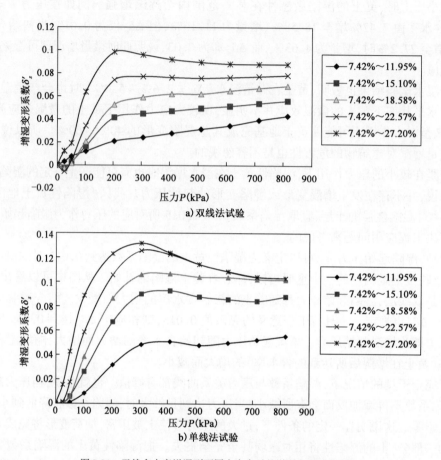

图 2-34 天然含水率增湿到不同含水率时的增湿变形系数曲线

图 2-35 所示为同一初始含水率下,双线法和单线法的湿陷系数与压力的关系曲线,具有以下规律:在初始含水率较低的情况下,随着压力增加,单线法的湿陷系数始终大于双线法的湿陷系数,而且单线法的峰值湿陷系数和峰值湿陷压力都大于双线法;当初始含水率达到某个值(11.95%)时,单线法与双线法的湿陷系数随压力的变化过程基本相当,两者的峰值湿陷压力也基本相同;当初始含水率超过某值(11.95%)后,随着压力的增加,单线法的湿陷系数始终小于双线法,此时单线法的峰值湿陷系数都小于双线法的峰值湿陷系数,两者的峰值湿陷压力基本相同;只有当初始含水率达到 22.57% 时,单线法的峰值湿陷压力才开始小于双线法的峰值湿陷压力。在初始含水率增大的整个过程中,单线法和双线法的湿陷起始压力值始终大致相等,数值都小于第一级作用压力 25kPa,而两者的湿陷终止压力则有较大差异,但都随初始含水率的增大而迅速降低。

起始含水率不同时,单线法与双线法所得湿陷系数的差别反映了湿陷浸水路径的影响。浸水路径的直接影响是土的压缩变形与湿陷变形的相互转换,上述结论说明,高初始含水率时土的压缩变形与湿陷变形之比大,低初始含水率时土的压缩变形与湿陷变形之比小。

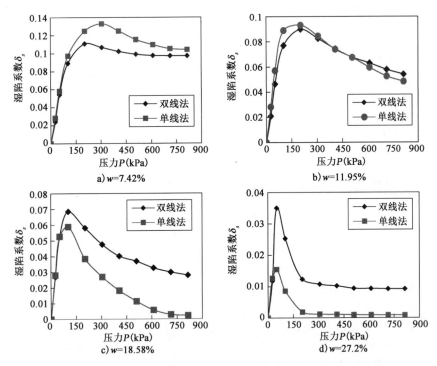

图 2-35　不同初始含水率下单线法和双线法湿陷系数曲线比较

图 2-36 是不同增湿含水率下单线法和双线法增湿变形系数的关系曲线。对比分析可得，同一增湿含水率下，除了增湿含水率 $w=11.95\%$ 时，在压力较小时单线法和双线法存在交叉外，其他情况下，单线法的增湿变形系数都略大于双线法的增湿变形系数。

2) 湿陷系数与初始含水率、饱和度的关系

湿陷系数与初始含水率的关系在不同浸水压力作用下的表现也是不同的。从图 2-37 可以看出，湿陷系数与增（减）湿后土样的初始含水率之间并非像有些文献所报道的呈现递减的直线关系，本次试验按照三次多项式进行拟合，得出以下结论：

作用的浸水压力较小时，湿陷系数与初始含水率之间的关系曲线规律性较差，几乎呈波浪形发展，当浸水压力达到或超过某个值（如 $P=100\mathrm{kPa}$）时，不管是单线法还是双线法，湿陷系数与初始含水率之间基本呈现递减的曲线关系，而且这些曲线最后都将交于一点；在初始含水率相同的情况下，曲线的递减率将随浸水压力的增大而增大。

在初始含水率较低（$w<4\%$）时，作用的浸水压力越大，湿陷性也越大。但随初始含水率的增加，这种规律将有所改变。当初始含水率 $w>4\%$ 时，除了较小的浸水压力（如 $P=25\mathrm{kPa}$、$50\mathrm{kPa}$、$100\mathrm{kPa}$、$200\mathrm{kPa}$）以外，作用的浸水压力越大，湿陷性反而越小。

对双线法而言，当初始含水率达到 25% 时，最大的湿陷性将出现在浸水压力为 50～100kPa 的区间内；当压力 $P=25\mathrm{kPa}$、$50\mathrm{kPa}$、$100\mathrm{kPa}$ 时，湿陷系数与初始含水率的关系曲线基本是由完整的 3 段组成的。在第一个转折点后，曲线的斜率变缓，说明土体结构破坏，湿陷速率增大；在第二个转折点之后，曲线上突，表示新的压密结构形成，湿陷变形转化为固结压密变形。当压力 $P=200\mathrm{kPa}$ 时曲线基本成一直线，无明显转折点。当压力 $P>200\mathrm{kPa}$ 后，曲线呈

下凹形，第一个阶段消失，第二、三阶段合而为一，湿陷变形量减缓。

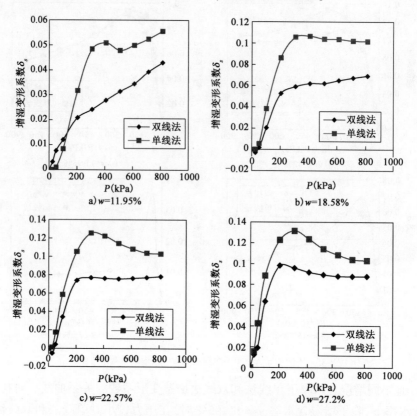

图 2-36　不同增湿含水率下单线法和双线法增湿变形系数比较

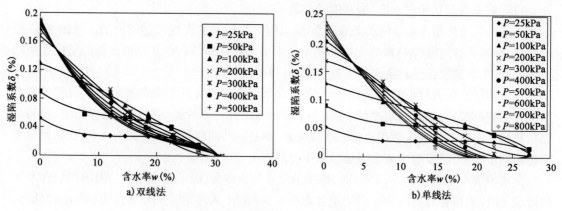

图 2-37　湿陷系数与初始含水率的关系曲线

对单线法来说，当初始含水率达到21%时，最大的湿陷性也将出现在浸水压力为50～100kPa的范围内。当压力超过该范围时，湿陷系数反而减小。除分界压力 $P=100$ kPa 以外，其曲线特征与双线法完全相同。

综上所述，浸水压力对湿陷性的影响，在初始含水率较低时表现得要比初始含水率较高时明显得多，随着初始含水率增大到某个界限值，这一影响将随湿陷性的退化而消失。随着压力和湿度的变化,黄土湿陷变形的全过程曲线由两个转折点和 3 段组成。第一转折点前,是吸力锐减的压密阶段,两个转折点之间是吸力降低与结构破坏的湿陷阶段,第二转折点之后是吸力丧失与新的结构形成的固结阶段,3 个阶段的发展随作用压力和增湿条件的变化而变化。

2.4.4 黄土增湿本构模型

对于黄土增湿变形的计算,Habibagahi 等曾在 1998 年根据对不同初始含水率试样的均压试验结果提出了双曲线模型,但这一模型仅适用于单调增湿路径,而且模型的建立是基于压实土的试验结果得出的,没有考虑天然土中的胶结作用,也没有考虑湿陷剪应变的影响,因此并不完全适用于湿陷性原状黄土。

魏汝龙、刘保健等通过对大量试验资料的分析,提出了割线模量法,可用双曲线函数拟合,其关系式为:

$$\varepsilon_i = \frac{P_i}{E_{so} + BP_i} \tag{2-25}$$

式中:P_i——某一压力;
E_{so}——初始割线模量;
B——直线斜率。

定义 $E_{soi} = \dfrac{P_i}{\varepsilon_i}$ 为土侧限条件下垂直变形的割线模量,则 $\varepsilon_i - p_i$ 双曲线可转换为 $E_{soi} - P_i$ 的直线方程,即

$$E_{soi} = \frac{P_i}{\varepsilon_i} = E_{so} + BP_i \tag{2-26}$$

式中:E_{soi}——压力 P_i 作用下所对应的土的割线模量;
E_{so}——土的初始割线模量;
B——该直线的斜率。

这里将要建立的增湿本构模型就是以割线模量法为基础,总结出在不同初始含水率、不同试验方法下试样的割线模量与压力的关系曲线,利用未浸水试样和浸水试样的 E_{soi}-P_i 关系曲线基本平行的规律,建立割线模量差 ΔE_{so} 与含水率 w(或饱和度 S_r)之间的关系,由此算出不同初始含水率下的湿陷变形量;同样,根据不同初始含水率下未浸水试样 E_{soi}-P_i 曲线之间的差值算出两个初始含水率之间的增湿变形量。

图 2-38 是不同初始含水率下双线法未浸水试样和浸水试样的 E_{soi}-P_i 关系曲线比较图。由图可见,浸水试样 E_{soi}-P_i 曲线的分部区域较小,未浸水试样的 E_{soi}-P_i 曲线除了 w = 7.42% 时较为分散外,分布区域也很小。随着含水率的增加,E_{soi}-P_i 曲线呈降低趋势。但不同初始含水率下的 E_{soi}-P_i 曲线并非完全平行,而是存在一定的交叉现象。图 2-39 为不同初始含水率下单线法的 E_{soi}-P_i 曲线总比较,规律性与双线法相似,但性状稍差。

从表 2-2 和表 2-3 以及图 2-40 可见,无论是双线法还是单线法,未浸水试样和浸水试样 E_{soi}-P_i 曲线的斜率虽然存在一定差异,但两者斜率的差值都很小,可认为两者的 E_{soi}-P_i 曲线平行,即

$$\Delta E_{soi} = \Delta E_{so} \tag{2-27}$$

式中：ΔE_{soi} ——某一压力 P_i 作用下割线模量增量；

ΔE_{so} ——初始割线模量增量。

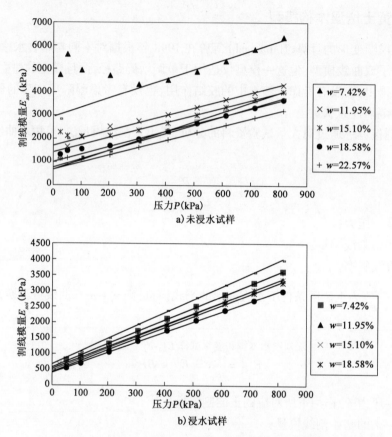

图 2-38 不同初始含水率下双线法试样割线模量与压力关系曲线

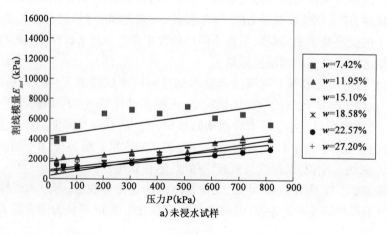

图 2-39

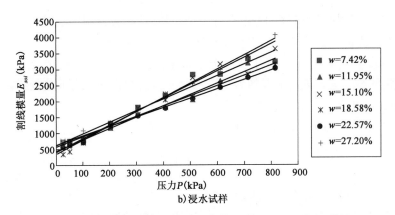

b)浸水试样

图 2-39　不同初始含水率下单线法试样割线模量与压力关系曲线

双线法未浸水试样和浸水试样 E_{soi}-P_i 曲线斜率比较　　　　表 2-2

含水率 $w(\%)$	未浸水试样 B	浸水试样 B	两者差值 ΔB
7.42	4.0693	3.7459	0.3234
11.95	3.2416	3.5384	0.2968
15.1	3.1789	3.5343	0.3554
18.58	3.2669	3.5208	0.2539
22.57	3.1307	3.2243	0.0936
27.2	3.6585	3.7405	0.082
31.28	4.0897	4.1206	0.0309

单线法未浸水试样和浸水试样 E_{soi}-P_i 曲线斜率比较　　　　表 2-3

含水率 $w(\%)$	未浸水试样 B	浸水试样 B	两者差值 ΔB
7.42	4.0351	3.635	0.4001
11.95	3.3225	3.5448	0.2223
15.1	4.1149	4.2364	0.1215
18.58	3.2322	3.198	0.0342
22.57	2.7564	2.9275	0.1711
27.2	4.4722	4.433	0.0392

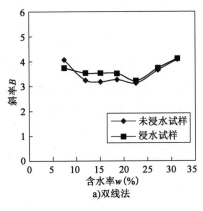
a)双线法

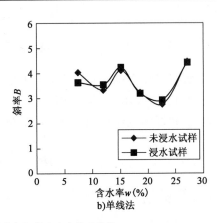
b)单线法

图 2-40　E_{soi}-P_i 曲线斜率与初始含水率关系曲线

但此种性质是否适用于所有黄土,还有待于进一步研究,故在程序中采用 Lagrange 插值法计算不同含水率下土的初始割线模量 E_{so} 值和该直线的斜率 B 值。

在某一初始含水率 w_1、某一压力 P_i 下试样的割线模量为 $E_{soil1} = P_i/\varepsilon_{i1}$,应变为 $\varepsilon_{i1} = P_i/E_{soil1}$,变形量为 $\Delta h_{i1} = \varepsilon_{i1} h_0$;增湿到另一含水率 w_2 时,在相同压力下其割线模量为 $E_{soil2} = P_i/\varepsilon_{i2}$,应变为 $\varepsilon_{i2} = P_i/E_{soil2}$,变形量为 $\Delta h_{i2} = \varepsilon_{i2} h_0$。

故在压力 P_i 下从 w_1 到 w_2 的增湿变形量为:

$$\Delta S_i = \Delta h_{i2} - \Delta h_{i1} = h_0(\varepsilon_{i2} - \varepsilon_{i1}) = h_0 P_i \left(\frac{1}{E_{soil2}} - \frac{1}{E_{soil1}} \right) = h_0 P_i \left(\frac{E_{soil1} - E_{soil2}}{E_{soil1} E_{soil2}} \right) \quad (2\text{-}28)$$

式中:ΔS_i——压力 P_i 下从 w_1 到 w_2 的增湿变形量;

E_{soil1}——在某一初始含水率 w_1、某一压力 P_i 下试样的割线模量;

ε_{i1}——应变,$\varepsilon_{i1} = \dfrac{P_i}{E_{soil1}}$;

Δh_{i1}——变形量,$\Delta h_{i1} = \varepsilon_{i1} h_0$;

E_{soil2}——另一含水率 w_2 时,在相同压力下其割线模量,对应应变为 $\varepsilon_{i2} = P_i/E_{soil2}$,变形量为 $\Delta h_{i2} = \varepsilon_{i2} h_0$。

若定义 $\Delta \delta_{si}$ 为压力 P_i 下从 w_1 到 w_2 的增湿变形系数,则

$$\Delta \delta_{si} = \frac{\Delta S_i}{h_0} = P_i \frac{E_{soil1} - E_{soil2}}{E_{soil1} E_{soil2}} \quad (2\text{-}29)$$

$$E_{soil1} = E_{so1} + B_1 P_i$$
$$E_{soil2} = E_{so2} + B_2 P_i$$

式中:E_{so1}、E_{so2}、B_1 和 B_2——含水率 w_1 和 w_2 时的初始割线模量和直线的斜率,根据试验数据由 Lagrange 插值法计算得到。

由以上分析可知,当压力和含水率(或饱和度)给定时,即可算出由初始含水率 w_1 增湿到某一含水率 w_2 时的增湿变形量或增湿系数。湿陷变形是增湿变形的特例。

通过以上分析,可以总结出湿陷性黄土的增湿本构模型,即式(2-30)。

$$\begin{cases} E_{soil1} = E_{so1} + B_1 P_i \\ E_{soil2} = E_{so2} + B_2 P_i \\ \Delta \delta_{si} = \dfrac{E_{soil1} - E_{soil2}}{E_{\varphi i1} E_{soil2}} \end{cases} \quad (2\text{-}30)$$

以上所建模型是在室内压缩试验基础上推导出来的。众所周知,荷载试验是在半无限地基上进行的,侧向挤出较明显,而室内压缩试验受侧限约束,无侧向挤出,故实测湿陷量往往大于计算湿陷量。根据弹性理论,变形模量 E_0 与压缩模量 E_s 之间的关系式为:

$$E_0 = \beta E_s = \left(1 - \frac{2\mu^2}{1-\mu}\right) E_s \quad (2\text{-}31)$$

式中:E_0——变形模量;

E_s——压缩模量。

而
$$\mu = \frac{K_0}{1+K_0} \tag{2-32}$$

由文献可知 K_0 是含水率的单值函数,随着含水率的增加而单调增长,可通过试验获得计算参数求得 K_0,从而可求得 E_0 值。根据 E_0 值的定义:土的变形模量是土在无侧限条件下的应力与应变的比值,即

$$E_0 = \frac{\sigma_z}{\varepsilon_z}$$

又
$$\mu = \frac{\varepsilon_x}{\varepsilon_z}$$

有
$$\varepsilon_z = \frac{\sigma_z}{E_0} \quad \varepsilon_x = \mu\varepsilon_z = \mu\frac{\sigma_z}{E_0} \tag{2-33}$$

式中:μ——泊松比;

σ_z——z 方向应力;

ε_x、ε_z——x、z 方向的应变;

E_0——变形模量。

综合式(2-30)、式(2-31)、式(2-32)和式(2-33)可得黄土增湿本构模即

$$\begin{cases} E_{soi1} = E_{so1} + B_1 P_i \\ E_{soi2} = E_{so2} + B_2 P_i \\ E_{0oi1} = \beta_{i1} E_{soi1} \\ E_{0oi2} = \beta_{i2} E_{soi2} \\ \Delta\delta_{si} = \dfrac{P_i(E_{0oi1} - E_{0oi2})}{E_{0oi1} E_{0oi2}} \\ \beta_i = 1 - \dfrac{2u_i^2}{1-u_i} \\ u_i = \dfrac{K_{0i}}{1+K_{0i}} \\ K_{0i} = f(w_i) \end{cases} \tag{2-34}$$

基于上述结论得出增湿模型的主要特点如下:

(1)增湿本构模型是以割线模量法为基础推导出来的,其计算结果不受初始孔隙比 e_0 的影响。

(2)就双线法和单线法而言,双线法更适用于该模型。因为单线法试验需要多个环刀试样,要求土质均匀,具有相同的干密度,这往往很难满足,而干密度对试验结果的影响又很大,这往往造成试验曲线的规律性较差,所以在建立增湿模型时采用的是双线法试验数据。

(3)模型由侧限状态向无侧限状态推导时,假定土体是弹性体,这与实际情况有一定

差距。

(4) 模型是根据室内压缩试验结果推导出来的,需要在实践中进一步检验。

2.5 黄土的强度特性

2.5.1 背景描述

早在 20 世纪 50 年代就通过直剪试验资料证明,黄土的抗剪强度基本符合莫尔库仑强度准则。以后大量的三轴试验资料也证明黄土的抗剪强度服从库仑定律,由摩擦力与黏结力组成。根据 H·R 捷尼索夫的意见,黄土及黄土状土的黏结力由土粒间分子引力形成的原始黏结力和颗粒间的胶结物质形成的加固黏结力组成,原始黏结力与土的密实度相关,加固黏结力与土粒的矿物成分、形成条件和胶结物质的性质有关。当土所处的环境和条件改变时如压力或湿度增减和盐分溶滤时,其值将会减少或完全消失。黄土颗粒间的胶结物质一般为石膏、碳酸盐类等,耐水性差,当湿度增加时其强度(黏结力)有显著降低,但在低湿度和不扰动结构情况下仍有较高的强度。在饱水情况下其原始和加固黏结力有显著降低。不少学者在研究黄土的结构强度对强度的影响时提出:由于结构强度的影响,黄土的抗剪强度不服从莫尔—库仑定律,而要分段线性表示之。但从文献资料和工程实际看,这种现象多在某些低压力下才出现,工程应用时应有所注意。

2.5.2 增湿抗剪强度特性

土的抗剪强度试验中,通常都是根据莫尔—库仑准则来确定强度指标,即土体达到极限平衡时应力圆的包络线是一条直线,并用公式 $\tau = \sigma \tan\varphi + c$ 表示,由此可得到土体的内摩擦角 φ 和黏聚力 c。但对于非饱和黄土来说,由于其压密性和结构强度的影响,使黄土的抗剪强度指标具有自身独特的性质,强度包线也表现出特殊的规律,并不完全符合莫尔—库仑准则。

通过对湿陷性黄土三轴固结不排水剪试验资料的分析(图 2-41),原状非饱和黄土的包络线并非一条直线,而是由两条直线组成的折线,折线的转折点则与结构强度有关,该折点可称之为结构强度临界点。同时,前后两段也表示了非饱和黄土两种不同的结构及变形形态,前段为土体结构强度发挥段,基本上保持了其原有的结构特征,破坏应变较小;后段为结构强度丧失段,土体的内部结构有了显著的改变,结构强度已基本丧失,破坏应变达到或超过 15%。

如果用分段直线来表示湿陷性原状黄土的抗剪强度,则表达式为:

$$\tau = \begin{cases} \sigma\tan\varphi_1 + c & \sigma < \sigma_c \\ \sigma_c\tan\varphi_1 + (\sigma - \sigma_c)\tan\varphi_2 + c & \sigma > \sigma_c \end{cases} \quad (2\text{-}35)$$

式中:φ_1——结构强度发挥段的内摩擦角;
φ_2——结构强度丧失段的内摩擦角;
σ_c——结构强度临界点的法向应力。

由此得出,对于非饱和黄土,由于结构强度的影响,其抗剪强度指标不能完全符合库仑直线公式,如果仍按一条直线来回归试验结果,所得之强度指标 c,φ 将不能反映实际情况,所得 c 值偏小;实际工程中,若荷载不大,可以采用前段直线的 c,φ 值来估计非饱和黄土的抗剪强度;如果荷载较大时,则要考虑后段直线的影响。当出现这种情况时,对强度的选择要慎重,因此时的变形量将会很大。

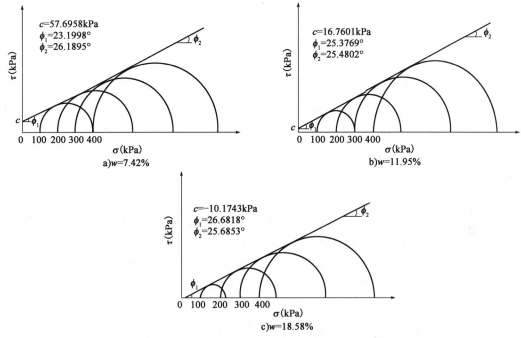

图 2-41　三轴固结不排水试验的总应力莫尔圆及强度指标

表 2-4 是 4 组固结不排水剪试验抗剪强度指标的比较说明。图 2-42 则直观地说明了抗剪强度指标随初始含水率的变化规律:试样初始含水率的改变对黏聚力的影响较大,对内摩擦角的影响较小。

三轴 CU 试验抗剪强度指标比较表　　　　　　　　　　　　　表 2-4

初始含水率	$w=7.42\%$	$w=11.95\%$	$w=15.1\%$	$w=18.58\%$	说　　明
$c(\text{kPa})$	57.6958	16.7601	-5.7602	-10.1743	c 一直减小
$\varphi_1(°)$	23.1998	25.3769	27.5399	26.6818	φ_1 先增后减
$\varphi_2(°)$	26.1895	25.4802	26.2889	25.6853	φ_2 不定
$c'(\text{kPa})$	56.7145	24.4598	4.8579	3.3027	c' 一直减小
$\varphi'_1(°)$	24.3087	25.9817	28.1648	27.2826	φ'_1 先增后减
$\varphi'_2(°)$	26.4118	25.6526	26.4635	25.8108	φ'_2 不定
比较说明	$c>c'$ $\varphi<\varphi'$ $\varphi_1<\varphi_2$ $\varphi'_1<\varphi'_2$	$c<c'$ $\varphi<\varphi'$ $\varphi_1<\varphi_2$ $\varphi'_1>\varphi'_2$	$c<c'$ $\varphi<\varphi'$ $\varphi_1>\varphi_2$ $\varphi'_1>\varphi'_2$	$c<c'$ $\varphi<\varphi'$ $\varphi_1>\varphi_2$ $\varphi'_1>\varphi'_2$	随着初始含水率变化,抗剪强度指标表现出交叉现象

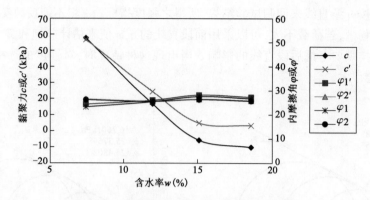

图 2-42 抗剪强度指标与初始含水率的关系曲线

基于试验结果,可总结出以下结论:

(1) 初始含水率较低($w=7.42\%$)时,无论是总应力还是有效应力强度包线的前段都较为平缓,后段变陡,并且总应力强度指标与有效应力强度指标的关系是 $c>c'$,$\varphi<\varphi'$。

(2) 随着初始含水率的增加,当 $w=11.95\%$ 时,总应力强度包线仍然是前段较为平缓,后段较陡,但两者相差甚微;而有效应力强度包线的前段较陡,后段较为平缓,两者相差也很小;这时总应力与有效应力强度指标的关系是 $c<c'$,$\varphi<\varphi'$。

(3) 随着初始含水率的继续增大,当 $w=15.1\%$ 和 $w=18.58\%$ 时,无论是总应力还是有效应力强度包线都是前段较陡,后段变缓,此时总应力强度指标与有效应力强度指标的关系仍然是 $c<c'$,$\varphi<\varphi'$。

对土体的黏聚力而言,随初始含水率由小到大变化,黏聚力 c、c' 都一直减小的;当初始含水率较低时,$c>c'$;当初始含水率达到某个值(如 $w=11.95\%$)时,变为 $c<c'$;而当初始含水率超过某个值(如 $w=15.1\%$)时,黏聚力 c 将出现负值,从理论上讲,c 不可能出现负值,这主要是因为试验误差而造成的。

对土体的内摩擦角来说,无论初始含水率如何变化,总应力指标和有效应力指标的总体比较都是 $\varphi<\varphi'$;随初始含水率的增大,强度发挥段的内摩擦角 φ_1、φ_1' 都是先增后减,$w=15.1\%$ 可谓一个分界初始含水率;而强度丧失段的内摩擦角 φ_2、φ_2' 随初始含水率的增大其值起伏不定。

2.5.3 压实黄土抗剪强度特性

分别对压实度为 85%、90%、93% 和 95% 的黄土进行抗剪强度试验,试验结果如图 2-43。可见,不论压实度大小,c 值随着含水率的增大而显著减小。其原因可以从土与水相互作用的角度来考虑:土中水在土中以颗粒周围的结合水膜的形式存在(强结合水膜和弱结合水膜)。其中强结合水膜的水分子不能移动,而弱结合水膜中的水分子可以移动,对土颗粒间相对运动起润滑作用。当含水率变大,土中水以弱结合水膜形式存在的水分子越来越多,自由水也越多,甚至其中有些表现为重力水。这些水压力有使土颗粒分开的趋势;而且随着含水率的变大,颗粒间的咬合机会变少,故因咬合作用产生的强度变小;故二者的综合作用使得黏聚力随含水率的增大而显著减小。

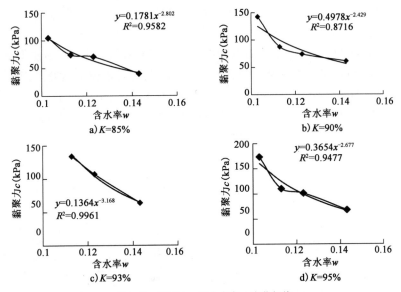

图 2-43　黏聚力 c 随含水率 w 变化规律

对压实黄土来说,其黏聚力 c 与含水率 w 的关系可以用幂函数的形式表示,即 $c = kw^{-b}$,k,b 为试验常数(图 2-43)。

由图 2-44 可知,不论压实度大小,φ 值随着含水率的增大而减小,而且当含水率小于最佳含水率($w = 12.3\%$)时,随着含水率的增大减小非常迅速,而当含水率大于最佳含水率时,内摩擦角相对含水率的变化不太敏感。其原因可以从土与水相互作用的角度来

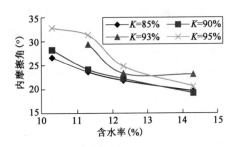

图 2-44　内摩擦角 φ 随含水率 w 变化规律

考虑:当土体中含水率小于最佳含水率时,土中的水主要以颗粒周围的结合水膜的形式存在(强结合水膜和弱结合水膜)。其中,强结合水膜中的水分子不能移动,而弱结合水膜中的水分子则可沿土粒表面移动,对土粒间的相对运动起润滑作用。内摩擦角 φ 是土粒间相对运动时摩擦情况的综合反映,随着含水率的增大,弱结合水膜急剧变厚,故土体剪切时土粒间的摩擦作用急剧减小,表现为 φ 随含水率急剧减小,当含水率达到最佳含水率附近时,结合水膜最厚。若含水率继续增大,则增加的水分主要以自由水方式存在于土孔隙中,对土粒间的相对运动不再起明显的润滑作有,即表现为 φ 对 w 不敏感。

由图 2-45 可见,压实黄土 c 值随压实度增大而增大,并且含水率越低,c 值增长幅度越大。其原因可从以下两方面考虑:一是压实度越大,土粒间的接触越紧,故土粒间的咬合作用变大,故产生的强度有变大的趋势;二是压实度变大,孔隙比缩小,也有利于土中水表面张力的发挥。故由二者的综合作用的结果是压实度变大,黏聚力变大。

图 2-46 中,φ 值随压实度增大而增大的总体趋势是明显的,并且含水率越大,压实度对 φ 值的影响渐趋强烈。由于试验过程中的某些误差,个别点不太理想。其原因可以从以下 3 个方面的综合作用分析:一是从土粒与水膜的相互作用上,土粒间的接触紧密程度随着压实度的增大,有使内摩擦角增大的趋势;二是随着压实度的增大,孔隙比较小,土中的水主要以土粒周

围强结合水膜的形式存在,而强结合水膜中的水不能移动,故压实度的增大,水膜中的水与土颗粒间的强结合力不仅不会使强度减少,反而会使强度大大得到增加。三是在高含水率下,压实度比较小时,颗粒间距离较大,土粒周围的结合水膜相对较厚,润滑作用使得 φ 值较小。而随着压实度的增大,颗粒间距离逐渐缩小,同一含水率下,结合水膜必然变薄,部分水转化为自由水,润滑作用减小即内摩擦角 φ 迅速增大。而在低含水率下,土中水主要以结合水膜的形式存在,且结合水膜较薄,压实度对结合水膜厚度的影响较小,表现为压实度对 φ 的影响较小。

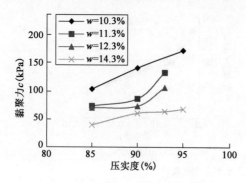

图 2-45　黏聚力 c 随压实度变化规律　　图 2-46　内摩擦角 φ 随压实度变化规律

由图 2-47 可见,不论压实度和上覆压力的大小,压实黄土的抗剪强度随着含水率增大而减小,在含水率小于最佳含水率以前,随含水率的增大抗剪强度减小幅度较大。在含水率大于最佳含水率以后,随含水率的增大抗剪强度减小幅度较小。随着含水率增大,不同压实度土样抗剪强度差值逐渐减小。在含水率为 10.3% 时,不同压实度土样抗剪强度相差较大,而在含水率为 14.3% 时,抗剪强度相差不大。

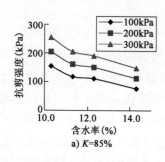
a) $K=85\%$

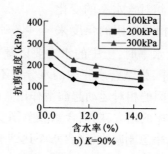
b) $K=90\%$

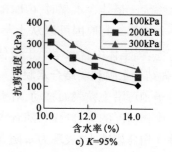
c) $K=95\%$

图 2-47　抗剪强度 τ 随含水率 w 变化规律

对于同一垂直压力下,压实度越大,抗剪强度随含水率的变化幅度增大。说明高压实度下的黄土对水的敏感性很强。如果在较低含水率下压实,虽然初始强度较高,但一旦浸水,强度降低幅度大,直接影响路面使用性能,因此推荐在不低于最佳含水率下压实,同时要设置好完善的排水设施。

2.5.4　黄土的其他强度特性(抗拉、动)

1)黄土的抗拉强度特性

黄土的抗拉强度是非常微弱的,这对于黄土抗拉强度特性研究带来了许多困难,因而黄土抗拉强度特性的研究成果偏少。

黄土抗拉特性的研究主要通过直接法和间接法两种试验。

(1) 直接法研究土体抗拉特性

直接法测试土体抗拉强度有单轴拉伸法和三轴拉伸法两种,单轴拉伸法是测试土体抗拉强度最直接有效的方法。试验通过对两端固定了一套加力装置的试样加载,使加载试样在无侧限的情况下发生断裂,以此来测取土样的极限应变和抗拉强度。三轴拉伸法是接近实际测试土体抗拉强度的方法,通过模拟不同围压下土体强度特性的状况来测定其在不同围压下的应力应变值和孔隙水压力值。

(2) 间接法研究土体抗拉特性

间接法测试土体抗拉强度有巴西劈裂法、土梁弯曲法和轴向压裂试验法 3 种。

巴西劈裂试验就是对试样的某个部分施加压力使其产生裂缝而发生破坏,此方法对于密度大、硬度高的物质比较适用,如岩石、混凝土等坚硬物质。施加部位一般按物体形状而定,对于立方体试件沿其对角线方向施加压力,对于圆柱体沿其直径方向施加压力,对于梁柱沿其中轴线方向施加压力。土梁弯曲试验有三点弯曲和四点弯曲两种加荷载方式,试样的截面有圆形和矩形,试验时的跨距一般为直径的 10 倍;加载试样使其弯曲到一定程度,观察试样表面有无裂缝。轴向压裂法是较为简单的一种测试抗拉强度的试验法,试样为圆柱形,通过在试样上下面圆心处对称放置加载圆柱进行加载,先使试样产生水平变形,再使试样在加载圆柱接触处产生楔形块,最后试样沿轴向发生拉裂。

从内部影响因素分析,试样含水率和干密度作为影响黄土抗拉强度的主要因素,黄土的抗拉强度随含水率增大而减小,随干密度增大而增大,在黄土最优含水率、最大干密度附近表现得更为明显。当土体处于最优含水率对应的最大干密度状态时,其自身拥有较大的抗拉强度。

外部影响因素中,黄土在轴向压裂试验中的破坏为脆性破坏,具有突然性。随着贯入深度的逐渐增大,应力也逐渐增大,直至破坏,曲线出现了峰值点(抗拉强度),在整个压裂过程中应力的增长梯度很均匀。

2) 黄土的动力强度特性

地震灾害频繁的情况下,大型工程建筑的设计都涉及黄土的动力学特性。以下就黄土的动强度及动力强度指标的测定予以简单论述。

黄土具有较强的结构特性,对湿度变化也有大的影响。根据湿度状态一般将黄土划分为干型黄土、湿型黄土和饱和黄土,其动强度有明显的差异。干型黄土的动本构关系为直线形,破坏应变范围的动模量为常数,动强度由抗拉强度控制,属于脆性断裂破坏,固结应力比的影响不大,由振密引起的振陷很小。湿型黄土的本构关系是双曲线形,动强度由抗剪强度控制,属于塑性压剪破坏,固结应力比的影响视其能否影响黄土结构强度的破坏而不同,振密变形受起始静应力影响,并随动应力的增大而增大,存在一个不发生明显变形的临界动应力。饱和黄土的本构关系亦是双曲线形,由于它具有高湿度、低密度和弱结构强度而会发生较大的动变形,高的动孔压会出现类似砂土的液化现象。

根据各 $\delta_d\text{-lg}N_f$ 关系线上找出对应的动应力(土产生破坏应变所需的动应力),作出动应力图及其包线,即以动应力与轴向固结应力之和为主应力 δ_1,侧向应力 δ_3 为小主应力,绘制应力圆,这些应力圆的公切线即为土的动强度包线。包线与横坐标轴的夹角即为土的动内摩擦角,在纵坐标上的截距即为动黏聚力。

第3章 黄土地区公路工程区划

3.1 概　述

我国是世界黄土分布最广的国家之一,黄土厚度薄者几米、十几米、几十米,厚者数百米不等,分布海拔高度一般在 200～2400m 之间的地区,个别黄土状土沉积的分布高程可达 3500m 以上,地貌形态可分为黄土塬、黄土梁、黄土峁、黄土覆盖的河谷阶地等类型。从地域上看,黄土粒度组成显示出自北向南、自西向东粗粉粒逐渐减少,黏粒逐渐增加的趋势。在区域上自西北向东南黄土的显微结构由支架大孔微胶结结构逐渐过渡为半胶结结构,进而变为胶结结构;在剖面上自上而下黄土的微结构由微胶结结构组合逐渐过渡为半胶结结构组合,进而变为胶结结构组合。

黄土形成的地理环境、气候生物条件及地质背景等不同,致使黄土的物理力学性质有明显的差别。我国黄土高原黄土的天然含水率,由于各地气候条件有差异而差别较大,总的变化是自北至南及自西向东逐渐增高。干密度自西北向东南逐渐增高,这和土体结构、黏粒含量有关。孔隙比及压缩系数,呈现西北高东南低的趋势。流限、塑限、塑性指数等水理性质(黄土浸水后所表现的物理性质)指标,呈西北低东南高。抗剪强度也有呈东南高西北低的趋势。

在黄土分布地区,黄土既是公路结构体的地基,又是公路的建筑材料,还是公路的建筑环境(如斜坡问题)。同时,公路工程作为带状构筑物分布在黄土地区自然环境之中,承受各种自然环境因子直接和间接的作用。例如:黄土地基湿陷性、地基承载力和斜坡稳定性等工程地质条件对路基工程强度、变形和稳定性等方面具有较大的影响;黄土地区降雨和冰冻等气候条件的差异对路基路面稳定性具有重要的影响;黄土地区沟谷密度、地表起伏度等地貌条件对公路总体设计方案和工程技术经济指标以及斜坡稳定性具有重要的影响;黄土地区滑坡、泥流等地质灾害以及陷穴等不良地质现象对公路工程的使用性能具有重要影响。工程实践证明,由于对公路环境条件的区域特征认识不足,评估不当或工程措施不利,常常会导致工程病害的发生,造成经济损失。因此,科学合理地进行黄土地区公路工程区划十分必要。

黄土地区公路工程分区的目的是为公路规划、设计、施工、施工、养护等方面提供宏观的、科学的、实用的基础依据。在规划方面,一方面给予投资者以投资程度的心理准备。公路建设项目的投资大小取决于公路等级和公路所经过区域的地理环境(包括地形、地貌、地质、生态环境等因素),另一方面让规划者了解公路通过区域的环境承受能力。现在公路建设在充分考虑技术经济之外,还要充分考虑公路大规模建设对公路所通过的区域环境的影响程度,在此基础上规划阶段给以重视,统筹兼顾,既考虑一定区域内的经济社会发展,又考虑此区域及更大范围内的环境特别是生态环境的保护。在设计方面,可获得关于公路线性设计、路基路面强度和稳定性、构造物的基础埋深的设计应注意的问题以及路线通过区域的影响公路稳定性、耐久性的主要自然因素等相关资料。为设计者对不同区段内公路的等级、走向、设计方法、结构、控制性的重点工程提供必要的、先知性的指导。在施工方面,施工前指导施工单位在施工中应重视及注意的影响施工环节及进度的一些主要的相关自然因素(最高、最低气温、雨量、土质等)及施工条件,以便对施工者提前告知,以避免不必要的损失。养护方面,可以为养护部门提供本区段内养护所应注意的影响公路使用年限的主要自然因素。同时提供一些相关的养护方面的不同地域性的评价方法,指导养护部门提前进行有重点的、有方向的准备。

进行黄土地区公路自然环境评价指标研究的目的,一方面是认识和揭示黄土地区自然环境要素及其组合的地域时空分布特征及变化规律,为公路路网规划、设计、施工、养护以及运营管理提供科学的、实用的基本依据,另一方面是为黄土地区公路自然区划包括专项公路自然区划提供有效的、科学的分区指标。

因此结合黄土地区公路工程特点,开展公路工程分区及其指标评价研究,正确区分同一条路线上不同时代、不同成因和不同环境下形成的黄土的工程地质、水文地质、气候、冲刷强度等自然环境特点,不但对于黄土地区自然区划具有重要意义,也对黄土地区公路建设具有重要的现实意义。

3.2 黄土的地质特征

3.2.1 背景描述

我国是世界黄土分布最广的国家之一,西部可达新疆伊利,东至山东胶东,北部可达北起吉林、内蒙古,南至云南、西藏,分布在我国甘肃、青海、宁夏、内蒙古、陕西、山西、河南、河北等省区,横跨青藏高原东部、黄土高原及中原大部地区,面积达63万 km^2,约占我国领土面积的6.6%,占世界黄土覆盖面积的49%。

我国黄土的集中分布区——黄土高原,西起乌鞘岭,东至太行山,南起秦岭、伏牛山,北达长城沿线,涵盖陕西、河南、山西、甘肃、青海等地区,该区黄土连续分布最为集中的是兰州以东至吕梁山之间的地区,这一地区是我国进行黄土研究最为集中的区域。

同时,我国黄土一般分布在海拔高度200~2400m之间的地区,个别黄土状土沉积的分布高程可达3500m以上,如西部干燥内陆盆地的昆仑山。其中,海拔超过2000m的黄土主要分布在六盘山以西,而六盘山以东的黄土其海拔多在1000~1800m之间。海拔高程在1000m以下的黄土,主要是在东部山前丘陵及平原的一些盆地和平原以及西部地区的一些山麓地带分布。事实上,不同的海拔也意味着不同的黄土厚度。例如,兰州西津村,黄土厚度可达400多米;黄土高原西部及兰州一带,黄土厚度在200~300m之间;在六盘山以东、吕梁山以西的黄土厚度在100~200m之间,天山、阿尔泰山及祁连山北麓,黄土厚度在50m以下,而华北平原的黄土多与其他冲积层间互沉积,厚度不大。

3.2.2 黄土的分布特征

我国黄土大致沿昆仑山、秦岭以北,阿尔泰山、阿拉善和大兴安岭一线以南分布,构成北西—南东走向的黄土带。黄土带的东端向南北两个方向展布,北自松嫩平原北部,南达长江中下游，处于北纬30°~49°之间。其中，北纬34°~45°之间的地带最为发育、厚度最大、地层最全，构成我国黄土的发育中心。

根据黄土沉积特点，我国黄土分布自西而东在地理分布和时间演化上各具特点，大体可以分为西北内陆盆地区黄土、东部山前丘陵及平原区黄土、中部黄土高原区黄土。

1) 西北内陆盆地区黄土的分布

这一区域包括新疆准噶尔盆地、塔里木盆地、青海柴达木盆地和甘肃河西走廊。这些内陆盆地的四周为近东西走向的山脉，有阿尔泰山、天山、昆仑山、祁连山和北山，山地高度一般在海拔4000m以上。盆地中心是沙漠，沙漠与山地之间为第四纪沉积物，如冲积、洪积、坡积等呈带状分布，黄土覆于山前地带。这一地区气候异常干燥，蒸发量远大于降雨量，地面辐射强烈，日温差和年温差都较大，风力作用强烈。

准噶尔盆地的黄土，主要分布在盆地以西的山地及其以南的库普河谷一带，在南部沿天山北麓呈带状分布，其中以东天山地区为最广。塔里木盆地黄土，主要分布在西部和西南部的昆仑山北麓英吉沙和克里扬一带，天山南麓的哈奇布哈至阿拉沟之间也有发育。柴达木盆地黄土分布于盆地的东部明山和沿昆仑山北坡，主要是希里沟、察汗乌苏、香日德以及布尔汗布达山以北的山麓地带。河西走廊的黄土主要分布在九泉以东的民乐、山丹、武威、古浪和天祝等地，向东直达乌鞘岭。

2) 东部山前丘陵及平原区黄土的分布

区域范围系由大兴安岭、燕山山脉、太行山、东秦岭和大别山所围成的山前丘陵及平原，包括渤海中的庙岛群岛、鲁东和鲁中南低山丘陵与南京附近的丘陵。这一地区平原占主要面积，平原区自第四纪以来接受了巨厚的黄土状土堆积，并与河湖相砂砾石及黏土构成间层。黄土普遍分布于山前丘陵、盆地及高阶地之上，除太行山及秦岭东麓黄土分布比较连续外，其他地点均零星出露。

典型黄土仅分布于区域边缘山前丘陵地带以及鲁东和鲁中南低山丘陵等地。典型黄土分布的北界大致起于巴林左旗和土城子以北的大坝岭，由之向东向南延续，分布于热河山地及西辽河平原西侧的翁牛特旗、赤峰、建平、边墙、朝阳、凌源、平泉、承德和隆化等地，黄土覆于低缓丘陵、山坡与河流的高阶地上。

与承德山地处于相同经度范围内的黄土出露地点，往南延续则有庙岛群岛、鲁中南山地及南京附近等地，其间的黄土在地理分布上彼此被广泛分布的平原堆积物隔开，构成相互孤立的岛状分布。山东半岛的黄土，主要分布在泰山和鲁山北坡的山间盆地及山麓地带，山东半岛西北侧山和山前某些地区也见有极少的黄土分布。燕山南麓、太行山及秦岭东麓的山前丘陵地带，黄土掩覆在山坡、丘陵顶部和较高的阶地上。沿太行山东麓往南直至伊河、洛河一带，黄土断续出露，黄土厚度往南增大。

3) 中部黄土高原区黄土的分布

由龙羊峡至三门峡的黄河河段中游，这是我国黄土的分布中心。区域四周受山脉环绕，西有贺兰山，北有阴山（包括狼山、乌拉山和大青山），东为太行山，南为秦岭。黄土的分布北起沙漠南缘沿长城一带，南达秦岭北坡，部分山口处黄土可达秦岭以南，南北界线明显，而东西界线则与东部山前丘陵平原及西北内陆盆地区断续连接。

这里黄土厚度大，地层完整，除若干山地高出黄土堆积面并覆有晚期黄土之外，黄土基本连续掩盖了第三系及其他古老岩层,形成塬、梁、峁不同的黄土地貌。黄土的分布面积占全国黄土总面积的72%以上。大体可以分为三个亚区:乌鞘岭到六盘山之间为西部亚区,黄土分布于山地斜坡、山间盆地及高阶地上,黄土的堆积面仍基本反映出基底地形的起伏。六盘山与吕梁山之间为中部亚区,黄土为连续盖层,填平了多数原始河谷和盆地。发育塬区的不同时代黄土平行接触,古土壤与黄土交替叠覆。黄土高原北部靠沙漠边缘,黄土常表现出与风成砂交替叠覆。吕梁山与太行山之间为东部亚区,黄土大多覆盖于盆地边缘及河流阶地上。

3.2.3 黄土的地貌特征

黄土的地貌形态特征具体可分为黄土塬、黄土梁、黄土峁、黄土覆盖的河谷阶地等类型。这些地貌形态与其下伏基岩的古地貌有密切关系。

黄土塬是具有陡峻边缘的桌状平坦地形,由黄土堆积在广阔平坦的古基岩夷平面上而成。在甘肃庆阳-山西甘泉一线以南,北山以北为典型黄土塬分布区。最具代表性的黄土塬由陇中百草塬、陇东西峰塬、陕北洛川塬、晋西吉县塬等。黄土堆积在基岩断块上则形成黄土台塬,主要分布在关中盆地,如渭北黄土台塬、阳郭塬、横岭塬、白鹿塬、神禾塬、五丈塬等。

黄土梁为长条状垄岗;峁为圆形小丘。梁峁地貌下伏基岩古地形一般具有承袭性特征,但并不排除在沟谷长期切割作用下,由塬向梁、梁向峁(即塬→梁→峁)的演变转化过程。梁峁多分布在六盘山以西的会宁、靖远、兰州等地以及六盘山以东,吕梁山以西的广大黄土地区,甘肃钦仰-陕西甘泉-陕西吉县一线以北,长城以南是黄土高原面积最大的梁峁区,其中延安以北的绥德、吴堡、安塞等地是峁的典型发育区。

河谷阶地上覆盖着黄土者,称黄土覆盖河谷阶地。是由于受第四纪以来青藏高原隆起的影响,导致黄土高原不断间歇性抬升,使得流经黄土高原的黄河及其支流不断下切,形成多级河谷阶地,并接受黄土沉积,成为黄土覆盖阶地。阶地沿河两岸展布,阶面平坦宽阔,其中最重要的有黄河干流,一级支流渭河、无定河、清水河,二级支流泾河、洛河等。

3.2.4 黄土的分类原则

黄土是处于温暖湿润、寒冷湿润和干旱不断交替、反复波动的气候环境中,沿袭不同的古地貌,披覆于不同的地层岩性之上,经过不同时代、不同成因以及不同程度地质作用改造后形成具有各样物理、力学特性的堆积物。分类原则众多,以下仅通过黄土的成因、黄土形成的早晚及黄土的微观结构对黄土进行分类。

1)黄土的成因

通常所说的黄土一般是原生黄土与次生黄土的总称。目前,对于黄土的成因虽然仍存在着许多争论,但是长期以来,多数学者认为是由风力搬运堆积而成。刘东生曾提出"黄土是指以风力搬运堆积未经次生扰动的、无层理的、黄色粉质富含碳酸盐并具有大孔隙的土状沉积物;黄土就是一般所说的原生黄土,具体来说就是以分布在山西、陕西和甘肃等地构成黄土高原的黄土作为代表。而风力搬运之外的其他成因的黄色的、又常常具有层理和砂、砾石层的粉土状沉积物称之为黄土状土,黄土状土就是一般所说的次生黄土,一般来说,它的成因与黄土有一定的联系,多数为黄土经水流等营力再搬运,在干旱和半干旱地区内再沉积而成的,因而在岩性及其他特征上与黄土有某些相似之处。"

2) 黄土形成的早晚

我国黄土形成经历了整个地质年代的第四纪时期,根据黄土形成的早晚,将黄土地层由下而上分为午城黄土(Q_1)、离石黄土(Q_2)、马兰黄土(Q_3)和全新世黄土(Q_4)。午城黄土为淡肉红色,质地坚实,含棕色的古土壤或风化壳和多层密集的钙质结核层。离石黄土下部一般为灰褐色黄土,胶结较硬,古土壤颜色较淡,古土壤底部钙质结核大;离石黄土上部一般为淡褐色结构较松,古土壤颜色鲜艳,结核小。马兰黄土呈灰黄色,结构疏松,大孔隙明显,质地为粉沙、亚沙土,垂直节理发育,碳酸盐多呈现白色斑点或假菌丝体状,具有湿陷性,呈现披盖式分布于不同高度、不同地貌部位。全新世黄土包括黑垆土及其上覆黄土状土及耕作土。黑垆土呈灰黑色,黄土状土呈淡灰色,疏松。

3) 黄土的显微结构

黄土的显微结构反映了黄土中黄土骨架颗粒接触关系、孔隙特征、胶结程度等,一般可将黄土的显微结构分为3个结构组合,6个结构类型,如表3-1所示。在区域上自西北向东南黄土的显微结构由支架大孔微胶结结构逐渐过渡为半胶结结构,进而变为胶结结构;在剖面上自上而下黄土的微结构由微胶结结构组合逐渐过渡为半胶结结构组合,进而变为胶结结构组合。

黄土的显微结构类型　　　　　　　　　　表3-1

扫描镜下	结构组合	偏光镜下
Ⅰ 支架大孔微胶结结构 Ⅱ 镶嵌微孔微胶结结构	微胶结	Ⅰ 细砂质接触胶结结构
Ⅲ 支架大孔半胶结结构 Ⅳ 镶嵌微孔半胶结结构	半胶结	Ⅱ 细砂—粗粉砂质接触—孔隙胶结结构 Ⅲ 粗粉砂—细砂质孔隙—接触胶结结构
Ⅴ 絮凝状胶结结构 Ⅵ 凝块状胶结结构	胶结	Ⅳ 粗粉砂质孔隙胶结结构 Ⅴ 粗粉砂质孔隙—基底胶结结构 Ⅵ 粗细粉砂质基底—孔隙胶结结构 Ⅶ 细粉砂质基底胶结结构

3.3 公路区划控制参数

3.3.1 背景描述

我国黄土多分布于干旱和半干旱区域,黄土地区的气候条件和黄土的物理力学性质具有较显著的地带性分布规律。例如从地域上看,黄土粒度组成显示出自北向南、自西向东粗粉粒逐渐减少,黏粒逐渐增加的趋势。因此,黄土地区自然环境对公路工程的影响也具有一定的区域差异性。针对这一特点,通过对黄土地区冲刷强度、地表形态状况、自然边坡稳定性3个自然环境参数的研究,采用一定的原则和方法,按照一定的控制标准,进行黄土地区公路工程分区与自然区划。

1) 地区冲刷强度

黄土自然坡面冲刷是最常见的自然水文现象,但是它对公路的沿溪线(靠山一侧)、山腰线、越岭线的路基、路面、防护工程等构造物,常常产生不同程度的危害,引起路基边坡产生碎落、崩塌、滑坡、泥石流等,甚至中断交通。因此,研究黄土自然坡面冲刷强度指数可以从区域的角度,为黄土地区尤其是黄土高原地区公路网规划、设计、施工、养护、运营管理等提供科学的基础数据,另外为公路建设主管部门进行宏观决策,特别是投资控制、设计审查等提供基础依据。

2) 地表形态状况

地形是指地球表面起伏形态的外部特征,可用高程、坡度、坡向等几何要素表征。地貌是指地球表面由不同动力因素所造成的不同类型、不同规模的起伏形态。地形地貌是环境基本要素之一,也是构造、气候及人工作用等内外力综合作用的结果;同时它又引起大气热量、水分的区域特别是垂直变化,并对岩石和地表沉积物的性质以及地表水和地下水的分布和运动有直接关系。因此,它被认为是影响陆路交通最显著的自然因素,是对道路作为自然条件评价的核心。地表形态指数的研究能够为黄土地区公路工程的设计、施工、养护、运营、管理提供指导参考,还决定着公路工程宏观投资的控制,同时也为公路工程分区提供理论依据。

3) 自然边坡稳定性

黄土边坡稳定性与黄土高原地区工程建设密不可分,关系到工程建设投资、设计、施工、养护等各个方面,一旦某个环节出问题,都可能会对边坡的稳定性埋下隐患。开展黄土自然边坡稳定性指数研究的目的首先是认识和揭示黄土高原地区边坡稳定性的主要影响因素和地域变化规律,也为黄土高原地区公路工程分区提供分区指标,同时也为公路网的规划、设计和施工等提供科学的、实用的基础依据。其次为黄土地区防灾、减灾及环境保护提供重要的科学依据。

3.3.2 区划的原则和方法

1) 区划的原则

(1) 主导因素与综合性相结合原则

综合性原则强调在进行区划时,必须全面考虑构成自然区域的各组成要素和地域分异因素;主导因素原则强调在综合分析的基础上查明某个具体自然区域形成和分异的主导因素。基于上述认识,把上述两个原则组合为综合性分析与主导因素分析相结合原则。为此,在黄土公路工程区划中,采用以地貌和工程地质为主导因素,同时又综合考虑气候因素对公路工程的影响的综合分析原则,进而保证所得到的黄土公路综合区划图能够包含地貌、工程地质和气候等因子对公路工程影响的正确而综合的信息。

(2) 发生统一性原则

自然地域系统呈现的区域分异是历史发展的结果。因此,需要从发生学角度给予透视,即用历史的态度对待地域系统的划分与合并问题。发生学原则要求考察并阐明每一区域单位的形成原因及其以后的发展,注意与现代自然特征有较为密切的渊源关系或承袭关系的方面。

(3) 相对一致原则

相对一致性原则要求在划分和合并自然地域单元时,必须注意自然综合体内部特征的一致性。这种一致性是相对的一致性,而且不同等级的区域单位各有其一致性的标准。在此次区划中具体是指:自然特征相对一致性、工程条件或工程性质相对一致性、工程措施相对一致性。即路基地基设计原则的一致性。

(4) 空间连续性原则

空间连续性原则或称区域共轭性原则，即自然区划中区域单元必须保持空间连续性和不可重复性。任何一个区域单位必然是完整的个体，不可能存在着彼此分离的部分。根据这个原则，尽管山间盆地与其邻近山地在形态特征方面存在很大差别，但必须把两者合并为更高级的区域单位。同理，尽管自然界可能存在两个自然特征很类似，而彼此隔离的区域，但不能把它们划为一个区域单位。

(5) 实用性、服务性与客观性相统一原则

自然区划首先应该能够反映自然综合体的本质特征以及自然要素区域分异的客观规律，即遵从区划的客观属性或自然属性。其次，自然区划应该面向区划的服务对象——公路建设，侧重反映对公路建设具有重要影响的自然因素及其分异、变化以及对公路工程的作用规律，公路区划必须坚持为公路服务的宗旨，应突出公路工程建设的实用性，即遵从区划的实用属性或服务属性。

公路自然区划是为公路工程服务的，所以，地域单元的合并与划分、指标体系的确定以及界线确定应该以工程的技术经济性能为依据，区划成果的科学性和合理性应该以区划的最终目的(服务性和实用性)来衡量。

(6) 自然区域界线的明确性与模糊性(过渡性)相统一原则

在区划中所划出的自然区域界线，既是地域分异的表现，也是区域形成的因素。然而，自然区域界线不是一条把相邻地域单元截然分开而"非此即彼"的线。因为地表自然界的地域差异并不是绝对的，自然综合体及其各种组成要素常在发展变化之中，各种自然现象的地域变化大多是逐渐过渡的。因此，自然区域界线具有过渡性和模糊性的特点，界线通常代表具有一定宽度的带，并且可能随时间而迁移变化。

(7) 主体性与简明性原则

黄土公路区划的主体是路基工程的环境因子，并兼顾路面、隧道和桥涵构造物的需要。因此，在区划研究中，应主要突出路基专业特点。黄土公路区划的主体环境因子是黄土，所以公路环境因子分析中，应以黄土地貌和工程地质分析为主导，同时兼顾气候等其他方面的环境因子对公路工程的影响和作用，从而突出黄土区域特点，并做到简单明了、层次清晰，便于工程应用。

2) 区划的方法

(1) 成因分析法

成因分析法也称古地理法，该方法根据地质历史及古地理资料，探讨研究区域分异产生的原因和过程，并根据自然区域逐级分异产生的历史过程的相对一致性，划分出不同性质和不同等级的区域单位。发生统一性原则一般需要通过成因分析法来贯彻。在黄土工程地质分区中采用了成因分区法。

(2) 相关分析与图层叠置相结合的方法

黄土区划大量采用相关分析的方法，例如，工程地质条件与地貌及气候条件的相关性分析，植被生态条件与气候状况的相关性分析等。在编制公路(综合)区划图中，采取地貌分区和工程地质分区图层叠置确定区划主体框架。再如，利用叠加运算功能，进行多个图层之间的叠加运算。由此得到黄土高原路基降雨侵蚀系数图和黄土高原路基水温稳定系数图。

(3) 自上而下划分(顺序划分法)与自下而上的归并相结合的方法

在黄土区划中主要采取自上而下划分(或顺序划分法)与自下而上的归并相结合的方法。自上而下划分是指先确定和划分一级分区,在一级分区的基础上划分二级分区,最后在二级分区的基础上再划分三级分区。该方法的核心是确定各分区划差异指标,高级分区大差异,低级分区小差异。所以,分区从大差异开始到小差异结束。而基于气象数据、数字高程数据以及地貌类型资料进行聚类分析实际上是采用自下而上的归并过程。

3.3.3 区划的等级系统与指标体系

根据我国黄土分布和发育特点以及黄土分布区环境对公路工程的作用,本研究采用如下区划方案和区划等级系统。

全国黄土区划采用二级区划系统。一级区划主要依据地理区域和黄土的发育规模以及大型地貌分区。以地理区域、黄土连续程度和黄土厚度以及地貌参数(如海拔高度)为分区指标,将全国黄土分为西部、中部和东部3个大区。西部大区中包括4个亚区,中部大区中包括6个亚区,东部大区中包括6个亚区。

二级区划主要依据一级区内公路环境主导因子的空间分异规律,并兼顾其他次要因子的变化特征。在黄土高原陇西亚区中,以对公路植物防护有重要影响的年降水量和积温作为主要分区指标,分为2个区。在六盘山以东—吕梁山以西亚区中,以对公路技术经济指标具有重要影响的地貌参数作为主要分区指标,分为4个区。在吕梁山以东—太行山盆地亚区中,以对路基水温稳定性具有较大影响的冻结指数和浅层土体潮湿程度作为主要分区指标,分为2个区。黄土高原总计划分为11个区。

3.4 公路区划控制标准

依据黄土地区公路工程分区原则和方法,进行了黄土地区公路各主要单项环境参数的计算,得到了我国公路黄土区划图,具体黄土地区公路综合区划结果如下:

Ⅰ 西部内陆盆地黄土零星—带状分布大区

Ⅰ-1 准格尔盆地黄土零星—带状分布亚区

Ⅰ-2 塔里木盆地黄土零星—带状分布亚区

Ⅰ-3 柴达木盆地黄土零星分布亚区

Ⅰ-4 河西走廊黄土零星—带状分布亚区

Ⅱ 中部黄土高原黄土连片分布大区

Ⅱ-1 青海东部丘陵黄土零星-片状分布亚区

Ⅱ-2 陇西丘陵黄土连片分布亚区

Ⅱ-2-1 温带半干旱人工灌林适生区

Ⅱ-2-2 暖温半干旱—半湿润人工灌—乔林适生区

Ⅱ-3 六盘山以东—吕梁山以西高原黄土连片分布亚区

Ⅱ-3-1 低密度宽谷丘陵区

Ⅱ-3-2 低密度深谷丘陵区

Ⅱ-3-3　高密度深谷丘陵区
Ⅱ-3-4　低密度深沟塬区
Ⅱ-4　关中盆地黄土连片分布亚区
Ⅱ-5　吕梁山以东—太行山盆地黄土片状分布亚区
Ⅱ-5-1　中冻区
Ⅱ-5-2　轻冻—非冻区
Ⅱ-6　河南西部山地—平原黄土片状分布亚区
Ⅲ　东部山前丘陵及平原黄土零星—带状分布大区
Ⅲ-1　太行山东麓平原黄土带状分布亚区
Ⅲ-2　燕山山地黄土零星分布亚区
Ⅲ-3　鲁东—鲁中南低山丘陵黄土零星分布亚区
Ⅲ-4　西辽河平原黄土零星分布亚区
Ⅲ-5　辽河平原黄土零星分布亚区
Ⅲ-6　松嫩流域平原及丘陵黄土零星分布亚区

3.4.1　西部分布大区

西部分布大区，即西部内陆盆地黄土零星—带状分布大区，包括黄土高原之西，甘肃西部、青海与新疆维吾尔自治区等我国内陆盆地地区。区内山脉高峻，多呈东西走向。其间夹有巨大的内陆盆地，如阿尔泰山、天山之间的准噶尔盆地，天山、昆仑山之间的塔里木盆地，昆仑山、祁连山之间的柴达木盆地以及祁连山、北山之间的河西走廊等。

在青海、新疆以及河西走廊一带的黄土和黄土状岩石，在地理位置上的特点是经常沿各大小盆地的边缘延伸，呈条带状分布。黄土主要分布在各盆地的外缘，也就是高山山前的低山带；黄土状岩石则经常分布于黄土的内缘，沿盆地的内侧和中心分布，在较高的山坡或。哑口与丘陵地带分布甚少。

黄土的分布多保持连续分布，黄土的厚度一般均较薄，常自几米到20多米，最多也仅30米。黄土下伏地层多样，有的为较坚硬的变质岩，有的为砂岩、页岩，也有的为石灰岩，也有的是胶结不紧的冰碛石、砂、砂土、黏土等沉积物，但黄土本身的岩石性质并未发现其因下伏基岩的不同而变化。条带状分布的黄土和黄土状岩石，在物质成分上也有明显的分带性。

本区马兰黄土颜色较浅，色调较暗，颗粒较粗，比较疏松，大孔隙多，富含石灰质和石膏及其他可溶盐类。黄土颗粒成分变化，在平面上具有一定规律。

1）Ⅰ-1　准格尔盆地黄土零星—带状分布亚区

在新疆境内，分布于准噶尔盆地以西山地的黄土为浅褐色，含石灰质很多，且又含有石膏，疏松，柱状节理发育，全层上下均匀一致，未见层理与砂、砾石的混入物和夹层。值得注意的是这里的黄土，在平面上由西北向东南有由砂—砂黄土—黄土有规律的过渡变化。

准噶尔盆地南部沿天山北麓分布的黄土，就其外部特征来看，与河西走廊和柴达木地区的相似，唯其颜色较浅，为黄白色，甚疏松，多大孔，含大量的碳酸盐，经常可见有小的石膏结晶体。黄土之下有时在其底部有砾石和砂等物质，但多数地区未发现有层理和砂与砾石等混入物。

2）Ⅰ-2 塔里木盆地黄土零星—带状分布亚区

分布于塔里木盆地南北两侧的黄土与天山北麓所见者类似，为灰黄色，有时为暗浅黄色，粉砂质，一般颗粒较粗，疏松、均匀，不含砂与砾石和基岩碎屑物质，偶尔可见有风成交错层，具有较多的大孔隙，夹有不规则的石灰质结核层。

3）Ⅰ-3 柴达木盆地黄土零星分布亚区

柴达木盆地内的黄土，与河西走廊和黄土高原地区的马兰黄土中砂黄土相似。灰黄色、粉砂质，但含砂量高，十分疏松，具有较多的大孔隙，一般均含有多量的碳酸盐和其他可溶盐类物质，全层上下均匀一致，未见砂与砾石等物和其夹层。

分布于柴达木盆地的黄土状岩石，其岩性均属于黄土状亚砂土和亚黏土两类，具有显著的层理，有砂、砾石的夹层；但坡积-残积黄土状岩石常含基岩碎屑，而残积类型的黄土状岩石由上而下有逐渐过渡为基岩的现象。

4）Ⅰ-4 河西走廊黄土零星—带状分布亚区

沿乌鞘岭西行在古浪一带黄土可分为两层：上为黄色黄土，出露于地表；下为红色黄土，出露在河谷及冲沟中。黄色黄土为灰黄色，疏松，多大孔，柱状节理相当发育，含钙质，全层自上而下纯净，不含砂与砾石及其夹层。其下的粗黄色黄土致密，坚实，大孔较少。以上两层黄土呈不整合接触。

由古浪向西，在走廊内的黄土与古浪一带所见者岩性相近似，但颗粒较粗，疏松，含较多的碳酸盐，在局部地区偶尔发现于黄土中见有不清的层理和砂与砾石等透镜体夹层。

分布于河西走廊的黄土状岩石，有洪积和冲积两种类型，具有黄土的某些特征，为灰黄色，但其中常见有明显的层理，并经常发现全层上下不均匀，有砂、砾石等混入物或透镜体夹层，岩性多为黄土状亚砂土和亚黏土两类。

3.4.2 中部分布大区

中部分布大区，即中部黄土高原黄土连片分布大区（Ⅱ区），包括位于北纬34°～41°，东经102°～114°的范围之间的黄土高原地区，南北距离约700km，东西距离约1200km。在分布面积上，黄土高原地区和其他几个地区的黄土分布情况不同，后者仅为较小和零星分布，而在本区黄土所占面积较大。

这个区域内的黄土是一个连续的盖层。自吕梁山西坡向西经陕北到达六盘山东麓，除去在黄土上发育了许多沟谷以外，黄土基本是连续分布的。所以大面积的成几十万 km^2 的连续不断分布是本区黄土的一个重要特征。本区黄土另一个特点是岩石性质基本均匀一致。虽然，较新的和较老的黄土有所不同，分布于西北部和东南部的黄土也有所差异，但总的来说岩性变化是不大的。

1）Ⅱ-1 青海东部丘陵黄土零星—片状分布亚区

位于青藏高原与黄土高原过渡地带，地形特点是地势悬殊，高山与深谷并存，平原沿河流呈条带状分布，总体上西高东低，大坂山、日月山、拉脊山、积石山等高山由变质岩系构成，在高程3800m以上为古冰川剥蚀地貌。河流贯穿盆地区，将其塑造为三个地貌带，分别发育梁状地形、梁峁状地形、峁状地形。

湟源以东地区谷地宽狭相间，束狭段河谷深切，呈峡谷状；宽阔段有阶地发育，其上是梁状丘陵,薄层黄土覆盖在前第四纪红层之上。

位于拉脊山以南贵德循化地区海拔 3000m 左右,第三纪与第四纪初为强烈的沉降区,有巨厚的红层分布,第四纪堆积物在贵德、尖扎、同仁、循化等盆地可达数百米。黄土零星分布,厚度小,黄河贯穿盆地,在盆地与盆地之间切割很深。全区草被良好。

该区域一般为非自重湿陷性黄土,地基湿陷等级一般为Ⅰ~Ⅱ级,局部为Ⅲ级,湿陷性黄土层厚度一般为小于 8m,黄土层厚度湿陷性变化大。

2)Ⅱ-2 陇西丘陵黄土连片分布亚区

黄土分布高程一般在 1800~2000m。本区华家岭—党家岘北部为巨厚黄土充填的古盆地,黄土最厚可达 250m 以上,盆地的堆积面被切割成残塬。该亚区以发育大型河谷盆地为特征,河谷宽阔,二级阶地非常发育,沿河谷方向有残留的缓倾斜黄土塬面分布。该区现代地貌特征是残塬梁峁沟谷,黄土厚度较大,上游会宁一带是缓梁残谷;中游地区是残塬缓峁沟谷;下游地区,河谷切割较深。

华家岭—党家岘北部和南部以第三纪红土和早更新世黄土状土构成的梁和宽谷为基础的地貌形态为主。黄土较薄,一般厚度 20m 左右。

该区域黄土天然含水率低,自重湿陷性黄土分布很广,湿陷性黄土层厚度通常大于 10m,地基湿陷等级多为Ⅲ~Ⅳ级,湿陷性敏感。而且自重湿陷或非自重湿陷都较其他地区为强烈。建筑物湿陷事故多而且严重。宽谷分布面积较广,沟壑的密度较小。区域范围内公路生态建设条件变化较大,为此降雨量和积温以及土壤含水率变化依据进一步分为 2 个区域。

3)Ⅱ-2-1 温带半干旱人工灌林适生区

永登—景泰区域年降雨量为 150~250mm,干燥度大于 3.5,为土壤强烈干旱的林木非适生区。兰州—榆中—靖远以北年降雨量为 250~350mm,干燥为 2.0~3.5,为土壤水分补偿失调人工灌林木适生区。该区域路基经常处于干燥状态。道路冻胀翻浆问题较少出现。

4)Ⅱ-2-2 暖温半干旱—半湿润人工灌—乔林适生区

定西—会宁—西吉一线年降雨量为 350~400mm,干燥度为 1.5~2.0,公路植物防护绿化为土壤水分低耗人工灌乔林木适生区。该区域路基经常处于半干燥状态。渭源—通渭一带年降雨量为 400~500mm,干燥度为 1.5~2.5,为土壤水分周期性亏缺人工灌乔林木适生区。该区域路基经常处于半湿润状态。天水以东降水量大于 600mm,适合乔木栽植和乔灌结合栽植。

5)Ⅱ-3 六盘山以东—吕梁山以西高原黄土连片分布亚区

本区面积广大,北部为陇东陕北泾、洛河中上游及吕梁山以西的大片黄土梁峁区,地形十分破碎。南部为甘陕的黄土塬地区,包括陇东的董志塬、渭北的洛川塬以及塬区周边的黄土梁峁区。黄土分布高程一般在 1400~1600m。区域内黄土公路地貌、工程地质条件和暴雨对路基边坡冲蚀作用等方面差异性较大,为此分为 4 个亚区。

6)Ⅱ-3-1 低密度宽谷丘陵区

该区域为宁夏的西吉、海源、固原以及靖边、定边地区,位于环江上游分水岭向西经石塘岭至南华山一线以北,其北部与毛乌素沙漠相连,为黄土丘陵向风沙草滩过渡地带。该区域有高程较大的残塬及平梁地形为主,沟谷切割较浅。地面坡度较为和缓,沟谷密度较小,一般为 $2.6~2.9 km/km^2$。

7) Ⅱ-3-2 低密度深谷丘陵区

区域位于庆阳以北,以黄土丘陵为主,海拔1250～1900m,黄土层厚度100～150m。地面破碎,沟壑密度3～4km/km²。该区域年降雨量为400～500mm,干燥度为1.5～2.5,公路生态建设为土壤水分周期性亏缺人工灌乔林木适生区。该区域路基经常处于半湿润状态。

8) Ⅱ-3-3 高密度深谷丘陵区

区域位于延安—大宁以北地区,为黄土丘陵区域。海拔1000～1700m,黄土层厚度100m左右。沟深坡陡,沟壑纵横,切割破碎是该区域的突出特点,沟壑密度一般在3.5以上。小于坡度3%的平地少于5%。该区域年降雨量为350～500mm,干燥度为1.5～2.5,公路生态建设为土壤水分低耗人工灌乔林木和水分周期性亏缺人工灌乔林木适生区。该区域路基经常处于半干燥或半湿润状态。该区域土层为砂黄土,耐冲性较差;并且由于该地区为暴雨集中区域,降雨侵蚀力较强,因此该区域路基边坡冲蚀问题较为严重。

9) Ⅱ-3-4 低密度深沟塬区

区域以黄土塬和黄土覆盖山地为主要地貌特征。董志塬较为完整,其周围分布有较为破碎的残塬。塬面海拔1200～1500m,与之相间的沟谷坡陡底深,塬沟高差一般在100～200m,沟壑密度不大于3 km/km²。富县—洛川塬附近断续分布着较完整的塬、被侵蚀成条状的破碎塬和残存的宽平梁,因此称为高原沟壑区。洛川塬海拔1100～1500m,黄土厚度100m左右。晋陕残塬区沟壑密度为2.0～2.9 km/km²。

六盘山以东—吕梁山以西高原黄土连片分布亚区是典型黄土高原地带。自重湿陷性黄土分布广泛,湿陷性黄土层厚度在高阶地一般10～15m,在低阶地一般为4～8m,黄土塬区一般为5～10m。地基湿陷等级一般为Ⅲ、Ⅳ级,湿陷性较敏感。地下水埋藏较深。黏粒含量少,湿陷性强烈,也较敏感,多属自重湿陷性黄土。公路湿陷性破坏经常发生。在坡脚处有非自重湿陷性黄土甚至有非湿陷性黄土分布。在陡坡处黄土易发生坍塌,在选线和施工中都应注意。

10) Ⅱ-4 关中盆地黄土连片分布亚区

本地区的范围,南起秦岭,北至北山、子午岭和黄龙山一线,西临六盘山南端的宝鸡,东至中条山。为一个构造盆地。渭河沿着构造线由西向东流。地势较简单,从渭河河谷中央向南北两面成对称性的堆积阶地、台塬和基岩山地。渭河谷地属于侵蚀冲积类型。自下而上依次为河床、河漫滩、阶地和台塬。渭河下游段两岸地势开阔,河流摆动幅度较大,形成了覆盖着现代河流冲积物的宽阔的河漫滩。上溯到宝鸡段,两岸山体逼近。滩地以上有两级阶地。一级阶地海拔330～365m,在渭河两岸连续分布;二级阶地海拔360～400m,下游北岸连续分布,南岸断续存在。两级阶地均地面平坦,基本无侵蚀。阶地以上是三级台塬,海拔高400～870m,西高东低,黄土覆盖厚度40～120m。受两岸周多河谷切割,塬面呈条状破碎,有的沟深达百米。为此,将该区域分为两种地貌形态,即关中黄土台塬区和关中黄土平原区。

低阶地多属非自重湿陷性黄土,高阶地和黄土塬多属自重湿陷性黄土,湿陷性黄土层厚度:在渭北高原一般大于10m;在渭河流域两岸多为4～10m,秦岭北麓地带有的小于4m。地基湿陷等级一般为Ⅱ～Ⅲ级,自重湿陷性黄土层一般埋藏较深,湿陷发生较迟缓。

11) Ⅱ-5 吕梁山以东—太行山盆地黄土片状分布亚区

主要地貌类型是盆地、平原、丘陵与山地,多被薄层黄土覆盖,局部出露第三纪红色岩系及前第四纪基岩。黄土最高分布于1500～1600m处,且呈断续分布。有几个相对集中的黄土分布区,一是汾河中下游谷地两侧,二是汾河上游静乐、岚县盆地。在这个狭长的地带上,南部的黄土地势要比北部的宽广而稍平坦。在这些宽广而稍平坦的地面上,尚有孤零而突出的小山分布(如塔山、孤山等)。本区的黄土地貌,大部分为梁、峁的丘陵地,仅有个别部分是较平坦的塬地形。

低阶地多属非自重湿陷性黄土,高阶地(包括山麓堆积)多属自重湿陷性黄土。湿陷性黄土层厚度多为5~10m,个别地段小于5m或大于10m,地基湿陷等级一般为Ⅱ、Ⅲ级。在低阶地新近堆积黄土分布较普遍,土的结构松散,压缩性较高。冀北部分地区黄土含砂量较大。区域内路基冰冻稳定性差异较大,以此为主导因子分为2个区。

12) Ⅱ-5-1 中冻区

该区域年降雨量为350~500mm,干燥度为1.5~2.5,公路生态建设为土壤水分低耗人工灌乔林木和水分周期性亏缺人工灌乔林木适生区。该区域路基经常处于半干燥或半湿润状态。地层冻结深度为1.0~1.2m,路基冻胀和翻浆问题时有发生。

13) Ⅱ-5-2 轻冻—非冻区

该区域年降雨量为500~700mm,干燥度为1.0左右,公路生态建设为土壤水分均衡补偿人工乔林木适生区。该区域路基经常处于湿润状态。地层冻结深度为0.8m以下,公路无冰冻问题。

14) Ⅱ-6 河南西部山地—平原黄土片状分布亚区

本地区位于黄土高原与华北平原过渡地带,南接伏牛山、熊耳山,北邻中条山、太行山,东至华北平原,西到中条山的西缘,黄、渭河会合处的潼关一带。地势很复杂,基岩山地较多。基岩山地之间夹着一些由断层等构造作用形成的河谷低地,如伊洛河盆地等。在这些宽窄不同的低地中,一般都有着黄土的堆积。这些低地的海拔一般在200~600m。黄土地貌分布于西部灵宝、陕县境内、洛宁盆地及洛阳—郑州间地区,河流阶地平坦宽阔。

一般为非自重湿陷性黄土。湿陷性黄土层厚度一般为5m,土的结构较密实,压缩性较低。该区浅部分布新近堆积黄土,压缩性较高。

3.4.3 东部分布大区

东部分布大区,即东部山前丘陵及平原黄土零星—带状分布大区(Ⅲ区),主要包括我国东部山前丘陵及平原黄土零星—带状分布大区的范围系由大兴安岭、燕山山脉、太行山、东秦岭和大别山所围成的山前丘陵及平原区域。这一地区平原占主要面积,我国最大的平原——华北平原和松辽平原都分布在这一地区。黄土普遍分布于山前丘陵、盆地及高阶地之上,除太行山及秦岭东麓黄土分布比较连续外,其他地点均零星出露。

典型黄土仅分布于区域边缘山前丘陵地带以及鲁东和鲁中南低山丘陵等地,其北界大致起于巴林左旗和土城子以北的大坝岭,由之向东向南延续,分布于热河山地及西辽河平原西侧的翁牛特旗、赤峰、建平、边墙、朝阳、凌源、平泉、承德和隆化等地,黄土覆于低缓丘陵、山坡与河流的高阶地上。

东北地区内黄土和黄土状岩石有相当大面积的分布,并且以黄土状岩石为主,典型黄土分布较少。黄土状岩石多分布于东北部和东部,以冲积—洪积成因为主。黄土多分布于承德山地,岩性同华北地区的马兰黄土很接近。东北的黄土大部分属于晚更新世(马兰黄土),黄土状岩石从其地貌部位上看有低位、中位和高位的,其时代分别属于全新世、晚更新世、中更新世或更早。

华北地区典型黄土分布面积比东北境内为广,但是黄土状岩石的分布却不如东北。黄土和黄土状岩石的分布主要是沿山麓呈条带状延长,黄土多分布在地势较高的山前平原、山坡、分水岭,而黄土状岩石绝大多数则是分布在山麓、洼地、平原和河谷之中,其位置较黄土为低。

1) Ⅲ-1 太行山东麓平原黄土带状分布亚区

华北平原位于区域中部,系海河、黄河、淮河三大水系沉积形成的冲积平原。地面平坦,大部分地区海拔高度皆在50m以下。个别较高地区地面海拔也不超过100m。沿太行山和秦岭的东麓,在北京到信阳间,亦即山麓与平原接壤地带,形成自西而东缓倾斜的洪积—冲积平原,近山麓地区则广泛分布有第三纪和晚第三纪砾石、黏土与第四纪黄土和黄土状岩石。

黄河以南在伏牛山、嵩山山麓为一洪积—冲积平原,其底部堆积有三门期砾石、砂和黏土,再上为黄土,地表广泛分布有黄土状岩石。

区内湿陷性黄土层厚度为2~6m,黏粒含量较高,质地密实,压缩性低,湿陷性和湿陷敏感性都弱,为非自重湿陷性黄土。

2) Ⅲ-2 燕山山地黄土零星分布亚区

燕山山地由近东西方向的山脉所组成,海拔高度达1000m左右。燕山南麓丘陵掩盖有黄土及黄土状岩石,黄土在山间盆地地区常分布于斜坡或低分水岭上。

承德山地多基岩裸露,但多被滦河、老哈河和西拉木伦河等所切割,呈现一种破碎高原景观。在高原与斜坡之上,局部地区有砂和黄土堆积,在河谷低凹之处有少量的黄土状岩石。承德山地的西北部,为一侵蚀的中山区。地势较高,山峰海拔均在1450m左右。在山地较宽的河谷中有1~3级阶地,其上堆积有黄土。承德山地的东南部为一侵蚀低山和丘陵区,地势以西部为高,海拔高度均在1000m上下,东部和南部地势较低,为一丘陵地带,在山谷和山腰堆积有黄土。

3) Ⅲ-3 鲁东—鲁中南低山丘陵黄土零星分布亚区

山东低山丘陵的北、西、南三面均被平原所包围,东部成半岛形式伸入黄海与渤海之间。鲁东低山与丘陵(山东半岛)丘陵地形发育,除个别山峰外,绝大部分丘陵海拔高度在500m以下,一般为200m左右。在鲁东低山丘陵的西北侧山麓分布有黄土及黄土状岩石。

位于胶莱冲积平原之西的鲁中南低山与丘陵是一低山和丘陵地,低地多分布于其北部,而丘陵则分布于其西南和东南,此区北部泰山、鲁山和沂山山麓分布有黄土和黄土状岩石。

区内湿陷性黄土分布于鲁中低山丘陵北部的山间盆地和山麓地带,在泰山北麓则覆盖在与华北平原相邻的低缓丘陵地上。厚度一般为2~6m,黏粒含量高,土质密实,湿陷性一般较弱,多为非自重湿陷性黄土,仅个别地点有自重湿陷性黄土。

4) Ⅲ-4 西辽河平原黄土零星分布亚区

西辽河平原位于东北平原的西南部。平原西北为大兴安岭山地,西南为承德山地,东为长白山与千山,北为松辽分水岭,南为辽河平原。平原东西宽约270km,南北长约180km,地面西高东低,全区地面海拔高度均在250~400m之间。平原北部湖泊沼泽发育,西南部地面有各种类型的沙丘与洼地,再往西则广泛分布有黄土,黄土状岩石多分布在本区的东部和南部各地。

土质类型主要为砂质黄土。区域年降水量350~500mm，路基经常处于半干燥和半湿润状态，最大冻结深度1.2~1.6m。

5) Ⅲ-5 辽河平原黄土零星分布亚区

辽河平原北起彰武与铁岭间一线，向南直达渤海海岸，其西与承德丘陵山地毗邻，向东达长白山山麓，南北长约230km，东西宽约110km，面积约为25000km^2。辽河平原地势北高南低，北部海拔高度一般均在200m上下，向南逐渐降低至50m左右，及至最南部达渤海海岸。平原北部广大地区内均有黄土状岩石分布。

6) Ⅲ-6 松嫩流域平原及丘陵黄土零星分布亚区

松嫩平原的西界为大兴安岭，北界为伊勒呼里山，东部为小兴安岭，南邻为辽河平原。全区大致成一菱形，地面自东北向西南缓缓倾斜。平原面海拔高度均在120~200m之间。在东部山地与平原接壤地带，有黄土状岩石所组成的阶地，平原表面广泛分布有黄土状岩石及冲积、湖积物。

3.5 小　　结

在对黄土地区详细调查、分析黄土的地质特征和对环境参数空间分异规律研究的基础上，本章对我国黄土地区进行了详细的公路分区，提出了我国黄土公路区划的框架，并绘制了我国黄土公路区划图。

全国黄土区划采用二级区划系统。一级区划主要依据地理区域和黄土的发育规模以及大型地貌分区。以地理区域、黄土连续程度和黄土厚度以及地貌参数(如海拔高度)为分区指标，将全国黄土分为西部、中部和东部三个大区。西部大区中包括4个亚区，中部大区中包括6个亚区，东部大区中包括6个亚区。

二级区划主要依据一级区内公路环境主导因子的空间分异规律，并兼顾其他次要因子的变化特征。在黄土高原陇西亚区中，以对公路植物防护有重要影响的年降水量和积温作为主要分区指标，分为2个区。在六盘山以东—吕梁山以西亚区中，以对公路技术经济指标具有重要影响的地貌参数作为主要分区指标，分为4个区。在吕梁山以东—太行山盆地亚区中，以对路基水温稳定性具有较大影响的冻结指数和浅层土体潮湿程度作为主要分区指标，分为2个区。黄土高原总计划分为11个区。

该公路区划图不仅对我国黄土地区公路路网规划、设计、施工、养护以及运营管理提供科学的、实用的基本依据，另一方面是为黄土地区公路自然区划包括专项公路自然区划提供有效的、科学的分区指标。其成果已经写进了《黄土地区公路路基设计与施工技术规范》(JTG/T D31-05—2017)中，并得到广泛应用。

第4章 公路黄土地基承载力

4.1 概 述

地基承载力通常是指地基承载力容许值,是考虑了一定安全储备的地基承载力,在保证地基不发生失稳破坏、不产生建(构)筑物不容许沉降时的最大地基承载能力。地基承载力取决于地基土的物理、力学性质和建(构)筑物的结构性及使用要求等。地基承载力主要受建(构)筑物的允许变形量制约,是确定基础尺寸和类型的主要依据。现有规范均提供了黄土地基承载力确定方法,如:《湿陷性黄土地区建筑标准》(GB 50025—2018)、《铁路桥涵设计规范》(TB 10002—2017)。《公路桥涵地基与基础设计规范》(JTG 3363—2019)主要借鉴了建筑部门的研究成果,形成了公路系统的黄土地基承载力确定方法,目前仍处在改进和完善过程中。

公路穿越的地形、地貌类型、地质条件、河流等较为复杂,这与铁路相似,因此借鉴铁路及高速铁路的地基承载力确定方法较适宜,但公路路基和地基要求又与铁路不同,所以在兼收并蓄的原则下,完善和发展公路黄土地基承载力确定方法是今后一段时间的重点工作内容。

本章主要介绍黄土天然地基承载力的原位试验技术和承载力确定方法、公路复合地基承载力计算方法、柔性基础复合地基研究成果和承载力评价思路与方法,这些内容在总结前人部分成果的同时也体现了近20年来在黄土地区修建高速公路过程中的科研成果,这些成果为黄土地区公路建设起到了巩固和发展的作用,也为进一步研究黄土地区承载力的确定方法和评价方法奠定了基础。

4.2 黄土天然地基承载力

4.2.1 背景描述

黄土是具有特殊结构的一类土,其结构性与湿度(含水率、饱和度)、密度(孔隙比)、粒度(黏粒含量、液限、塑性指数)和碳酸盐(碳酸钙)含量等密切相关,并与强度和变形有密切联系,因此黄土地基的承载力的确定过程应着重考虑这些因素。另一方面,从固结时间分析,黄土的地质时代对其承载力也有显著影响。时代越早(如午城黄土和离石黄土),密度越大,压缩性越小,抗剪强度越高,承载力也越大,反之亦然。距离现在较近的马兰黄土和新近堆积黄土则具有湿陷性,其承载力特征表现为干燥状态承载力高,而浸水后承载力大幅下降;变形行为上不同于午城黄土和离石黄土的压密变形,其变形特征表现为突沉,即湿陷变形。目前研究成果中认为可以从黄土的结构性角度统帅黄土的承载力研究与变形研究,不同地质时代黄土的结构性不同,认识黄土的结构性特点及与水的相互作用机理,对理解和确定黄土的承载力确定方法具有极大的帮助。

黄土地区地基承载力的原位测试方法很多,采取不同的测试方法、不同的取值标准所得到的承载力也会有所差异,这都直接影响对原地基承载力的评价结果和地基处理措施的选择。公路路基作为线状工程,对地基承载力的要求没有建(构)筑物高,各种测试方法的优缺点还有待试验检测,这里,选择原位测试方法作为黄土地区公路地基最适宜的测试方法。

4.2.2 原位试验方法

确定黄土天然地基承载力的方法主要以原位试验方法为主。不同试验方法的原理和取值标准不同,得到的承载力特征值存在差异,该差异会影响黄土天然地基承载力的评价和处理方法。目前确定黄土天然地基承载力的标准方法仍是以荷载试验方法为中心,而采用其他方法,如旁压试验方法、静力触探试验方法、动力触探试验方法,一般需对比静荷载试验方法的结果,进行修正,然后使用。各种原位试验方法简述如下。

1) 静荷载试验

静荷载试验,是指在天然地基上通过刚性承压板对地基施加竖向荷载,竖向荷载一般由堆载实现,也可采用锚杆法实现。试验过程中测读分级施加的比例荷载与地基沉降变形量的数值,并绘制荷载与沉降量的关系,根据该关系判读天然地基承载力特征值的。试验时要求试坑宽度或直径不应小于承压板宽度或直径的3倍,测试地基土的深度约为承压板宽度或直径的3~5倍。该试验方法仅反映了地基浅层的竖向受力与竖向变形行为,深部土层的力学行为可通过深层静载试验实现。

2) 旁压试验

旁压试验是将圆柱形的旁压器竖直地放入预钻的孔中,对旁压器充入可控比例的压力,使旁压器扩张,实现对孔内侧壁土体施加均匀水平压力,得到地基土某一确定深度的水平荷载与水平位移关系。该试验方法比静荷载试验方法简便,二者的差别主要在于施加荷载的方向不同,分别反映了成层土体水平方向(旁压试验)和竖直方向(静荷载试验)受力与变形性质。

3) 静力触探试验

静力触探试验是以静压力将圆锥形探头按一定速率匀速压入土中,量测其贯入阻力(包括锥尖阻力、侧壁摩阻力和摩阻比),并按阻力的大小划分工程地质土层,确定土的工程力学性质。静力触探试验主要用于确定细粒土类原位工程特性,由于其现场作业简单、方便、测试时间短,在工程地质勘察中得到广泛应用。

4) 圆锥动力触探试验

圆锥动力触探试验DPT,是利用一定质量的重锤,将与探杆相连接的标准规格的探头打入土中,根据探头贯入土中10cm或30cm时所需要的锤击数(其中N10为每30cm记一次数,N63.5和N120为每10cm记一次数),判断土体的工程力学性质的试验方法。重型动力触探适用于砂、砾类土,超重型动力触探适用于砾石、卵石类土,标准贯入试验适用于黏性土、粉土和砂土,轻型动力触探试验适用于浅层的黏性土、粉土、砂土。圆锥动力触探试验多作为原位粗粒土承载力判定的辅助手段。

5）原位试验确定公路工程黄土地基承载力

根据公路工程的特点，综合相关行业的承载力取值标准，应用实测静荷载试验的 P-S 曲线确定 f_{ak} 的取值方法：

（1）如果 P-S 曲线具有明显的比例界点，则采用荷载试验 P-S 曲线上的比例界限点所对应的荷载 P_0 作为地基承载力特征值。

（2）对于在 P-S 曲线比例界限点不明显的情况，塑性区相对较长，可考虑采用相对沉降来确定承载力，按沉降与承载板宽度之比 $s/b = 0.01 \sim 0.015$ 所对应的值作为取值标准。

（3）在 P-S 曲线上比例界限点不明显，曲线比较平缓，且应用相对沉降 $s/b = 0.01$ 所对应的值都偏大，这种情况下可考虑采用取 $s/b = 0.015$ 所对应的值的 1/2 作为承载力特征值。

（4）对于压缩性大的新近堆积黄土（Q24）应用相对沉降 $s/b = 0.015$ 对应的值作为承载力特征值。

4.2.3 地基承载力的影响因素

1）天然黄土地基承载力的区域特征

以黄土分布较厚的陇西地区与关中地区静荷载试验实测结果为例（图 4-1 和图 4-2）进行分析。陇西黄土比关中黄土具有较高的承载能力，较小的变形。陇西黄土比例界限点高，达到比例界限点时相应变形量为 0.5～1.0cm，且塑性变形阶段短，直接到极限破坏点；而关中黄土比例界限点不显著，塑性变形阶段长，直到极限破坏点。陇西黄土的天然地基承载力明显高于关中地区黄土天然地基。二者的差异表现为黄土分布的区域不同，这是由于各自区域的气候特征不同，造成黄土的天然含水率差异较大，陇西地区黄土的天然含水率统计值为 2.2%～20.0%，关中地区黄土的天然含水率统计值为 10.0%～25.0%，陇西黄土天然含水率明显较低。另外，陇西黄土含砂与粉粒较高，而关中黄土含黏粒相对较多，若延伸至豫西，黄土含黏粒更多。黄土中的可溶盐亦随区域不同而变化，由陇西至关中到豫西，含盐量依次降低。由此造成黄土结构也随区域不同而不同，由陇西至豫西，黄土骨架由薄膜状态胶结变化至黄土镶嵌状胶结。可见，天然黄土承载力随区域不同变化较大。

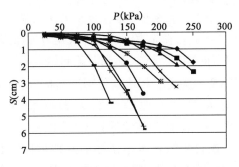

图 4-1 关中地区黄土荷载试验 P-S 曲线图

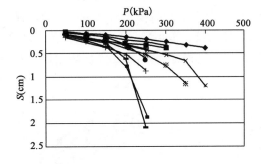

图 4-2 陇西地区黄土荷载试验 P-S 曲线图

2）黄土地质时代对地基承载力的影响

黄土形成的地质时代对黄土强度有着显著影响，统计结果见表 4-1。

黄土地质时代与黄土地基承载力 表 4-1

黄土地质时代			容许承载力（kPa）			
		ω（%）	9~10	13~14	18	22~23
		ω_L（%）	26	25	27~28	29
		e	1.03	0.97~1.03	0.96	0.86
Q_3	近期	新近堆积黄土	—	138	122	100	75
	早期	一般湿陷性黄土	250	233	175	160
Q_2		离石黄土	300~400			
Q_1		午城黄土	400 以上			

3）阶地对地基承载力的影响

黄土地区的工程建设多在黄土阶地上，如兰州市、西安市、太原市等，公路建设围绕和连接诸多城市时多按照沿溪、沿河选线。不同阶地上的黄土分布厚度变化较大，工程力学性质差异明显。一般情况下，阶地越高对应的承载力越高，反之，阶地越低，承载力越低。表 4-2 列出了不同阶地实测承载力数值。

不同阶地承载力统计表 表 4-2

阶 地	地基承载力（kPa）		
	邵家堂	东岗	南河川
Ⅰ	80	80	90
Ⅱ	120	100	95
Ⅲ	130	—	120
Ⅳ	—	120	140

4）物理力学指标对地基承载力的影响

（1）含水率及稠度指标

天然黄土具有水敏性的特点，该特点与黄土形成的地理和自然环境有关。天然黄土地基承载力一般较高，一旦浸水后其承载力减低显著，若是湿陷性黄土地基在浸水未达到湿陷起始含水率时承载力降低类似于无湿陷性黄土地基，一旦达到湿陷起始含水率，承载力迅速降低。对应的变形过程分别为：未达到湿陷起始含水率时以压密变形为主，达到湿陷起始含水率时以湿陷变形为主。相比其他物理指标，黄土含水率对天然黄土地基承载力影响最为显著（图 4-3），应作为重要的物理指标考虑。

配合天然含水率指标的其他指标还有土的稠度状态指标，如塑限、液限、塑性指数和液性指数。这些描述土状态的指标对判断土的承载力具有非常直接的作用。位于黄土塬、梁、峁和高阶上的黄土，由于含水率通常较低，

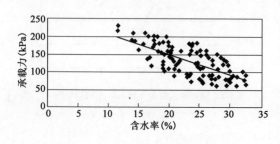

图 4-3 承载力随含水率的变化趋势图

低于塑限,其相应的液性指数小于零,黄土干燥处于坚硬状态或硬塑状态,承载力较高,压缩性一般为低压缩或中等压缩;位于低阶地上的黄土液限指数在 0~0.5 之间变动;地下水位以下的黄土(非湿陷黄土)的液性指数则接近或大于 1。表 4-3 和表 4-4 列出天然黄土状态指标的常规区间,供参考使用。

黄土地区液限随区域变化范围 表 4-3

地区	陇西地区	关中地区	陇东、陕北地区	山西、河南地区
液限(%)	24~28	26~31	25~29	26~32

天然黄土稠度指标范围 表 4-4

指标	塑限(%)	塑性指数	液性指数
范围	14~21	3.3~17.5	0 上下波动

(2)孔隙比

天然黄土孔隙比与黄土承载力存在如下关系,孔隙比越大,承载力越低,反之则高。如图 4-4 所示。一般湿陷性黄土的天然孔隙比接近或大于 1.0,在干燥状态下其承载力相对较高,这与其结构性、钙质胶结性有关,一旦湿陷性黄土浸水饱和,其承载力迅速丧失。采用压汞法得到的黄土天然孔隙分布特征如表 4-5 所示。不同地区孔隙分布不同,如西宁地区以中孔隙为主,而关中地区以微孔隙为主。孔隙分布状态从一定程度上反映了天然黄土可压缩性的程度和承载力大小的大致情况,具体情况还应结合其他指标一并分析。

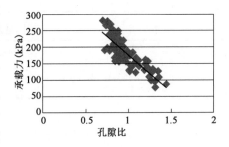

图 4-4 承载力随孔隙比的变化趋势

黄土高原马兰黄土孔隙分布特征统计表 表 4-5

地区		大孔隙(%) (>0.016)	中孔隙(%) (0.016~0.004)	小孔隙(%) (0.004~0.001)	微孔隙(%) (<0.001)
青海	西宁	1.0	55.5	32.0	11.5
甘肃	兰州	3.0	66.0	22.5	8.5
	靖远	4.0	60.0	30.0	6.0
陕北	榆林	5.0	53.0	24.5	17.5
	靖边	10.6	45.9	32.5	11.0
	洛川	14.5	38.0	22.0	25.5
	长武	19.7	31.6	15.7	33.0
甘肃	西峰	10.5	44.5	23.0	22.0
关中	武功	20.0	24.0	12.0	44.0
	西安	19.8	28.2	16.8	35.2
	蓝田	20.8	24.4	18.8	36.0

(3) 粒度成分

我国黄土粒度成分的变化规律为,从西北到东南土体颗粒含量变细(表4-6),在竖向垂直方向上,从上到下颗粒变细,这个变化规律正好和黄土的形成规律相一致(表4-7)。黄土粒度的变化规律和对应的土体的工程力学性质有一定的联系,颗粒度越细土体越密实,对应的孔隙比越小,天然密度越大,对应的土体抗剪强度越大,承载力越大。

我国黄土粒度组成(%)   表4-6

地 区	粒径(mm)		
	砂粒(>0.05mm)	粉粒(0.05~0.005mm)	黏粒(<0.005mm)
陇西	20~29	58~72	8~14
陕北	16~27	59~74	12~22
关中	11~25	52~64	19~24
山西	17~25	55~65	18~20
豫西	11~18	53~65	19~26
总体	11~29	52~74	8~26

不同地质时代黄土粒度组成(%)   表4-7

黄土类型	>0.05mm	0.05~0.005mm	<0.005mm
马兰黄土	5~17	18~71	7~36
离石-屋城黄土	9~41	38~68	5~44

黄土粒度成分仅仅反映了单一因素的影响,考虑天然黄土地基承载力还应考虑其他指标的共同作用,如含水率、结构、孔隙、含盐量等。

(4) 湿陷性及含盐量

湿陷性黄土在湿陷变形过程中,其承载力损失显著。而天然黄土的湿陷性是一个至今仍在研究的问题。黄土的湿陷除了与黄土大孔隙、颗粒之间的联结形式、黄土天然结构等有关外,还与土中的含盐量有关。土中含盐量与天然黄土的承载力也有一定的关系。研究表明,含盐量高的黄土,其结构强度大,天然地基承载力较高,遇水溶解后结构强度损失较大,残余强度小,饱和后天然地基承载力损失较大;含盐量低的黄土,结构强度损失较小,残余强度相对大,饱和后天然地基承载力损失相对小。饱和后黄土的承载力与土的残余强度有关,而残余强度的大小与黄土的含盐量有一定关系。总体上讲,湿陷黄土的承载力损失是建(构)筑物不能接受的,无论是自重湿陷还是非自重湿陷,一旦土体湿陷会直接造成建(构)筑物失去地基的承载力。

通过采集典型黄土地基原状黄土部分土样,做了黄土易溶盐试验,试验数据见表4-8;各不同区域内黄土中含盐量的变化范围对照见表4-9。

黄土易溶盐试验值   表4-8

取土地点	取土样个数	平均可溶盐含量(%)	平均pH值
甘肃兰州	5	0.135	8.13
山西介休	6	0.063	8.32
陕西阎良一级阶地	6	0.075	8.38
陕西阎良二级阶地	5	0.077	8.48

黄土地区含盐量对照   表4-9

地 区	中溶盐(%)	难溶盐(%)
陇西	0.20～1.04	0.90～12.0
陇东、陕北	0.10～0.15	12.80～15.12
陕西关中	0.10～0.20	9.00～12.02
山西	0.03～0.10	0.29～11.00
河南	0.01～0.10	8.00～12.00

(5)黄土微观结构特征

黄土的工程力学性质与其结构密切相关,或者说黄土的结构特征与其工程力学性质有内在的联系。黄土的结构特征是指构成土体的固体颗粒本身特征及与其有关的孔隙特征以及它们在空间的总体排列形式。它是黄土原始物质沉积后,在一定的气候条件和地质环境中经过风化成土或成壤作用形成的。它决定了黄土工程力学的基本性质。

黄土的微观结构按扫描电镜和普通显微镜下的特征进行划分,见表4-10。

黄土显微结构的类型及关系   表4-10

工程力学性质		显微镜结构类型			地质时代	区域
		扫描电镜下	结构组合	普通显微镜下		
湿陷性由强减弱至消失	风化成土作用程度由弱增强	支架大孔隙微胶结结构 镶嵌微孔隙微胶结结构	微胶结结构组合	细砂质接触胶结结构	由新至老	由西北向东南
		支架大孔隙半胶结结构 镶嵌微孔隙半胶结结构	半胶结结构组合	细砂、粗粉砂质接触—孔隙胶结结构 粗粉砂—细砂质孔隙—接触胶结结构		
		絮凝状胶结结构 凝块状胶结结构	胶结结构组合	粗粉砂质孔隙胶结结构 粗粉砂质孔隙—基底胶结结构 粗粉砂质基底—孔隙胶结结构 细粉砂质基底胶结结构		

以 GZ40 西安—禹门口高速公路穿越的阎良渭河一级支流石川河阶地和大—运高速公路穿越的介休汾河阶地靳凌河冲沟一侧场地天然黄土 SEM 试验结果为例。两个场地分别是:阎良试验场地—石川河Ⅰ级阶地的上部黄土及黄土状土;介休场地—汾河Ⅲ级阶地上不同深度原状土和开挖路堑处原状土。

从图 4-5 扫描电镜照片可知,颗粒和孔隙都比较清楚,结构组合为支架—镶嵌结构结合,呈支架大孔半胶结结构。土体的颗粒为粒状,排列为架空状况,以接触形式连接,即微结构形式为粒状、架空、接触结构。这种结构对应的土体强度偏低,在外荷载作用下容易失稳。

从图 4-6 扫描电镜照片可知,颗粒和孔隙都比较清楚,结构组合为支架—镶嵌结构,呈镶嵌微孔隙;土体的颗粒为粒状,排列状况为架空—镶嵌,以接触形式连接,即微结构形式为粒状、架空、镶嵌—接触结构,这种结构对应的土体强度偏低。

各深度处黄土显微结构与力学特性见表4-11和表4-12。

图 4-5 阎良试验场地 1.3 米处

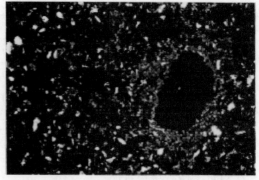

图 4-6 介休试验场地 1.8 米处

阎良场地黄土显微结构与力学特性　　　　　　　　　　表 4-11

样品编号	深度(m)	显微结构特征		力学特性分析
		光学显微下	SEM 下	
阎Ⅰ-1	1.2~1.4	粉砂质黏土,含有较多大孔隙,孔隙内沉淀有泥质和钙质次生胶结物;杂基支撑,含有大量虫孔和有机质腐烂残留洞孔	粒状矿物呈孤立状态,黏土矿物和细微粒状矿物杂基之间有大量孔隙,多以支架孔隙出现	强度低,在荷载作用,杂基内孔隙优先减小
阎Ⅰ-2	2.2~2.4	粉砂土,含有 12% 左右的碳酸盐颗粒和黏土矿物集合体组成的团粒,大孔隙发育,杂基—颗粒支撑	颗粒之间以点接触为主,组成支架孔隙,在大颗粒之间的杂基结合不紧密,黏土矿物多为大小不等的集合体	强度中等,在荷载作用,杂基内孔隙优先减小
阎Ⅰ-3	3.4~3.6	粉砂质黏土,大孔隙发育,杂基支撑	粒状矿物呈孤立状态,黏土矿物和细微粒状矿物杂基之间有大量孔隙,多以支架孔隙出现	强度低,在荷载作用,杂基内孔隙优先减小,结构失稳
阎Ⅰ-4	3.4~3.6	黏土含有大量虫孔和有机质腐烂残留洞孔,有淋滤次生颗粒和铁质矿物充填于空洞中,杂基支撑	—	强度低,孔洞较多
阎Ⅰ-5	5.0~5.2	含有钙质结核的粉砂土,含有 24% 左右的碳酸盐颗粒,有少量孔洞;杂基支撑为主,黏土矿物有微弱定向	—	强度中等,成岩胶结作用明显
阎Ⅰ-6	6.2~6.4	纹层状含有粉砂的黏土,黏土颗粒具有定向特征;铁矿物定向,杂基支撑		强度中等,成岩胶结作用明显
阎Ⅰ-7	7.2~7.4	颗粒支撑的砂黄土,镶嵌状,颗粒分选性良好		强度较高,结构较稳定
阎Ⅰ-8	7.4~7.6	含针铁矿的含粉砂的黏土,铁矿物呈浸染状,虫孔发育,含有少量钙质结核,杂基支撑	—	强度中等,成岩胶结作用明显

续上表

样品编号	深度(m)	显微结构特征		力学特性分析
		光学显微下	SEM下	
阎Ⅰ-9	8.0~8.2	含钙质结核的粉质黏土,含有较多的孔洞,含少量铁矿物,杂基支撑	—	强度中等,成岩胶结作用明显
阎Ⅰ-10	9.2~9.4	粉砂质黏土,含钙质结核,孔洞内充填钙质次生胶结构呈衬壁状,针铁矿物具有定向特征,且条带状集中,颗粒—杂基支撑	—	强度中等,成岩胶结作用明显,结构较稳定

介休场地黄土显微结构与力学特性 表4-12

样品编号	深度(m)	显微结构特征		力学特性分析
		光学显微下	SEM下	
介1	1.8	含有钙质结核的粉砂质黏土,碳酸盐颗粒约占19%,虫孔发育,虫孔内有钙质、泥质沉淀物构成衬壁,杂基支撑,含有支架孔隙	颗粒之间的点状接触和杂基支撑特征,杂基内部以支架孔隙为主	强度偏低,支架孔隙结构在荷载作用下易失稳
介2	5.8	黏性粉砂土,碳酸盐颗粒约占23%,少量虫孔,杂基—颗粒支撑,含有支架孔隙	粒状矿物之间的点状—面状镶嵌接触,围成较小的孔隙,团粒内部孔隙微小	强度较高,颗粒与团粒之间结合紧密
介3	7.8	粉砂土,碳酸盐颗粒约占11%,少量针铁矿,颗粒支撑为主,泥质胶结,含有较多的支架孔隙	团粒状集合体之间呈点状接触,具支架结构,团粒内部孔隙较大	强度偏低,支架孔隙结构在荷载作用易失稳
介4	8.5	黏性粉质砂土,虫孔发育,碳酸盐颗粒约占7%,杂基支撑,含有支架孔隙	颗粒(团粒)之间的镶嵌—点状接触,杂基内部结构呈点状—镶嵌接触	强度较高,颗粒(团粒)之间的镶嵌接触,较紧密
介5	9.5	黏性粉砂土,颗粒—杂基支撑,含有较多支架大孔隙	—	强度中等,杂基支撑者强度偏低
介6	9.8	黏性砂土,碳酸盐颗粒约占14%,少量虫孔,杂基—颗粒支撑,含有较多支架大孔隙	—	强度中等偏高,胶结作用较好

应用显微镜、扫描电镜(SEM)对试验点的土样进行微观结构和组分分析,可认为:黄土的结构特征会直接影响其工程力学性质,黄土内的结构一般不是单一的。对于研究区内黄土而言,具有镶嵌结构的粉砂土强度最大;具有杂基—颗粒支撑的粉砂土强度次之;杂基支撑,且杂基内颗粒间为点接触为主者,强度最低。颗粒分选性良好的土层,结构强度偏高。发生成岩胶结作用的土层,其结构强度较高。

4.2.4 问题讨论

公路作为线状工程,对地基承载力的要求不同于建筑物,虽与铁路相近但仍有一定差别。传统的地基承载力原位试验技术依然在公路建设中广泛应用,针对公路这样的线性构造物,需要快速评定天然黄土地基。针对路基压实度的快速评定方法已经出现,可以探讨土密度指标,以建立天然黄土承载力与密度的关系,作为快速评判的依据之一。此外,需进一步开展工作的内容是研究含水率、孔隙比、结构性等指标。

天然黄土地基承载力的确定是一个尚未完成的工作,其影响因素众多,对于工程建设来说全部考虑各种影响因素并不适宜。天然黄土在干燥状态下的承载力还是相对较高的,清表碾压的公路处理方法可以满足要求,唯一需要慎重对待的是路基排水时地基的浸润问题,所以一般会对存在隐患的部位进行强夯处理以提高原地基的压实度,防止浸水软化地基。对于有湿陷性的黄土地基,为避免湿陷造成的承载力过渡损失,一般会进行挤密、压实、夯实和换土等处理,以消除湿陷保障路基安全。以上采取的措施都是针对黄土的水敏性问题展开的,所以黄土地区天然地基承载力问题主要关心的是水的入渗问题,为此公路设计、施工与科研工作仍是以防止水作为工作前提。

4.3 黄土复合地基承载力

4.3.1 背景描述

当天然地基不能满足结构物对地基的要求时,需要进行人工处理,形成人工地基,以保证结构物的安全与正常使用。随着地基处理实践与理论的发展,复合地基的概念逐渐得到认可。各种地基处理方法的分析和理论研究也日益深入,使得我国学术界和工程界逐渐扩大和充实了复合地基概念的内涵,复合地基概念已成为诸多地基处理方法分析和理论公式建立的基础和根据。公路工程中复合地基应用较滞后,但随我国高速公路建设的发展,公路工程中应用复合地基的水平和能力日益提高,尤其是以涵洞、通道桥、桥台等为代表的刚性基础下复合地基的应用以及路基为代表的柔性基础下复合地基的应用,在一定程度上拓宽了复合地基的实际应用水平,同时提高了对复合地基的理论认识深度与机理探索,促进了复合地基在我国的发展。在黄土地区,目前公路工程应用的复合地基主要有土桩、灰土桩、砂桩、深层搅拌桩和石灰桩、碎石桩、CFG桩、旋喷桩、树根桩、微型桩等。其中应用最多的是灰土桩、深层搅拌桩、旋喷桩和碎石桩,这主要是因为这类桩型较符合黄土地基的特点,另一个原因是这类桩的施工机具简单,可以适应公路线形构筑物施工的特点,易于搬迁,施工速度较快,费用相对低廉。

4.3.2 复合地基原位试验

现场静荷载试验是广泛用于复合地基承载力确定的可靠的试验方法,在公路复合地基承载力确定中占据主导地位,但由于其周期长、费用高、堆载及转场搬运较麻烦,使用起来不是很方便,一般在涵洞、通道桥、桥台等部位的复合地基承载力确定中使用,在路基中使用该方法还存在一些难度,目前仍在推广应用中。在黄土地区复合地基承载力判定中还有辅助的静力触探和动力触探方法。这两种方法由于操作相对简单,应用范围较广泛,尤其是动力触探方法,更是应用极多。鉴于现场静荷载试验确定复合地基承载力的标准性,以下列出课题研究依托工程的复合地基承载力静荷载试验结果及分析结论,供参考使用。

1) 试验现场概况

试验选在兰海高速公路(甘肃兰州至海石湾高速公路)K83+375~480处进行。本段工程地处陇西黄土高原向青藏高原过渡地带,属祁连山的东延部分,为河谷阶地,海拔1604~1787m,相对高差50~183m,整个地势西高东低、北高南低。路线布设在湟水河河谷阶地,地势较开阔平坦。试验场地土为软黄土,场地土工程性质差。

荷载试验采用堆重平台荷载装置,堆重使用袋装砂砾。试验加载主梁为2组,长10.0m的32a工字钢,次梁为10组,长10.0m的32a工字钢,基准梁为2根6.0m的10a工字钢。2根基准梁设置在试桩两侧,基准梁方向同加载主梁方向。千斤顶置于试验位置上的刚性压板上,千斤顶活塞接触加载主梁。百分表一端通过磁性表座固定在基准梁上,另一端(即百分表表针)垂直并自由接触刚性压板上表面。

兰海高速公路测点布置在K83+425断面的右半幅地基。布点时粉喷桩施工已结束且有28d龄期。经过清场,选择道路横断面6排桩范围,开挖试验基坑,多桩复合地基均埋设压力盒。测试工作从8月27日开始,每天连续观测,直到11月17日,共82d。

荷载试验平面布置图及测试元件平面布置图见图4-7和图4-8。

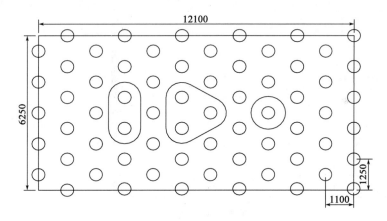

图4-7 荷载试验平面布置图(尺寸单位:cm)

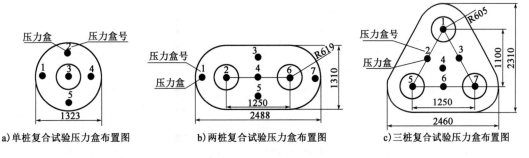

a) 单桩复合试验压力盒布置图　　b) 两桩复合试验压力盒布置图　　c) 三桩复合试验压力盒布置图

图4-8 静荷载试验压力盒平面布置(尺寸单位:cm)

2)复合地基承载力试验成果

现场试验数量分别为:桩间土试验共完成 3 组,单桩试验共完成 3 组,单桩复合、两桩复合、三桩复合试验各完成 1 组。铺设土工格室静荷载试验一共做 5 组。铺设土工格室与砂砾垫层条件下单桩复合试验 1 组、两桩复合试验 1 组;铺设土工格室 + 砂砾石 + 素土垫层条件下试验 3 组。

(1)桩间土试验

桩间土试验共完成 3 组,试验 P-S 曲线均光滑有明显的拐点(图 4-9)。表明均加载至极限状态。极限荷载、承载力特征值及相应沉降量见表 4-13。

(2)单桩试验

单桩试验共完成 3 组,均加载至极限状态,试验 P-S 曲线光滑、有明显拐点,见图 4-10。极限承载力及相应沉降量见表 4-14。

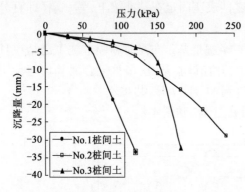

图 4-9 桩间土 P-S 汇总图　　　　图 4-10 单桩 P-S 汇总图

桩间土静荷载试验结果　　表 4-13

试 验 号	极限荷载(kPa)	极限沉降量(mm)	承载力特征值(kPa)	承载沉降量(mm)
1	60	4.735	30	0.915
2	120	6.355	60	2.015
3	120	4.025	60	1.605

单桩静荷载试验结果　　表 4-14

试 验 号	极限承载力(kPa)	极限沉降量(mm)
1	600	11.02
2	600	4.712
3	600	3.345

(3)单桩复合~三桩复合试验

单桩复合、两桩复合、三桩复合试验各完成 1 组,试验 P-S 曲线光滑有明显拐点,试验均加载至极限状态,如图 4-11 与图 4-12 所示。

对比三组桩土复合静荷载试验 P-S 曲线可知:随荷载板面积增大,在相同基底压力下沉降量明显增大,且三桩复合的沉降量最大,两桩复合的沉降量次之,单桩复合的沉降量最小;在极限状态下复合地基的破坏特征均为整体剪切破坏;当安全系数取值为 2 时,单桩复合~三桩复合的承载力特征值与相应的沉降量及破坏荷载值与其相应的沉降量见表4-15。

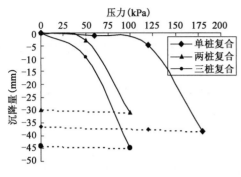

图4-11 多桩复合 P-S 汇总图　　　　图4-12 多桩复合+砂砾石垫层 P-S 汇总图

桩土复合静荷载试验取值汇总表　　　　表4-15

项目名称	单桩复合	两桩复合	三桩复合
承载力特征值(kPa)	90	50	50
沉降量(mm)	2.600	2.924	9.343
破坏荷载值(kPa)	180	100	100
沉降量(mm)	38.143	30.017	45.00

由表可知：单桩复合静载试验取值较高，随荷载板面积增大取值依次减小，三桩复合静载试验取值最小，因此取单桩复合静荷载试验值对于软弱土地基而言偏于不安全。

(4) 铺设土工格室的静荷载试验

复合地基上铺设土工格室静荷载试验一共5组。铺设土工格室与砂砾垫层条件下单桩复合试验1组、两桩复合试验1组；铺设土工格室+砂砾石+素土垫层条件下试验3组（圆形荷载板直径分别为600mm、900mm、130mm）。

① 土工格室+砂砾石垫层试验

该条件复合静荷载试验见图4-13，试验曲线光滑，试验加载至极限状态，有较明显拐点，最大加载值为300kPa，共加载5级。综合判定单桩复合地基承载力特征值为150kPa，相应沉降量为21.0mm；两桩复合地基承载力特征值为150kPa，相应沉降量为30.8mm。

② 土工格室+砂砾石+素土垫层试验

该条件下完成不同尺寸荷载板的静荷载试验3组，圆形荷载板直径分别为600mm、

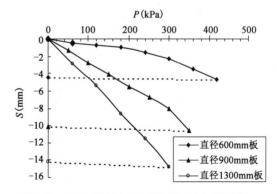

图4-13 砂砾石垫层土工格室快速加载 P-S 汇总图

900mm、1300mm，加载方式均为快速加载。综合判定荷载板直径600mm时，承载力特征值为367kPa，相应沉降量为3.6mm；900mm时，承载力特征值为200kPa，相应沉降量为5.59mm；1300mm时，承载力特征值为165kPa，相应沉降量为7.8mm。

3）承载力分析

试验段不同试验条件下地基承载力确定的统计结果见表4-16。在桩顶平面处地基土的承载力普遍偏低，单桩复合地基承载力比两桩、三桩复合地基的承载力大，两桩复合与三桩复合地基荷载试验结果相同，这反映出荷载板尺寸对试验结果具有十分显著的影响，因此，用单桩复合试验结果作为评价软黄土地基承载力特征值指标偏于不安全。三台复合地基试验均达到极限破坏状态，其 P-S 曲线的形态特征反映出复合地基的破坏形式为整体剪切破坏。

承载力取值表（kPa） 表4-16

静荷载试验位置	桩间土	单桩	单桩复合	两桩复合	三桩复合
桩顶平面处	30~60	600	90	50	50
土工格室+砂砾石垫层顶面处	—	—	150	150	—
土工格室+砂砾石+素土垫层顶面处	367（D=600mm）	200（D=900mm）	165（D=1300mm）		

注：D 为试验荷载板直径。

在桩顶平面处铺设土工格室后再铺设50cm的砂砾石垫层（人工手扶电动夯实机压实，压实系数为0.95）后做单桩复合试验，试验结果为150kPa。试验位置在桩顶平面处与在土工格室+砂砾石垫层顶面处的试验结果均是按地基强度判定的。若以受荷地基沉降量（相对变形量）为判定标准则可得出：在桩顶平面处铺设土工格室+50cm厚砂砾石垫层的试验条件下，其沉降量（相对变形量）大于直接在桩顶平面处试验的沉降量（相对变形量），试验取值见表4-17。

按相对变形量取值表 表4-17

试验工况	荷载板直径	加荷值（kPa）	s/d	加荷值（kPa）	s/d
单桩复合	1323mm	127	0.006	140	0.01
二桩复合	1872mm（等效直径）	68	0.006	80	0.01
三桩复合	2292mm（等效直径）	58	0.006	70	0.01
土工格室+砂砾石垫层	1323mm	52	0.006	95	0.01
土工格室+砂砾石+素土垫层	600mm	367	0.006	—	0.01
土工格室+砂砾石+素土垫层	900mm	195	0.006	326	0.01
土工格室+砂砾石+素土垫层	1323mm	165	0.006	268	0.01

注：s 为静载试验承载板的沉降量，d 为承载板宽度。

(1)试验承载力降低的原因

造成铺设垫层后承载力值降低的第一个原因是：人工扰动对土层结构的破坏作用。在铺设土工格室后回填经振动挤密的砂砾石垫层，动力作用在振密了砂砾石垫层的同时也破坏了砂砾石垫层下复合土的结构形态，使土体强度降低。另外，动力作用在软土中形成超孔隙水压力，而孔隙水压力的消散需要相当长的时间。第二个原因是：现场试验是在孔隙水压力未消散的情况下进行的，即在垫层做完之后马上进行荷载试验，这是受现场施工进度等客观条件的限制造成的。第三个原因是：静荷载板尺寸为1323mm，大于垫层厚度（50cm），依据经验可知荷载板影响深度为荷载板直径的2倍左右，因此，试验结果反映了下卧层的受力状态，即砂砾石垫层下复合土体的受力状态。由试验结果可知,软弱下卧层对地基变形量及承载力的影响十分显著,但垫层对地基受力性态的改善也十分明显;由土工格室+砂砾石垫层 P-S 曲线可知,地基未出现类似单桩复合试验的整体剪切破坏形态,而是缓变形的局部剪切破坏形态。因此,设置土工格室+砂砾石垫层的作用效果是较理想的。

土工格室+砂砾石+素土垫层顶面处的试验条件为在复合桩土体上铺设土工格室后碾压 50cm 砂砾石垫层再分层振动碾压素土垫层 1.0m,碾压方式为振动压路机碾压,设计填土路基为 5.0m。在填土 1.0m 平面处做静荷载试验由试验结果知三组试验均未达到极限状态,试验结果十分理想,各尺寸荷载板试验相应承载力值较高(按相对变形量取值)。不同荷载板直径下的承载力不同,其规律为:承载力随荷载板直径增大而降低,二者为非线性递减关系。分析上述试验结果的原因为:第一,试验平面距软弱复合土层面的距离显著增大,砂砾石成为素土垫层的下卧层,传递到软弱复合土层表面的应力减小,承载力增大明显。第二,填土挤密压实是在重型机械的振动作用下完成的,且机械处理的填土面积较大,试验点处土体侧限较大,因此,该条件下静载试验结果理想。对于压实的 5.0m 填土路基,其作用力传递至软弱复合土层表面的应力将更小,因而该种处理方法是成功的。

(2)基底应力分布及应力比

①单桩复合基底应力分布及应力比

单桩复合静荷载试验荷载板为圆形,其下布置 5 个压力盒,其中 1 个布置在桩上,其他 4 个分别对称布置在桩周围的桩间土上,两条互相垂直的测线反映桩-土压力变化情况。现将各测线的压力盒实测曲线综述分析如下:

由各试验的基底压力实测曲线可知,其压力曲线呈钟形,钟顶处为桩上压力值,两侧为桩间土压力值;由 60kPa 到 180kPa 的各级荷载下的实测土压力值依次递增,钟形曲线无交叠现象;单桩复合压板下压力曲线的钟形形态反映出桩体是承受荷载的主体,桩间土承担了其余荷载,而且桩与土的应力随荷载增加而不断转移。在加荷初期桩间土与桩体的应力较接近,压力曲线略呈马鞍形,随荷载增大,桩体应力不断增加并且远远超过桩间土的应力,压力曲线由马鞍形演变成钟形。压力曲线形状随荷载增加而变化的事实反映出,在加载初期,单桩复合静荷载试验压板下桩间土与桩体共同受力,桩体受力略大于桩间土;随荷载增加,由于桩体的模量比桩间土大,应力不断向桩体上集中,桩体受力逐渐增大,压力曲线最终形成钟形曲线(图 4-14)。

②单桩复合桩土应力比

本次试验在加载至 180kPa 时地基发生整体剪切破坏,试验终止。因此,仅测试到 3 级不同压力下的桩土应力比关系,由此关系可知单桩复合桩土应力比在不同荷载下是不同的,应力比随荷载增大而增大(图 4-15),在试验终止时,桩土应力比曲线依然有随荷载增加而增大的趋势。现场测试的桩土应力比在 180kPa 时为 2.55。

③两桩复合基底应力分布及应力比

两桩复合静荷载试验荷载板为圆端形,其下共布置压力盒 7 个,以两桩的中心连线为对称轴,对称轴线上布置 5 个压力盒,其中 2 个布置在桩上,另外 2 个压力盒布置在两桩中心连线中点的两侧,以两桩中心桩间土为对称点。反映桩间土压力变化的压力盒测线有 2 条,分别为压板横向对称轴方向(沿压板长轴方向)及压板纵向轴线方向(沿压板短轴方向);反映桩土压

力变化的压力盒测线仅有一条,即压板横向对称轴方向。各测线的压力盒实测曲线分析如下:

桩间土压力变化情况(图4-16和图4-17):压板横向对称轴方向压力盒曲线均呈反马鞍形,由0kPa到100kPa的各级荷载下的实测土压力值依次递增,曲线无交叠现象;随荷载增加,中心对称点上的压力值不断增大,反映出中心对称点受力比沿横轴方向1、7号压力盒处的压力值大。沿纵轴方向压力曲线分布呈马鞍形分布,3、5号压力盒处的压力值比中心对称点上的压力值大,反映出沿压板纵轴方向两侧的压力值比中心对称点的压力值大。比较各点处桩间土压力值可知:两桩复合试验压板下,桩间土受荷最小的是压板横轴向两端处,其次是中心对称点,受荷较大的是压板纵轴向两侧中点处。

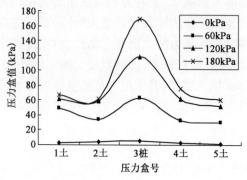

图4-14 单桩复合基底压力分布曲线

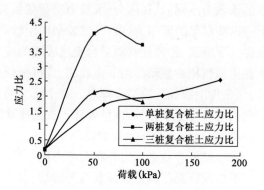

图4-15 桩土应力比-荷载关系曲线

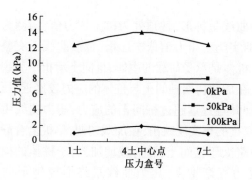

图4-16 两桩复合桩间土横轴向基底压力

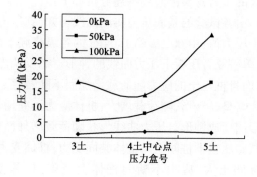

图4-17 两桩复合桩间土纵轴向基底压力

桩-土压力变化情况(图4-18):两桩复合横向主轴线方向的压力盒曲线呈马鞍形,各级荷载下的实测土压力值依次递增,曲线无交叠现象。由图形可知:桩体比土体受力大,随荷载增大,桩体与土体的压力值均有不同程度增长,其中桩体增长较大,反映出受荷后,在不同模量的材料中应力是向模量高的材料(桩体)集中。不容忽视的是,土体在随荷载增大的过程中参与分配上部荷载的能力也在逐级增大,充分说明复合地基中桩间土参与地基应力分配的事实及参与过程。试验中两根桩的受力并不均匀,其中,桩体上的6号测点的压力值从开始加载到试验结束均比2号测点压力值增长得快。两桩虽有受力大小之分但从整体上看,两桩还是协调变化的,不存在一根桩受力极大,而另一根桩受力极小的情况。对于圆端形压板,在沿横轴方向(压板长边方向)上的桩-土压力曲线反映出桩比土在各级荷载下的受力要大,虽然桩间土受力也在增大但是始终比桩体小;但在沿纵轴方向(压板短边方向)上的桩-土压力曲线则不同,说明桩体四周的桩间土受力并不平衡,沿两桩连线方向(横轴方向)桩间土受力小,垂直于该连线方向(短边方向)的桩间土受力较大,这与试验压板的形状有关,试验用圆端形压板,长短边比为2,该试验反映出压板形状对试验结果的影响是显著的。

④两桩复合应力比

本次试验在加载至100kPa时地基发生整体剪切破坏,试验终止。因此,仅测试到3级不同压力下的桩土应力比关系。应力比与荷载的关系曲线见图,由图可知,加荷至50kPa后桩土应力比即出现峰值,在破坏时桩土应力比明显降低,其峰值桩土应力比为4.1,破坏时的桩土应力比为3.7。

⑤三桩复合基底应力分布及应力比

三桩复合静荷载试验荷载板为圆端三角形,其下共布置压力盒7个,其中3个布置在桩上。其他4个压力盒对称的布置在桩间土上,各测线均反映桩-土压力变化情况,各测线的压力盒实测曲线分析如下:

三桩复合底边方向与两个腰边方向的压力曲线均呈马鞍形,由0kPa到100kPa的各级荷载下的实测土压力值依次递增,曲线无交叠现象,三个测线方向的桩体受力均比桩间土大,反映出桩体是承受荷载的主体,桩间土承担了其余荷载(图4-19)。

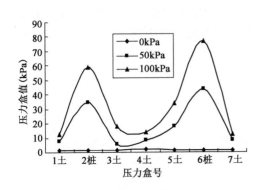

图4-18 两桩复合基底压力分布曲线

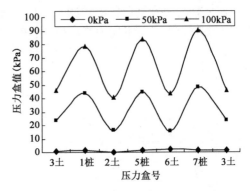

图4-19 三桩复合基底压力分布曲线

比较各桩间土测点压力值可知,各桩连线中点处测点(2、3、6号测点)的压力值不均匀,且都小于压板中心4号测点的压力值(图4-20)。比较桩体测点压力值可知,三个桩上的压力值较均衡,以7号测点压力值略大一些。从整体上分析,三桩复合试验各对称测点的压力值比较平衡,三个桩体上压力最大,其次是三桩中心处的桩间土,最小的是位于三桩连线中点处桩间土。

⑥三桩复合应力比

本次试验在加载至100kPa时地基发生整体剪切破坏,试验终止。因此,仅测试到3级不同压力下的桩土应力比关系。应力比与荷载的关系曲线见图,由图可知,加荷至50kPa后桩土应力比即出现峰值,在破坏时桩土应力比明显降低,其峰值桩土应力比为2.1,破坏时的桩土应力比为1.8。

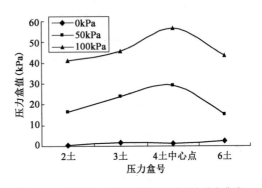

图4-20 三桩复合桩间土横轴向基底压力分布曲线

⑦土工格室+砂砾石垫层应力分布

为了测试土工格室及砂砾石垫层中应力分布规律,在复合地基上铺设土工格室及砂砾垫层后布置土压力盒,如图4-21所示。单桩复合与两桩复合由上至下均埋设3层压力盒,上、中、下三层压力盒数量依次为2、2、3(单桩复合)和3、2、5(两桩复合)。

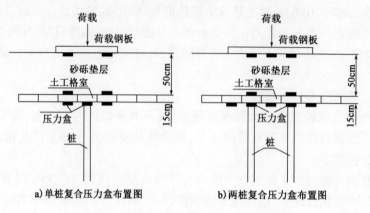

a) 单桩复合压力盒布置图　　b) 两桩复合压力盒布置图

图4-21　土工格室及砂砾垫层上土压力盒布置图

单桩复合与两桩复合各层实测土中应力随荷载变化规律如图4-22~图4-26所示。相同荷载下土中应力由上至下应力衰减较快,随着荷载增大衰减速率逐渐减小,各层土中衰减比率见表4-18。

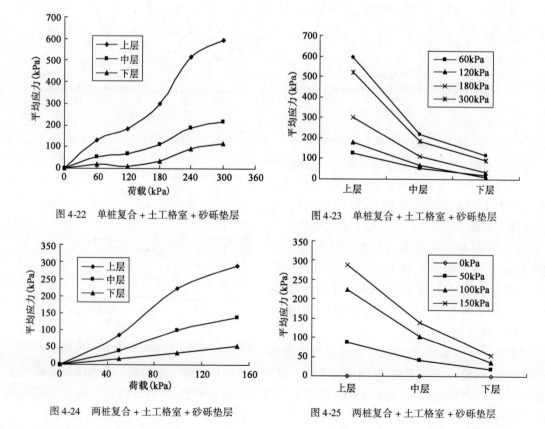

图4-22　单桩复合+土工格室+砂砾垫层　　图4-23　单桩复合+土工格室+砂砾垫层

图4-24　两桩复合+土工格室+砂砾垫层　　图4-25　两桩复合+土工格室+砂砾垫层

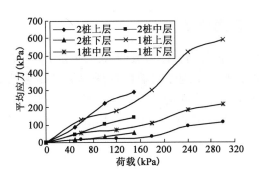

图 4-26 单桩复合与两桩复合比较

多桩复合承载力与桩数关系表　　　　　　　　　　　　　　表 4-18

单桩复合			两桩复合		
荷载	中层/上层	下层/上层	荷载	中层/上层	下层/上层
60kPa	41.19%	14.39%	50kPa	48.40%	21.36%
120kPa	38.38%	11.54%	100kPa	45.53%	15.63%
180kPa	37.27%	11.05%	150kPa	47.55%	17.66%
240kPa	35.88%	17.68%			
300kPa	36.86%	19.73%			

单桩复合基底压力传递到基底下 50cm 处衰减约 60%～65%，通过土工格室后衰减幅度更大达到 80%～90%，也即仅有 10%～20% 的荷载作用在土工格室下土体中。两桩复合由于尺寸效应传递下来的压力较大但依然有大幅度的衰减，在基底下 50cm 处仅有 45%～48% 的荷载，衰减了 62%～65%，通过土工格室后仅有 15%～21% 的荷载，衰减幅度增至 80%～85%。单桩复合基底压力在不同深度处衰减幅度大于两桩复合，在基底下 50cm 处衰减幅度是两桩复合的 1.3 倍左右，通过土工格室后为 1.1 倍。各级荷载下在相同深度处土中应力衰减不同，在基底下 50cm 深度处，随荷载增大土中应力绝对值增大但衰减率减小，如单桩复合由 60kPa 时的 41.19% 到 300kPa 时的 36.86%，两桩复合由 50kPa 时的 48.40% 到 150kPa 时的 47.55%。

铺设土工格室后，应力从土工格室上顶面传递到土工格室下底面时衰减较大，单桩复合平均衰减 60.51%，两桩复合平均衰减 61.03%，二者衰减率较接近。试验表明：铺设土工格室后在竖向应力作用下，土工格室起到了降低下部土体应力的作用，同时使在不同基底面积作用下土中应力衰减趋于相同。

由以上分析可以明确桩土应力比反映换填或改性材料与原材料在受荷后各自分担上部荷载的比例关系。换填或改性材料刚度越高，应力比越大。因此，应力比与原材料性质（粒度成分、含水率、矿物成分、结构、重度），换填、改性材料（如碎石、粉煤灰+碎石+水泥、砂+水泥+碎石、土+水泥）性质以及改性剂或添加剂（水泥、粉煤灰、石灰等）与原状土物理化学作用所形成的化合物或结晶体、隐晶质等有关，同时它也与置换率、荷载水平、桩长等有密切关系，但应突出的是应力比反映的是新材料与原材料在受力后由于材料物理力学性质不同而造成的在受力上的差异比例关系。

4.3.3 复合地基承载力计算

复合地基是由天然地基土体和增强体组成的人工地基,两者共同承担外加荷载。在黄土地区为消除黄土的湿陷性,提高黄土地基的承载力,常采用 2∶8 灰土挤密桩组成复合地基,外荷载由桩土共同承担,且保持桩土之间的位移协调一致。依据灰土桩规程规定的标准,当 $S/D = 0.008$ 时的承载力的变化范围在 500~800kPa,均值为 500kPa;挤密后桩间土的承载力(f_s)可表示如下式:

$$f_s = f_{0s} \cdot \frac{\gamma_d}{\gamma_{d0}} = K f_{0s} \tag{4-1}$$

式中:γ_d——试验与挤密后桩间土的干重度;

γ_{d0}——天然地基土的干重度;

K——桩土土承载力的提高系数,$K = \gamma_d / \gamma_{d0}$。

复合地基的承载力($f_{sp,k}$),亦可按惯用的复合地基承载力公式计算:

$$f_{sp,k} = f_s [1 + (n - 1)m] \tag{4-2}$$

式中:f_s——桩间土的承载力(kPa);

n——桩土应力比,$n = f_p / f_s$,其中 f_p 为桩体强度(kPa);

m——为置换率,$m = A_P / A_0$,其中 A_0 为地基处理面积;A_P 为桩的截面积。

4.3.4 问题讨论

虽然静载试验应用于复合地基承载力的确定中,但是复合地基的力学性状与天然地基和桩基有着很大的差别,具体如表 4-19 所示。

复合地基、天然地基和桩基的区别   表 4-19

类型		天然地基	复合地基		桩基
			刚性基础	柔性基础	
与基础的联结形式		直接接触	通过垫层协调	直接与上部堆载接触	固定联结
承载方式		有限厚度土层受荷	桩土协同受荷,协调变形	桩土协同受荷,但变形不协调	桩顶受荷,然后向下和桩周土体传递
地基均匀性		垂直成层	分加固区(硬)和下卧层(软)两层		轴向刚度大,轴对称
静载试验结果可靠性	单桩试验	不使用	可用		可靠,桩距较小时不能反映群桩效应
	荷载板试验	可靠,并偏于安全;但有下伏软弱层时需注意	需配合动探试验		不使用

4.4 柔性基础复合地基承载力

4.4.1 问题描述

复合地基的力学性状与天然地基和桩基有着很大的差别,同时刚性基础复合地基与柔性基础复合地基的力学性状也存在着不同之处。此时静载试验能否直接用于确定柔性基础复合地基的承载力,值得探讨。

4.4.2 柔性基础复合地基作用性状

复合地基的强度性状是指复合地基对于外荷载所产生的剪应力的极限抵抗能力。当地基中某点由外力所产生的剪应力达到该点土体的抗剪强度并发生了一部分土体相对于另一部分的移动时,便认为该点发生了剪切破坏。在实体工程中,与强度性状有关的问题主要是复合地基的承载力问题。如果基础下地基土体产生整体滑动或其局部剪坏区发展过大导致不均匀的地基变形,都会造成上部构筑物的破坏或出现影响正常使用的事故。因此,研究复合地基的强度性状,主要是为了在工程设计中限制土工构筑物基础底面的压力,使其不得超过复合地基的容许承载力,以保证复合地基不会发生剪切破坏而失去稳定,同时也使土工构筑物不致因基础产生过大的沉降或差异沉降而影响其正常使用。

1) 有限元计算模型

为了研究柔性基础复合地基的破坏模式,通过对柔性均布荷载作用下6桩悬浮式复合地基进行了弹塑性有限元分析。相应参数按照表4-20取值。上部柔性荷载采用均布堆载,参数采用表中路堤的相应参数。其边界条件为:左右两边界没有水平位移,底面为固定边界。

计算所需基本参数　　　　表4-20

参数		E(MPa)	μ	γ(kN/m³)	c(kPa)	φ(°)	α	σ(kPa)
路堤		30	0.25	18	35	20	0.112	96.81
桩		100	0.24	18	300	25	0.137	792.53
地基土	加固区	2.5	0.4	17	17	4	0.023	50.83
	泥岩	45	0.25	18	—	—	—	—

2) 有限元计算结果分析

(1) 地基土黏聚力 c_s 的影响

地基土的黏聚力 c_s 对复合地基塑性区的影响如图4-27所示。从图中可以看出:在同样的荷载水平下,塑性区范围及塑性应变大小随地基土 c_s 值增大而减小。当 c_s 值很小时,塑性区出现在加固区及软弱下卧层内,塑性应变之最大值出现在桩顶附近的加固区土体中;当 c_s 增大到一定值后,塑性区仅出现在桩端下的软弱下卧层中,且塑性应变之最大值也随之减小。

(2) 柔性堆载及桩体黏聚力 c_m 的影响

当柔性堆载的黏聚力 c_m 值很小(c_m = 1kPa)时,塑性区首先出现在柔性堆载内,且范围很大,即由于桩体刺入柔性堆载导致塑性区首先出现在桩顶土体中。但考虑到对复合地基承载力的影响程度,计算中取柔性堆载的黏聚力 c_m 值分别为 35kPa、40kPa、50kPa、60kPa,所得塑性区均出现在桩端软弱下卧层内且范围相同,但不同 c_m 值时塑性应变之大小略有不同。图 4-28a)所示为 $c_m=50$kPa 时塑性区分布图,不同 c_m 值时塑性应变之最大值 ε_{max}^{pm} 示于表 4-21 中。计算结果表明:柔性堆载的黏聚力 c_m 值对复合地基中塑性区范围及塑性应变的大小几乎无影响。

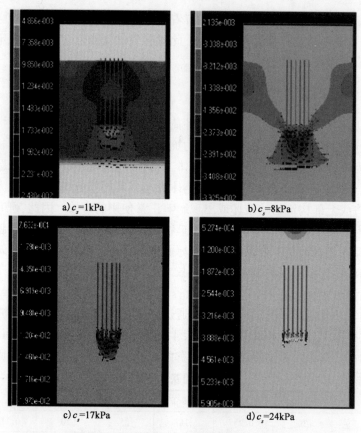

图 4-27 地基土黏聚力值对复合地基塑性区的影响

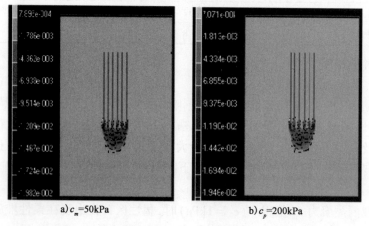

图 4-28 柔性堆载及桩体黏聚力对复合地基塑性区的影响

取桩体的黏聚力 c_p 分别为 100kPa,200kPa,300kPa,400kPa 计算,所得塑性区均出现在桩端软弱下卧层内且范围相同,但 c_p 值不同时塑性应变之大小不同。图 4-28b)所示为 c_p = 200kPa 时塑性区分布图,c_p 值不同时塑性应变之最大值 $\varepsilon_{max}^{c_p}$ 示于表 4-21 中。计算结果表明:桩体的 c_p 值对塑性区范围无影响,但 c_p 值的大小对塑性应变影响较大。塑性应变随 c_p 值增加而有所增大,当 c_p 值增大到一定值时塑性应变不再随之增大。

塑性应变最大值计算表　　　　表 4-21

塑性应变	柔性堆载 c_m (kPa)				桩 c_p (kPa)			
	35	40	50	60	100	200	300	400
$\varepsilon_{max}^{c_p}$	0.0197	0.0198	0.0198	0.0199	0.0154	0.0194	0.0197	0.0197

3)柔性基础下复合地基变形与承载

(1)试验现场概况

试验段选在尹中高速公路粉喷桩 K25 + 595 ~ 720 处。本路段主要分布在沿线山间盆地、冲沟及洼地;上部为新近堆积黄土,大孔隙发育,具有强烈湿陷性,属 Ⅲ ~ Ⅳ 级自重湿陷性黄土。由于地势低洼,地下水位高,地形呈半封闭状态,排洪条件差,地下水位以下新近堆积黄土经长期浸泡,已饱和软化,多呈软塑 ~ 流塑状,形成较厚的软黄土层。经水泥粉喷桩形成了桩体未穿透软黄土土层、加固区下仍然存在软弱下卧层的悬浮式复合地基。

土压力现场测试选用丹东仪表厂生产的 JXY 单膜钢弦式压力盒,压力盒量程 0.3MPa。桩顶和桩间土的沉降采用长安大学自行研制的静力水准沉降杯进行观测。该设备可量测确定剖面上任意时刻任意点上的沉降值,量程为 200cm,分辨值为 1mm。

尹中高速公路测点布置在 K25 + 665 断面的右半幅地基。布点时粉喷桩施工已结束且有 28d 龄期。经过清场,选择道路横断面三排桩范围,在桩顶和桩间土上布设压力盒和静力水准沉降杯。两个断面共布设 40 个压力盒和 40 个沉降杯,观测点的布置如图 4-29 所示。布完测试元件经过初值量测后即开始填土施工。量测工作从测试元件全部就位后开始,即从 5 月 16 日开始,每天连续观测,直到 10 月 30 日,共 166d。

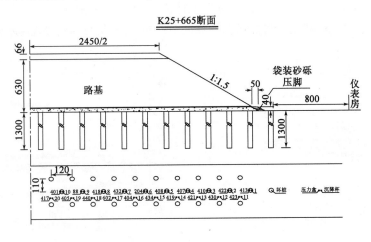

图 4-29　测试元件布置图(尺寸单位:cm)

(2) 施工过程

试验段尹中 K25+595~720 的施工是分期进行的。

①第一施工期,从第 1 天(5 月 16 日)至第 21 天(6 月 6 日),实际填土从 5 月 22 日开始,均匀填土压实,平均每天填土高度约为 20cm,总填土高度为 3m。

②第一施工间息期,从第 22 天(6 月 7 日)至第 28 天(6 月 13 日),由于 6 月 7 日填土厚度过大(压实后填土高度达到 4m),压实度不能满足要求,故在此期间未继续填土而只进行压实。

③第二施工期,从第 29 天(6 月 14 日)至第 32 天(6 月 17 日),均匀填土、压实,每天填土高度为 25cm,总填土高度达到 5m。

④第二施工间息期,从第 33 天(6 月 18 日)至第 37 天(6 月 22 日),停荷。

⑤第三施工期,从第 38 天(6 月 23 日)至第 41 天(6 月 26 日),均匀填土、压实,每天填土高度为 25cm,总填土高度达到 6m。

⑥第三施工间息期,从第 42 天(6 月 27 日)至第 47 天(7 月 2 日),停荷。

⑦第四施工期,从第 48 天(7 月 3 日)至第 51 天(7 月 6 日),总填土高度达到 6.3m,路基施工结束。

⑧第四施工间息期,从第 52 天(7 月 7 日)至第 69 天(7 月 25 日),停荷。

⑨第五施工期,从第 70 天(7 月 26 日)至第 90 天(8 月 15 日),施工路面结构层,总厚度为 66cm。

⑩第五施工间息期,从第 91 天(8 月 16 日)至第 166 天(10 月 30 日),路基路面工程全部竣工。

(3) 试验结果分析

①桩顶和桩间土压力分析

图 4-30 和图 4-31 所示为 K25+665 处桩顶与桩间土压力随施工过程变化规律。第一施工期内,桩顶土压力 P_p 和桩间土压力 P_s 快速连续上升,而在停止填土后的第一施工间息期内,实测的桩间土压力 P_s 随时间缓慢下降,但同期内桩顶土压力 P_p 则随时间缓慢上升。同样,在第二、三、四填土施工期和施工间息期内重复了这一现象。根据分析,施工间息期桩顶应力增加而桩间土应力减小的主要原因是随着土体固结的发生,土体和桩体因为刚度不同,土的下沉量大于桩的下沉量,则土会将加荷初期共同分担的上部荷载通过变形协调逐步给桩转移一部分。

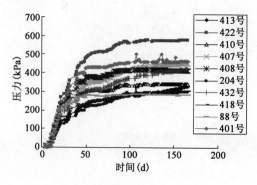

图 4-30 桩顶压力-时间关系曲线

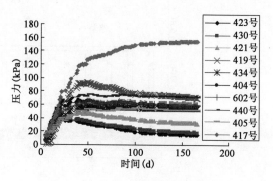

图 4-31 桩间土压力-时间关系曲线

第五施工期及其间息期对桩顶土压力 P_p 和桩间土压力 P_s 的影响已经很微弱,可以将其看成第四间息期的延续,即在此期间内,桩顶土压力 P_p 继续随时间缓慢上升而桩间土压力 P_s 则随时间缓慢下降。

图 4-32 所示为应力沿路基横断面分布情况。可见桩顶应力大部分均在 400kPa 以下,桩间土应力大部分均在 50kPa 左右。

②桩土应力比分析

定义 $n = P_p/P_s$ 为桩土应力比,则可将实测资料转换成图 4-33 所示的桩土应力比随时间变化关系曲线。从图中可以看出,加荷初期,桩体所分担荷载的增长速率较大,但很快随着桩土变形的协调 n 值趋于稳定,且两个断面的 n 值大部分均集中在 $n = 3$ 与 $n = 8$ 的两条直线之间,平均值约为 4.66。

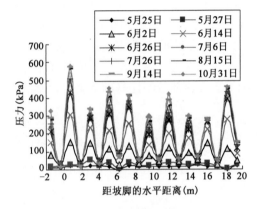

图 4-32 应力沿路基横断面的分布曲线

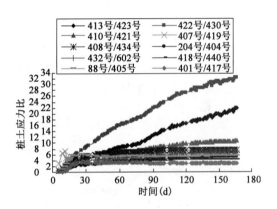

图 4-33 桩土应力比-时间关系曲线

桩土应力比沿路基横断面方向的分布曲线如图 4-34 所示。从图中可以看出:除去两个异常实测值外,桩土应力比沿路基横断面方向的分布比较均匀,桩土应力比起伏变化不大。桩土应力比沿路基横向的归一化分布曲线如图 4-35 所示。从图中可以看出,桩土应力比在坡脚附近较大。

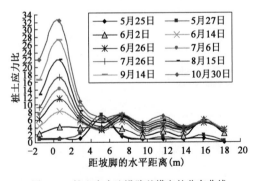

图 4-34 桩土应力比沿路基横向的分布曲线

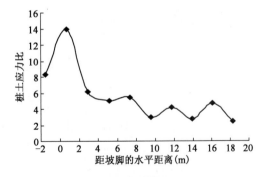

图 4-35 桩土应力比沿路基横向的归一化曲线

③复合地基承载力分析

若定义 $m = A_p/A$ 为置换率,式中 A_p 为桩体横截面面积,A 为复合地基面积。本试验段粉喷桩按照三角形布置,桩间距为 1.2m,排距为 1.1m,经计算本工程的 $m = 0.157$,本工程的荷载水平约为 140kPa。现已实测出 P_p 和 P_s 值并计算出 n 值,则可按下式估算复合地基的承载力 P_c。

$$P_c = [1 + m(n-1)]P_s \tag{4-3}$$

或

$$P_c = [1 + m(n-1)]P_p/n \tag{4-4}$$

其中式(4-3)为按土体先破坏估算的承载力,式(4-4)为按桩体先破坏估算的承载力。从图 4-36 与图 4-37 可以看出,在 K25+665 处,按桩体先破坏计算的承载力曲线主要集中在 $P_c=80$kPa 和 $P_c=120$kPa 的两条直线间,而按土体先破坏计算的承载力曲线主要集中在 $P_c=100$kPa 和 $P_c=140$kPa 的两条直线间,即按土体先破坏计算的承载力大于按桩体先破坏计算的承载力,且更接近于本工程的荷载水平。从承载力归一化曲线(图 4-38)也可看出,按土体先破坏计算的承载力最终趋近于 $P_c=120$kPa 的直线,而按桩体先破坏计算的承载力最终接近于 $P_c=100$kPa 的直线。从归一化曲线上也可看出,按土体先破坏计算的承载力归一化值在加荷期间均大于按桩体先破坏计算的承载力归一化值;在停荷期间,按土体先破坏计算的承载力值随时间缓慢下降,而按桩体先破坏计算的承载力值随时间缓慢上升。由此也说明在柔性基础下的复合地基中,加荷期间,荷载首先由桩间土体承担,而在停荷期间,随着桩土变形的协调,桩间土体承担的部分荷载会转移给桩体,因此,柔性基础下复合地基的破坏模式应为桩间土体先破坏,继而引起整个复合地基的破坏,这正是柔性基础下复合地基与刚性基础下复合地基的不同之处。

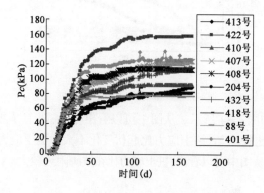

图 4-36 按桩体先破坏计算的承载力-时间曲线　　图 4-37 按土体先破坏计算的承载力-时间关系曲线

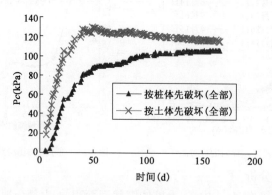

图 4-38 承载力-时间归一化曲线

④沉降分析

从图 4-39 与图 4-40 看出:桩、土的沉降均随着填土高度的增加而增大。在第四施工间息期(路基施工结束)之前,桩、土的沉降均比较大,且以一较大的速率均匀沉降;第四施工间息期之后,沉降速率减小,桩、土以另外一相对较小的沉降速率继续下沉。

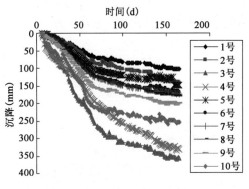 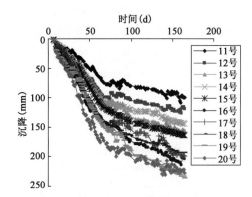

图4-39　桩顶绝对沉降-时间关系曲线　　　　图4-40　桩间土绝对沉降-时间关系曲线

第四施工间息期之后,沉降速率虽然有所减小,但到观测结束时,其桩、土的沉降值仍然较大,地基的工后沉降还没有稳定,且有继续发展的趋势。由于其软土层比较深厚,粉喷桩没有穿透软弱土层,桩端下仍然存在软弱下卧层,因此其工后沉降比较大,且趋于稳定所需时间较长。实际工程中,为了减小工后沉降,应尽可能使粉喷桩穿透整个软弱土层,形成支承式粉喷桩复合地基。

另外,可以看出:桩、土的沉降速率随着与路中心距离的增大而减小,且随着填土高度的增加,这一现象越明显。这主要是由于随着填土高度的增加,路基边坡的影响越大,即随着填土高度的增加,靠近路基中心的荷载继续增加,而路基坡脚附近的荷载已不再增加所致。

沉降沿路基横断面方向的分布曲线如图4-41所示。从图中可以看出:在同一级荷载下,桩顶的沉降小于桩间土的沉降。由于软弱下卧层厚度比较均匀,故其沉降在施工初期较均匀,到后期道路中心处的沉降量大于坡脚处的沉降量。但是,比较反常的是坡脚附近的3号桩和4号桩的沉降很大。

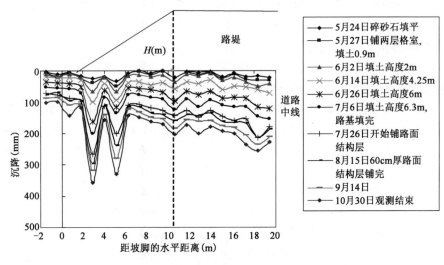

图4-41　沉降沿路基横向分布曲线

⑤准模量分析

若定义 $E_s' = P_s/S_s$ 为土体的准模量，$E_p' = P_p/S_p$ 为桩的准模量。经计算的 E_s' 和 E_p' 分别示于图 4-42 与图 4-43 中。可看出，各点的 E_s' 和 E_p' 随时间先增大后减小，最后趋于一稳定值，类似于先硬化后软化特征。从图 4-44 的归一化曲线上可以看出 E_p' 均大于 E_s'。

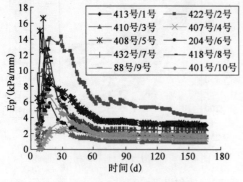 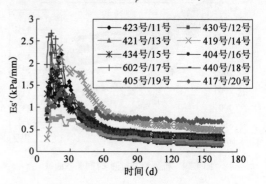

图 4-42　桩准模量-时间关系曲线　　　　　图 4-43　桩间土准模量-时间关系曲线

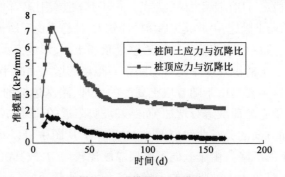

图 4-44　准模量归一化曲线

4）复合地基中桩对桩间土承载力的影响

目前，在水泥土搅拌法所形成的复合地基承载力设计计算公式中，桩间土体的承载力采用的是天然地基土体的承载力标准值。但是，现场测试及工程实践表明，在变形过程中，由于桩体对桩间土体的侧限作用使得地基土体的承载力提高了。

图 4-45 所示为针对土家湾隧道东洞口软黄土地基采用粉喷桩处理前后的原状软黄土及桩间土进行现场荷载试验所得曲线，其中原状土静荷载试验共完成 2 组，桩间土试验共完成 8 组。从图 4-45a）可以看出，原状土的极限承载力分别为 120kPa 和 150kPa，考虑到安全因素，该场地天然地基土的极限承载力取为 120kPa。图 4-45b）中，经粉喷桩处理后，桩间土极限承载力基本上接近 300kPa，是原状土极限承载力的 2 倍左右，桩间土的力学性质得到普遍提高。

通过现场荷载试验可以得到由于桩体的存在对桩间土体性状的影响，但是荷载试验均模拟的是刚性基础复合地基的情况，且其模拟的工况是有限的。在柔性基础复合地基中，桩体的存在对桩间土体性状的影响规律及其影响程度如何，则需通过其他方法来模拟。本节就此问题进行有限元计算，通过计算找出桩间土体承载力的变化规律。

仿真分析结果示于表 4-22 中。从表中可以看出：

(1) 随着置换率提高,桩体对桩间土体承载力的影响程度增大;

(2) 采用同样置换率时,桩体对饱和黄土承载力的影响程度大于对淤泥质土体承载力的影响程度;支承式复合地基中桩体对桩间土体承载力的影响程度大于悬浮式复合地基的情况。

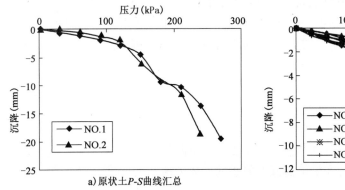
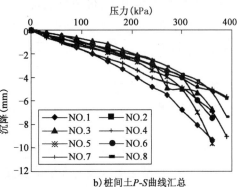

图 4-45 土体 P-S 关系曲线

桩对桩间土承载力影响的计算结果 表 4-22

土 体		置 换 率 m							
		悬浮式				支承式			
		0	0.077	0.143	0.2	0	0.077	0.143	0.2
饱和黄土	P_1 (kPa)	70	80	88	94	70	82	92	102
	δ_1 (%)	—	14.3	25.7	34	—	17.1	31.4	45.7
淤泥质土	P_1 (kPa)	70	78	85	92	70	80	88	96
	δ_1 (%)	—	11.4	21.4	31.4	—	14.3	25.7	37.1
相对沉降		$b=30\text{cm}, S=3.07\text{cm}, S/b=0.1$				$b=30\text{cm}, S=2.56\text{cm}, S/b=0.08$			

4.4.3 柔性基础复合地基承载力评价

对于柔性基础下的复合地基,其变形并不满足等应变假设,而是在桩顶与桩间土之间存在着沉降差 δ。下面就根据这一特点来分析复合地基的承载力、桩土应力比 n、置换率 m 与桩体、土体各基本参数之间的关系。

1) 计算公式

$$\delta = \Delta S_{s1} - \Delta S_{p1} = \frac{p_s}{E_s \cdot \alpha}(1 - e^{-\alpha l_1}) - \frac{K_0 U_p \xi_c}{A_p E_p}\left(\frac{1}{2}p_s l_1^2 + \frac{\gamma l_1^3}{6}\right) - \frac{p_p}{E_p}l_1$$

$$= \frac{p_s}{E_s \cdot \alpha}(1 - e^{-\alpha l_1}) - \frac{A_s \cdot \alpha}{A_p E_p}\left(\frac{1}{2}p_s l_1^2 + \frac{\gamma l_1^3}{6}\right) - \frac{p_p}{E_p}l_1 \quad (4\text{-}5)$$

对于复合地基,存在以下关系式: $n = \frac{p_p}{p_s}$, $m = \frac{A_p}{A_p + A_s}$, $P = (nA_p + A_s)p_s$ 将这些关系式代入式(4-5),则式(4-5)可改写成下式:

$$\delta = \frac{P}{E_s \cdot \alpha(nA_p + A_s)}(1 - e^{-\alpha l_1}) - \frac{A_s \cdot \alpha}{A_p E_p}\left(\frac{1}{2} \cdot \frac{P}{nA_p + A_s}l_1^2 + \frac{\gamma l_1^3}{6}\right) - \frac{nl_1}{E_p} \cdot \frac{P}{nA_p + A_s} \quad (4\text{-}6)$$

式中:n——桩土应力比；

P——外荷载,kPa；

其余符号意义同前。

从式(4-6)中可以看出,桩顶与桩间土的沉降差 δ 的大小与 P, m, n, l_1, E_p, E_s 有关,即 $\delta = f(P, m, n, l_1, E_p, E_s)$。对于任何一种天然地基土,在外荷载作用下,桩与桩间土之间存在着最大容许沉降差 δ_{max},对应于 δ_{max} 的 P_{max} 即为复合地基的容许承载力, $P_{max} = f(m, n, l_1, E_p, E_s)$。

2)等沉面位置的确定

根据等沉面的定义可得：

$$\Delta_1 + \Delta_3 = \Delta_0 + \Delta_2 \tag{4-7}$$

式中:Δ_2、Δ_3——等沉面以下桩端及其两侧下卧层土体的沉降量；

Δ_0、Δ_1——桩端至等沉面之间桩体及其两侧桩间土体的压缩变形量。

(1)支承式复合地基的情况

支承式复合地基,即桩端支撑在较坚硬的土层上,此时,可取 Δ_2、Δ_3 均为零,则：

$$\Delta_1 = \Delta_0 \tag{4-8}$$

由上述几个公式及(4-8)可得：

$$\frac{p_s}{E_s \cdot \alpha}[e^{\alpha(L-2l_1)} - e^{-\alpha l_1}] = -\frac{\alpha A_s}{A_p E_p}\left[p_s \cdot e^{-\alpha l_1} \cdot \frac{(L-l_1)^2}{2} + \frac{\gamma}{6}(L-l_1)^3\right] + \frac{2\alpha A_s}{A_p E_p}\left(p_s \cdot e^{-\alpha l_1} \cdot l_1 + \frac{\gamma l_1^2}{2}\right)(L-l_1) + \frac{p_p}{E_p}(L-l_1) \tag{4-9}$$

将 $n = \dfrac{p_p}{p_s}$, $P = (nA_p + A_s)p_s$ 代入式(4-9)中得：

$$\frac{P}{E_s \cdot \alpha(nA_p + A_s)}[e^{\alpha(L-2l_1)} - e^{-\alpha l_1}] = -\frac{\alpha A_s}{A_p E_p}\left[\frac{P}{nA_p + A_s} \cdot e^{-\alpha l_1} \cdot \frac{(L-l_1)^2}{2} + \frac{\gamma}{6}(L-l_1)^3\right] + \frac{2\alpha A_s}{A_p E_p}\left(\frac{P}{nA_p + A_s} \cdot e^{-\alpha l_1} \cdot l_1 + \frac{\gamma l_1^2}{2}\right)(L-l_1) + \frac{n(L-l_1)}{E_p} \cdot \frac{P}{nA_p + A_s} \tag{4-10}$$

在地基土参数已知的情况下,联立求解式(4-7)与式(4-10),可以对柔性基础支承式复合地基的 P_{max}, m, n, E_p 进行优化设计。

另外,将 $l_1 = 0$ 代入上式,即可得到刚性基础下支承式复合地基的相应关系式,即 $P_{max} = f(m, n, L, E_p, E_s)$。

(2)悬浮式复合地基的情况

对于悬浮式复合地基, Δ_2 的计算可采用下式：

$$\Delta_2 = \frac{Q(1-\mu^2)}{\pi E_{s1} r_p} \tag{4-11}$$

式中:E_{s1}——下卧层土体的变形模量,kPa；

r_p——桩径,m；

μ——下卧层土体的泊松比;

Q——桩端荷载,由联立求解得到:

$$Q = -A_s \cdot \alpha \left(p_s \cdot e^{\alpha(L-2l_1)} \cdot L + \frac{\gamma L^2}{2}\right) + 2A_s \cdot \alpha \left(p_s \cdot e^{-\alpha l_1} \cdot l_1 + \frac{\gamma l_1^2}{2}\right) + p_p \cdot A_p \quad (4\text{-}12)$$

Δ_3 的求解采用分层总和法。Δ_0、Δ_1 的求解同支承式复合地基。

将 Δ_0、Δ_1、Δ_2、Δ_3 分别代入式(4-7),即可得到悬浮式复合地基根据变形所得到的另一关系式,将其与式(4-6)联立求解,在地基土参数已知的情况下,可以对柔性基础悬浮式复合地基的 P_{max},m,n,E_p 进行优化设计。

(3)简单讨论

上述关系式考虑了柔性基础下复合地基受力与变形特点,对于承载力的计算,可以考虑桩间土体性状、桩体强度、桩长、桩距以及桩端土体性状的影响。但是,在分析过程中认为基础为柔性基础且能够使得桩体与桩间土体分别充分发挥作用,复合地基的破坏是由于桩间土体先破坏所致。

4.4.4 问题讨论

粉喷桩复合地基承载力是复合地基设计中的基本问题,目前理论公式计算是其确定方法中最常用的方法。下面,针对这种方法用于确定柔性基础复合地基承载力存在的问题进行讨论。

《建筑地基处理技术规范》(JGJ 79—2001)中对于深层搅拌桩复合地基承载力标准值按照下式计算:

$$f_{sp,k} = m \frac{R_k^d}{A_p} + \beta(1-m)f_{s,k} \quad (4\text{-}13)$$

式中:$f_{sp,k}$——复合地基的承载力标准值;

m——面积置换率;

A_p——桩的截面积;

$f_{s,k}$——桩间天然地基土承载力标准值;

β——桩间土承载力折减系数,当桩端土为软土时,可取 0.5 ~ 1.0,当桩端土为硬土时,可取 0.1 ~ 0.4,当不考虑桩间软土的作用时,可取零;

R_k^d——单桩竖向承载力标准值,应通过现场单桩荷载试验确定。

单桩竖向承载力标准值也可按下列二式计算,取其中较小值:

$$R_k^d = \eta f_{cu,k} A_p \quad (4\text{-}14)$$

$$R_k^d = \overline{q}_s U_p l + \alpha A_p q_p \quad (4\text{-}15)$$

式中:$f_{cu,k}$——与搅拌桩桩身加固土配比相同的室内加固土试块的无侧限抗压强度平均值;

η——强度折减系数,可取 0.35 ~ 0.50;

$\overline{q}_s$——桩周土的平均摩擦力,对淤泥可取 5 ~ 10kPa,对淤泥质土可取 8 ~ 12kPa,对黏性土可取 12 ~ 15kPa;

U_p——桩周长;

l——桩长;

q_p——桩端天然地基土的承载力标准值,可按有关规定确定;

α——桩端天然地基土的承载力折减系数,可取 $0.4 \sim 0.6$。

1) β 系数的取值

一般认为,β 仅与桩端土的软硬程度有关,这是从桩的沉降概念或桩土之间的相对变形角度考虑问题的,认为只有桩下沉后土才能发挥作用。可见,β 值也理应与桩本身的强度(压缩模量)有关。因为当桩身的强度(压缩模量)较小时,桩在荷载作用下的压缩变形就大,这样桩间土所承受的荷载也大,反之则小。而对于柔性基础复合地基,受荷后其等沉面并不在桩顶而是下移了一定距离,等沉面上下桩土间相对变形的规律不同,其大小则受到桩间土的性质、桩体强度以及柔性基础刚度的影响。因此,β 值除了应当考虑桩端土体的性状外,还需考虑桩体强度、桩间土的性质、桩距(置换率)、桩长及柔性基础刚度的影响。

2) $f_{s,k}$ 的取值

规范公式中,$f_{s,k}$ 定义为桩间天然地基土承载力标准值。但现场实测资料表明,用粉喷桩处理之后,桩间土的强度有所增大。比如,在甘肃馋柳高速公路土家湾隧道西洞口地基采用粉喷桩处理前,天然地基土承载力 $f_{s,k} = 90$ kPa,处理后桩间土的承载力为 130 kPa,增长了 44%;同样,在东洞口,天然地基土的承载力 $f_{s,k} = 120$ kPa,而桩间土的承载力提高到 $240 \sim 300$ kPa,增长近 2 倍。其原因可归结如下:(1)在进行粉喷及桩体强度形成过程中,水泥粉会吸收桩周土体中的一些水分来完成其一系列物理化学反应,从而使得桩周土体的含水率减小,强度提高;(2)强度较高的粉喷桩桩体对桩间土的变形产生侧向约束,使桩间土的沉降量有所减小。

3) R_k^d 的取值

R_k^d 的取值可通过现场单桩荷载试验确定。但是,单桩试验与复合地基的承载方式及基础的连接均不同,从而桩土的变形与应力状态也不同,这种不同至少表现在桩侧摩阻力的分布及分配比例的变化上,故单桩试验并不能完全代表复合地基中桩体作用的发挥过程。

R_k^d 也可采用式(4-14)、(4-15)计算。采用式(4-14)计算 R_k^d 时,规范中并没有明确规定采用养护龄期为多少天的水泥土的无侧限抗压强度值。在上海地区的规范中采用的是养护 90d 龄期时的 $f_{cu,k}$ 值。大量的试验表明,水泥土的无侧限抗压强度 $f_{cu,k}$ 值与土的类别、水泥品种质量、水泥掺入量和水泥土的养护龄期有关。$f_{cu,k}$ 随着养护的龄期而增长,强度与龄期之间的关系式近似为:$f_{cu,90} : f_{cu,28} : f_{cu,7} = 1 : 0.6 : 0.4$。水泥土龄期超过 3 个月后,水泥土强度增长缓慢。但是日本对水泥土的长期强度效应进行系统的研究之后得出:$f_{cu,5年} = 1.3 f_{cu,90}$(普通硅酸盐水泥),$f_{cu,5年} = 1.8 f_{cu,90}$(高炉矿渣水泥)。从以上试验资料可以看出,水泥土的长期强度作为一种安全储备在设计过程中未予考虑。采用式(4-15)计算 R_k^d 时,《建筑地基处理技术规范》(JGJ 79—2001)与上海地区规范的计算公式也不同,前者考虑了桩端天然地基土的承载力,而后者未考虑桩端天然地基土的承载力。

4.5 小　　结

通过广泛调查和收集相关资料、开展了黄土地区不同区域的地基承载力原位测试、配套的室内土工试验以及理论分析,对黄土地区公路路基地基承载力问题进行了了解和研究。

考虑到公路路基作为线状工程,对地基承载力的要求没有建(构)筑物高,测试方法各自的优缺点还有待试验检测。因此,通过对承载力现场测试结果的分析,提出了黄土地区公路工程地基承载力评价时,可以采用荷载试验;旁压试验;也可以用静力触探进行测试;动力触探和标准贯入仅作为辅助的测试方法。

　　了解黄土天然地基和复合地基的区别,尤其针对柔性基础复合地基受力、变形及强度性状的数值仿真分析等,研究了影响柔性基础复合地基受力、变形及强度性状的因素及其影响程度。其中,桩与基础刚度对复合地基承载力影响较大,且其影响有利于复合地基承载力的发挥,即柔性基础复合地基的承载力值大于同样条件下刚性基础复合地基的承载力值。又根据柔性基础复合地基的受力、变形特点,考虑基础刚度、桩间土体性状、桩体强度、桩长、桩距以及桩端土体性状的影响,推导出相应的关系式,并在此基础上修正了规范中对于深层搅拌桩复合地基的设计计算公式,使其适用于柔性基础复合地基。

第5章 公路黄土地基处理

5.1 概 述

公路是一种呈线性分布的带状的三维空间人工构筑物。我国公路等级按照其使用任务、功能和适应的交通量分为：高速公路、一级公路、二级公路、三级公路、四级公路五个等级。其中，高速公路通行能力大、速度快、行车安全舒适，是综合运输体系的重要组成部分。20世纪30年代美国及德国开始兴建高速公路，20世纪50年代世界各国大力普及，如今高速公路得到了快速发展。

我国高速公路从无到有，发展迅速；分布范围广，行车速度快。随着西部大开发战略及"一带一路"的实施，高速公路建设在西部黄土地区大规模展开，而黄土土质给高速公路建设带来了许多技术难题。其中湿陷性黄土和湿软黄土地区的高速公路地基处理问题就是一个难以避免且普遍的问题，也是工程成败的关键环节之一。因此，寻求经济、可靠、有效的公路黄土地基处理措施，事关工程安全、交通安全、公路功能和工程的投资效益，对西部黄土地区高速公路的建设具有积极的实际意义。

在黄土地区，公路工程的地基处理以控制变形为主要准则，其特点是变形量的控制严于国铁，低于高铁。

5.2 湿陷性黄土地基处理

5.2.1 背景描述

黄土是一种具有地域性分布的特殊土体，具有大孔隙和垂直节理，且新生黄土多具有湿陷性。黄土湿陷性的存在常给工业及民用建筑带来严重破坏，尤其是以湿陷性黄土作地基，其建筑物常发生迅猛沉降，引发建筑物附近管道断裂，建筑物倾斜及墙体开裂等事故。因此针对湿陷性黄土地基处理的设计参数、施工质量控制标准以及施工工艺的研究十分重要。

5.2.2 常用处理技术

在公路工程中，对于湿陷性黄土地基的处理，主要分为两大类。对于路基工程，主要以浅层处理为主，处理原则是以防为主，如采用防水沟、土工物等；而针对道路中的构筑物，常采用强夯、挤密桩等方法。

1）冲击碾压

冲击压路机作为一种新型的土石方压实设备，它突破了传统的碾压方式，在碾压中产生巨大的冲击波,靠机械冲击力将土体压实。

在公路工程建设中,冲击压路机用来处理湿陷性黄土地基,具有施工速度快、费用低等优点。冲击碾压法适用于深层土壤的压实以及含水率较高的黏性土壤的压实。对于那些原地基土质不好的工程,通常的压实方法需要花费大量的资金来换土,且施工工序较复杂,需一层层地进行填方与压实;而冲击碾压法可直接压实,其压实深度可达1m,省去了换土的工序。因此,冲击碾压法是一种有效的路基压实方法,在路基工程中具有广阔的应用前景。目前,在陕西、甘肃、青海和河北等省区冲击碾压处理湿陷性黄土地基,效果都比较明显。

2)强夯法

在黄土地区的公路工程中,强夯法主要用于处理湿陷性黄土地基,在陕西、山西、甘肃、新疆、宁夏等地得到了大量的应用,并取得了良好的效果。

3)挤密桩法

挤密桩法是通过冲击或振动作用在土中成孔,然后向孔内填入土或其他材料分层捣实而成桩,使得桩周围松散土挤密,桩与挤密后的地基土共同组成复合地基,从而提高地基的强度和减小地基变形。挤密桩广泛应用于处理湿陷性黄土地基,消除黄土的湿陷性。

4)换填法

换填法就是将基础底面以下不太深的一定范围内的劣质土层换填为质地坚硬、强度较高、性能稳定的填料,同时以人工或机械方式将其挤压密实,达到所需密实度,形成良好的人工地基。主要适用于所需处理的湿陷性黄土地层厚度在3m以内的地基。

5.2.3 问题讨论

(1)采用夯实法应根据湿陷性黄土所处的类别、等级、场地等因素来确定夯点的位置、夯击的能量、深度、次数等。进行夯实之前应进行试夯来确定设计参数,因为土的含水率、孔隙比以及夯击的单位面积夯能对湿陷性黄土的强夯有效加固深度起着重要的作用,需进行试夯以保证顺利施工,避免给工程带来隐患。当出现局部效果不好的情况时,多数因为强夯使得深度内土的含水率不同,此时需采取土的增湿或减湿措施,避免出现橡皮土情况。如有此种情况,应立即停止夯击,晾晒一定时间后,在夯击坑内加入碎石类的粗集料后,继续夯击。

(2)冲击碾压和强夯施工应考虑振动对周围构造物和房屋建筑的影响,设置必要的施工安全距离。特别是对于强夯,由于其振动能量强,在施工安全距离受限时应开挖隔振沟予以减振;隔振沟宜靠近强夯点,设置沟深度一般不小于2m。

(3)采用挤密桩法处理地基之前,应选择有代表性的地段进行试验性的施工,当试验的结果符合设计的要求时,才可以进行正式的施工。对成孔进行填料时,孔底一定要夯实,且分层夯实,压实系数不宜小于0.97。孔内填料的夯实质量,应及时抽样检查,数量不得少于总孔数的2%,每台班不应少于1孔。在全部孔深内,宜每1m取土样测定干密度,检测点的位置应在距孔心2/3孔半径处。孔内填料的夯实质量可通过现场试验测定。对重要的或大型的工程,还应该在处理深度内,分层取样来测定挤密土及孔内填料的湿陷性和压缩性,并且在现场进行静荷载试验。

(4)采用垫层法当有局部基坑进水或者地基土的含水率较大时,需要采取晾晒等措施,同时还要严格控制灰土或素土的最佳含水率,偏大时土体的强度会明显地下降,随之变形也会明显增大。垫层的压实度发生差异时,通常是因为垫层的处理宽度没能达到规范的要求,从而没能碾压到位。质量未达标时,多数是因为碾压分层的厚度不在规定厚度之内,应严格把好质量关,对每层进行检测,达到设计要求。

5.3 湿软黄土地基处理

5.3.1 背景描述

1)湿软黄土地基物理力学特征

湿软黄土具有一定的饱和度,但又不完全饱和;其工程性质类似于软土,但优于软土。

(1)湿软黄土地基物理特征

通过对陕西、甘肃、宁夏、青海等地的公路湿软黄土资料的统计,参考相关试验研究成果,归纳出湿软黄土地基物理特征。

①含水率高

湿软黄土含水率一般为25%~33%,饱和度一般大于75%。

②液性指数大

湿软黄土的液性指数一般为$I_L \geq 0.5$,一般处于软塑或流塑状态。

③孔隙比大

湿软黄土孔隙比接近1,干密度一般为14.2kN/m³左右。

④弱渗透性

兰州周围黄土的平均渗透系数为8.9×11.4cm/s,西安为5.8×11.4cm/s,洛阳为6×11.4cm/s。而软黄土的渗透系数为$2 \times 11.6 \sim 3 \times 11.6$cm/s。

⑤不均匀性

黄土硬壳和湿软黄土层中,土质软硬分布都不均匀。黄土硬壳土层中土体呈硬塑和软塑状,夹杂有植物根茎和腐殖质;湿软黄土地层中土体呈软塑状和流塑状,含有腐殖质,分布不均匀,且无规律。

(2)湿软黄土地基力学特征

结合黄土地区高速公路沿线湿软黄土力学性质指标以及文献中的有关黄土和饱和湿软黄土的试验研究资料,概括了湿软黄土地基的力学特性。

①强度低

无侧限抗压强度为15.7~33.8kPa,内摩擦角一般小于15°~20°,黏聚力一般小于20kPa。

②高压缩性

甘肃中部地区黄土湿陷性强,因受水浸泡湿陷性消失,转化的软黄土压缩性大、变形量大,其压缩系数(a_{1-2})为$0.3 \sim 1.8$MPa^{-1},并随黄土的液限和天然含水率的增大而增高。早期浸水饱和的黄土和东部湿陷性较弱的饱和黄土,经过较大和长期覆盖压力的充分压密作用,已改变了原有的高孔隙率和高压缩性,承载力有所提高,其压缩系数约为$0.17 \sim 0.55$MPa^{-1}。一般来说,湿软黄土地基不仅压缩变形量大,而且持续时间长。

③触变性敏感

湿软黄土一旦受到振动搅拌等,其絮凝状结构受到破坏,土体强度明显下降,甚至呈流动状态,停止扰动静置一段时间后强度又有所增长。因此现场测定湿软黄土地基承载力较为困难。

④承载力低

湿软黄土标准贯入试验 $N_{63.5}$ 击数大多为 2~3 击,局部 7~8 击,地基承载力一般为 60kPa~90kPa。

⑤无湿陷性

由于湿软黄土长期受水浸泡,湿陷性已经消失。

2) 湿软黄土地基公路病害

湿软黄土地区路基病害与湿陷性黄土地区的路基病害特征基本相似,只是病害的危害程度更为严重,处理难度更大。病害的根源是地基变形,具有如下特点:①不均匀性。湿软黄土地基的不均匀压缩变形引起的路堤和路面以及构造物的不均匀沉降、裂缝、路面波浪等。②持续性。由于湿软黄土地基透水性差,固结变形缓慢,地基压缩变形速度缓慢,地基和路堤不均匀沉降持续发展,因此,路堤、路面和构造物的病害的危害程度将随时间持续发展。③突变性。当路堤荷载超过湿软黄土地基承载能力时,地基会迅速失稳,引起路堤和构造物突然滑移或塌陷,造成路堤和构筑物的完全破坏。④严重性。湿软黄土地基引起的病害轻则影响公路的正常运营,重则引起交通事故,甚至完全破坏路段,导致交通中断,且加固处理难度大,难以根治。

按地基变形和路堤沉降的速度来划分,湿软黄土地基的病害主要分地基竖向压缩变形和失稳两大类。

5.3.2 地基处理技术应用

湿软黄土地基具有渗透性小、强度低、压缩性高、触变性敏感、承载力低、无湿陷性、富含酸根离子及腐蚀性等特点。目前对湿软黄土地基的处理主要是借鉴了软土地基的处理措施,并根据大量的工程实践总结了湿软黄土地区公路地基的主要处理技术。

1) 换填法

换填法就是将基础底面以下不太深的一定范围内的劣质土层换填为质地坚硬、强度较高、性能稳定的填料,同时以人工或机械方式将其挤压密实,达到所需密实度,形成良好的人工地基。主要适用于所需处理地层厚度在 3m 以内的湿软黄土地基。

适合于湿软黄土地基的换填材料主要有砂、碎石、卵石、素土、灰土、煤渣、矿渣等质地坚硬、强度高、性能稳定、抗腐蚀性好的材料。换填的宽度应大于路基宽度,垫层顶面每边超出基础边不宜小于 300mm。深度应根据需要置换软弱土的深度或下卧土层的承载力确定,并符合下式要求:

$$p_z + p_{cz} \leqslant f_{az} \tag{5-1}$$

式中:p_z——相应于荷载效应标准组合时,垫层底面处的附加压力值,kPa;

p_{cz}——垫层底面处土的自重压力值,kPa;

f_{az}——垫层底面处经深度修正后的地基承载力特征值,kPa。

2)土工合成材料加筋垫层

在地基中铺设加筋材料(如土工格室、土工格栅等)形成加筋土垫层,以增大压力扩散角,提高地基稳定性。

湿软黄土地区公路路基常用土工格室性能指标如表5-1所示。

土工格室材料性能指标　　　　　表5-1

拉伸屈服强度(MPa)	环境应力开裂时间(h)	低温脆化温度(℃)	维卡软化温度(℃)	焊缝处拉抗强度(N/cm)	边缘联接处抗拉强度(N/cm)	中间连接处抗拉强度(N/cm)
24	1000	-60	124	106	260	162

当进行深厚软土地基加筋时,应进行圆弧形滑裂面稳定性验算,见式(5-2)和图5-1。当进行浅层软弱土层或相对于路堤荷载浅层地基强度较低时,应验算加筋路堤的平面滑动稳定性:(1)沿下卧硬土层顶面滑动的稳定性计算,见式(5-2);(2)地基土侧向挤出滑动稳定性计算,见式(5-4)及图5-2。

$$F_s = \frac{\sum_i (c_i l_i + W_i \cos\alpha_i \tan\varphi_i) + T_{gc}}{\sum W_i \sin\alpha_i} \tag{5-2}$$

式中:α_i——第i分条底面的倾角;

W_i——第i分条土体自重;

c_i, φ_i——不排水剪的黏聚力和内摩擦角;

T_{gc}——土工合成材料加筋提供的拉力设计值;

l_i——第i分条底面弧长。

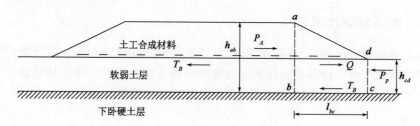

图5-1 沿下卧硬土层顶面滑动破坏计算图示

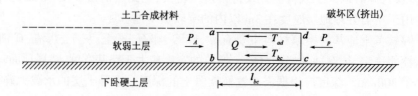

图5-2 地基侧向挤出滑动破坏计算图示

$$F_{p1} = \frac{P_p + T_B + T_{GC}}{P_A + Q} \tag{5-3}$$

$$P_A = 0.5 h_{ab}^2 k_a \gamma_A$$

$$P_P = 0.5 k_0 h_{cd}^2 \overline{\gamma}_p$$

$$T_B = \overline{c}_{qB} l_{bc} + W\tan\overline{\varphi}_{qB}$$

式中：P_A —— ab 面上的主动土压力，kN/m；

P_p —— cd 面上的被动土压力，kN/m，计算时采用静止土压力计算；

T_B —— 硬土层顶面的抗滑力，kN/m；

Q —— 作用于 abcd 面上的地震水平力，kN/m；

k_a —— ab 面左侧土体的主动土压力系数，$k_a = \tan^2\left(45° - \overline{\varphi}_{qA}/2\right)$；

k_0 —— cd 面右侧土体的静止土压力系数；

$\overline{\gamma}_A$，$\overline{\varphi}_{qA}$ —— ab 面左侧土体密度和内摩擦角，当为多土层时取加权平均值；

$\overline{\gamma}_p$ —— cd 面右侧土体密度；

l_{bc} —— b、c 两点间距离；

W —— abcd 土体重力，kN/m；

$\overline{c}_{qB}$，$\overline{\varphi}_{qB}$ —— 与下卧硬层相邻的软弱土层的黏聚力和内摩擦角，当 b、c 两点间含多种土时取加权平均值。

$$F_{p2} = \frac{P_p + T_{ad} + T_{bc}}{P_A + Q} \tag{5-4}$$

$$T_{ad} = l_{bc}\left(\overline{c}_{GS} + \sigma_{v1}\tan\overline{\varphi}_{GS}\right)$$

$$T_{bc} = l_{bc}\left(\overline{c}_q + \sigma_{v2}\tan\overline{\varphi}_q\right)$$

式中：T_{ad}，T_{bc} —— 土体 abcd 上的 ad、bc 面的抗滑力，kN/m；

$\overline{c}_{GS}$，$\overline{\varphi}_{GS}$ —— 地基软弱土层与土工合成材料界面的黏聚力与内摩擦角，当 abcd 土体为多层土时取加权平均值；

$\overline{c}_q$，$\overline{\varphi}_q$ —— 地基软弱土层的黏聚力与内摩擦角，当 abcd 土体为多层土时取加权平均值；

σ_{v1}，σ_{v2} —— 堤重作用于土体 abcd 上 ad、bc 面的法向压力，按自重应力计算；

其余符号意义同前。

3）整式强夯置换

整式强夯置换是置换率要求较大时，以密集的群点进行置换，使被置换的土体整体向两侧或四周排出，置换体连成统一整体，构成置换层，其作用机理类似于换土垫层。整式置换后的双层状地基，其变形和强度形状既取决于置换材料的性质又取决于置换层的厚度和下卧层的性质。主要适用于所需处理湿软黄土层厚度为 3~5m 范围内。

用于湿软黄土的夯锤直径一般为 2.2~2.5m；锤底单位面积静压力不得小于 100kPa，单位面积单击夯击能不宜小于 1500kN·m/m²；夯击次数宜控制在最后一击下沉量不超过 5cm；夯点若按等边三角形布置时，夯点间距一般为 3m 左右，排距一般为 2.6m 左右。置换材料宜选用最大粒径≤1m，级配良好、结构密实、抗剪强度高的块石或石渣。

4）强夯置换墩

通过强夯对原湿软黄土层产生冲击作用和挤压作用，使土层中产生很高的超静孔隙水压力，同时由于水力劈裂作用和冲击波的作用使软土中产生众多的裂隙，孔隙水压力在短时间内得以消散,从而使其有效应力增加,强度增大。同时,通过向强夯形成的坑内填入开山混合料形成置换墩,即形成散体料桩墩,这样又形成散体桩复合地基结构形式,有利于土层地基承载力的提高。适用于所需加固厚度为5~8m的湿软黄土地基土层。

用于湿软黄土地基处理的强夯置换墩的单击夯击能应根据现场试验确定。墩体材料可采用级配良好的块石、碎石、矿渣、建筑垃圾等坚硬粗颗粒材料,粒径大于300mm的颗粒含量不宜超过全重的30%。墩长宜超过软土层,或穿过可能的滑动面;且宜达到设计墩长,但不宜超过8m,累计夯沉量为设计墩长的1.5~2.0倍,以保证夯墩的密实度与着底。平面加固范围应超出坡脚外一定的宽度,一般可按30°扩散角再外加2m确定。墩间距应根据荷载大小和原地基土的承载力选定,等边三角形和正方形布设时,墩间距根据计算确定,墩中心距一般可取3~6m,墩间边缘距一般可取1.5~2.5m。

5) 挤密碎(砂)石桩

碎(砂)石桩法是指利用振动或冲击方式,在软弱地基中成孔后,填入砂、砾石、卵石、碎石等材料将其挤压入土中,形成较大直径的密实砂石桩的地基处理方法。主要适用于所需处理地基厚度在4~15m范围内的湿软黄土地基。

基础参数为:砂石填料中含泥量不得大于5%,并且不含有粒径大于50mm的颗粒。当土层厚度不大时,桩长宜穿过软弱土层。厚度较大时,对按稳定性控制的工程,桩长应不小于最危险滑动面以下2m深度。对按变形控制的工程,桩长应满足处理后地基变形量不超过地基变形允许值,桩长不宜小于4m。采用30kW振冲器成桩时,桩径一般为0.8~1.2m;采用沉管法成桩时,桩径为0.3~0.7m。

平面加固范围主要由处理效果决定,即在设计地基外缘再扩大3排桩的范围。砂石桩平面布置可采用等腰三角形满堂布置。桩孔内的材料选用颗粒范围20~50mm的砾石和级配良好的中粗砾组成混合料,混合料不均匀系数≥5,曲率系数1~3。

碎(砂)石桩施工后,桩顶1.0m左右长度的桩体是松散的,密实度较小,此部分应当挖除,或者采用碾压或夯实等方法使之密实。然后再铺设垫层,垫层厚度200~500mm,不宜太厚。垫层的铺设应分层压实。材料可选用中、粗砂或砂与碎石的混合料。

6) 水泥搅拌桩

水泥搅拌法施工时分湿法和干法两种。湿法是利用深层搅拌机将水泥粉或石灰粉与地基土在原位拌和;干法是利用粉喷机将水泥粉与地基土在原位拌和。搅拌后在地基中形成柱状水泥土体,可提高地基承载力,减少沉降,增加地基稳定性。湿法加固深度不宜大于20m;干法不宜大于15m。

设计前应进行拟处理土的室内配比试验。针对现场拟处理的最弱层软土的性质,选择合适的固化剂、外掺剂及其掺量,为设计提供各种龄期、各种配比的强度参数。对竖向承载的水泥土强度宜取90d龄期试块的立方体抗压强度平均值;对承受水平荷载的水泥土强度宜取28d龄期试块的立方体抗压强度平均值。在湿软黄土地基处理中主要使用水泥粉喷桩技术,一般采用等边三角形平面布置,水泥土搅拌桩桩径不小于500mm。

7) 旋喷桩

高压旋喷注浆法是将带特殊喷嘴的注浆管通过钻孔置入处理地层的预定深度,然后用高压浆液冲切土体,浆液喷射的同时,以一定的速度旋转和提升,形成水泥土柱体。地基经上述加固以后,可形成旋喷桩复合地基,提高地基承载力,减少地基沉降,防止砂土液化和管涌等。加固深度可达 20~30m。

基础要求为:钻机或旋喷机就位时机座要平稳,立轴或转盘与孔位对正,倾角与设计误差一般不得大于 0.5°;钻进过程中,采用清水旋喷成孔,当钻头钻进到距桩底标高 1m 后,需座喷 1min 再以一定的转速和提升速度自下而上喷射注浆;开始喷射注浆的孔段要与前段搭接 0.1m,防止固结体脱节,送浆要均匀。单管法的加固直径为 40~60cm,三重管法加固的直径为 0.8~2.0m。

5.3.3 适应性及其评价

1) 整式强夯置换处理湿软黄土地基效果评价

依托尹中高速公路工程,选择 K31 + 160 ~ K32 + 325 典型软黄土地基路段进行强夯置换加固试验及强夯效果监测试验。

本路段主要分布在沿线山间盆地、冲沟及洼地,上部为新近堆积黄土,大孔隙发育,具有强烈湿陷性,属Ⅲ~Ⅳ级自重湿陷性黄土。由于地势低洼,地下水位高,地形呈半封闭状态,排洪条件差,地下水位以下新近堆积黄土经长期浸泡,已饱和软化,多呈软塑~流塑状,形成厚度变化较大的湿软黄土层。

强夯效果监测包括两个方面:(1)夯后地基质量检测,即采用动力触探与现场荷载试验对强夯处理后软黄土地基进行效果检测;(2)施工过程中的动态检测,即采用沉降杯、压力盒及沉降板检测施工处理后软黄土地基在路堤荷载作用下受力、沉降特性。

该工程原位沉降观测表明工后沉降量较小,强夯处理效果明显。

经过近 2 个月的观测结果表明,试验段路基的沉降量很小,工后沉降满足规范要求,因此,采用强夯处理湿软黄土是可行的。

2) 振动沉管挤密砂石桩处理湿软黄土地基的效果评价

结合尹中高速公路地基处理工程,选择 K30 + 160 ~ K30 + 200 处进行振动沉管挤密砂石桩处理湿软黄土地基试验研究。

主要进行的试验内容有:天然地基荷载试验、单桩荷载试验、单桩复合荷载试验、动力触探试验及沉降试验。

振动沉管挤密砂石桩试验结果表明地基承载力提高了 60%~84%,处理效果明显,满足了设计的需要。砂石桩桩长对复合地基承载力的影响不明显,桩长增长不会使地基承载力提高很多,故在设计砂石桩时,桩长要根据土体的实际情况而定,并不是越长越好,有必要进行经济比选。处理软黄土地基时,采用不同桩间距的挤密砂石桩处理的复合地基的极限承载力相差不大,主要的差距在于沉降量的大小,所以只要可以解决地基的沉降问题或者对地基的沉降量要求不是很严格,就可以扩大桩间距,降低处理成本。

从试验结果中得出,湿软黄土地区振动沉管挤密砂石桩复合地基的桩土应力比集中在 1.5~2.5 之间。复合地基最大沉降出现在路基中线处,随着远离路基中线,沉降量逐渐减小,路肩处沉降量最小。地基沉降趋势与荷载的施加规律一致,且在施工期间基本完成,工后沉降很小。

3) 土工格室加筋垫层处理湿软黄土地基的效果评价

甘肃省尹家庄—中川机场高速公路 K25 + 790 ~ K26 + 060 段路基填土高度 5.96m,路基宽度28.0m。地基土由三部分组成，上部为新近堆积黄土，硬塑状，具有强烈的湿陷性，层厚0.4~0.7m；中部为湿软黄土，土质软硬不均，多呈软塑、流塑状，层厚3.9~4.3m；下部为砂砾层，层厚2.8m左右。

为了提高地基承载力，减小路基不均匀沉降，采用土工格室加固法对湿软黄土地基进行了处理。其中，土工格室规格为：焊距40cm，格室高度10cm，板材厚度1.1mm，分两层进行铺设，整个加固厚度20cm。

试验结果表明，利用土工格室垫层加固湿软黄土地基可明显改善地基表面所受竖向应力。竖向应力在土工格室加筋层出现较明显的应力集中，而且路基底面的竖向应力分布比未设置土工格室时均匀，同时最大竖向应力值减小40%左右。土工格室垫层加固软湿土地基时，其加固效果受湿软黄土层厚度制约，对于厚度小于4m的浅层湿软黄土地基，加固效果较好。

4）水泥粉喷桩处理湿软黄土地基的效果评价

兰海高速公路试验段选在K83+375~480处进行。本段工程地处陇西黄土高原向青藏高原过渡地带，属祁连山的东延部分，为河谷阶地，海拔在1604~1787m之间，相对高差50~183m，整个地势西高东低、北高南低。路线布设在湟水河河谷阶地，地势较开阔平坦。试验场地土为软黄土，场地土工程性质差。

兰海高速公路测点布置在K83+425断面的右半幅地基。布点时粉喷桩施工已结束且有28d龄期。经过清场，选择道路横断面六排桩范围，开挖试验基坑，多桩复合地基均埋设压力盒。

铺设土工格室的静荷载试验主要有：土工格室+砂砾石垫层试验和土工格室+砂砾石+素土垫层试验。

土工格室+砂砾石垫层试验结果表明，单桩复合地基承载力特征值为150kPa，相应沉降量为21.0mm；两桩复合地基承载力特征值为150kPa，相应沉降量为30.8mm。

土工格室+砂砾石+素土垫层试验，该条件下完成不同尺寸荷载板的静荷载试验3组，圆形荷载板直径分别为600mm，900mm，1300mm，加载方式均为快速加载。综合判定荷载板直径600mm时，承载力特征值为367kPa，相应沉降量为3.6mm；900mm时，承载力特征值为200kPa，相应沉降量为5.59mm；1300mm时，承载力特征值为165kPa，相应沉降量为7.8mm。

土工格室+砂砾石垫层试验结果表明，软弱下卧层对地基变形量及承载力的影响是十分显著的，但垫层对地基受力性态的改善也是十分明显的，地基未出现类似单桩复合试验的整体剪切破坏形态，而是缓变形的局部剪切破坏形态。因此，设置土工格室+砂砾石垫层的作用效果是较理想的。

土工格室+砂砾石+素土垫层顶面处的试验条件为复合桩土体上铺设土工格室后碾压50cm砂砾石垫层再分层振动碾压素土垫层1.0m，碾压方式为振动压路机，设计填土路基为5.0m。在填土1.0m平面处做静荷载试验，由试验结果知三组试验均未达到极限状态，试验结果十分理想，各尺寸荷载板试验相应承载力值较高（按相对变形量取值），见表5-2。不同荷载板直径下的承载力不同，其规律为：承载力随荷载板直径增大而降低，二者为非线性递减关系。该条件下静荷载试验结果理想。对于压实的5.0m填土路基，其作用力传递至软弱复合土层表面的应力将更小，因而该种处理方法是成功的。

按相对变形量取值表　　　　　　　　　　　　　　　　　　表 5-2

试 验 工 况	荷载板直径（mm）	加荷值（kPa）	s/d	加荷值（kPa）	s/d
单桩复合	1323	127	0.006	140	0.01
二桩复合	1872（等效直径）	68	0.006	80	0.01
三桩复合	2292（等效直径）	58	0.006	70	0.01
土工格室+砂砾石垫层	1323	52	0.006	95	0.01
土工格室+砂砾石+素土垫层	600	367	0.006	—	0.01
土工格室+砂砾石+素土垫层	900	195	0.006	326	0.01
土工格室+砂砾石+素土垫层	1323	165	0.006	268	0.01

注：s 为静荷载试验承载板的沉降量，d 为承载板宽度。

5.3.4 问题讨论

强夯法虽然已在工程中得到广泛应用，但至今尚无一套非常成熟的设计计算方法，目前通常是针对工程情况根据经验初步选定设计参数，再通过现场试验的验证和必要的修改后，最终确定出适合于现场土质条件的设计参数。

采用振动沉管碎石桩加固湿软黄土地基，具有技术可靠、设备简单、操作技术易于掌握等优点。但是在制桩过程中，可能会导致土层的天然结构受到扰动，使土的强度下降，压缩系数增大，压缩模量降低，短期内难以恢复。

5.4 不良地质体的处理

在黄土地区的不良地质体主要是黄土暗穴，它指的是隐伏于黄土层中的具有一定自由空间的地下洞道。黄土高原地区广泛发育黄土洞穴，其形态各异、大小不一、深度不同，可谓千姿百态，既是黄土高原地区一种特殊地貌景观，又是黄土地区一种公路病害，它的存在危及路基路面、路堤及路堑边坡、公路桥涵、公路排水设施及隧道工程等。这些危害在黄土暗穴、陷穴集中发育地段表现得尤其严重，常常酿成交通事故、交通堵塞与交通瘫痪，造成重大经济损失甚至人员伤亡，并且由此引起的公路维修费用每年高达上千万甚至上亿元。

5.4.1 黄土暗穴的特征及分类

1) 暗穴的基本特征

黄土暗穴的基本特征主要包括暗穴的形态特征、发育深度特征以及暗穴内部的充填特征等。

(1) 暗穴形态特征

黄土暗穴的形态特征是指暗穴断面的几何形态，主要以圆形、狭缝状、三角形、圆拱形为主，兼有其他一些不规则形状。

(2) 黄土暗穴发育深度特征

黄土暗穴的发育深度是指由暗穴断面顶部至地表之间的距离。一般受地层岩性及其厚度、地形等因素的控制。对于地形有起伏的地表,可取深度之平均值。

(3)暗穴的产状特征

黄土暗穴产状的界定以暗穴断面的平分线和暗穴延伸方向为基准,包括暗穴的倾角、倾向以及走向。黄土暗穴的走向一般沿冲沟或负地形的延伸方向展布;受节理控制的暗穴,其倾向和倾角与节理倾向倾角一致,这种暗穴多为三角形、狭缝状或不规则形。

(4)暗穴的充填特征

黄土暗穴充填状态各异,有的暗穴底部填充有大量的残留堆积,有的暗穴底部则只充填一些黄土剥蚀搬运的中间产物,而有的暗穴底部则充填物很少或无充填。

2)暗穴的分类

(1)按暗穴的成因分类

暗穴的分类按其成因分为两种,即自然因素作用下形成的自然暗穴和生物因素形成的生物暗穴。自然暗穴包括节理成因的暗穴以及涌流成因的暗穴;生物暗穴主要按生物主体的不同可分为人工暗穴、动物暗穴以及植物暗穴,其分类和生物洞穴的分类类似。黄土暗穴的分类与命名如图 5-3 所示。

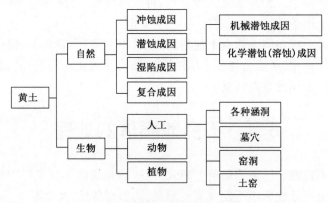

图 5-3　黄土暗穴的分类命名框

(2)按暗穴的形态学分类

掌握黄土暗穴的断面形状、断面尺寸大小以及暗穴的埋藏深度等数据资料,是暗穴评价和有效防治措施的依据。因此根据暗穴发育的深度、断面大小、形状等不同的形态特点,对黄土暗穴进行形态学分类是必要的。

(3)按暗穴发育深度分类

黄土暗穴按其发育深度可分为表层暗穴、浅层暗穴、中层暗穴、深层暗穴以及极深层暗穴等 5 种类型。

发育深度在表层 1m 以浅的公路黄土暗穴为表层暗穴;浅层暗穴发育深度在 1~3m 之间;中层暗穴发育深度在 3~10m 之间;深层暗穴的发育深度在 10~20m 之间;发育深度大于 20m 的公路黄土暗穴我们称之为极深层暗穴。

(4)按暗穴断面大小分类

根据洞穴学的分类,考虑黄土暗穴与公路工程的关系,按暗穴断面尺寸的大小将黄土暗穴进行以下分类:微型暗穴(洞径≤10cm)、小型暗穴(洞径 10~50cm)、中型暗穴(洞径 50~

150cm)、大型暗穴(洞径 150~400cm)、巨型暗穴(洞径≥400cm)。

根据暗穴发育深度和断面大小这两个因素,对黄土暗穴进行组合命名,具体方案如表 5-3 所示。

黄土暗穴组合命名(深度—大小)一览表　　　　表 5-3

深度	大小				
	微	小	中	大	巨
表	表层微型暗穴	表层小型暗穴	表层中型暗穴	—	—
浅	浅层微型暗穴	浅层小型暗穴	浅层中型暗穴	浅层大型暗穴	—
中	中层微型暗穴	中层小型暗穴	中层中型暗穴	中层大型暗穴	中层巨型暗穴
深	深层微型暗穴	深层小型暗穴	深层中型暗穴	深层大型暗穴	深层巨型暗穴
极深	—	极深层小型暗穴	极深层中型暗穴	极深层大型暗穴	极深层巨型暗穴

5.4.2 暗穴的分布规律

湿陷性黄土地区黄土暗穴的分布规律研究,有利于揭示黄土暗穴对不同地区不同等级公路的破坏方式、破坏程度的区域性规律,因而对湿陷性黄土地区公路的设计、施工、运营以及养护均具有十分重要的理论意义与实用价值。

运用平行对比的方法,在各调查区选取洞穴比较发育的典型区域或公路路段,对黄土洞穴密度进行统计分析,并考虑其形成的主要控制因素与所在区域的地形地貌、土性、构造背景、降雨、生物活动等因素,经众多因素综合比较得出以下结果。

1)暗穴分布的地域规律

根据野外调研,综合考虑黄土高原各区块的地貌条件、植被覆盖条件、土壤侵蚀模数、降雨量及气候等主要影响因素,结合暗穴发育密度,将黄土高原地区的暗穴分布区按发育密度分为 6 个等级、39 个区块。

2)暗穴分布的微地形地貌规律

有利的地形地貌有助于暗穴的发育,如水流的汇集与排泄条件、黄土物质的搬运空间及堆积空间条件等。因而,地形地貌尤其是微地形地貌条件也是湿陷性黄土暗穴分布的主要控制因素之一。

地貌单元主要为黄土残塬梁、黄土梁区、黄土梁峁区的地区,这里黄土暗穴普遍发育,密度较高;山间小型盆地中的河流冲沟的二级阶地上也常常较发育;大型河谷阶地特别是二级阶地以下的低级阶地或植被覆盖较好的黄土塬、黄土低台塬、黄土低峁浅谷区则很少发育或不发育。

在各地貌单元上不同部位的微地貌上,如各类地貌单元中发育的冲沟中、黄土平梁、黄土塬及黄土残塬的边缘地带及与冲沟之间的斜坡地带以及缓梁浅谷或深谷的斜坡地形变化强烈的微地貌上,黄土暗穴发育最为强烈。黄土缓峁、宽峁的坡度变化明显地带也常常较发育。一般在黄土塬及黄土台塬的中心部位、黄土梁的梁面上、黄土峁的地形变化不明显的微地貌上,黄土暗穴发育较少或不发育(构造因素作用强烈的个别地区除外)。

3)不同土性的暗穴分布规律

黄土暗穴发育的地域规律表明,在黄土高原地区,黄土暗穴的发育密度呈现出由西北向东南逐渐降低的趋势,这一区域性特点和黄土的一些重要性质(颗粒组成、疏松程度、湿陷性及崩解性等)的地域性分布规律在宏观上呈现出较好的一致性。

一般情况下,暗穴发育在疏松、孔隙发育、有各种结构面存在及欠固结的土中。Q_3 马兰黄土和 Q_4 新近堆积黄土最具以上性质,因此,黄土暗穴大部分发育在这些地层中。一些填土,由于处理不好或未做处理,也易发育暗穴。Q_2 离石黄土虽不完全具备上述土性特征,但是,在节理切割下,水沿裂隙冲刷也可形成暗穴,但数量一般较少。

4)暗穴发育的深度规律

黄土暗穴多发育于 Q_3、Q_4 的湿陷性黄土地层中,因而黄土暗穴的发育主要受 Q_3、Q_4 湿陷性黄土厚度控制。湿陷性黄土厚度一般在 8~15m 之间,暗穴发育深度一般不大于 20m。但在一些地段,如深切冲沟边缘,因垂直节理卸荷而形成深度较大的卸荷裂隙以及构造节理发育地段地表水沿这些节理落入而强烈冲蚀,使暗穴发育大于 20m。在某些地区,新近堆积黄土的厚度很大,黄土暗穴一般只在该层中发育,不会在 Q_3 地层中发育。而当新近堆积土的厚度较小时,水流会穿透 Q_4,黄土暗穴便可能在 Q_3、Q_4 层中均有发育。

另外,暗穴发育受下部相对隔水层和本地的侵蚀基准面控制。第三系红层、古土壤和基岩形成相对隔水层。因此,在其上形成水平状的暗穴。

5)黄土暗穴的分布与其他黄土洞穴发育情况的关系

黄土暗穴的发育程度与其他黄土洞穴的发育情况呈现出一定程度的正相关性。尤其是在黄土陷穴、跌穴较为发育的地区,黄土暗穴也较为发育,在湿陷性黄土地区几乎所有的陷穴都伴随着暗穴的发育。这是由于一方面黄土暗穴的塌陷是陷穴形成的主要原因,另一方面跌穴在形成后,在水流的潜蚀作用下同样可以形成新的暗穴。

6)暗穴分布与降雨量及降雨特征的关系

暗穴形成与地域性降雨、积水面积、水流下渗和冲刷有关,暗穴的发育主要与集中降雨尤其是暴雨关系最为密切。因此,暗穴多在暴雨期形成,一次性大暴雨可在一些地区形成大量的暗穴。

5.4.3 暗穴的探测与评价

1)探测目标与任务

(1)拟建公路黄土暗穴快速普查

①暗穴多发区公路主干道沿线综合物探快速普查;

②暗穴多发区公路主干道沿线重点暗穴异常精细检查与定位探测;

③暗穴多发区公路主干道沿线潜水面深度及黄土地层含水性快速普查。

(2)在建公路工程黄土暗穴精细勘查

①暗穴多发区重要路段纵向黄土层弹性力学参数及近地表横向电性参数测定;

②暗穴多发区重要路段路基工程黄土暗穴精细探测;

③暗穴多发区重要路段路基旁侧已知黄土碟洞延伸方向精细探测;

④暗穴多发区公路隧道上方、桥基桥涵工程体周边部位黄土暗穴精细探测。

(3)已建公路工程黄土暗穴精细勘查与追踪探测

①黄土暗穴病害路段黄土层纵向弹性力学参数及近地表横向地电参数测定;

②精细探查公路干道两侧已知深大陷穴体是否已形成暗穴通道并确定其暗穴通道主体的走向、平面位置、埋藏深度及规模等；

③针对路基旁侧的新老黄土碟洞以及具有规模的溶蚀裂隙等暗穴异常出露点,有目标的追踪探测其深部洞穴发育情况,给出准确的定性定量结论；

④对于公路交通干线中已显现或已发生暗穴危害的路段,根据其危害程度和现场具体情况实施有效的精细定位探测工作。

2)探测技术方法

(1)黄土暗穴地球物理分类及可运用的主要地球物理方法手段

根据黄土暗穴类型、空间规模及埋藏深度等资料,并针对勘测路段的重要性或对探测精度的要求,参考表 5-4 选择相应的方法手段或技术组合方案。

表 5-4 黄土暗穴地球物理分类与探测方法技术运用参考关系表

暗穴埋深(m)	湿陷性黄土暗穴地球物理探测技术分类	直流电法			电磁法		弹性波法			特殊手段		
		高密度电阻率法	高分辨充电电位法	高分辨自然电场法	时间域瞬变电磁法	电磁波探地雷达	多道瞬态面波法	多波列道集分析	超浅层反射地震	多重扇形地震排列	工程垂直地震剖面	超浅层三分量地震
2~6	封闭潮湿型	◇	◇	◇	◇	★	★	★	—	☆	—	★
	通风干燥型	◆	◆	◇	◆	★	★	★	—	☆	—	☆
4~15	封闭潮湿型	◇	◇	—	◇	★	☆	☆	★	★	◎	★
	通风干燥型	◆	◆	◇	◆	—	★	★	☆	★	◎	☆
	表土层潮湿暗穴顶面干燥型	◆	◆	◇	◇	☆	★	★	☆	★	◎	★
	表土层干燥暗穴顶面潮湿型	◇	◇	◇	◇	◇	☆	☆	★	★	◎	☆
10~30	封闭潮湿型	◇	—	—	—	—	—	☆	★	★	◎	★
	通风干燥型	◆	◆	◆	◇	—	☆	☆	☆	☆	◎	☆
	表土层潮湿暗穴顶面干燥型	◆	◆	◆	◇	◇	☆	☆	★	★	◎	★
	表土层干燥暗穴顶面潮湿型	◇	—	—	◇	◇	◇	☆	☆	★	◎	☆

注:1.◆——首选定性探测法。

2.◇——可选定性探测法。

3.◎——特定地质目标定位探测方法。

4.★——首选精细探测法,☆:可选精细探测法。

除路面至路基底部超浅隐蔽小洞穴及其规模裂隙带的高分辨探测目标之外,一般情况下,超浅层弹性波一体化探测技术与高密度电阻率法相结合,可作为湿陷性黄土地区公路暗穴探测中最佳匹配技术。

(2)黄土暗穴快速普查方法及其技术组合

对于拟建和较大规模改线公路工程,应主要针对黄土原边坡、黄土梁或峁的斜坡地带、冲沟两侧边坡、河谷阶地边缘等暗穴多发区段公路选线初勘地质目标进行相应的快速普探工作。对于此类工作目标,一般偏重选用定性探测效果好、工作效率高和勘测周期短的低成本物探方法。有关黄土暗穴快速普查方法技术要点及其探测效能如表 5-5 所示。

快速普查方法手段与适用目标及主要地质效能参考一览表　　　　表 5-5

序号	方法名称	技术手段及测线布置	相关说明	适用目标与主要地质效能
1	瞬变电磁法（TEM）	30m 宽度带状区域快速扫面；线距:4~6m；点距:1~2m	框内回线装置；探测深度:0~30m	快速探查并圈定剖面内视电阻率异常分布,对其高、低阻局部异常进行定性及半定量解释,为后续精细探测提供依据
2	高精度常规自然电场法（SP）	30~50m 宽带状区域快速扫面；线距:4~6m；点距:1~2m	规则测网或自由测网均可；探测深度:0~50m	在适当条件下,是揭示工程水文环境和局部隐蔽汇水带线的有效低成本物探方法。同时测定气压及气压高程
3	高密度电阻率法（HDR）	路基轴线平行双剖面勘测；点距:1~2m	双边二极装置；探测深度:0~30m	在"01"方法手段资料基础上实施精细剖面探测工作,查证其局部异常在断面上的细节特征,确认异常体性质,进行半定量解释
4	超浅层多波列地震剖面方法	路基轴线剖面地震波测量；点距:1~2m	覆盖观测系统；探测深度:0~30m	在"01 或 03"资料基础上,进一步探测重点电性异常的地震波特性,对异常地震图像进行解译和定量分析

注:1.对于暗穴多发区内已确定的具体线路或改线工程中的重点路段,可直接实施"03 或 04"方法手段。

2.在快速普查阶段,对于瞬变电磁法,尤其是高密度电阻率法确认的暗穴异常点,可用超浅层多波列道集剖面法实施进一步查证工作。所获地震道集剖面中的面波信息,可用于埋深≤10m 的暗穴体地震参数分析及其定量解释。

3.有关快速扫面方法中的高精度常规自然电场法,最好选择气温适中且表土层相对潮湿的季节实施野外工作为宜。

（3）黄土暗穴精细勘查技术组合及其定位探测方法

对于在建和已建公路工程,应主要针对位于黄土原斜坡及其冲蚀阶地边缘等暗穴病害路段中的路基、路堤和路堑边坡、黄土隧道上方及侧翼、大中型公路桥基以及重点防水或排水土建工程等特殊地段实施更为精细物探工作。表 5-6 是与此类公路暗穴探测目标相匹配的分类方法手段。

精细探测方法手段与适用目标及主要地质效能参考一览表　　　　表 5-6

序号	方法名称	技术手段及测线布置	相关说明	适用目标与主要地质效能
1	并行高密度电阻率法（PHDR）	路面两侧或拓宽至路基边坡多线束剖面勘测；点距:0.5~1m	双边二极装置；探测深度:0~30m	圈定各施测剖面内的局部高、低阻局部异常,确定异常源性质,分析和评估暗穴地质体的可能存在形式,对暗穴规模及中心位置进行半定量解释
2	高分辨充电法（HVP）	路面两侧平行双剖面追踪勘测；点距:0.5~1m	48 通道瞬时电位观测；探测深度:0~30m	追踪探测或监测路基旁侧及上下边坡已显端倪的洞孔或裂缝带是否发育着暗穴通道（降雨前后分别对同一路段实施该方法其效果更好）

续上表

序号	方法名称		技术手段及测线布置	相关说明	适用目标与主要地质效能
3	多频电磁波探地雷达(GPR)		路面轴线及其两侧多线束平行剖面精细勘测；点距：0.5~1m	连续剖面观测；探测深度：0~5m	解读雷达剖面图像及其相关工程病害的异常响应，着重用于路面以下至路基底部深度段内隐蔽小洞穴及其规模裂隙带的高分辨探测
4	弹性波法一体化探测	多道瞬态面波	路面两侧平行双剖面弹性波一体化联合测量；点距：0.5~1m(多次覆盖方式)	瑞雷面波解译；探测深度：2~10m	提取面波速度参数以及速度断面图，根据面波频散曲线确定浅部暗穴体的剖面位置与顶面埋深，对暗穴体规模做出正确估算
		等炮检距多波列道集剖面法		多波列解译；探测深度：2~20m	探测中等规模暗穴体的确切位置及空腔中心埋深，确定暗穴体类型（封闭潮湿型/通风干燥型/其他）
		超浅层反射波方法		反射波解译；探测深度：5~50m	主要用于探测潮湿型或深大暗穴体的剖面位置、规模和暗穴顶面埋深
5	地震勘查新方法新技术	扇形排列弹性波探测技术	多重扇形排列单次覆盖剖面；接收点距：0.5~1~2m	多波列解译；探测深度：2~20m	主要用于1m洞径以上暗穴通道或洞穴群平面追踪探测。可用于黄土地区大中型公路桥基或隧道工程体中的暗穴探测
		工程垂直地震剖面探测技术（GVSP）	多方位多炮点激发，孔内多级检波器组合接收；接收点距：0.5~1m	井下三分量分析；探测深度：2~50m	主要用于探孔近旁10m范围内的1m洞径以上暗穴通道或洞穴群平面定位探测。特别适用于黄土地区大中型公路桥基或隧道等岩土工程体中的深大暗穴探测
		超浅层三分量地震探测技术	垂直力与定向水平力激发，定向三分量多次覆盖观测；接收点距：0.5~1m或1~2m	地面三分量分析；探测深度：2~30m	运用纵横波速度参数、动弹模量及剖面地震图像资料等，准确地解读各类暗穴地质体的物性特征和充填物类型，提高暗穴体断面形态定量分析精度

3) 暗穴探测方法的评价

电磁波和弹性波两大类地球物理探测技术，是探测黄土暗穴的主流技术。而高密度电法和瞬变电磁法，则是成本低、效率高、准确率大的有效普查方法。多道瞬态面波技术、浅层地震勘探的组合技术，是实现黄土暗穴精细探测切实可行的实用技术。被工程探测界广泛认可的探地雷达技术，由于黄土地区特殊的浅地表物性特征，使其在特定条件下才具备较高的精度和可靠性。

其中，高密度电法可作为黄土暗穴探测以及黄土地裂缝一类近地表地质缺陷问题精细定性勘查的主要方法手段。多道瞬态面波技术、超浅高分辨地震勘探技术能够成为黄土暗穴定位探测与精细评价的主力特探技术。超浅层工程多波地震测量工程物探新方法在黄土地区黄土暗穴、黄土地裂缝以及近地表小断层一类地质缺陷检测方法，展露出明显的低成本、多参数信息特点和工程地质勘探效能,因此具有很好的发展前景。

高密度多波列地震反射法与其他方法相比,具有快速、准确、直观等特点,可作为快速半定量圈定地下暗穴的有效方法。如再结合高密度电法、瞬变电磁法、瑞雷波勘探等方法技术,对暗穴的高精度探测会取得更好的效果。

5.4.4　暗穴与人工洞穴处理技术

鉴于路基暗穴对公路运输造成的危害,对其治理方法进行深入研究,提出快速有效的治理措施和技术,是目前高等级公路管理中亟待解决的问题。然而,截至目前,国内外专门针对黄土地区路基中暗穴治理方法的研究成果并不多见,有关治理技术的研究文献也非常稀少。根据我国交通部交公路部颁标准《公路路基施工技术规范》(JTJ 033—1995)和《铁路路基施工规范》(TB 10202—2002)对于黄土路基暗穴提出了几种治理方法,但都是原则性的,缺乏相应的技术标准。《公路路基施工技术规范》中提出:黄土陷穴应进行处理。处理时,首先要查清陷穴的供给来源、水量、发展方向及对路基可能造成的危害,视具体的情况采取相应的处理方法。规范中提出的方法有灌砂法、灌浆法、开挖回填夯实、导洞和竖井法等方法,并提出陷穴的处理范围应视具体的情况而定,一般在路基填方或挖方边坡处的上侧50m,下侧10~20m范围内应作处理。在2002年颁布的《铁路路基施工规范》(TB 10202—2002,J 161—2002)中,提出了铁路路基黄土陷穴处理施工应符合的规定,指出应根据陷穴的不同形状和不同的发育深度,采用回填夯实、灌砂、灌浆和开挖导洞等方法予以治理,但以上两个规范中都尚未提出详细的技术措施。

我国目前在湿陷性黄土暗穴治理中,主要是依据以往的工程经验进行设计、施工,因而存在诸多不足。这一现状不能满足高等级公路建设的需要,随着高等级公路建设的快速发展,进行更科学、合理和规范的公路暗穴病害治理设计及施工,是公路工程中亟待解决的问题。本项目组在总结了大量地基和路基治理资料的基础上,结合室内和现场的试验,对公路路基中的暗穴进行了系统的治理方法研究。

1)明挖回填法在黄土路基暗穴治理中的应用

明挖回填法处理公路路基暗穴,首先将暗穴的上覆土挖去,然后再根据需要进行回填。明挖回填主要适用于已经塌陷的暗穴,或者埋深较浅的暗穴,对于埋深相对较深的暗穴,则可以通过开挖导洞或竖井进行回填。该方法主要的特点是施工操作简单,只要控制好回填土的密实度,在施工时技术较易掌握。

2)注浆法在黄土地区路基暗穴治理中的应用

注浆法是利用压力,通过注浆管把浆液均匀地注入土层中,浆液以充填、渗透和挤密等方式占据土层中的空间,与原来松散的土料或空隙胶结成整体,形成结构新、强度大、防水性能高和化学稳定性好的"结石体",从而对地基起到加固作用。

在湿陷性黄土地区路基中采用注浆法治理暗穴,特别是处理埋置深度较大的暗穴,具有工期短、质量可靠的优点。

3)土工合成材料在黄土地区公路暗穴治理中的应用

在土中加入天然材料或人工合成材料以后,可以有效地提高土体的强度和稳定性。土工合成材料作为一种新型的岩土工程材料用于土木工程只有三四十年的历史,在我国的公路建设中则只是近十几年的事。在公路工程中,土工合成材料的主要用途有:加固地基、加固边坡以及在沥青路面中的应用。

本项目组针对在黄土地区公路暗穴上铺设多组土工合成材料开展试验,其中三组筋带的地面经过反复碾压后看上去仍然平整如一,而未铺设筋带的第四组地面在同样的荷载和碾压遍数下,却在地面上出现了明显的不均匀变形,铺设筋带后的地面经碾压后仍然非常平整,而未加筋带的地面,有明显的车辙痕迹。

试验结果表明,在竖向荷载作用下,各筋带都发生了较大的纵向应变,且荷载越大,筋带的纵向应变越大。试验数据呈现的第二个特点是,在同样荷载作用下,第一组的应变量明显大于第二组。经分析认为,这主要是因为第一组筋带的断面积小,所产生的应力较大,因而相应的应变也较大,这和厂家提供的第一组断裂荷载小而应变较大,第二组断裂荷载大应变反而较小是相符的。第三,顺着车辙方向的应变明显大于垂直车辙方向的应变。第四,由于加筋作用,筋带承担了一定的垂直向车载,从而减轻了路基上的垂直压应力,从而通过加筋带对土体产生补强作用,同时,通过筋带还可以减轻土体的不均匀变形,这是加筋带的另一个作用。

在这次试验中采用了不同的锚固方式对加筋带进行了锚固,但不同锚固方式在实际工程中的开挖量是不同的。将筋带平铺,利用筋带和路基土体之间的摩擦力进行锚固时,需要在暗穴的四周开挖较大面积;而利用沙袋进行锚固时,只需要开挖一个沙袋的宽度就可以了,如果利用混凝土 u 型环来代替沙袋,则开挖量会更少。特别是对于正在运营的高速公路上出现的暗穴来说,如何尽快修复并恢复通车是很重要的。

4)强夯法在黄土路基暗穴治理中的应用

强夯法在用于暗穴处理时应根据暗穴的坍塌程度来选择相应的处理方法。对于已经坍塌的,其处治方法与一般的地基处理方法基本相同;对没有坍塌的暗穴,在用强夯法治理时,必须将其夯塌,然后根据预估的影响深度对其进行回填,再进行夯实。回填后的影响深度按照地基处理时的公式计算。

强夯法适宜于暗穴分布范围较大,暗穴上覆土厚度在其有效加固深度范围内,且深度不至于对施工机械造成倾覆的情况,如大量的串珠状暗穴,可采用此种方法进行处理。

用强夯法治理湿陷性黄土路基暗穴的原理与其处理地基的原理一样,即通过强夯产生夯击能,使处理深度范围内的土体密实度趋于均匀,并得到提高,以达到减小不均匀沉降的目的。处理暗穴时如采用1000kN·m强夯能级,每一层的填方不宜超过2.0m,按梅花形布设夯击点,夯锤边缘间距50cm,按先路堤边缘后中间的顺序满夯一遍,单点击数8~10击,然后将表面松散土拍平。采用该方法,当路基中发育的暗穴面积较大时,施工的费用较常规明挖回填碾压的费用小,工期也较短,随着施工面积的增大,效益会更加显著。

5)SDDC法治理湿陷性黄土地区路基中暗穴

孔内深层超强夯(SDDC)是由司炳文高级工程师在长期的地基处理实践中,综合传统的强夯法、砂桩、振冲碎石桩、预制打入桩、灰土挤密桩等众多地基处理技术的优点,研究发明的一种新的地基处理方法。

SDDC法采用高动能的特制重力夯锤冲击成孔,或采用长螺旋钻成孔,夯锤为尖锥杆状或橄榄状。夯击时,通过夯锤对下层填料进行深层动力夯、砸、压密,对上层新填料进行动力夯、砸、劈裂和强制侧向挤压。通过桩锤的动力夯击,在锤侧面上产生极大的动能,从而对土体产生强挤密作用,增加土体的强度,提高土体的承载力,并消除黄土的湿陷性。

用 SDDC 法处理湿陷性黄土路基中的暗穴,主要是利用 SDDC 法的机具成孔作用和强夯作用,即通过螺旋钻在路基中成孔,直达暗穴顶部,通过钻孔向暗穴中填入回填料,利用 SDDC 夯锤,边填边进行夯实,直到将暗穴全部填实。

6) 爆破法在暗穴处理中的应用

由于爆炸在地基土内产生了高速压力波,在爆炸源附近的区域内,冲击波使疏松结构液化,形成更密实的结构。

利用爆破来处理黄土暗穴正是利用其在爆炸时产生的高速压力波和振动,使黄土暗穴上覆土层塌陷,然后再回填夯实。所以,爆破常和强夯联合使用。首先采用控制爆破技术将暗穴顶板土体松动破坏,填充空洞,然后采用大吨位强夯机(6000kJ 以上)对破碎松散土体进行密实加固,所以,此方法也是开挖法和强夯法的综合延伸应用。根据暗穴的大小、上覆土层厚度、形状与炸药埋深的关系以及不同土性与炸药量及种类的关系,决定炸药的布置方式及间距。强夯能级应根据爆破后松散土层的厚度选用,当土层厚度超过一定强夯能级的有效加固深度时,应考虑分层强夯。

由于爆破和强夯的振动都比较强烈,因此只能在空旷的荒郊野外使用。

7) 湿陷性黄土地区公路暗穴的综合治理

在湿陷性黄土地区公路路基暗穴形成的众多因素之中,水是主要的自然因素之一。所以,做好防水措施,对公路暗穴的防治具有决定性的作用。

水害给公路造成的经济损失尤为严重。修路必先治水,治水又必须是综合治理。在公路综合排水设计中,要根据公路技术标准、设计规范和国家有关法规,结合当地气象水文条件、地质地貌特征等,认真进行公路勘察设计,选择最佳设计方案。

黄土塬区公路的综合排水设计应遵循分散排水,以蓄为主的原则。由于黄土塬区地形平坦,路线纵坡小,排水困难,在横断面设计上不能采用低路堤。一般路堤高度应等于或大于 50cm,以防路基路面积水。公路边沟水应分散排至路基以外的低洼处。如果没有低洼处可排水,宜在距路基坡脚 50m 以外挖涝池以排边沟水。

在山岭沟壑区的排水设计中,要注意两点,第一,做好公路土桥(即高填土路堤)的排水设计;第二,做好涵洞出水口的防护。

在河谷阶地区,尤其需要根据冲刷计算数据来确定桥涵、支挡防护等人工构造物基础的最小埋置深度。在冲刷处,小桥涵、防护等人工构造物基础底面应埋置在局部冲刷线以下不少于 1m;一般大中桥基础底面埋深应在局部冲刷线以下 $1.5 \sim 3.5 \mathrm{m}$。基础埋置过浅,容易造成水毁损失。基础埋置太深,又浪费了投资。

为了保证路基稳定和减少公路水毁损失,路线布设时应尽量远离地质不良地带。绕避有困难时须做好截、排水和支挡防护工程。

总之,预防湿陷性黄土所产生暗穴的主要措施是防、排水,即防止路侧积水,防止积水下渗。

8) 湿陷性黄土地区公路暗穴治理方法建议

(1) 湿陷性黄土地区公路暗穴治理深度及治理范围建议

① 公路路基规范中的要求

对于公路暗穴的处理深度,公路路基规范中提出了如表 5-7 所示的暗穴处理深度参考值。

该表是在假定作用于洞穴顶部破裂拱以上的地层,能形成一承载拱来支持其自重和上部的均布荷载的条件下而得出的。同时建议,设计时采用的处理深度尚需考虑一安全系数 $K(= 1.2 \sim 1.5)$,将上式所求得的处理深度乘以 K,即为安全处理深度。

暗穴处理深度参考值　　　　　　　　　　　表 5-7

黄土的力学指标					下列陷穴尺寸的处理深度(mm)		
r (kN/m³)	φ (°)	f_{kp}		$[\sigma]$	$a_1 = 0.5$ $h = 1.5$	$a_1 = 1.0$ $h = 2.5$	$a_1 = 1.5$ $h = 3.5$
16.0	30	0.8		200	7.0	15.0	25.0
16.0	35	0.8		250	5.5	10.0	16.0

公路《路基》规范上提出的暗穴的处理宽度是:路堤路堑边坡上侧 30~50m,下侧 10~20m 以内的暗穴均需处理。

②项目组提出治理范围和深度

项目组应用随机介质理论得到有公路暗穴时的路基沉降曲线,在此基础上,应用等效应力方法计算临界厚度。在实际中,根据工程的具体要求选择合理的安全系数($K = 2 \sim 3$),将求得的临界厚度乘以 K,即可得安全厚度。在求得的临界厚度或安全厚度的基础上,通过给出的计算公式:

$$R = \frac{H}{\tan\beta} + A \qquad (5-5)$$

式中:R——暗穴影响半径;
　　　H——临界厚度(或安全厚度);
　　$\tan\beta$——地层影响参数;
　　　A——暗穴半径。

求得暗穴影响半径,据此来分析暗穴的处理范围。通过对陇西地区计算得出的黄土地区暗穴临界厚度的结果与实际情况进行比较,二者较为接近,同时与结构力学方法计算的结果也较为接近。此种方法可用于暗穴处理范围的快速而较精确的判断。

(2)公路暗穴治理方法建议

湿陷性黄土地区公路中发育的暗穴对于公路以及公路的附属建筑物和构筑物造成了极大的危害。关于湿陷性黄土地区公路中暗穴的防治是公路工程中的一项重要的工作。项目组在取得第一手调查资料的基础上,进行了大量的室内和现场试验,结合这些研究成果以及我们对于湿陷性黄土地区公路暗穴的整体认识,提出湿陷性黄土地区公路暗穴的治理方案建议。

对于公路暗穴的治理,原则上应一次根治,不留后患。关于表 5-7 中方法的选择,应根据所处地区的施工条件、技术力量等因素综合考虑,尤其要注意综合治理,从根本上预防暗穴的形成,为公路的安全运营创造良好的条件。

9)人工洞穴处理技术

黄土地区路基下伏不良地质体的处治根据其不同的表现形式及对路基的危害程度,可采用不同的处治方法。对于黄土陷穴、黄土溶洞和人工坑洞已坍塌成陷坑,且空洞很小的,一般仅作地表夯实,不做其他处理。对于明穴,可采用回填夯实方法;对于埋藏较浅的暗穴和未延伸至地面的坍塌型暗穴,一般采用人工明挖回填夯实或机械开挖回填压实方法进行处理。对于埋藏较深、围岩较稳定和尺寸较大的暗穴,在其分布已查明的情况下,根据当地材料供应情况和所处部位构筑物的类型,可使用黄土或砂砾模袋、干砌片石、浆砌片石支撑回填方法。回填材料的选择原则是尽量就地取材,来源广泛、价格低廉。一般情况下,黄土或砂砾模袋用于一般路基部位,而干砌片石和浆砌片石用于处理路基较重要部位,如桥台、桥梁桩基和涵洞基础等构筑物地基处。对于埋藏较深、围岩不稳定并局部地段已坍塌的暗穴,则采用灌注法进行处理,所谓灌注法主要要指使用灌浆设备,通过钻孔灌注泥浆、砂、水泥—黄土或水泥—粉煤灰等泥合料浆液的方法。一般情况下,对于小而直的暗穴,灌注砂或混合料浆液,对于尺寸较大和分布面积较广的暗穴,主要是灌注泥浆。对零星分布的不良地质体(如水窖、窑洞、灌水洞等),也可采用强夯法和深孔强夯法(DDC法)进行夯实回填处理。另外,在做好地表排水系统的前提下,根据路基稳定性分析,若路基下伏不良地质体对路基的危害程度较小,此种情况下,对不良地质体不做处理,而采用土工合成材料,对路基部分进行补强加固。上述各种方法分别适用于不同的工程地质条件,可是,有时在同一个不良地质体分布区,在不同的部位表现形式不尽相同(如埋藏深度不一,围岩稳定性不同,坍塌充填情况不同等),则在不同部位采用不同的处理方法,进行综合加固处理。

(1)开挖夯实回填法,根据施工工艺可分为人工夯实回填和机械开挖压实回填。主要适用于埋藏浅(一般埋藏深度不大于5m)的不良地质体处理。该方法处理效果直接可靠,处理费用较低。根据甘肃省几条公路的工程实践,其处理费用约为15~20元/m³,是目前最常用的处理浅埋藏不良地质体的主要方法。但对于埋藏较深(一般大于5m),考虑到围岩的稳定和施工便利条件,如开挖较深,会影响路基的稳定性,需采取支护措施。为便于机械施工,需扩大处理范围,增加工程数量,处理费用会成倍地大幅度提高。

(2)支撑回填法,根据使用的材料,分为黄土模袋、砂砾模袋和片石支撑。使用该方法的前提条件是:①不良地质体围岩稳定性较好。②不良地质体的分布已探明。③当地要有丰富的回填材料供应。根据路基不同部位对地基的要求,回填支撑材料有不同的选择,对于桥涵等构造物基础,一般使用片石支撑,而对于一般路基地段,则使用黄土或砂砾模袋支撑。处理费用主要取决于支撑回填材料的单价。根据陕西、甘肃两省的工程实践,通过调查,其处理费用略高于开挖夯实回填方法5%~10%。同时,该方法的工程勘察费用较高,鉴于目前的工程勘察手段、设备和技术水平,要准确探明不良地质体的分布,还有一定的困难。

(3)灌浆充填法,主要适用于埋藏深(一般埋深大于5m),分布复杂的不良地质体处理,其目的是加固坍塌松散体,充填暗穴和空洞,提高岩土体的力学强度和变形模量,使上伏岩土体趋于稳定,减小总沉降量。该方法施工工艺简单、技术较成熟、工效高。根据灌浆材料可分为黄土泥浆、砂浆、水泥浆和混合浆四大类型,处理费用依据灌浆材料,一般为100~300元/m,较为经济合理。

(4)强夯法,主要适用于零星分布的不良地质体夯实处理。根据夯实功能的不同该方法的处理费用差异较大,一般为10~120元/m²。同时,由于使用大型起重设备,施工场地和施工条件受到一定限制,加之夯击影响深度有限(一般为7~8m),工效低,处理效果不能保证,施工安全亦有隐患。

(5)土工合成材料路基补强加固,当不良地质体对路基的危害程度较小,仅产生较大沉降,而不会产生坍塌坑时,为了加快施工进度,降低处理费用,对不良地质体可不予处理,仅在路基部分,使用土工合成材料形成结构层进行补强加固。其处理费用一般为 20~50 元/m²,工程造价较低。但可能给路基的长期稳定性留下隐患。

综上所述,对不良地质体的处理,每一种方法,都有其一定的运用条件,选用时,应该进行综合分析比较,而不能仅仅以处理单价作为主要衡量指标。例如,在处理埋藏较深的不良地质体时,若选用机械开挖压实回填方法,尽管其工程单价低,但工程量较大,工程总造价亦会相应增加,也就谈不上经济合理了。

5.4.5 问题讨论

到目前为止关于黄土洞穴的一些仅有的研究文献中,均是着重于研究土壤的洞穴侵蚀问题,即将黄土洞穴作为一种特殊的土壤侵蚀方式,对其在水土流失、黄土高原现代侵蚀中所起的作用进行了一些探讨,而其他方面的研究则极少见到。

目前对于黄土暗穴的研究仍然存在一些问题,具体如下:

(1)目前为止还未建立起一套较为系统并且实用的黄土暗穴分类与命名体系,因而在许多情况下造成各种概念相互混淆,从而不但在实际应用中常常出现错用误用的现象,而且也给进一步的研究与交流带来了极大不便。

(2)根据现有的文献资料,从最早对黄土暗穴的研究至今,关于黄土暗穴成因的争论远未结束,各种观点难以统一,而且大多浅尝辄止,仅局限在对个别现象的观察与主观推断的深度上,尚无系统的资料证据以及进一步的现场试验或室内计算、模拟分析以及理论支持。

(3)只有从根本上搞清黄土暗穴的各种形成模式,才能形象地对各种黄土暗穴的形成过程进行真实反演,以便于对其所造成的各种工程灾害机理进行透彻分析,从而寻求相应的预防治理措施。然而由于目前黄土暗穴的成因尚未形成定论,因而也就更谈不上对其形成模式进行进一步的研究以及对其形成过程进行形象的反演。

(4)黄土暗穴对公路工程的危害十分严重,而要进行有效的预防和治理,首先应该在对其危害形式进行系统全面的总结,深入研究致灾机理,才能达到治本之目的,然而到目前为止,尚无这方面的研究成果。而关于黄土暗穴的工程灾害评价方面的研究极为欠缺,其中暗穴塌陷机理、稳定性评价方法等均未有系统的研究成果,且多集中于对岩溶地区和采空区地面塌陷的研究,而专门针对黄土暗穴的稳定性进行评价的文献甚少,远远不能满足工程实际之需要。

(5)车辆动荷载作用下暗穴对路基的危害尤其是危害深度及宽度的研究对于暗穴的处理方法的选择、危害程度的预测等都有着重要的现实意义,而这些内容均属于目前研究领域的空白。

第6章 公路黄土路基压实

6.1 概　述

公路路基为跨越地域较长的条状构筑物,在黄土地区的路基只能由就地取材的黄土填筑,所以必须首先解决路基的合理填筑问题,解决由于黄土大孔隙、欠压密、湿陷性而引发的一系列工程隐患问题。

多年公路建设的经验及遇到的问题发现,普遍出现的问题为路基沉陷、路面开裂以及过大的工后沉降,严重影响行车安全和公路正常使用。造成黄土路基病害的内因是路基土本身密实度不够。欠密实的黄土因有较大孔隙及湿陷性,遇水产生变形,造成路基沉降,进而影响到路面的质量。解决这个问题的核心是提高路基土的压实度及基底处理深度,减小孔隙比,降低渗透性,消除黄土湿陷性,提高路基整体强度。

国内外的工程实践和研究表明,通过压实提高路基质量,是保证路面达到应有使用期的重要而经济有效的技术措施。但对黄土这种特殊土,基本上沿用一般黏性土的压实理论和经验方法存在一定问题。

在近几年黄土地区的高等级公路建设中,为了提高公路的路基质量,有关单位在路基压实中普遍使用重型压实机械,并采用了强夯与冲击压实等新技术,在公路建设中发挥了一定的作用。这些新技术的合理性需要通过研究与工程应用得到完善。

6.2 黄土路基压实标准

6.2.1 路基回弹模量

1) 沥青路面土基回弹模量研究

路基压实度本身是一个工艺参数,而不是力学参数,它对于沥青路面强度的影响最终通过路基的回弹模量来体现。依据沥青路面典型结构,通过分析回弹模量对于设计指标的影响来确定路基不同深度处的适宜的回弹模量,为确定路基压实度提供力学依据。

根据现在常用的沥青路面结构确定如图6-1所示的计算结构。当分析某一结构参数的敏感性时,其他结构参数不变。

一般而言,土基内部压应变随着各结构层厚度和模量的增加以及土基深度的增加而迅速减小。

沥青面	$h_1=10cm$
半刚性	$h_2=30cm$
底基	$h_3=30cm$
土基	$E_0=60MPa$

图6-1　路面计算结构图

当土基深度达 80cm 时,土基内部的压应变已经较小,而且随深度减小的速度非常缓慢,可以认为该范围为路基的工作区。因此,控制路基压实标准时,按照距路基顶面的距离,路基可以划分为两部分,第一部分为距路基顶面 0~80cm 的路床,距路基顶面 80cm 以下为第二部分。

(1)高速公路和一级公路土基回弹模量

当使用半刚性基层和底基层时,对于不同的路面结构,土基回弹模量对结构层厚度的影响相同,数值也非常接近。当土基回弹模量较小时,它的变化对结构层厚度的影响较大,随着它的增大,对结构层厚度的影响逐渐减小。因此,可以对各种路面结构的结构层厚度取平均值,以该平均值和土基回弹模量的关系来表示土基回弹模量对结构层厚度的影响。当使用柔性基层时,基于弯沉和土基顶面压应变的土基回弹模量对下基层厚度的影响不同。基于弯沉时,所需的下基层厚度随着土基回弹模量的增加先减小后增大,当土基回弹模量为 80~100MPa 时,下基层厚度最小。基于土基顶面压应变时,随着土基回弹模量的增加,所需的下基层厚逐渐减小,但减小的速度越来越慢。

对于半刚性基层沥青路面,根据平均值曲线,绘制土基回弹模量每增加 20MPa 时减小的结构层厚度与土基回弹模量的关系曲线,如图 6-2 所示。同样,对于沥青碎石基层沥青路面,绘制土基回弹模量每增加 20MPa 时减小的柔性下基层厚度与土基回弹模量的关系曲线,如图 6-3 所示。两图中某一点的横纵坐标均表示在横坐标的基础上增加 20MPa 所减少的纵坐标值。由图 6-2 和图 6-3 可以看出,对于半刚性基层沥青路面,当土基回弹模量

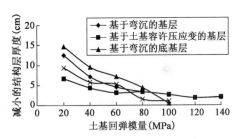

图 6-2 高速公路和一级公路土基回弹模量增加 20MPa 对路面结构厚度的影响

较小时,尤其是小于 40MPa 时,它的增加可以显著减小路面结构层厚度。但随着土基回弹模量的增加,它每增加 20MPa 所减小的路面结构层厚度越来越小。当土基回弹模量达到 60~80MPa 时,土基回弹模量的增加对于路面结构层厚度的影响已经较小。

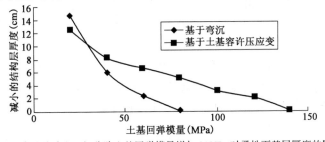

图 6-3 高速公路和一级公路土基回弹模量增加 20MPa 对柔性下基层厚度的影响

考虑到 80MPa 的土基回弹模量较难达到,故对于高速和一级公路沥青路面,建议土基回弹模量取 60MPa 以上。

(2)二级和三级公路土基回弹模量

同高速公路和一级公路类似,计算可以得到基于容许弯沉的土基回弹模量对基层厚度的影响、基于土基顶面压应变的土基回弹模量对基层厚度的影响、基于容许弯沉的土基回弹模量对底基层厚度的影响及基于土基顶面压应变的土基回弹模量对底基层厚度的影响。对于不同的路面结构,土基回弹模量对底基层厚度的影响规律相同,数值也非常接近。当土基回弹模量

较小时,它的变化对路面各结构层厚度的影响较大,随着它的增大,它对结构层厚度的影响逐渐减小。因此,同样可以对三种路面结构的结构层厚度取平均值,以该平均值和土基回弹模量的关系来表示土基回弹模量对结构层厚度的影响。

绘制土基回弹模量每增加20MPa时减小的结构层厚度与土基回弹模量之间的关系曲线,如图6-4所示。由图可以看出,当土基回弹模量较小,尤其是小于40MPa时,它的增加可以显著减小路面结构层厚度。但当土基回弹模量大于40~60MPa以后,它的增加对于路面厚度的影响较小。考虑到和高速公路、一级公路的指标相协调,对于二级公路和面层为沥青混凝土或水泥混凝土的三级公路沥青路面,建议土基回弹模量取50MPa以上。

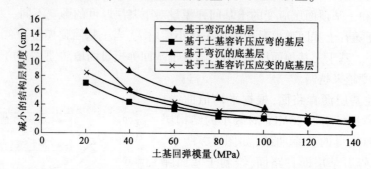

图6-4 二级和三级公路土基回弹模量增加20MPa对路面结构厚度的影响

对于面层不是沥青混凝土或水泥混凝土的三级公路或四级公路沥青路面,建议土基回弹模量取40MPa以上。

(3)不同区域土基回弹模量对整个路基回弹模量的影响

改变土基回弹模量,并不设路面,根据弹性层状体系理论可以算得标准轴载作用下路基顶面的弯沉值,如表6-1所示。若令

$$E_0 = \frac{2p}{L} \times 10^4 \tag{6-1}$$

式中:E_0——路基的回弹模量,MPa;

p——测试车轮的平均垂直荷载,标准车为0.7MPa;

L——计算弯沉,0.01mm。

将计算弯沉代入式(6-1)可以求得计算土基回弹模量,结果也列于表6-1。由该表可以看出,计算土基回弹模量和精确的土基回弹模量基本相同,误差小于3%。因此,若土基按深度分为几部分,每部分取不同的模量,可以根据弹性层状体系理论计算路表弯沉,并根据式(6-1)由该路表弯沉计算土基回弹模量。

计算土基回弹模量与精确值的比较 表6-1

土基回弹模量(MPa)	40	50	60	70	80	90	100	110	120
路表弯沉(0.01mm)	352.4	279.9	231.9	197.8	172.3	152.6	136.9	124.0	113.4
计算土基回弹模量(MPa)	39.7	50.0	60.4	70.8	81.3	91.7	102.3	112.9	123.4

将路基分为路床和路床下路基两部分,路床下路基回弹模量分别取20、60、100MPa,根据实际情况,路床的回弹模量应该大于路床下路基回弹模量,具体取值见表6-2。根据弹性层状体系理论计算路表弯沉值,并将之代入式(6-1)计算整个路基的等效计算回弹模量,计算结果

也列于表 6-2。由该表可以看出,不管路床下路基的回弹模量取多少,整个路基的回弹模量大致都等于路床的回弹模量。因此,建议路床的回弹模量的要求同整个路基的回弹模量。同时,它也说明路床下的路基的回弹模量对于整个路基的回弹模量影响很小,已经没有必要再分为几部分单独考虑其压实度。

路床的回弹模量对整个路基回弹模量的影响　　　　表 6-2

整个路基的回弹模量(MPa)		路床的回弹模量(MPa)							
		20	40	60	80	100	120	140	160
路床下路基的回弹模量(MPa)	20	19.4	43.7	66.9	88.7	109.0	128.3	146.6	164.1
	60	—	—	60.4	85.6	111.0	135.9	160.4	184.5
	100	—	—	—	—	102.3	128.0	153.7	179.5

为了得到路床以下路基的压实度要求,分析距路基顶面以下 80~160cm 路基回弹模量对整个路基回弹模量的影响。距路基顶面 160cm 以下路基回弹模量分别取 20MPa、60MPa、100MPa,路床回弹模量取 160MPa,距路基顶面以下 80~160cm 路基回弹模量取值大于或等于其下路基回弹模量,得到整个路基的回弹模量见图 6-5。由图可以看出,距路基顶面以下 80~160cm 路基回弹模量对整个路基回弹模量影响很小。另外,考虑到路床下路基的回弹模量和路床的回弹模量不能相差太大,并结合上文对于路床回弹模量的要求,建议对于高速公路和一级公路,该部分路基的回弹模量取 50MPa 以上,对于二级和三级公路,取 40MPa 以上。当然,由上文的论述可知,该要求适合于路床以下的所有路基。

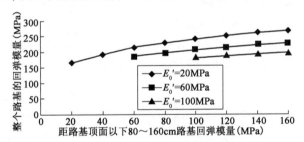

图 6-5　距路基顶面以下 80~160cm 路基回弹模量对整个路基回弹模量的影响

2) 水泥混凝土路面土基回弹模量研究

无论是水泥混凝土路面还是沥青路面,路基顶面均受到行车荷载引起的压应力作用。当路基确定以后,不管路面形式如何,路基中土基压应变随深度的变化规律应是一致的。前文已经进行了沥青路面路基压实深度划分,水泥混凝土路面下路基压实深度划分与之相同,即将整个路基分为路床和路床下路基两大部分,各部分回弹模量对于整个路基的回弹模量的影响在前文已经进行了详细的论述,因此,此处主要分析整个路基的土基回弹模量对于路面结构的影响。

(1) 基准计算结构及其参数选取

水泥混凝土路面板厚受荷载应力和温度应力的影响。土基回弹模量主要影响路面板的荷载应力,但对温度应力的影响较小。因此,通过分析土基回弹模量对荷载应力的影响来确定其合适的量值,而且该荷载应力指标采用标准轴载 P_s 在临界荷位处产生的极限荷载应力 σ_{ps}。

根据现有的路面结构,面层主要考虑普通的水泥混凝土,厚度分别取 20cm、22cm、24cm、26cm、28cm,抗拉弹性模量变化范围很小(在 27~33GPa 之间变化),它对荷载应力的影响较小,故取定值 31GPa;考虑到基层有水泥稳定粒料类、二灰稳定粒料类、沥青碎石和级配粒料类等各种类型,故厚度分别取 10cm、15cm、20cm、25cm、30cm,回弹模量分别取 300MPa、700MPa、1000MPa、1500MPa、2000MPa;底基层有级配粒料、水泥稳定粒料、二灰稳定土等,厚度取 0 和 20cm,回弹模量分别取 300MPa、700MPa、1100MPa、1500MPa;垫层常用的材料有砂、砂砾和低剂量无机结合料土等,厚度分别取 0cm、15cm、25cm、35cm,回弹模量分别取 100MPa、200MPa、300MPa、400MPa、500MPa。土基回弹模量分别取 20MPa、40MPa、60MPa、80MPa、100MPa、120MPa、140MPa 和 160MPa。根据现有的路面结构确定的基准计算结构及其参数如图 6-6 所示。

水泥混	h_c=24cm
基层	h_1=20cm
底基	h_2=20cm
垫层	h_3=25cm
土基	E_0=60MPa

图 6-6 水泥混凝土路面基准计算结构及参数

(2)土基回弹模量

改变土基回弹模量,同时改变路面结构各层的参数,分析路基各部分回弹模量对极限荷载应力的影响。土基回弹模量和面层厚度对于板底拉应力的影响如图 6-7 所示,土基回弹模量和基层厚度对于板底拉应力的影响如图 6-8 所示,土基回弹模量和基层模量对于板底拉应力的影响如图 6-9 所示,土基回弹模量和垫层厚度对于板底拉应力的影响如图 6-10 所示,土基回弹模量和垫层模量对于板底拉应力的影响如图 6-11 所示。从以上各图可以看出,对于以上各种情况,水泥混凝土板板底拉应力随土基回弹模量的变化规律基本相同,均先随着土基回弹模量的增加而减小,但随着土基回弹模量的增加,变化速度逐渐减小。一般当 E_0 达到 40MPa 以后,水泥混凝土板板底拉应力减小的幅度就比较小了,当 E_0 达到 60MPa 以后,水泥混凝土板板底拉应力基本稳定。当 E_0 达到 80~100MPa 时,水泥混凝土板板底拉应力达到最小值,随后随着 E_0 的增加而增加(只有当垫层厚度为零时,趋向稳定)。基于以上分析,建议土基回弹模量取 50~80MPa。

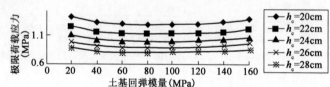

图 6-7 土基回弹模量和面层厚度对于板底拉应力的影响

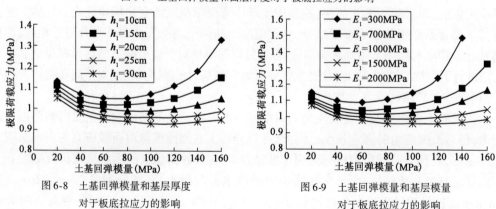

图 6-8 土基回弹模量和基层厚度对于板底拉应力的影响

图 6-9 土基回弹模量和基层模量对于板底拉应力的影响

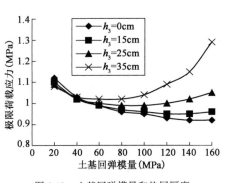
图6-10 土基回弹模量和垫层厚度对于板底拉应力的影响

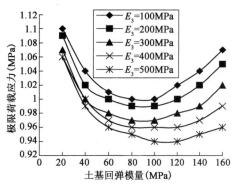
图6-11 土基回弹模量和垫层模量对于板底拉应力的影响

和前文沥青路面土基回弹模量相对比,发现水泥混凝土路面对于土基回弹模量的要求大致与二级和三级公路沥青路面相同,比高速公路和一级公路沥青路面的要求略低。但考虑到此处使用水泥混凝土路面的公路没有分等级以及水泥混凝土路面容易受到不均匀沉降的影响,因此建议当公路等级相同、路面类型不同时,土基回弹模量的要求相同,即对于高速公路和一级公路,土基回弹模量应取60MPa以上;对于二级公路和面层是水泥或沥青混凝土的三级公路,土基回弹模量应取50MPa以上;对于面层不是水泥或沥青混凝土的三级公路或四级公路,土基回弹模量应取40MPa以上。

路基内部各部分的回弹模量对整个路基的回弹模量的影响在前文已经论述。即不管路床下路基的回弹模量取多少,整个路基的回弹模量大致都等于路床的回弹模量。因此,建议路床的回弹模量要求同整个路基的回弹模量。路床下路基的回弹模量的要求也与沥青路面相同,即对于高速公路和一级公路,应取50MPa以上;对于二级公路、三级公路和四级公路,应取40MPa以上。

3)路基回弹模量小结

基于上述分析,沥青路面和水泥混凝土路面土基回弹模量研究可得到如下结论:

(1)确定路基压实标准时,按照距路基顶面的距离,路基可以划分为两部分,第一部分为距路基顶面0~80cm的路床,距路基顶面80cm以下为第二部分。

(2)对于高速公路和一级公路,土基回弹模量、路床回弹模量应取60MPa以上;路床以下路基回弹模量应取50MPa以上。

(3)对于二级公路和面层为沥青混凝土或水泥混凝土的三级公路,土基回弹模量、路床回弹模量应取50MPa以上;路床以下路基的回弹模量应取40MPa以上。

(4)对于面层不是沥青混凝土或水泥混凝土的三级公路或四级公路,路基不同深度处回弹模量均应取40MPa以上。

6.2.2 天然与挖方地基压实标准

当路堤的填方高度较低时,若原地基处于路床范围内,压实标准同路床,反之,仅在表面进行压实即可。当路堤的填方高度很高时,对原地基的要求很高,原地基的压实根据原地基的承载力要求确定。

挖方路段和填方路段其实并没有根本的差别,只不过前者以原地基代替了后者的填方,因此,土基回弹模量和路床压实度的要求同填方路基。由于路床下路基回弹模量对于整个路基的回弹模量的影响很小,压实度可不作具体要求。

6.2.3 填方路基压实标准

以西户高速公路上的黄土进行压实特性研究为例,其天然含水率为13.7%,最大干密度为1.96g/cm³,最佳含水率为10.8%。依照击实试验,制备6种不同含水率的填料。进行碾压试验,每碾压两遍,用灌砂法测其压实系数K,结果见表6-3。

黄土压实试验数据表　　　　表6-3

碾压遍数 n	压实系数 K	含水率 ω (%)					
		4.6	6.3	7.7	9.6	12.5	15.5
2		0.821	0.857	0.867	0.913	0.878	0.872
4		0.862	0.893	0.903	0.944	0.929	0.893
6		0.872	0.929	0.954	0.944	0.964	0.908
8		0.883	0.908	0.970	0.964	0.985	0.875
10		0.883	0.913	0.924	0.959	0.964	0.908
12		0.903	0.918	0.934	0.952	0.969	0.888

从表6-3中可以得出以下结论:

(1)一般路基压实系数都应大于0.9。从表6-4可看出,当含水率在压实最佳含水率的附近,要达到$K \geq 0.9$的要求,一般只需要碾压3~4遍。当含水率偏离压实最佳含水率过多,如ω为4.6%和15.5%时,无论怎么碾压,也很难达到$K \geq 0.9$的要求。以上也说明压实过程中对土体压实含水率的控制极为重要。

(2)当含水率在最佳含水率附近(如12.5%)时,压实至第6遍压实度就达到96%以上。这说明只要土的含水率在最佳含水率附近,黄土路基压实度可以较容易地达到96%以上。

基于以上的研究,建议对黄土一般路堤压实标准规定如下:

(1)路基不同压实区域建议分为距路基顶面0~80cm的路床和路床下路基两大部分。

(2)对于高速公路和一级公路,土基回弹模量、路床回弹模量应取60MPa以上,路床以下路基回弹模量应取50MPa以上;对于二级公路和面层为沥青混凝土或水泥混凝土的三级公路沥青路面,土基回弹模量、路床回弹模量应取50MPa以上,路床以下路基回弹模量应取40MPa以上;对于面层不是沥青混凝土或水泥混凝土的三级公路或四级公路沥青路面,路基不同深度处回弹模量均应取40MPa以上。若不满足上述条件,须进行换填或铺设垫层。

(3)结合压实度对黄土力学性质的影响以及土基回弹模量的要求,并考虑到公路路等级越高,目标可靠度越高,对黄土路基的压实度下限做如下规定:对于高速公路、一级公路,路床压实度为96%,路床以下压实度为93%;对于二级公路,路床压实度为95%,路床以下压实度为92%;对于三级公路,路床压实度为94%,路床以下压实度为90%。对于特殊干旱或特殊潮湿地区,路基压实度可以适当降低。三级公路修筑沥青混凝土或水泥混凝土路面时,路基压实度采用二级公路标准。

6.2.4 高填方路堤压实标准

1) 路基应力分布特点

从路基受力情况分析,路堤土中应力来自三个方面的作用:土体本身的自重应力、路面结构重和作用于土上的外部荷载(如行车荷载等)所引起的附加应力。

研究表明,路堤自重和路面结构重为静荷载,为便于计算,常将路面结构重换算成等量土层,且均以路堤土的密度 γ 表示,则有:

$$\sigma_{静} = \gamma Z \tag{6-2}$$

外部荷载(行车荷载)在路堤内所引起的应力,可由鲍辛尼斯克(J. Boussinesq)公式计算,即:

(1) 行车荷载为集中荷载时,路堤内某一点的应力

$$\sigma_{动} = K \frac{P}{Z^2} \tag{6-3}$$

式中:P——作用在路面上的行车荷载(kN/m^2);

K——应力系数,当直接在轮迹中心以下时,应力为最大,即 $K = 3/2\pi \approx 0.5$;

Z——集中荷载下的某一深度(m)。

(2) 行车荷载为垂直圆形均布荷载时

$$\sigma_{动} = P\left[\frac{1}{1 + \frac{8}{3}\left(\frac{Z}{D}\right)^2}\right] \tag{6-4}$$

式中:D——圆形均布荷载面积的直径(m);

则路堤内任一点处的应力可表达为(以垂直均布荷载考虑):

$$\sigma = \sigma_{静} + \sigma_{动} = \gamma Z + P\left[\frac{1}{1 + \frac{8}{3}\left(\frac{Z}{D}\right)^2}\right] \tag{6-5}$$

式中:$\sigma_{静}$——静荷载作用下路堤内某一点的应力;

$\sigma_{动}$——动荷载作用下路堤内某一点的应力。

由前述研究结论表明,高路堤在静载和动载作用下,其应力分布呈现如图 6-12 所示规律。

基于上述分析,表 6-4 为不同行车荷载作用下的最小应力深度。由该表可以看出,在考虑超载因素的情况下,最小应力深度为 1.43m,即路基工作区为自路面顶以下 1.43m 范围。除去路面结构层厚度(目前的路面结构层厚度一般达到 70cm 左右),最小应力区在路面底面以下深度 73cm 范围内,基本与现行《公路路基设计规范》(JTG D30—2004)规定路床范围(路床范围为路面底面以下深度 0~80cm)相同。

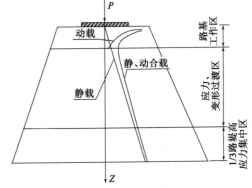

图 6-12 高路堤应力分布

不同行车荷载下的最小应力深度　　　　　　　　　表6-4

等量土体重度 γ(kN/m³)	车轮荷载 P(kN)	等效圆直径 D(m)	最小应力深度 Z(m)
17.0	100	0.2130	0.5651
17.5	100	0.2130	0.5592
18.0	100	0.2130	0.5536
18.0	200	0.3012	0.8856
18.0	400	0.3012	1.1277
18.0	800	0.3012	1.4303
18.5	400	0.3012	1.1171
18.5	800	0.3012	1.4170
18.5	100	0.2130	0.5482
19.0	400	0.2130	0.8820
19.5	800	0.2130	1.1074

通过分析,黄土高路堤应力分布呈现以下特点:

(1)应力变化趋势为向下、向内增加,最大剪应力值出现在边坡坡脚处;

(2)最大应力区域位于路堤高度自底到顶1/3左右范围;

(3)应力分布趋势与前述位移分布趋势相同。

2)高路堤变形特征

高路堤受自重荷载的影响,所表现出的应力、变形特征与一般路堤有所不同。图6-13为某高速公路 K50+725 高69m路堤中线竣工时实测沉降变形沿高度分布规律,可以看出,高路堤在自重荷载作用下,沉降在路堤顶部与底部较小,在中部较大,沿其高度呈抛物线分布。

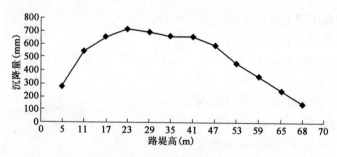

图6-13　高路堤中线实测沉降量沿其高度分布规律

3)高路堤压实度分区及压实度标准研究

表6-5所示为兰海高速公路黄土室内压缩试验结果。试验最大干密度 $1.85 g/cm^3$,最佳含水率12%,采用重型击实标准。从表中可以得出如下结论:

(1)当荷载达到 800~1600kPa 时,不同压实度土体其体积压缩系数基本相同。可以说明该种土体压实度为90%~93%时即可以满足应力要求,但为了地基表层压实相适应,最佳压实度可考虑提高一个级别,即为94%。

不同荷载下不同压实度土体的体积压缩系数　　　　表6-5

荷载(kPa)	重型击实压实度			
	90%	93%	95%	98%
0	0.278	0.202	0.178	0.070
50	0.163	0.095	0.079	0.029
100	0.159	0.093	0.074	0.029
200	0.102	0.056	0.038	0.028
400				
800	0.079	0.043	0.041	0.027
1600	0.040	0.040	0.046	0.032

（2）当荷载位于0~800kPa范围时，压实度越大，体积压缩系数越小。考虑到经济性，最佳压实度应达到95%。

由上述压实度及前述高路堤应力、变形分析，在满足工后总沉降量的前提下，同时考虑经济效益及安全因素，建议高路堤压实度分区及压实度标准如表6-6所示。

高路堤压实度分区及压实度标准建议值　　　　表6-6

类型	路面底面以下深度（路基高H）(m)	压实度(K)	
		高速公路、一级公路	其他等级公路
填方路基	0~0.8	≥96%	≥95%
	8~1.5 $\left(0.8 \sim \dfrac{2}{3}H\right)$	≥95%	≥94%
	>1.5 $\left(\dfrac{2}{3}H \sim H\right)$	≥94%	≥93%

6.3 黄土路基压实技术

6.3.1 背景描述

黄土在我国分布甚广，其中以西北地区黄土层最后、最完整、发育好、地层全，地层特征比较典型。黄土最明显的特点是结构性强，遇水发生湿陷，致其强度迅速发生软化。因此黄土地区的工程时常会发生相关病害，这是黄土地区高等级公路路基建设需要关注的问题之一。

目前以使用振动压路机为主的常规压实方法，在比较严格的含水率控制条件下，路基压实度能达到路基质量的控制标准要求。但这类机械的压实原理与黄土结构破坏机理不很匹配，另外，这类机械的压实施工速度比较有限，且在比较缺水的黄土区施工时，因必须要对黄土进行增湿,而使压实的施工成本增大。

黄土路基分层压实施工及其地基处理采用何种压实工艺,其经济效果与压实质量如何,通过西部项目的系统研究,取得了一些有益的成果,对指导黄土路基压实施工具有重要的意义。

6.3.2 黄土路基常规压实方法

黄土路基常规压实方法按常用压路机的分类如图6-14所示,各种压路机的特点及适用范围概述如下:

1)静力光面钢轮压路机

这种压路机在土层上碾压时,在滚轮作用下产生的压应力主要集中在表层。由于碾压轮与土层材料的接触面积大,单位压力较小,故压实厚度较小。轻型和中型光面钢轮压路机可以用作预压,普通的中型机更适宜于压实低黏性土和非黏性土。重型机可以成功地压实黏性土,但不适用于砂土地层。

2)轮胎压路机

轮胎压路机利用充气轮胎及其悬挂装置的可变性,使轮胎与土层间保持一定的接触面。由于它具有可借助附加荷载增减调节自身重量、与被压土层的接触面大以及有效压实深度大等优点,因而日益广泛地被用于压实各种土与材料。在碾压速度相同的情况下,充气轮胎使土层处于受力状态的持续时间比钢滚轮作用下要长,而土的变形,特别是黏性土的变形随时间而增加,因此,充气轮胎这一特点有利于对黏性土进行压实。

3)振动压路机

振动压路机的压实功能很高,一般都有调频幅装置,可以根据需要调成不振、弱振或强振的不同强度。因而它可兼作轻型、中型和重型压路机使用。它兼有重量轻、体积小、速度快、效率高、操纵灵活等优点,特别适宜于压实黏性小的砂土、砂砾土、砂砾料、碎石混合料及各种结合料处治级配集料。填隙碎石基层更需要使用振动压路机。手扶式的小型振动压路机特别是适宜于碾压路肩及台背填土。

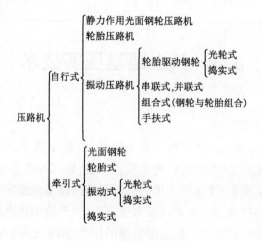

图6-14 常用压路机的分类

4) 捣实式压路机

捣实式压路机有静力式和振动式两种。俗称的羊足碾和格状(凸起)碾都是捣实式压路机。羊足碾的特点是单位面积的压力大,它的压实效果和压实深度均较相同质量的光面压路机高,最适宜于压实黏性土,但对于过分潮湿的黏性土效果不佳。

爆破夯可以压实各种土,压实深度大,特别适用于狭窄的地段(如与人工构造物接头处的填土)压实。

夯板可以压实黏性土和非黏性土,也可以压实含有大块石的土。与其他夯实机械相比,夯板的突出优点是压实深度大。由于工作面狭窄以及土的性质或每层填土过厚,用其他机械实达不到要求的密实度时,采用夯板较合适。

6.3.3 黄土路基强夯加固技术

1) 强夯及其加固地基的机理

强夯是使用吊升设备将具有较大质量(一般为8~14t,最重达200t)和一定结构规定的夯锤起吊至较大高度(一般8~20m,最高达40m)后,使其自由下落,强大的冲击能量(一般1100~4000kJ,最大达8000kJ)使地基产生强烈的振动和很高的动应力,从而在一定范围内使土体的强度提高,压缩性降低,并可改善砂土地基抵抗振动液化的能力,消除黄土的湿陷性和提高土层的均匀程度,是一种快速加固软弱土地基的方法。

强夯加固地基的机理比较复杂,到目前为止尚未建立起一套成熟的理论和设计计算方法。根据工程实践和试验研究成果,随地基类型和加固特点不同,加固机理也不相同。Menard(1974)认为饱和土是可压缩的,并提出了一个新的动力固结理论,可概述为:

(1)饱和土的压缩性。强夯时,气体体积压缩,孔隙水压力增大,随后气体有所膨胀,孔隙水排出,液相、气相体积减小,即饱和土具有可压缩性。

(2)局部液化。强夯时,土体被压缩,随着夯击能量的加大,孔隙水压力不断增加,当其值达到上覆荷重时产生局部液体,吸着水变为自由水,土的强度下降到最小值。

(3)可变渗透系数。由于强夯的冲击能量大,在土体中出现裂隙并形成树枝状排水网路,孔隙水得以顺利逸出。

(4)触变恢复。土体经强夯后结构破坏,抗剪强度几乎为零,随着时间的推移,强度逐渐恢复。

2) 强夯法加固路基填挖交界处的试验

本次强夯试验区选在天水至谯口二级公路K115+485~K115+520段,填方段15m,挖方段20m,试验段面积420m²。地貌为黄土峁,坡前形成高填路堤,坡后缘形成深挖路堑,根据钻探资料,试验区工程地质特征如下:挖方区由黄土状粉土组成,黄褐、棕褐色相杂,土质不均,松散,混有岩性不同的红棕色黏土块,具有虫孔和植物根孔。局部混砂,在大孔壁上有色钙质粉末。填土区主要以黄土状粉土为主,含第三系泥岩块,填土厚度2.0m,2.0m以下与挖方区土质相同。填方区施工时进行分层碾压,其压实度较挖方区高。试验段内表层1.0m以上为硬塑状,密实度较好,下部密实度差。

夯前对试验区钻孔取样,进行室内常规土工试验,试验区夯前物理力学性质见表6-7。

试验区夯前物理力学性质统计表　　　　　　　　　表6-7

取样深度	含水率W（%）	密度ρ（g/cm³）	干密度ρ_d（g/cm³）	δ_s	δ_{zs}	压缩系数a（MPa⁻¹）	压缩模量E_s（MPa）	夯击次数N
1.00	14.7	1.79	1.56	<0.015	<0.015	0.11	20.5	18
2.00	14.2	1.55	1.37	0.070	0.031	0.69	7.5	9
3.00	10.8	1.46	1.32	0.065	0.021	0.30	12.5	5.6
4.00	11.3	1.43	1.28	0.075	0.044	0.58	5.3	5.0
5.00	15.0	1.54	1.34	0.053	0.015	0.25	10.0	4.0
6.00	16.1	1.52	1.31	0.057	0.030	0.44	6.4	3.8

单击夯击能1200kN·m；夯锤重144.2kN，正方形布置；夯点的夯击次数要求最后两击的平均夯沉量不大于50mm，平均夯击次数为6次，夯击遍数为一遍。

强夯施工结束后10d，对路基补强加固质量进行检验。本次检验方法采用原位标准贯入测试和室内常规性土工试验。强夯后，挖方区平均夯沉54.2cm，填方区平均夯沉35cm，试验区总平均夯沉量44.6cm。夯后土的物理力学加固效果见表6-8；夯前、夯后标贯击数和压实度随深度变化曲线对比分别见图6-15和图6-16。由以上对比可以看出，强夯整体加固效果明显。

试验区夯后土物理力学性质统计表　　　　　　　　　表6-8

取样深度	W(%)	ρ(g/cm³)	ρ_d(g/cm³)	δ_s	δ_{zs}	a(MPa⁻¹)	E_s(MPa)	N
1.0	11.7	2.02	1.81	0.005	0.001	0.05	31.3	20
2.0	12.7	1.88	1.67	0.003	0.002	0.13	15.2	15
3.0	10.3	1.76	1.60	0.022	0.006	0.11	16.9	12.6
4.0	10.9	1.72	1.55	0.032	0.006	0.14	13.5	9.3
5.0	15.1	1.63	1.42	0.041	0.020	0.20	10.5	7

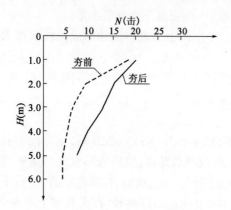

图6-15　标贯击数随深度变化曲线图

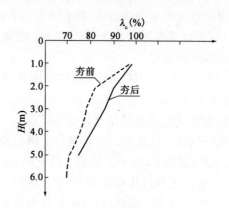

图6-16　压实度随深度变化曲线图

6.3.4　黄土路基冲击压实技术

1）冲击压实的作用原理

冲击压实的作用原理如图6-17所示。冲击压实机三叶形凸轮在滚动过程中，距离轮轴中心最远点着地时,使得冲压轮整体重心举升产生势能,加之牵引机械使轮按一定速度转动具有了瞬时动能,最后转化为距轮心最近处着地时的动能冲击地面,达到压实路基的作用。

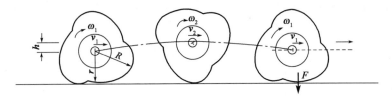

图 6-17 冲击压实机工作原理

利用能量守恒定律可以得到压实机的牵引功率:

$$N = \frac{J}{t\eta} = \frac{3v \cdot mg \cdot h(R+r)}{4\pi Rr \cdot \eta} + \frac{Mg \cdot v}{\eta} + \frac{Mg \cdot \mu \cdot v}{\eta} + \frac{I\omega^2}{19100 \cdot \pi \cdot t_a \cdot \eta}(W) \quad (6-6)$$

式中:N——压实机的牵引功率;

J——压实机在时间 t 内的总作功;

m——三叶形凸轮及轴等部件的质量;

h——三叶形凸轮半径差,$h = R - r$,R 和 r 的含义如图 6-18 所示;

v——压实机的行驶速度;

M——压实机的总质量;

μ——摩擦因数;

t_a——压实机的起动加速时间;

I——三叶轮的转动惯性;

ω——三叶轮的转动角速度;

η——压实机的传动效率。

根据机械能守恒及动量定理,可以得到冲击力 $F(N)$:

$$F = m \cdot \frac{\sqrt{2gh}}{t'} \quad (6-7)$$

式中:t'——冲压机三叶轮每次冲击地面的接触时间。

2)试验研究方案

根据补强施工路段的断面设计资料,并结合现场各路段施工进展情况,将各试验段选择在无涵洞等构造物的地段。试验段两端留有足够的转变减速与加速长度。各试验段长应达 100~200m,检测段长 50~100m。检测全幅宽 25.5m,半幅宽 15m,经课题组与试验检测单位共同选定的路基断面形式和编号见表 6-9。

路基断面形式和编号　　　　　　　　表 6-9

试验段编号	里程桩号	断面形式	检测断面位置	填挖高度(m)
C1	K1771+520-620	挖方路基	南侧扩建路基	1.0

冲击压实施工机械采用铁道部第二十工程局机械厂制造的 YCT-20 型冲击压路机,自重 12t。两个冲碾轮为三瓣式凹凸轮,冲击能量 20kJ。经试验,轮胎式牵引对冲击能量的损耗过大,故本次试验采用的牵引设备为 375kW 履带式牵引车,碾压机械行驶速度为 10~12km/h。

3)冲击压实前后的结果对比

试验段为挖方路堑段,该地段北半幅为原有公路,南半幅拓宽段在原农田处下挖 1.0m 左右。已成型路基土为全新世冲积黄土状粉质黏土。补强碾压前路基土的物理力学性指标见表 6-10。

补强碾压前路基土的物理力学性指标　　表 6-10

深度 (m)	含水率 w (%)	密度 r (kN/m³)	干密度 r_d (kN/m³)	饱和度 S_r (%)	相对密度 G_s	孔隙率 n (%)	孔隙比 e_0	压缩系数 a_{1-2}	压缩模量 E_s	平均稠度
0~0.3	11.9	21.7	19.4	83.4	2.717	28.6	0.05	0.05	26.5	1.55
0.3~0.6	13.2	18.9	16.7	66.8	2.713	38.4	0.25	0.09	17.4	1.43
0.6~0.9	14.9	17.9	15.6	53.1	2.713	42.5	0.739	0.21	9.4	1.45
0.9~1.2	17.4	18.2	15.5	57.9	2.713	42.9	0.50	0.16	10.9	1.13
1.2~1.5	15.5	17.4	15.1	59.0	2.717	44.4	0.99	0.21	8.7	1.09
1.5~1.8	15.3	17.6	15.3	58.0	2.713	43.6	0.73	0.19	9.3	1.21

注:1. 0~0.3m 为砂砾石层;0.3~1.8m 为黄土层。
2. 冲碾前先用普通碾压方法预处理。

(1)压密度

不同碾压遍数的压实度随深度变化,碾压前(0 遍)和碾压 8、16、24、40 遍时各检测点平均干密度及压实度随深度及碾压遍数变化统计结果见图 6-18,由该图可以看出:

①冲碾前采用普通碾压方法施工后,成型路基压实度较低,距路基顶面 0~0.6m 以上 $K = 0.85~0.90$,不能满足规范要求的压实度标准;0.60m 以下均小于 0.84。

②冲碾后在 0.9m 深度内,压实度随碾压遍数增加而增大,深度越浅,压实度增长幅度越大。0.9m 深度以下,压实度随碾压遍数没有明显增长。碾压 24 遍以后 0.9m 以上深度路基压实度达到 90%,碾压影响深度为 1.05m。

③碾压 24 遍后,有效加固深度范围内压实度没有明显增长,说明冲击碾压补强施工对挖方路基采用 20 遍是适宜的。

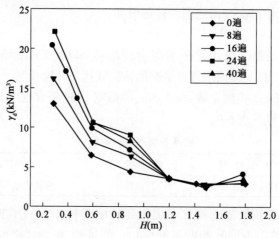

图 6-18　不同碾压遍数下密度(γ_d)随深度(H)变化曲线

(2)压沉量

碾压前和碾压 8、16、24、32、40 遍时,压沉量随碾压遍数变化见图 6-19,由该图可以看出:

①由于检测段为挖方路堑,路基土天然结构较疏松,冲击碾压后压沉量较大。碾压 40 遍后一般最终压沉量达 12.68~15.33cm。

②随着碾压遍数的增大,压沉量不断增大,碾压 8 遍以内压沉量增长幅度最大,8 遍后压沉量增长幅度锐减。

③由于冲击碾压期间时逢降雨,路旁排水渠道积水侧渗透导致南道肩含水率增大,邻近南侧路肩 D-D 一线,在碾压 16 遍后即已出现反复鼓胀隆起,经冲碾后局部含水率偏高区产生橡皮土。

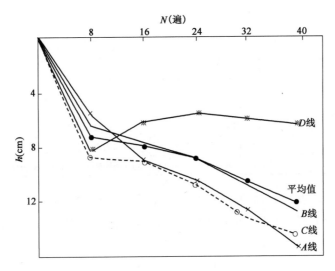

图 6-19 累积压沉量(h)随碾压遍数(N)变化曲线

(3)水稳定性

冲击碾压前后路基水稳定性变化,为评价冲碾补强路基在饱水条件下的稳定性,将冲碾前和冲碾 8、16、24、40 遍后路基 2.0m 深度内的原状样进行室内湿陷性试验。将试样在天然湿度下逐级加压至 200kPa 稳定后浸水,测定其湿陷系数,试验统计结果见表 6-11。试验结果表明,冲碾补强前路基深度 0.6m 以上不具湿陷性,0.6~1.8m 深度湿陷系数 δ_s 大于 0.015,具轻微湿陷性。经碾压 24 遍后,深 0.90m 以内地基土的湿陷性消除,说明冲击碾压有效影响深度范围内路基土的水稳性有所提高。0.9m 深度以下随碾压遍数增加,湿陷系数未见降低趋势,这是冲击压实的滞后效应。

路基各深度平均湿陷系数　　　　表 6-11

深度(m)	0 遍	8 遍	16 遍	24 遍	40 遍
0.3~0.6	0.003	0.001	0.006	0.004	—
0.6~0.9	0.016	0.020	0.018	0.009	—
0.9~1.2	0.004	0.020	0.026	0.023	—
1.2~1.5	0.018	0.030	0.001	0.030	0.029
1.5~1.8	0.008	0.005	0.037	0.023	0.013

(4) 整体强度

冲击碾压前后路基的整体强度变化,冲碾前和冲碾后40遍时,在现场路基表面进行承载板试验,以测定冲碾前后路基回弹模量的变化,同时检测试验点含水率和干密度,其结果见表6-12。

回弹模量测试结果 表6-12

点 号	指 标	0遍	40遍
ZC1-1	E_0(MPa)	—	69.21
	$W(\%)$	—	15.9
	γ_d(kN/m³)	—	17.7
ZC1-2	E_0(MPa)	42.16	76.73
	$W(\%)$	9.9	10.9
	γ_d(kN/m³)	18.1	19.2
ZC1-3	E_0(MPa)	48.32	—
	$W(\%)$	15.9	—
	γ_d(kN/m³)	17.7	—
平均值	E_0(MPa)	45.24	72.97
	$W(\%)$	12.9	13.4
	γ_d(kN/m³)	17.9	18.5

由该表可见,冲碾40遍后,路基回弹模量E_0由补强前的45.2MPa提高到72.97MPa,平均提高61.3%,相应的干密度由补强前的17.9kN/m³提高到18.5kN/m³,路基的整体强度得到较大幅度提高。

(5) 面波波速

不同碾压遍数下波速随深度变化曲线见图6-20。天然土面波频散曲线见图6-21,试验得到了碾压24遍后各孔处路基土面波频散曲线。作为示例,仅给出C1-A孔的路基土面波频散曲线,见图6-22。测试结果表明:①冲击碾压前面波波速(V_r)随深度增大,有效压实范围内$V_r = 104 \sim 123$m/s。②冲击碾压32遍及40遍后,有效加固范围内$V_r = 168 \sim 194$m/s,波速明显增大。波速随深度而减小。③面波波速与实测干密度具有良好的相关关系,说明上部波速的增大也就是压实度增长的反映。

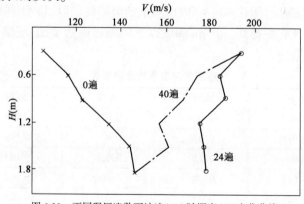

图6-20 不同碾压遍数下波速(V_r)随深度(H)变化曲线

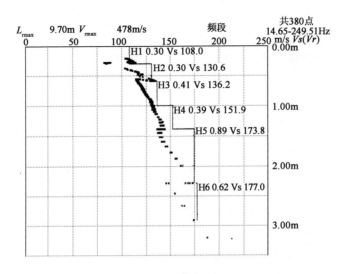

图 6-21　C1 区天然土面波频散曲线

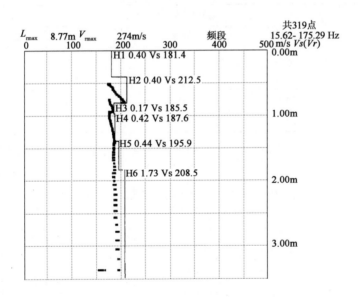

图 6-22　碾压 24 遍后路基土面波频散曲线（C1-A 孔）

4) 冲击压实的效果

通过本工程的各试验段检测结果，说明采用 20kJ 冲击碾压机械对路基进行补强碾压，效果是比较明显的。

(1) 提高了路基压实度

各种类型路基，当浅部压实度偏低时，经过冲击碾压足够遍数后，在不同深度范围内压实度均有不同程度提高，压实影响深度随冲击碾压遍数增大而逐渐增大。各路段冲击碾压前后压实度变化见表 6-13。

各路段冲击碾压前后压实度变化 表6-13

编 号	路基类型	影响深度(m)	碾前压实度	碾压遍数	碾后压实度
C1	挖方拓建路基	1.05	0.84~0.90	24	大于0.96
C2北	原路基高填方	1.50	0.90~0.99	24	0.90~0.99
C2南	填方拓建路基	1.35	0.87~0.92	24	0.91~0.94
A3	高填成型路基	1.65	0.79~0.88	24	0.86~0.95
A1	高填半成型路基	1.36	0.67~0.88	16	0.90~0.96

（2）增强了路基土的水稳性

检测结果表明，原路基碾压时含水率偏低，压实度偏小，路基土尚有零星湿陷性时，饱和前后压缩性差异较大，以C1、C2南半幅及A3段最为明显。经冲击碾压后，在影响深度内湿陷性样品百分率大幅度降低，饱和前后压缩性差异大幅度减小。

（3）提高了路基整体强度

根据回弹模量与弯沉试验结果，除受阴雨积水影响外，大部分试验段碾压后路基土强度及承载能力均有所提高。各试验段冲击碾压前后回弹模量与弯沉平均值见表6-14。

碾压前后回弹模量、弯沉试验平均值 表6-14

试 验 段	回弹模量（MPa）		弯沉值(0.01mm)	
	冲碾前	冲碾后	冲碾前	冲碾后
C1	45.2	72.9	—	114.0
C2北	88.8	103.2	104.7	60.2
C2南	84.8	86.0	100.1	47.60
A3	68.3	57.4	197.0	125.0

在各深度处取样进行无侧限抗压强度试验，冲击碾压后无侧限抗压强度值有所提高，检测结果见表6-15。

无侧限抗压强度试验模量变化结果（MPa） 表6-15

深度(m)	A3试验段			C1试验段	
	0遍	24遍	40遍	0遍	24遍
0.3	503.9	376.2	585.7	187.6	—
0.6	118.2	211.0	309.9	104.2	294.8
0.9	34.9	164.8	197.2	138.7	161.0
1.2	156.2	379.2	202.9	68.2	—
1.5	69.5	—	78.8	48.3	72.9
1.8	208.6	247.4	84.8	54.7	90.6

（4）减小了路基土工后沉降变形

根据冲击碾压前后路基土压缩试验结果，在影响深度范围内随着碾压遍数增大，压缩性降低。根据碾压过程中压沉量跟踪观测，压沉量随碾压遍数增加而增加，各试验段最终平均压沉量见表6-16。

试验各段最终平均压沉量　　　　　　表 6-16

试 验 段	碾压遍数	40 遍碾压沉量(cm)	8 遍碾压沉量(cm)
C1	40	12.22	7.32
C2 北	40	7.8	2.25
C2 南	40	9.0	2.89
A3	40	9.11	2.84
A1	16	10.15	7.27

(5) 查明了路基土局部软弱区

冲击碾压技术对路基土在补强压实的同时,也具有查明原路基饱水软弱带分布位置的作用。本次试验段碾压时,在 C_1、C_2、A_3 区碾压到 16 遍至 24 遍时均发现了局部饱水软弱区。经 40 遍碾压后仍出现明显的橡皮土隆起现象,为保证路基压实质量及整体均匀性,对局部进行换填干土压实处理。

6.4　黄土路基压实工艺

6.4.1　粒度成分对压实的影响

通过对甘肃黄土不同工程地质分区、不同时代的土样进行击实试验,发现在同一击实功作用下,不同时代、不同地区黄土的粒度成分对黄土的压实效果影响作用也不同。本次研究首先将甘肃黄土分为陇东黄土与陇西黄土两大部分,然后根据本次划分的工程地质分区与成因年代进行详细的对比研究。因为与公路建设息息相关的主要是 Q_3 和 Q_4 黄土,所以重点讨论 Q_3、Q_4 黄土的粒度成分与压实的相关性。

研究表明,粒度成分对干密度的影响并不是简单呈现随黏粒含量的增加,干密度增加的线性关系。实际上陇东与陇西的 Q_4 黄土,粒度成分对干密度的影响总体趋势一致,表现为随黏粒含量增加,干密度降低→增加→降低;陇东 Q_3 与陇西的 Q_3 黄土,粒度成分对干密度的影响趋势亦大体一致,即开始随粒度含量增加,干密度增加→降低→增加→降低。本结论与最近报道的相关研究资料基本吻合。可见,黏粒含量对干密度(压实)的影响是复杂的,具体应用时,应针对不同的工程地质分区、不同地层时代分别对待。

6.4.2　含水率对压实的影响

对甘肃省不同地区(不同工程地质分区)、不同时代黄土分别进行重型击实试验,得到其最佳含水率与最大干密度。由结果可知,含水率对干密度的影响是类似的,即在最佳含水率以前,干密度随着含水率的增加而增加;在最佳含水率以后,干密度随着含水率的增加而减小。在甘肃省不同地区、时代黄土的最佳含水率与最大干密度有差异。

6.4.3　压实功对压实的影响

土在含水率一定的情况下,击实功越大,所得的击实效果越好,即最大干密度越大。但在击实功较小时,随着击实功的增大,干密度增加较快;以后,随着击实功的逐渐增大,最大干密度增加缓慢,继续击实效果不佳。在含水率一定的情况下,最大干密度从增加较快到增加缓慢的转折点对应的击实功称为临界功。一般,土的含水率愈小,土的临界功愈大。相当于土的天然含水率的临界功称为合理功。因此,当土水分较少时,为得到较大的干密度,必须加大击实功,或者适当增加土的含水率(图6-23)。

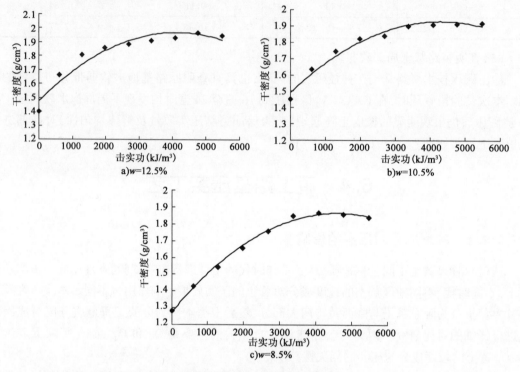

图6-23 击实功与干密度关系曲线

6.4.4 微观结构特征及对压实的影响

黄土的结构特征指的是构成黄土的固体颗粒和与其有关的孔隙特征以及它们在空间上的总体排列性质。研究黄土的显微结构首先要观察分析组成黄土的骨架颗粒、细粒物质和孔隙的结构特征,这对评价黄土的工程地质性质和水文地质性质有着重要的意义。

1)骨架颗粒和接触关系

从空间结构体系的力学强度和稳定性来看,构成黄土结构体系的支柱是骨架颗粒。研究区黄土的骨架颗粒主要是大于0.005mm的碎屑颗粒,其中大于0.01mm的颗粒是构成黄土结构骨架的基本材料。此外,在黄土中还常见一种特殊的骨架颗粒——集粒,它是由大量的细颗粒碎屑和少量的黏粒物质由微晶碳酸盐胶结而成,具有一定的刚度,也起着骨架作用。

在扫描电镜下观察,研究区压实黄土的骨架接触关系主要有3种形式,即镶嵌接触、支架接触和分散分布。

(1)支架接触指骨架颗粒松散堆积,颗粒间的接触模式为点—点、点—线和点—面,故颗粒间接触面积较小,往往形成较大的粒间空隙(图6-24a)。

(2)镶嵌接触指骨架颗粒相互穿插,紧密堆积,接触模式为线—面、面—面和点—面,故颗粒间接触面积较大,呈犬齿交错的镶嵌状,往往形成缝隙状粒间小孔(图6-24b)。

(3)分散分布指矿物颗粒被黏粒物质分隔,基本上互不接触,呈分散状态,在扫描电镜下往往因矿物颗粒被絮凝状黏粒胶结物嵌埋而看不清楚或仅见轮廓(图6-24c)。

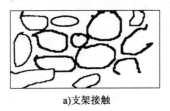 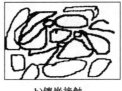 

a)支架接触　　　　　　b)镶嵌接触　　　　　　c)分散分布

图6-24　颗粒接触关系示意图

2)孔隙特征

甘肃黄土的孔隙比较发育,孔隙度一般为42%~55%,孔隙比为0.7%~1.3。通过压实及扫描电镜发现,不管压实度多大,孔隙总是存在的,但是在最佳含水率状态下,随着压实度的增加,土的微观结构在以下结构间变化:松散集粒结构—紧密集粒结构—镶嵌结构—紊流结构—定向排列结构,土体中的孔隙相对面积减小(表6-17)。

压实黄土不同压实度孔隙分析表　　　　表6-17

压实度(%)	孔隙相对面积(%)	孔隙组成(μm)(%)			
		>15	5~15	0.5~5	<0.5
80	43.6	11.3	52.7	26.4	9.6
85	38.2	7.6	48.2	31.5	12.7
90	33.8	5.8	43.9	34.0	16.3
95	29.6	2.6	40.1	37.8	19.5
100	25.4	1.2	38.6	38.8	21.4

3)胶结特征

黄土的胶结物是颗粒小于0.005mm的黏土物质和碳酸钙。由于黏粒物质的赋存状态不同,胶结程度也不同,从而形成不同性质的黄土。整个甘肃的黄土中,胶结物的含量不一,大部分黏胶粒被碳酸钙胶结成集粒或胶结在碎屑颗粒的周围,形成一个整体,成为土的骨架。

4)黄土的显微结构类型

黄土的显微结构类型反映了固体颗粒与孔隙组合所组成的一定土体的基本特征。黄土的骨架颗粒成分、接触关系、孔隙结构及交界程度是突出反映黄土内部联系的关键特征,是黄土显微结构分类的重要依据。

在扫描电镜下,甘肃黄土的显微结构可以划分为3个结构类型:

(1)支架大孔隙胶结结构:骨架颗粒点状接触,互成支架,粒间孔隙大,有零星胶结(见图6-25);

(2)镶嵌微孔隙胶结结构:骨架颗粒面状接触,互相靠拢,粒间孔隙小,有零星胶结(见图6-26);

(3)支架—镶嵌过渡结构:骨架颗粒棱边接触,粒间多为中小孔隙,有零星胶结。

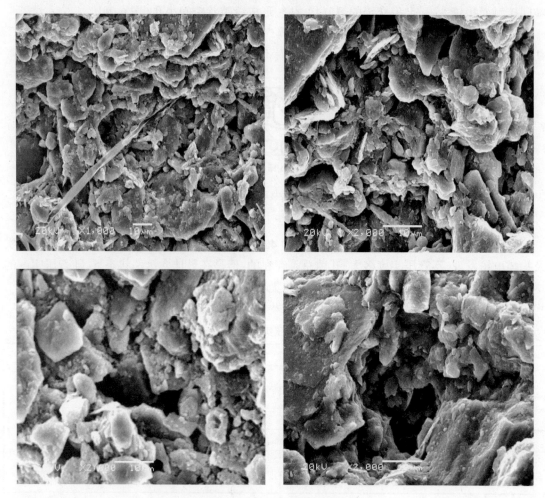

图 6-25　支架大孔隙胶结结构

5)黄土的显微结构特征与湿陷性的关系

根据压实试验结果可知,孔隙特征与黄土的湿陷性有很好的相关关系。黄土的湿陷系数随着孔隙的平均孔径、孔隙比以及大、中孔隙含量增加而增大;随着黄土微孔隙含量、颗粒干密度增大而减小。

6)黄土的显微结构类型与压实功的关系

取压实前后的土样各 3 组,做扫描电镜,其照片见图 6-25 和图 6-26。通过观察扫描电镜照片,可以发现黄土显微结构在压实前后发生如下变化:

(1)压实以前黄土为支架—镶嵌过渡结构,颗粒和孔隙均清楚,粗矿物颗粒多为棱边接触,粒间孔隙较小,颗粒表面和孔隙中有少量胶结物。

(2)采用 $2687.0 kJ/m^3$ 的压实功压实以后,黄土的结构变得非常紧密,为镶嵌微孔隙胶结结构,粗矿物颗粒由于机械的冲压变为细颗粒或形成集粒,颗粒面状接触,接触面积大,互相靠拢,呈镶嵌状,粒间孔隙微小。

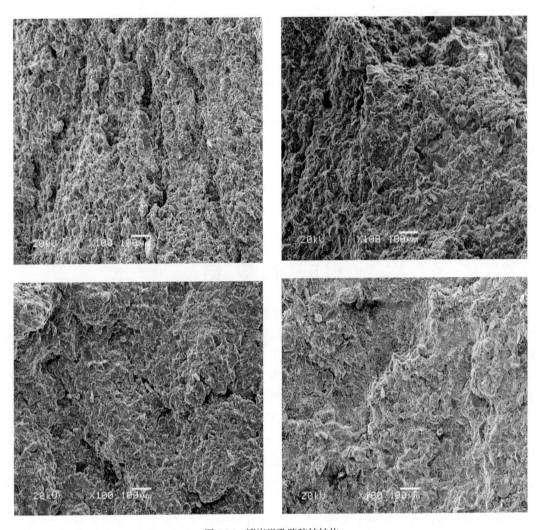

图6-26 镶嵌微孔隙胶结结构

(3)此后,若继续增大压实功,黄土的显微结构变化不大,仍为镶嵌微孔隙胶结结构,但是集粒增多,颗粒轮廓模糊。

7)黄土的显微结构特征对压实度的影响

根据试验得知黄土的压实度与孔隙结构特征存在很好的相关关系:黄土的孔隙比越大,大、中孔隙含量越多,黄土的压实度越小;相反,微孔隙含量越多、颗粒的干密度越大,黄土的压实度越大。黄土的压实度越大,其湿陷系数越小,即湿陷性减弱。

6.4.5 路基压实工艺控制

为确保高填土路堤和高填深挖结合部的稳定,在逸柳高速公路采用强夯对沟谷中软弱土层及填方与沟壑结合部进行加固。

施工方法及工艺如下:

(1)对坝式路基与高填土路堤基底全面强夯一遍,对沟谷中软弱土层采取抛石强夯挤淤,对设计中的坝式路堤以涵洞基底面为控制标高将全幅路基强夯一遍。在填方与沟壑结合部每

5m 高沿路基横断面方向每侧均按梅花型布点强夯。强夯设计加固深度要求不小于 7m,选用单击能 2000kN·m 的强夯机具,最佳夯击能 30000kN·m,采取 4.0m 的梅花形布点,最后两击的平均夯沉量控制在 5cm 以内。

(2)铺设土工格栅。在路堤新老结合部路床以下 1.5～3.0m 范围分层铺设 6 层 TGDG25 型单向土工格栅,格栅深入新老土体各 10.0m,以增加新老土的整体性。

(3)铺设玻璃丝布。玻璃丝布铺设前,在坡面上开挖水平宽度不小于 1.0m 的水平台阶,并仔细整平。纵向铺设,每幅之间搭接宽度不小于 10cm,搭接处采用专用黏合剂粘贴牢固,不留有空隙。

(4)铺设土工格室。在填挖结合部路基标高以下 1.20m 处铺设长 10m、宽 29m 的 TGL—400—150 型土工格室。铺设时利用连接件将组件前后连接,沿横断面铺设砂,充分展开且锚固。铺设后往格室内填充天然砂砾,最后进行上层填筑。

6.5 小　　结

路基压实度或土基回弹模量影响的沥青路面的设计指标宜采用路表弯沉和土基顶面压应变。控制路基压实标准时,按照距路基顶面的距离,路基可以划分为两部分,第一部分为距路基顶面 0～80cm 的路床,距路基顶面 80cm 以下为第二部分。

通过压实度和含水率对于黄土力学性质的影响研究、路基(不同公路等级、不同路面结构)各部分回弹模量需求研究以及提高压实度的工程可行性研究,得出黄土路基压实标准。建议不仅要规定压实度和含水率,还要规定土基回弹模量。

从压实前后黄土的电镜扫描结果发现,黄土的显微结构在击实前后发生明显的变化,即从击实前的支架-镶嵌过渡结构转变为压实后的镶嵌微孔隙胶结结构。结合压汞试验可知,击实后土样中的孔隙比越大,大、中孔隙含量越多,黄土的压实度越小。黄土的压实度越大,其湿陷系数越小。

一般黄土路堤的压实标准规定如下:(1)路基不同压实区域建议分为距路基顶面 0～80cm 的路床和路床下路基两大部分。(2)对于高速公路和一级公路,土基回弹模量、路床回弹模量应取 60MPa 以上,路床以下路基回弹模量应取 50MPa 以上;对于二级公路和面层为沥青混凝土或水泥混凝土的三级公路沥青路面,土基回弹模量、路床回弹模量应取 50MPa 以上,路床以下路基回弹模量应取 40MPa 以上;对于面层不是沥青混凝土或水泥混凝土的三级公路或四级公路沥青路面,路基不同深度处回弹模量均应取 40MPa 以上。若不满足上述条件,须进行换填或铺设垫层。(3)结合压实度对于黄土力学性质的影响以及土基回弹模量的要求,并考虑到公路路等级越高,目标可靠度越高,对黄土路基的压实度下限做如下规定:对于高速公路、一级公路,路床压实度为 96%,路床以下压实度为 93%;对于二级公路,路床压实度为 95%,路床以下压实度为 92%;对于三级公路,路床压实度为 94%,路床以下压实度为 90%。对于特殊干旱或特殊潮湿地区,路基压实度可以适当降低。三级公路修筑沥青混凝土或水泥混凝土路面时,其路基压实度采用二级公路标准。

挖方路段和填方路段其实并没有根本的差别,只不过前者以原地基代替了后者的填方,因此挖方路段土基回弹模量和路床压实度的要求与填方路基相同。对于路床下路基压实度可不作具体要求。

在路基工程中考虑到强夯的成本较高,且路基的沉降变形控制要求与建筑物相比还是低得多,故强夯不宜在路基压实中大范围采用。建议仅用于高填路基的原地基处理、填挖结合部的加固以及重要构筑物的地基处理。冲击压实功效高,经工程验证效果较好。在路基填筑中采用冲击压实时,应首先将黄土快速填筑到压实度接近 80%~85%、厚度约 1.2m 的初步压实状态,然后再冲压约 30 遍,就能达到规定的压实度。

第7章 黄土高填路堤沉降变形

7.1 概 述

路基黄土的湿陷性是近年黄土地区公路建设的一个突出问题,各种处治方法的选取、设计均依据湿陷等级进行。目前,公路路基黄土湿陷性评价是按照《湿陷性黄土地区建筑规范》(GB 50025—2004)和《公路路基设计规范》(JTG D30—2004)进行,由于没有考虑公路的诸多特点,缺乏针对性,也存在很大的不合理性。

首先实测的湿陷总量与规范法计算的湿陷总量相差较大,从湿陷性黄土各区代表性试坑浸水资料可知:在自重湿陷性地区,浸水实测的自重湿陷量大于计算的自重湿陷量,二者比值K一般大于1,且自西向东、自北向南逐渐的减小,并且因地区而异。在非自重湿陷性或湿陷性不敏感的黄土地区,浸水实测的自重湿陷量远远小于计算的自重湿陷量,其比值一般小于0.5,其值随区域性相差不大,取值范围一般在0.1~0.45。

其次,试验荷载与路基黄土实际受力状况不符,现有规范中的试验荷载一般都是按照200kPa和300kPa来考虑,试验采用分层饱水的方法。没有考虑不同填方高度路基黄土受力状况的差异,因此普遍采用房建标准的200~300kPa来确定黄土的湿陷系数和计算湿陷量,显然不符合公路工程的实际情况,必将导致对低填方路段过高估计了湿陷性的危害,而对高填方路段的湿陷性危害又估计不足。

现有规范对黄土湿陷性的评价考虑了全部湿陷性黄土厚度。众所周知,引起房建工程地基湿陷的主要原因是各种上下水管道或蓄水池的渗漏,其水源表现为长期性、隐蔽性及不可量测性,可能造成整个湿陷性黄土地基的浸水饱和,湿陷量的计算考虑全部湿陷性黄土厚度是合理的;而路基工程除个别积水地段或过水构造物以外,其水源只有大气降水或灌溉水,水量是有限的和短期的,不可能造成整个湿陷性黄土层的饱和。

7.2 压实黄土的物理水理特征

7.2.1 压实黄土的入渗特性

1) 路基原位降雨入渗试验

为了验证模拟计算饱和深度和影响深度,确定更加合理的湿陷量计算深度,项目组在阎禹高速公路K165+400处左侧富平服务区内,开展了原位降雨入渗试验,实测了降雨的入渗深度以及不同深度处的实际沉降量(图7-1)。

人工降雨入渗试验研究表明,未经处理的原状黄土地基在50年和100年一遇降雨条件下,仅地表0~25cm深度内土层在降雨过程中处于饱和状态,其下土层均处于非饱和状态,降雨较明显的影响深度约为1.0m,不明显的为1.0~2.7m。

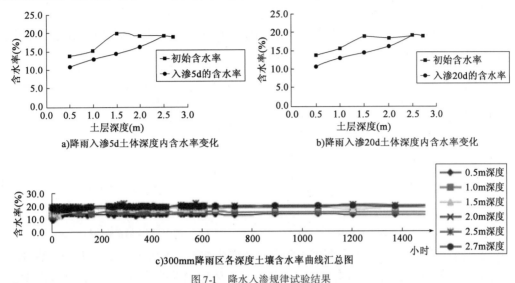

图7-1 降水入渗规律试验结果

降雨停止后的土体水分的动态观测表明,从表面到2m深度处土体水分变化较大,变幅约3%;2~2.7m土体水分变化较小,变幅接近于1%,而深度大于2.7m土体的含水率基本上不随时间的变化而改变。24h内深度1m处土体含水率达到峰值,影响深度约1.5m;而5d之后,土体水分向下迁移到2.5m,表层土体含水率明显降低,1.5m深度土体含水率达到峰值;大于10d之后整个土体深度内的含水率变化值不大。

2) 路基原位浸水入渗试验

试验场地选在阎禹高速公路K165+400处的富平服务区内,在降雨入渗试验的基础上进行试坑浸水试验,时间间隔为半年。在试验前,浅部土壤用HH2水分测量仪进行测量(图7-2),深部土壤用洛阳铲取样,采用烘干法测质量含水率。在浸水入渗时,对沉降量和土层剖面的体积含水率进行连续观测。沉降量观测采用日本产精密水准仪,测量误差为1mm,体积含水率采用德国产TDR土壤水分测量仪观测(图7-3),观测深度为2m左右,每隔0.25m为一个观测点。试验数据测试的频率在浸水初期每隔2h观测一次,稳定以后每天观测两到三次。试坑停止浸水后,连续观测10d,连续5d的平均总下沉量不大于1mm/d,则试验中止。

图7-2 高精度土壤水分测量仪 HH2

图7-3 高精度土壤水分测量仪 TDR

土体的初始体积含水率沿深度的变化如图 7-4 和图 7-5 所示。总体趋势为随着土体深度的增加,体积含水率增大,在 0~0.75m 深度,体积含水率的变化范围为 0.22~0.171,逐渐递减;在 0.75~1.75m 深度,体积含水率的变化范围为 0.171~0.328,逐渐递增;在较深范围内,两者的体积含水率相近。

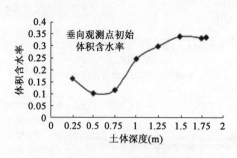
图 7-4 试坑中点土的初始体积含水率

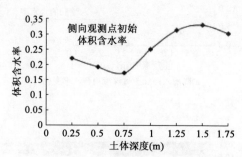
图 7-5 试坑外围土的初始体积含水率

在浸水过程中,试坑中点不同深度土的含水率变化如图 7-6 所示。浸水开始时,浅部土体饱和,体积含水率增大,而深部保持原状;浸水 24h,土体饱和深度达到了 1m;而在浸水 36h,土体饱和深度达到了 1.25m;在浸水 60h 的时候,土体饱和深度为 1.5m;浸水 72h 左右,土体在 1.8m 范围内体积含水率达到了饱和。随着水分向深部迁移,土体的体积含水率由大到小,但水分入渗速率减小。

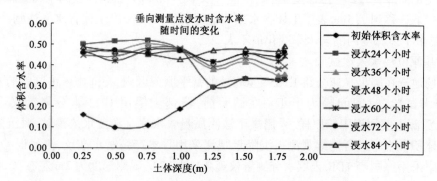
图 7-6 试坑中点不同深度土含水率随时间变化

距离试坑边缘 30cm 的观测点土体含水率随时间变化如图 7-7 所示。在初始入渗阶段,由于水分还没有侧渗到观测点,土体积含水率基本没有变化;在浸水 10~12h,0~0.75m 深度的土体积含水率变化大;在浸水 12~48h 时,0.5~1m 内土体积含水率变化量大;浸水 48~84h,0.75~1.75m 内的体积含水率变化量最大;浸水 84h 后,侧向观测范围内土体基本饱和,垂直渗透率与侧向渗透率比值约为 6。

压实度为 80%、83%、85%、88%、91% 进行入渗试验,试验结果见图 7-8。从该图可以看出,不同压实度情况下,入渗量随着时间的增大,各自的增长速度有所不同,压实度越大,入渗量的增长速度越慢。这是因为随着压实度增大,土颗粒间的孔隙减小,导水率和扩散度减弱,从而致使水分运动和气体的排出更为困难。另外,尽管随着路基压实度的增加入渗量减少,但它们有一个共同的变化规律,就是随着入渗时间的增长,入渗量在以增函数形式上升。根据相关资料,当压实度在 95% 附近时,入渗率显著降低,当压实度为 100% 时,入渗率很小,可认为几乎不入渗。

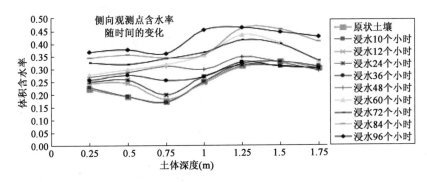

图 7-7　试坑边缘土体含水率随时间变化

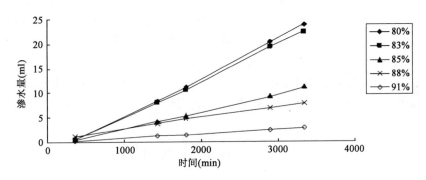

图 7-8　压实度对于黄土入渗量的影响

图 7-9 表示压实度与饱和导水率的关系。从该图可以看出,压实黄土的饱和导水率随着压实度的增加而减小。当压实度达到 91% 的时候,其饱和导水率为 0.000014cm/min,其数值已经很小了。也就是说,当压实度达到一定的值时,其饱和导水率对水分入渗的影响已经很弱了。

7.2.2　压实黄土土水特征曲线

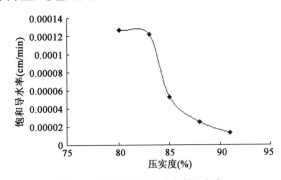

图 7-9　压实度与饱和导水率的关系

在直角坐标系中土含水率与基质势的函数关系曲线叫作土水特征曲线。土水特征曲线是研究土水的保持和运动,反映土水基本特征的曲线。土水特征曲线的测定有张力计法、离心机法、压力排水法。在此利用离心机法进行测试。

采用离心机法测得的结果如图 7-10 所示。由该图可以看出,非饱和黄土的水分特征曲线具有如下特征:土样的含水率随基质吸力的增大而减小,且均与基质吸力呈幂函数关系;各土样的水分特征曲线开始段很陡且几乎相互重合,后半段平缓且基本接近平行。由此可知,对某一类土而言,在低吸力下,土基质吸力的大小主要随含水率而变化;在高吸力下,土基质吸力的大小除主要取决于其含水率外,其他因素(如黏粒含量、干密度等)对基质吸力也有一定影响。

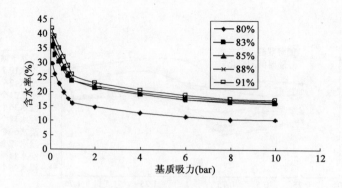

图 7-10　不同压实度下的土水特征曲线

非饱和土的导水参数，系指导水率 $K(\theta)$ 和水分扩散率 $D(\theta)$ 和比水容量 $C(\theta)$。由于 $K = D \times C$，因而这 3 个参数中只有两个是独立的。测定土水运动参数的方法，主要有以下 4 种：(1)根据土水的再分布过程推求土的导水参数；(2)水平土柱法测定土水扩散率 $D(\theta)$；由水分特征曲线推求导水率 $K(\theta)$；(3)利用水分特征曲线，根据垂直土柱蒸发的实测水分动态过程计算土的导水参数；(4)瞬时剖面法测定导水率 $K(\theta)$，由水分特征曲线推求水分扩散率 $D(\theta)$。经过复杂推导可以得到确定导水率 $K(\theta)$ 和土水分扩散率 $D(\theta)$ 的理论公式：

$$K(\theta) = \frac{H\Delta\theta V C(\theta)}{a_1 b \theta^{(1+b_1)} + HC(\theta)} \tag{7-1}$$

$$D(\theta) = \frac{H\Delta\theta V}{a_1 b \theta^{(1+b_1)} + HC(\theta)} \tag{7-2}$$

式中：$\Delta\theta$——湿润峰处湿度与该处的初始湿度之差，若用烘干土测定，则 $\Delta\theta = \theta$；

　　　θ——湿润峰处湿度；

　　　H——加入试验土柱的总水量；

　　　V——湿润峰的前进速度，是 θ 的函数；

　　　$C(\theta)$——比水容量；

　　　a_1、b_1、b——常数，与土的性质有关。

由式(7-1)、(7-2)可看出，在水分特征曲线 $\psi m(\theta)$，比水容量 $C(\theta)$ 已知的情况下，只要设计试验获得 V,a,b 等参数，即可计算出 K 和 D。

测定用土为兰州黄土，在甘肃兰(州)海(石湾)高速公路路基现场取样，其颗粒组成如表 7-1 所示。

黄土颗粒组成　　　　表 7-1

粒组 (mm)	各级颗粒(mm)含量百分数(%)					
	1~0.25	0.25~0.05	0.05~0.01	0.01~0.005	0.005~0.001	<0.001
含量(%)	0.001	3.47	29.65	16.22	10.71	39.94

试验得到平均湿度和湿润峰湿度的关系如图7-11所示。由该图可以看出,平均湿度和湿润峰湿度遵从增函数的变化规律,并且在相同的平均湿度下,随着压实度的增加,湿润峰湿度也随着增加,但增加的幅度很小。

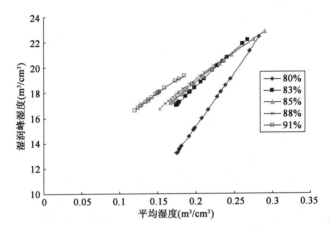

图7-11　不同压实度时平均湿度和湿润峰湿度的关系

试验得到的湿润峰湿度与速率的关系见图7-12～图7-15,由图中可以看出,湿润峰湿度与速率的关系遵从幂函数的规律。试验测定了湿润深度随时间的变化过程,可计算出湿润峰的前进速度、湿润深度和平均含水率之间的关系,进而可以得出导水率和扩散率。导水率和扩散率计算结果见表7-2、表7-3。

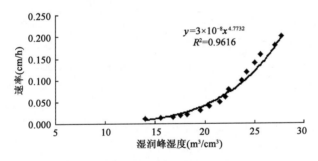

图7-12　压实度80%的湿润峰湿度与速率的关系

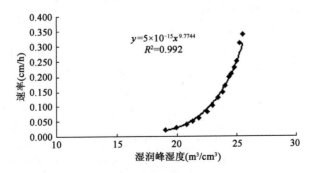

图7-13　压实度83%的湿润峰湿度与速率的关系

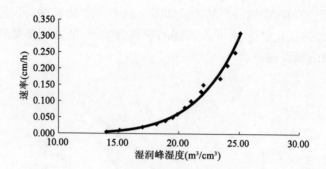

图 7-14　压实度 88% 的湿润峰湿度与速率的关系

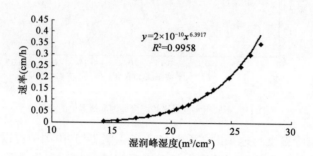

图 7-15　压实度 91% 的湿润峰湿度与速率的关系

导水率计算表（10^{-5} cm/h）　　　　　　　　　　　表 7-2

容积含水率	压 实 度				
	80%	83%	85%	88%	91%
0.50	3.88951×10^{-7}	1.91673×10^{-9}	3.70051×10^{-12}	2.66838×10^{-13}	1.32018×10^{-12}
0.45	2.50817×10^{-7}	8.51143×10^{-10}	2.24201×10^{-12}	1.20445×10^{-13}	6.05908×10^{-13}
0.41	1.70209×10^{-7}	4.15433×10^{-10}	1.43998×10^{-12}	5.96434×10^{-14}	3.04488×10^{-13}
0.35	8.80559×10^{-8}	1.22757×10^{-10}	6.78482×10^{-13}	1.80623×10^{-14}	9.45462×10^{-14}
0.30	4.63303×10^{-8}	3.74299×10^{-11}	3.25937×10^{-13}	5.64078×10^{-15}	3.02547×10^{-14}
0.28	3.47562×10^{-8}	2.19963×10^{-11}	2.34761×10^{-13}	3.3506×10^{-15}	1.81683×10^{-14}
0.26	2.55235×10^{-8}	1.2427×10^{-11}	1.65026×10^{-13}	1.91485×10^{-15}	1.05054×10^{-14}
0.24	1.82854×10^{-8}	6.70689×10^{-12}	1.12777×10^{-13}	1.04638×10^{-15}	5.81385×10^{-15}
0.22	1.27249×10^{-8}	3.4305×10^{-12}	7.45582×10^{-14}	5.42491×10^{-16}	3.05592×10^{-15}
0.20	8.55421×10^{-9}	1.64598×10^{-12}	4.73836×10^{-14}	2.64171×10^{-16}	1.5107×10^{-15}
0.18	5.51461×10^{-9}	7.309×10^{-13}	2.87079×10^{-14}	1.19241×10^{-16}	6.93352×10^{-16}
0.16	3.37571×10^{-9}	2.94933×10^{-13}	1.63951×10^{-14}	4.90044×10^{-17}	2.90302×10^{-16}
0.14	1.93513×10^{-9}	1.05412×10^{-13}	8.68759×10^{-15}	1.78816×10^{-17}	1.08191×10^{-16}
0.12	1.01797×10^{-9}	3.2141×10^{-14}	4.17344×10^{-15}	5.58435×10^{-18}	3.4621×10^{-17}
0.10	4.76185×10^{-10}	7.88787×10^{-15}	1.75348×10^{-15}	1.40984×10^{-18}	8.99614×10^{-18}
0.09	3.06969×10^{-10}	3.50263×10^{-15}	1.06236×10^{-15}	6.36371×10^{-19}	4.12886×10^{-18}

扩散率计算表（cm^2/h） 表7-3

容积含水率	压实度				
	80%	83%	85%	88%	91%
0.50	7.9867×10^{-7}	9.68309×10^{-10}	1.36561×10^{-12}	7.25279×10^{-14}	2.2034×10^{-13}
0.45	3.00306×10^{-7}	2.20031×10^{-10}	4.23705×10^{-13}	1.78636×10^{-14}	5.51672×10^{-14}
0.41	1.26534×10^{-7}	5.94152×10^{-11}	1.50658×10^{-13}	5.17965×10^{-15}	1.62296×10^{-14}
0.35	2.91192×10^{-8}	6.41917×10^{-12}	2.59844×10^{-14}	6.31592×10^{-16}	2.02834×10^{-15}
0.30	6.95887×10^{-9}	7.34407×10^{-13}	4.68902×10^{-15}	8.13015×10^{-17}	2.67439×10^{-16}
0.28	3.66693×10^{-9}	2.78312×10^{-13}	2.179×10^{-15}	3.24797×10^{-17}	1.07995×10^{-16}
0.26	1.84261×10^{-9}	9.81488×10^{-14}	9.56656×10^{-16}	1.21222×10^{-17}	4.07741×10^{-17}
0.24	8.76247×10^{-10}	3.18411×10^{-14}	3.93211×10^{-16}	4.18094×10^{-18}	1.42393×10^{-17}
0.22	3.9058×10^{-10}	9.36542×10^{-15}	1.49582×10^{-16}	1.31436×10^{-18}	4.53748×10^{-18}
0.20	1.61183×10^{-10}	2.45119×10^{-15}	5.18916×10^{-17}	3.70021×10^{-19}	1.29649×10^{-18}
0.18	6.05884×10^{-11}	5.5698×10^{-16}	1.61002×10^{-17}	9.11357×10^{-20}	3.24606×10^{-19}
0.16	2.02933×10^{-11}	1.06274×10^{-16}	4.35151×10^{-18}	1.90283×10^{-20}	6.90292×10^{-20}
0.14	5.87216×10^{-12}	1.62488×10^{-17}	9.87364×10^{-19}	3.22222×10^{-21}	1.19348×10^{-20}
0.12	1.40306×10^{-12}	1.85899×10^{-18}	1.78175×10^{-19}	4.14778×10^{-22}	1.57362×10^{-21}
0.10	2.58066×10^{-13}	1.43108×10^{-19}	2.35135×10^{-20}	3.67087×10^{-23}	1.43279×10^{-22}
0.09	9.70031×10^{-14}	3.25181×10^{-20}	7.29544×10^{-21}	9.0413×10^{-24}	3.58731×10^{-23}

7.2.3 路基含水率的分布变化特性

黄土主要有砂粒、粉粒和黏粒三部分粒度，但是不同地区的黄土中各个粒组含量不尽相同。从西到东（青海、甘肃、陕西、河南），黄土中的粗粒和粉土颗粒的含量逐渐减少，黏土颗粒含量逐渐增加。因此试验拟定两个地区的具有代表性的黄土为研究对象，一种为黏性黄土，另一种为砂性黄土。因为陕西关中地区的黄土黏粒含量高，而陇西黄土中砂粒含量较高，所以拟定在陕西关中地区和甘肃陇西地区各选一条公路进行取样。鉴于以上考虑，最终确定以临渭高速公路和国道312线兰州段作为试验路。

1）临（潼）渭（南）高速公路概况

临（潼）渭（南）高速公路是G045连云港—霍尔果斯国道主干线的重要组成部分，该道路情况如图7-16~图7-18所示，该段原状黄土的基本物理性质是：土料所属地层为马兰黄土，所在地地形平坦，属一级黄土塬区，地层分布稳定，地下水位埋藏深。土质均匀，结构较致密，有少量虫孔及植物根茎孔洞存在，从颗粒组成上讲以粉质黏土为主，硬塑。

2）国道312线兰州段概况

国道312线兰州段处于我国陇西黄土高原中部干旱地区，属强烈侵蚀的黄土梁、卯、沟壑区，海拔高度1700~2500m。该区属温带干旱—半干旱气候，公路自然区划为Ⅲ$_3$区。黄土高原干湿过渡区，年均蒸发量约为年降雨量的4倍，降雨集中在夏秋季，常以暴雨的形式出现。天然土的含水率在4%~5%，最佳含水率在12%~15%之间。该道路情况如图7-19和图7-20所示。

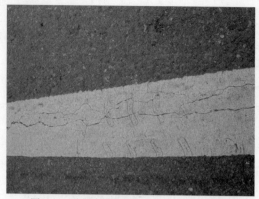
图 7-16 临渭高速公路 K58+370 行车道裂缝

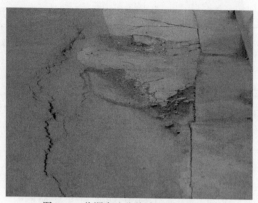
图 7-17 临渭高速公路路肩裂缝及沉陷

图 7-18 临渭高速公路大修现场及路基补强加固

图 7-19 国道 312 线兰州段路面裂缝

图 7-20 国道 312 线兰州段路面沉降

3)现场取样的基本情况

根据《公路工程地质勘察规范》(JTJ 064—98)、《湿陷性黄土地区建筑规范》(GBJ 25—90)和《岩土工程勘察规程》(GB 50021—94)技术要求,本次现场取样试验严格按照规范的要求进行。

试验所用土样分别取自陕西省临渭高速公路和国道 312 线兰州段两条公路,其中在临渭高速公路两个断面分别是 K58+370 断面和 K58+400 断面,以临1、临2 表示,路基填土高度 5m 左右;在国道 312 线兰州段三个断面进行取样(图 7-21),分别为 K2122+200 断面、

K2122+300断面和K2175+650断面,以兰1、兰2、兰3表示,路基填土高度为15m左右。为了能够连续反映路基填土的物理力学性质指标的变化规律,以每1m取2个试样,分别在中间带、行车道、路肩位置处进行。

所取土样如图7-22所示。

图7-21 研究人员在兰州车道岭现场

图7-22 现场取出的试件

4) 路基黄土的含水率

(1) 含水率沿深度方向变化规律

① 中间带黄土的含水率沿深度方向的变化规律

通过对临渭高速公路临1、临2两个断面的中间带1~6m深度处采集的12个试件进行含水率检测,计算结果表明(图7-23),中间带含水率在9.76%~16.14%之间变化,其含水率随深度的增加而增大,在接近地表处含水率值最大为16.09%。由图,85.7%检测点处的含水率大于最佳含水率12.9%,计算得到路基平均稠度为1.02,根据《公路沥青路面设计规范》(JTJ 014—97),中间带已处于中湿状态,这说明随着公路服务期的增加,外界水分引起对中间带黄土含水率的增大。

② 路肩黄土的含水率沿深度方向的变化规律

对国道312线兰州段3个断面的硬路肩1~16m深度处采集了20个试件进行含水率检测、计算,绘制含水率随深度方向的变化,如图7-24所示。

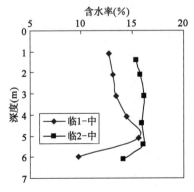

图7-23 临渭高速公路中间带黄土的含水率与深度关系曲线

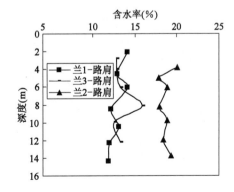

图7-24 国道312线兰州段路肩黄土的含水率与深度关系曲线

分析结果表明(图7-24),路肩黄土的含水率在11.9%~20.1%之间变化,其含水率随深度的增加而波动变化,同一断面上含水率的变化幅度为±1%,在一定范围内趋于平衡。陇西黄土的天然含水率一般为6%~12%,路肩黄土含水率显著大于天然含水率,尤其是兰2断面中路肩黄土的含水率为18%~20%,约为最佳含水率12.6%的1.43倍,达到黄土的塑限附近,饱和度为90%以上。

③行车道黄土的含水率沿深度方向的变化规律

通过对国道312线兰州段和临渭高速公路5个断面的行车道不同深度处34个试件进行含水率检测,结果表明(图7-25、图7-26):行车道黄土的含水率随深度的增加而波动减小,含水率值在11.9%~20.1%之间变化,在行车道表层黄土含水率最大。

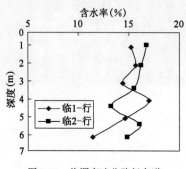

图7-25 临渭高速公路行车道
含水率变化

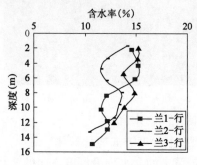

图7-26 国道312线兰州段行车道
含水率变化

(2)含水率沿宽度方向的变化规律

由图7-27和图7-28可知,在路基的上部,行车道黄土的含水率均高于中间带、路肩黄土的含水率;在路基的下部,两者差距逐渐减小。究其原因,主要与道路的结构有关。行车道处于路肩和中间带之间,表面有路面铺筑,处于封闭状态,非饱和压实黄土中的水分向上蒸发时受到路面的阻隔,无法在空气中排出,逐渐在工作区范围内聚集;而且由于蒸发作用,越接近地表,负孔压越趋向于线性分布,发生向上的渗流,水分集中在行车道上部。在季节性冰冻地区的冬季,这种水分聚集的现象更为严重,聚集的水冻结后体积增大,使路面隆起而造成路面开裂,即冻胀;春融化冻时,路基上部水分先解冻,水分难以迅速排除,造成翻浆现象。

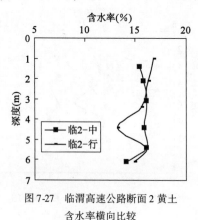

图7-27 临渭高速公路断面2黄土
含水率横向比较

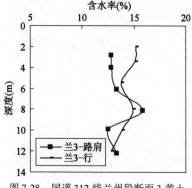

图7-28 国道312线兰州段断面3黄土
含水率横向比较

由此可得,在黄土地区路基填筑时,建议尽量选择透水性较好的新黄土填在路基的上部,这样可以有效地减少水分在路基顶层的聚集,从而减少道路病害现象的发生。

(3)不同地区路基黄土含水率的变化规律

根据对临渭高速公路所取的72个试样和国道312线兰州段120试样的含水率的试验结果可得,临渭高速公路黄土含水率的平均值为14.67%,国道312线兰州段黄土含水率的平均值为14.13%。故此临渭高速公路黄土的含水率大于国道312线兰州段黄土的含水率。究其原因,这与黄土的粒度组成有关。高黏性黄土易储水,高砂性黄土易失水;甘肃黄土砂粒含量高,透水性好,所以其含水率低而陕西黄土则相反。由此推断,不同深度填土的含水率数值,也与填料组成关系密切,填料中黏粒含量高时,含水率较高;砂粒含量高时,含水率较低。这一点在后面的粒度分析中得到证明,黄土路基上部黏粒含量较高,所以其含水率高。

7.3 压实黄土的力学特征

7.3.1 压实黄土的压缩变形特性

配制压实度为85%,含水率分别为10.3%,11.3%,13.3%和16%和压实度为90%,含水率分别为10.3%,11.3%,13.3%,16%和18%以及压实度为95%含水率分别为11.3%,13.3%和16%的试样,加压等级分别为25kPa、50kPa、100kPa、200kPa、400kPa和800kPa,每级压力下的稳定标准为每小时变形不超过0.01mm。

1)含水率对压实黄土压缩变形的影响

参考湿陷变形系数的定义,压缩变形系数按下式进行整理:

$$\delta_p = \frac{h_0 - h_i}{h_0} \tag{7-3}$$

式中:h_0——试样初始高(mm);

h_i——在某级压力下,试样变形稳定后的高度(mm)。

由上述公式可知,压缩变形系数越大,压实黄土的压缩性越大。

将不同含水率下的压缩试验成果按压缩变形系数和垂直压力的关系整理,结果如图7-29所示。

由图7-29可以看出压缩变形系数随含水率的增大而增加,当含水率低于最佳含水率时,在相同垂直荷载的情况下,压缩变形系数随含水率的增加增长幅度不大;当含水率大于最佳含水率2%~3%后,压缩变形系数随含水率的增加增长幅度迅速变大。因此从减小黄土路基压缩变形的角度考虑,路基压实时的含水率不应大于最佳含水率的2%~3%。

2)压实度对压实黄土压缩变形的影响

将不同压实度下的压缩试验成果按压缩变形系数和垂直压力的关系整理,结果如图7-30所示。

试验结果表明,压实度越大,压缩变形系数越小,尤其是在压实度比较小含水率比较大(如$K=85\%$,$w=16\%$)的情况下,压缩变形系数显著增大。因此,为了减小黄土路基的工后沉降,提高压实度是一种比较有效的方法。

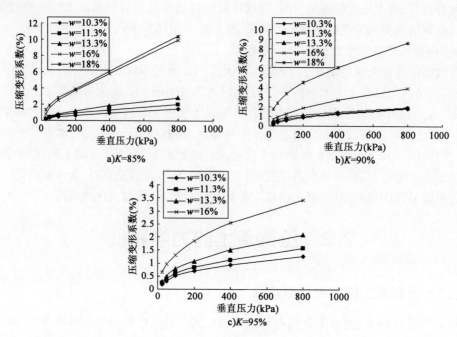

图 7-29 压缩变形系数与垂直压力关系曲线

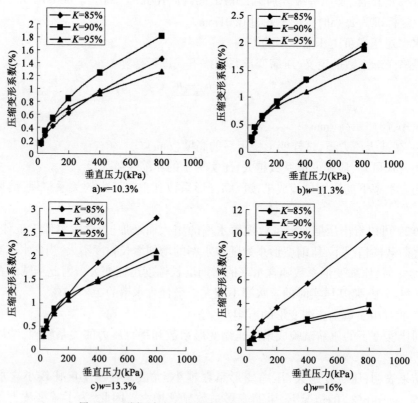

图 7-30 不同压实度下压缩变形系数与垂直压力关系曲线

3)压缩系数 a_{1-2}、压缩模量 E_{s1-2} 与含水率(饱和度)和压实度的关系

为分析含水率(饱和度)和压实度对压缩系数 a_{1-2}、压缩模量 E_{s1-2} 的影响,整理压缩试验成果。结果如图 7-31 ~ 图 7-34。

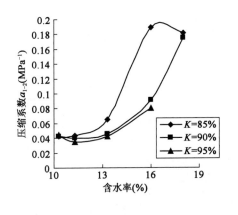

图 7-31 压缩系数与含水率关系曲线

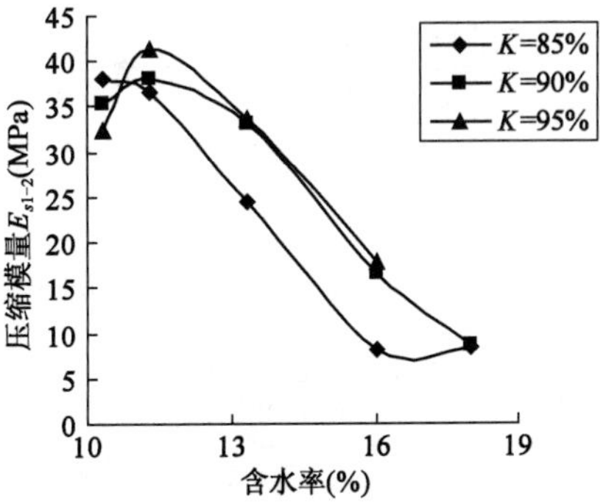

图 7-32 压缩模量与含水率关系曲线

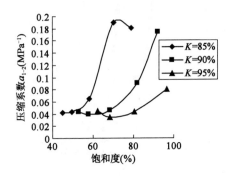

图 7-33 压缩系数与饱和度关系曲线

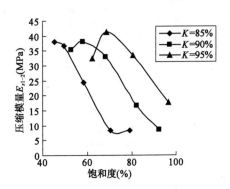

图 7-34 压缩模量与饱和度关系曲线

由图 7-31,图 7-32,图 7-33 和图 7-34 可知,压缩系数随含水率(饱和度)的增加而增大,压缩模量随含水率(饱和度)的增加而减小。并且含水率小于最佳含水率时,压缩系数(压缩模量)随含水率的增加(减小)变化不显著,当含水率大于最佳含水率后,压缩系数随含水率的增加明显增大,压缩模量随含水率的增加迅速减小。

结果(图 7-35、图 7-36)表明,压缩系数随压实度的增大而减小,压缩模量随压实度的增大而增大。在高含水率下,压缩系数或压缩模量受压实度的影响变化较大。与压缩系数或压缩模量与含水率(饱和度)的关系曲线比较,压缩系数或压缩模量与压实度的关系曲线比较平缓。

4)压缩变形系数与孔隙率的关系

根据压缩变形系数的定义:$\delta_p = (h_0 - h_i)/h_0$,整理不同荷载作用下的压缩变形系数,同时根据公式 $n = e_i/(1 + e_i)$ 计算该级荷载压缩稳定作用下的孔隙率,绘制压缩变形系数与孔隙率的关系曲线。结果如图 7-37 所示。

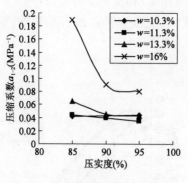 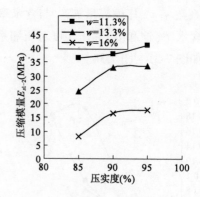

图 7-35 压缩系数与压实度关系曲线　　图 7-36 压缩模量与压实度关系曲线

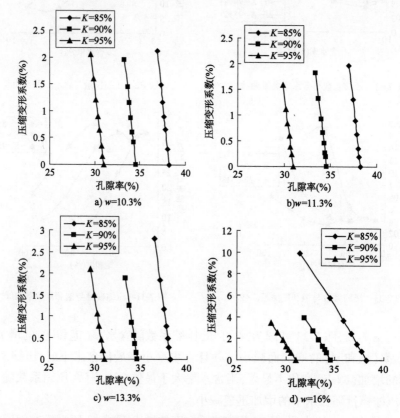

图 7-37 压缩变形系数与孔隙率关系曲线

根据不同含水率、不同压实度下压实黄土的压缩变形系数与孔隙率的关系曲线(图 7-37)可以看出,压实黄土的压缩变形系数与孔隙率基本呈线性关系。随着孔隙率的增大,压实黄土的压缩变形系数减小。说明随着荷载的增加,压实黄土的压缩变形系数增大,孔隙率减小。

7.3.2 压实黄土的湿化变形特性

水和压力一样都是造成黄土湿陷变形的关键因素。湿陷变形是水和压力的函数 $\varepsilon = f(\omega, p)$。不同的含水率和不同的压力条件下黄土的湿陷变形差别很大。水对湿陷变形的影响表现在两个方面,一是黄土的初始含水率,即浸水前土样的原始含水率,一是黄土浸水后受压时在一定饱和程度下的含水率,或者说黄土浸水后的增湿程度 $\Delta \omega$。其实二者并不能截然分开。因为初始含水率低则对应的达到饱和所需的增湿程度 $\Delta \omega$ 就大,因而湿陷变形也就大。对于原状黄土而言,湿陷系数随初始含水率的增大而减小,当初始含水率达到 24%~25% 时,一般湿陷系数小于 0.02,就基本不存在湿陷性了。

1) 不同压实度下的湿陷系数

通过制备不同含水率 10%、12.5%、15% 下的黄土,分别击实成压实度为 85%、90% 和 95% 的压实土样,测定其湿陷变形系数。试验结果见图 7-38。

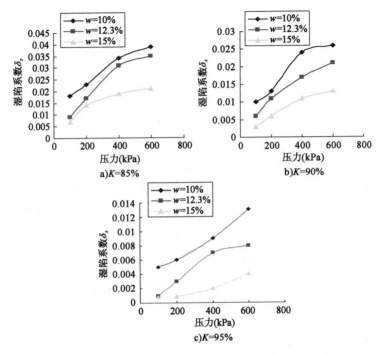

图 7-38 不同压实度下湿陷系数-压力关系

从图可见,增湿变形将随着压力的增大而增大,也就是说,在大压力下湿陷的减少速率比小压力下快得多,这说明压力不同使同等增湿条件产生的增湿变形有较大差异,小压力下的湿陷需要更高的增湿量,而且湿陷速度较低,即湿陷的敏感性弱,因此对于黄土路基而言,低路堤可以减小湿陷性黄土的敏感性。

我国《湿陷性黄土地区建筑规范》(GB 50025—2004)规定:"对湿陷性强的土层,宜取湿陷系数为 0.015 所对应的压力作为湿陷起始压力值"是作为解决工程应用问题来考虑的。

一般地,湿陷起始压力 P_{sh} 可以定义为湿陷性黄土的湿陷系数达到 0.015 时的最小湿陷压力,它是反映黄土湿陷性的一个重要指标,标志着黄土湿陷的开始。从图可以看出,湿陷起始压力随土的初始含水率的增大而增大。结合增湿变形的概念,如果给增湿变形系数也规定一个具有工程意义的界限值 0.015,则相应于增湿变形系数达到 0.015 所需的最小作用压力即为增湿起始压力。增湿起始压力随初始含水率的增大而增大,随增湿程度或增湿含水率(黄土在增湿后所达到的含水率)的增大而减小。这说明在一定的条件下,过大的压力会使土被压密,加荷变形将完成总变形量相当大的一部分,土的湿陷性将相对减弱甚至完全丧失。

2)不同龄期的压实黄土湿陷性质

触变龄期对压实黏性土结构的影响已得到公认,但其对黄土湿陷性的影响少有人论及。通过室内击实得到较低击实程度(85%,90%)的黄土试样后,用数层品质完好的塑料袋密封,置于阴凉处保持其含水率不变,再按不同龄期取出进行湿陷试验。试验结果见表7-4。

不同龄期下的湿陷系数   表7-4

干密度 (g/cm³)	龄期 (d)	压力(kPa)		
		200	400	600
1.61	0	0.016	0.031	0.035
	15	0.017	0.032	0.038
	30	0.017	0.035	0.045
1.72	0	0.01	0.015	0.022
	15	0.01	0.016	0.024
	30	0.012	0.018	0.029

结果表明,重型击实制样得到的压实黄土的湿陷性有随龄期增长有增大的趋势,并且高压力下湿陷系数随龄期的增长幅度比低压力下要大。其实质是因颗粒的弹性效应,压力越大,龄期越长,压实土结构越趋向于絮凝状态,浸水湿陷性也就越大。这也应是公路工程设计与施工中应予以考虑的内容。

7.3.3 压实黄土的抗剪强度特性

由图7-39可见,不论压实度大小,c值随着含水率的增大而显著减小。其原因可以从土与水相互作用的角度来考虑:土中水在土中以颗粒周围的结合水膜的形式存在(强结合水膜和弱结合水膜)。其中强结合水膜的水分子不能移动,而弱结合水膜中的水分子可以移动,对土颗粒间相对运动起润滑作用。当含水率变大,土中水以弱结合水膜形式存在的水分子越来越多,自由水也越多,甚至其中有些表现为重力水。这些水压力有使土颗粒分开的趋势;而且随着含水率的变大,颗粒间的咬合机会变少,故因咬合作用产生的强度变小;故二者的综合作用使得黏聚力随含水率的增大而显著减小。

故对压实黄土来说,其黏聚力c与含水率w的关系可以用幂函数的形式表示,即$c = kw^{-b}$,k,b为试验常数。

由图7-40可见,不论压实度大小,φ值随着含水率的增大而减小,而且当含水率小于最佳含水率($w=12.3\%$)时,随着含水率的增大减小非常迅速,而当含水率大于最佳含水率时,内摩擦角相对含水率的变化不太敏感。

由图7-41可知,压实黄土c值随压实度增大而增大,并且含水率越低,c值增长幅度越大。其原因可从以下两方面考虑:一是压实度越大,土粒间的接触越紧,故土粒间的咬合作用变大,土粒间的万有引力也变大,故产生的强度有变大的趋势;二是压实度变大,孔隙比缩小,也有利于土中水表面张力的发挥。故由二者的综合作用的结果是压实度变大,黏聚力变大。

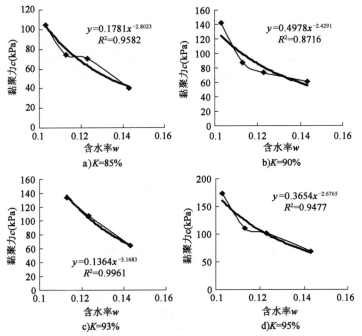

图 7-39 黏聚力 c 随含水率 w 变化规律

由图 7-42 可见,φ 值随压实度增大而增大的总体趋势是明显的,并且含水率越大,压实度对 φ 值的影响渐趋强烈。

7.3.4 压实黄土抗剪强度与物理指标间的关系

由图 7-43 可见,不论压实度和上覆压力的大小,如何压实黄土的抗剪强度随着含水率增大而减小,在含水率小于最佳水率以前,随含水率的增大抗剪强度减小幅度较大。在含水率大于最佳含水率以后,随含水率的增大抗剪强度减小幅度较小。随着含水率增大,不同压实度土样抗剪强度差值逐渐减小。在含水率为 10.3% 时,不同压实度土样抗剪强度相差较大,而在含水率为 14.3% 时,抗剪强度相差不大。

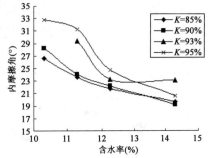

图 7-40 内摩擦角 φ 随含水率 w 变化规律

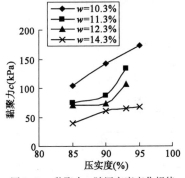

图 7-41 黏聚力 c 随压实度变化规律

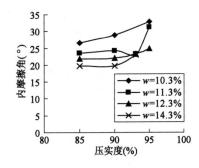

图 7-42 内摩擦角 φ 随压实度变化规律

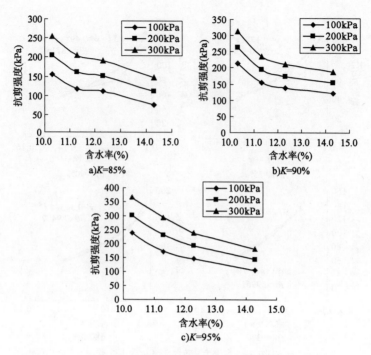

图 7-43　抗剪强度 τ 随含水率 w 变化规律

对于同一垂直压力下，压实度越大，抗剪强度随含水率的变化幅度增大（图 7-44）。说明高压实度下的黄土对水的敏感性很强。对路基工程来说，上路床填土即 95 区土，承受着车辆动应力作用，对它的强度要求较高。如果在较低含水率下压实，虽然初始强度较高，但一旦浸水，强度降低幅度大，直接影响路面使用性能，因此推荐在不低于最佳含水率下压实，同时要设置好完善的排水设施。

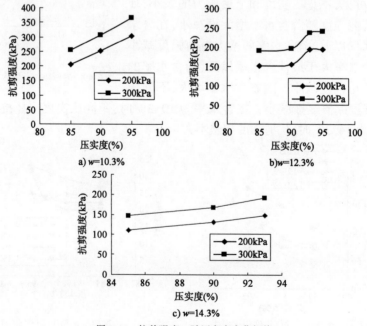

图 7-44　抗剪强度 τ 随压实度变化规律

由图 7-44 可见,不论上覆压力是 200kPa 还是 300kPa,压实黄土抗剪强度随着压实度增大而增大,而且低含水率下的压实黄土的抗剪强度增长幅度比高含水率下的要大。

7.4 黄土高路堤的变形规律与设计控制指标

7.4.1 高路堤沉降变形的现场测试

兰州—海石湾段高速公路试验段部分为黄土所覆盖,为风积黄土,大孔隙、垂直节理发育,广泛分布在沿线黄土峁梁地带,地形起伏较大,有多处路段为深挖与高填方,其中 K50+630~K50+860 段为高填方段,最大填土高度 69m,路堤基底最宽填土 350m。该路段沟底为平均深 6.3m 淤泥层,设计方案为抛石挤淤后进行高路堤填筑。为了研究和掌握高路堤沉降变形、内部应力分布在路堤填筑过程中和填筑完工后的变化规律,在原地面、沿路堤不同高度分别埋设了沉降杯、沉降板、沉降桩和压力盒。沉降及土压力测试布置如图 7-45 所示。

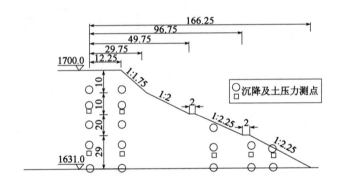

图 7-45 高路堤沉降及土压力测试布置简图(尺寸单位:m)

从实测结果(图 7-46~图 7-51)可以看出,对于本试验段,基底采用碎石挤淤法处理后,地基表面所表现的沉降变形特征具有典型性,即:

(1)施工期间,路堤总沉降量、土基的沉降量、路堤自身的压缩量随时间增长而增大,但变化速率趋于减小;

(2)填土结束以后,路堤总沉降量包括土基的沉降量与路堤自身压缩量两部分。但对于高路堤,土基所表现的固结沉降时间较短,沉降量也较小,在填土结束后的半年内,路堤沉降主要表现为其自身的压缩量,即自身压缩变形占路堤总沉降的主要部分。

7.4.2 高路堤沉降变形的离心模拟

以兰海高速公路现场试验高路堤(高 69m)为研究对象,借助离心模型试验,探索黄土高路堤沉降沿其高度、路线纵向及横断面方向的分布规律,为黄土地区高路堤设计提供指导。

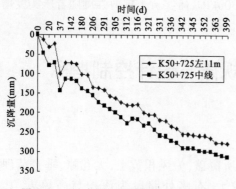

图7-46 兰海高速公路高路堤沉降结果(1)

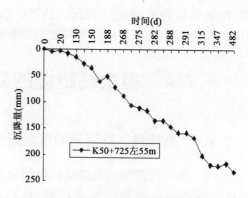

图7-47 兰海高速公路高路堤沉降结果(2)

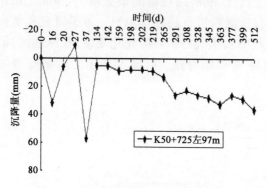

图7-48 兰海高速公路高路堤沉降结果(3)

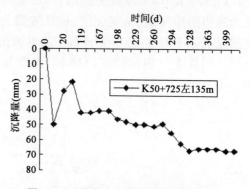

图7-49 兰海高速公路高路堤沉降结果(4)

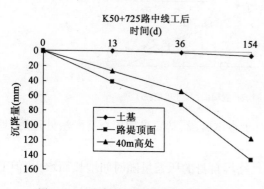

图7-50 兰海高速公路高路堤沉降结果(5)

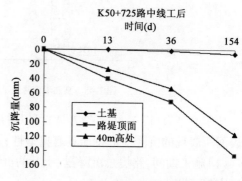

图7-51 兰海高速公路高路堤沉降结果(6)

1)离心试验方案

试验研究路堤为坝式路堤,高69m,长230m,沟宽90m,为典型U形沟。原地基为淤泥+基岩,经抛石挤淤后用SWS工程勘探与检测仪进行检测,碎石垫层平均厚度为2.0m,剩余淤泥层平均厚为4.3m,碎石垫层属中等密实。

试验路堤填土指标:室内试验$\gamma_{dmax}=1.85g/cm^3$,$w=12\%$;淤泥指标采用同性质淤泥中强指标。U形沟边坡土质指标:$\gamma_d=1.35g/cm^3$,$w=4.6\%$;地质结构为下层24m软质泥岩层,上层为45m黄土。

依据实际工程特点,确定挡水高度24m,路基顶面以下采用压实度$K=95\%$($\gamma_d=1.76g/cm^3$),

含水率 $w=12\%$，采用重型击实法击实，并分为以下两种方案：(1) 从填土至施工期结束，路堤不挡水；(2) 施工期结束至工后沉降期，路堤挡水。边坡和护坡按设计图（结合原地貌）进行模型制作，具体见横断面图（图 7-52）和纵断面图（图 7-53）。

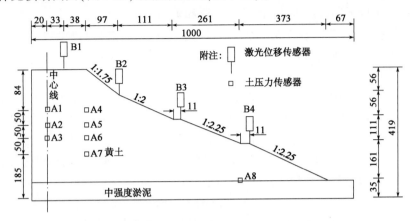

图 7-52　沟底处横断面路堤模型试验（方案一）（尺寸单位：mm）

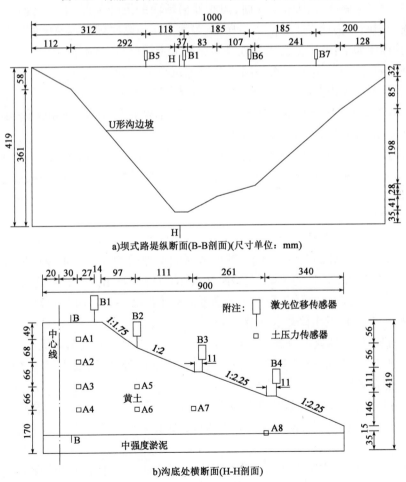

a) 坝式路堤纵断面(B-B剖面)(尺寸单位：mm)

b) 沟底处横断面(H-H剖面)

图 7-53　沿路线纵向路堤模型试验（方案二）（尺寸单位：mm）

2)模拟技术

为研究黄土高路堤沉降沿路线纵向和横断面的分布规律,取沟底最深处横断面和沿路线纵向路堤进行离心模型试验。考虑到试验设备能力,最后确定模型比尺 $n=180$。

对经抛石挤淤后平均厚度为 2m 的碎石垫层和 4.3m 厚的剩余淤泥层,按 6.3m 厚的中等强度淤泥层来模拟。方案一(图 7-52)和方案二(图 7-53)中所击实的淤泥土层强度,用袖珍触探仪分别测得不排水剪强度为 49.8kPa 和 54.5kPa,含水率均为 16%。

3)模拟方案设计

方案一:对沟底处的横断面,取一半进行平面试验,研究路堤沉降在横断面的分布规律。试验工况分为路堤施工阶段不蓄水(即从填土至施工期结束,路堤不挡水)和路堤运营期间蓄水(施工期结束至工后沉降期,路堤挡水),模拟运营期长短以离心机最大性能确定。主要测试路堤顶面和边坡平台处的沉降随时间和加速度的变化曲线。同时,在路堤内埋设土压力传感器,量测土压力随时间和加速度的变化曲线。

方案二:受模型箱大小尺寸限制,沿路线纵断面方向,取二分之一路堤进行研究,研究路堤沉降沿纵断面、沟底处横断面的变化规律。试验工况分为路堤施工阶段不蓄水和路堤运营期间蓄水。主要测试沿路线纵向路堤顶面、沟底处横断面的沉降随时间和加速度的变化曲线。同时,在沟底处横断面内埋设了土压力传感器,量测土压力随时间和加速度的变化曲线。

模型试验程序如下:夯击淤泥土层地基→测淤泥土层强度→制作软质泥岩→按土坡天然密度夯击土层→开挖→制作 U 形沟→路堤分层填筑夯击→埋设土压力传感器→开挖→制作路堤边坡→埋设变形标志并测量其初始位置→安装位移传感器→加速度按每级 $10g$ 分级上升到设计加速度($180g$)并进行测试→加速度达到 $180g$ 后运行到路堤顶面沉降率较小时为止→停机、测量变形标志的最终位置→试验结束。

本试验设计加速度为 $180g$,按每 $10g$ 增加,每级荷载变形稳定后再加下一级荷载,稳定时间约为 1~4min。因此,本试验模拟的路堤施工阶段特性是模拟路堤快速填筑施工过程中路堤沉降变形特性。

4)沉降变形特性

图 7-54 和图 7-55 为方案一施工期沉降分别随时间和加速度的变化曲线。由图可见,路堤顶面和各路堤边坡平台处的沉降,均随加速度或时间增加而增加。在加速度增大的整个过程中,B_1 处的沉降值最大,B_4 处的沉降值最小,B_2 处的沉降值比 B_3 大,即路堤顶面处的沉降最大,各路堤边坡平台处的沉降随各平台所处高度的减小而减小。在加速度为 $180g$ 并稳定运行 12min 的过程中,各实测的沉降增长率逐渐减小。

在方案一路堤施工期模拟完成后,其变形如图 7-56 所示。由该图可见,在路堤中线附近土体主要产生竖向沉降,水平位移很小;在路堤底部的坡脚处,因堤内部土体的作用而使得该处的土体向上隆起。

图 7-57 为路堤竣工时在路堤中线位置沉降沿其高度分布。可以看出,在路堤底部与路堤顶部的沉降较小,在路堤中部 35~40m 之间沉降值最大,即路堤沉降沿其高度呈抛物线分布。

图 7-58 和图 7-59 为方案一运营期路堤沉降分别随时间和加速度的变化曲线。在加速度小于 $60g$ 时,B_2、B_3 及 B_4 处的沉降差别不大。因黄土浸水使得路堤底部坡脚处的土体湿陷,

在加速度大于 $60g$ 后,B_4 处的沉降迅速增加,明显大于 B_1、B_2 及 B_3 处的沉降,B_3 处的沉降也比 B_2 处大。在加速度为 $180g$ 并稳定运行 40min 的过程中,各实测的沉降增长率逐渐减小。

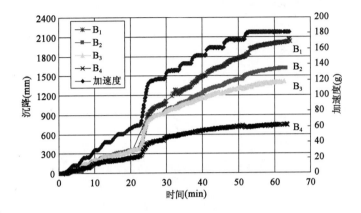

图 7-54 方案一施工期沉降随时间变化曲线

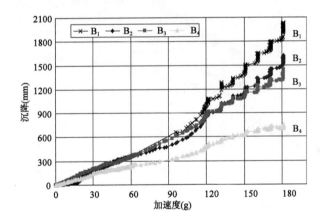

图 7-55 方案一施工期沉降随加速度变化曲线

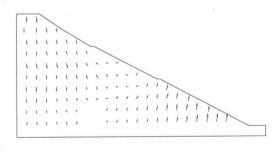

图 7-56 方案一施工后变形矢量图
注:变形值均放大一倍。

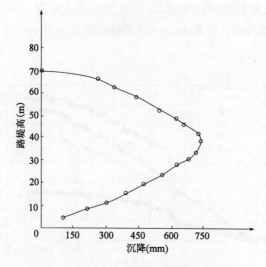

图 7-57　路堤竣工时路中线沉降沿其高度分布

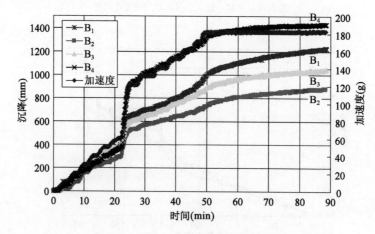

图 7-58　方案一运营期沉降随时间变化曲线

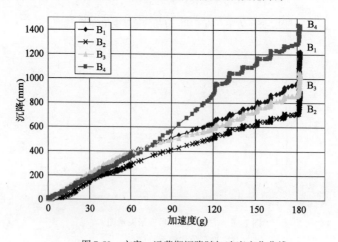

图 7-59　方案一运营期沉降随加速度变化曲线

图 7-60 和图 7-61 为方案二施工期路堤沉降分别随时间和加速度变化曲线。施工期路堤顶面沉降沿路线纵向分布如图 7-62 所示。可见,沿路线纵向的路堤顶面和各路堤边坡平台处的沉降,均随加速度或时间增加而增加。由于在 U 形沟内沿路线纵向填筑的路堤形成一定的空间,在沟底处横断面的各路堤边坡平台处和路堤顶面的沉降,相应的比方案一施工期沉降变小。在加速度小于 70g 时,B_1、B_5 及 B_6 处的沉降差别较小;在加速度大于 130g 后,B_5 处的沉降迅速增加,其沉降与 B_1 和 B_6 处的沉降差别,随加速度增大而增大。

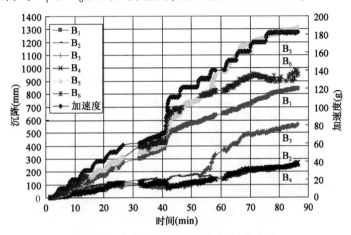

图 7-60　方案二施工期沉降随时间变化曲线

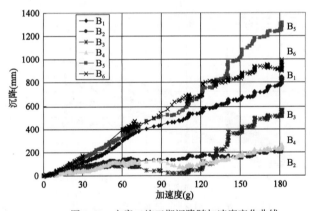

图 7-61　方案二施工期沉降随加速度变化曲线

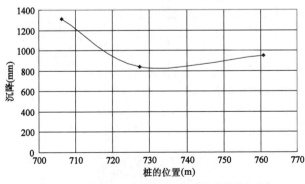

图 7-62　方案二施工期路堤顶面沉降沿路线纵向分布

图 7-63 和图 7-64 为方案二运营期路堤沉降分别随时间和加速度变化曲线。因 B_4 处平台高度边坡大部分浸于水中,同方案一运营期相似,B_4 处的沉降在整个加速度加速过程中,其沉降明显大于 B_1、B_2、B_3 及 B_4 处的沉降。不过,因路堤和 U 形沟形成了空间作用,B_4 处的沉降相应的远小于方案一的沉降,并且沟底处路堤坡脚未出现因黄土湿陷而滑塌的现象。竣工后路堤顶面沉降沿路线纵向分布见图 7-65。可见,由于 U 形沟的天然边坡密度较小、空隙较大,沿路线纵向路堤顶面沉降呈马鞍形分布,在沟底处的沉降最小。图 7-66 所示的方案二运营期沿路线纵向中心轴剖面变形矢量图也可以说明这一现象。

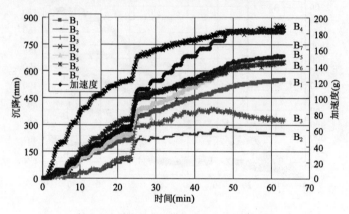

图 7-63　方案二运营期沉降随时间变化曲线

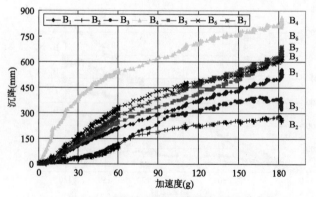

图 7-64　方案二运营期沉降随加速度变化曲线

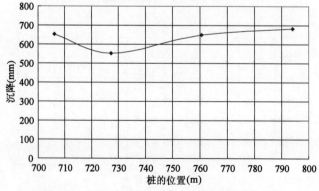

图 7-65　方案二运营期路堤顶面沉降沿路线纵向分布

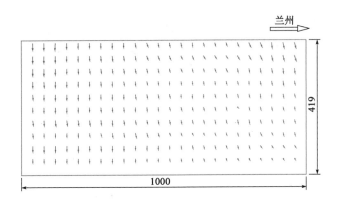

图 7-66　方案二运营期沿路线纵向中心轴剖面变形矢量图(尺寸单位:mm)

7.4.3　高路堤沉降变形的数值分析

采用前文提出的非饱和土三维固结方程组借助计算机对高路堤沉降变形进行数值分析。为了简化计算,将高路堤沉降变形用二维固结方程来计算。计算中采用参数变化如下:

路堤高:20m、30m、40m、69m;路堤顶面宽:$B=25m$;土基深:假设地基为刚性地基;边坡:按《公路路基设计规范》(JTG D30—2004)规定设置(包括设置平台);

路堤变形模量 $E_s=30MPa$;土基变形模量 $E_0=20MPa$;填土干密度 $\gamma_d=1.72g/cm^3$。

边界条件假设为:路堤表面自由且为透水面,底面为固定边界;中心对称面无水平位移;路堤与地基、填方中各铺筑压实层之间的接触为连续接触,且透水自由;荷载仅考虑路堤填土自身荷重。

1)计算材料模型的选用

本计算模型中涉及的土体的变形具有典型的非线性和非弹性的特点,因此,对于土体,选用弹塑性模型。

在弹塑性模型的分析中把总应变分成弹性应变和塑性应变两部分,弹性应变用胡克定律计算,塑性应变由塑性理论求解。对于塑性应变作3个方面的假设:破坏准则和屈服准则、硬化规律、流动法则。本项目计算选用适用于土性材料的 Mohr-Coulomb 屈服准则。Mohr-Coulomb 屈服准则分为两类,分别是线性的 Mohr-Coulomb 屈服准则和抛物线形的 Mohr-Coulomb 屈服准则。

线性的 Mohr-Coulomb 与线性 Drucker Prager 的偏应力屈服函数为线性 Drucker Prager 屈服函数。其平面应变条件下的屈服面如图 7-67 所示。

它假设是静水压力的线性函数,其屈服函数表达式是:

$$F = \alpha I_1 + \sqrt{J_2} - \frac{\overline{\sigma}}{\sqrt{3}} = 0 \tag{7-4}$$

式中:I_1——应力张量第一不变量,$I_1 = \sigma_{ii}$;

J_2——应力偏量第二不变量,$J_2 = \frac{1}{2}\sigma_{ij}\sigma_{ij}$。

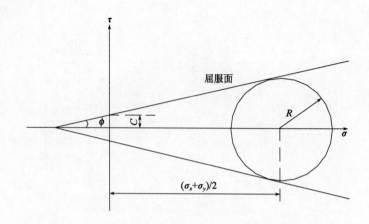

图 7-67 线性 Mohr-Coulomb 材料在平面应变条件下的屈服面

α、σ 值由土性材料参数;c:土的黏聚力;φ:土的内摩擦角来确定。他们之间的关系式为

$$c = \frac{\bar{\sigma}}{3(1-12\alpha^2)^{\frac{1}{2}}} \quad \sin\varphi = \frac{3\alpha}{(1-3\alpha^2)^{\frac{1}{2}}} \tag{7-5}$$

在 MARC 有限元计算中采用

$$\alpha = \frac{\sin\varphi}{\sqrt{9+3\sin^2\varphi}} \quad \bar{\sigma} = \frac{9c\cos\varphi}{\sqrt{9+3\sin^2\varphi}} \tag{7-6}$$

线性 Drucker Prager 屈服函数与线性 Morl-Coulomb 屈服函数类似,对主应力 $\sigma_1 > \sigma_2 > \sigma_3$,后一个函数可写成

$$F = \frac{1}{2}(\sigma_3 - \sigma_1) + \frac{1}{2}(\sigma_3 + \sigma_1)\sin\varphi - \cos\varphi = 0 \tag{7-7}$$

Morl-Coulomb 表面与 π 平面 $\sigma_1 + \sigma_2 + \sigma_3 = 0$ 相交线为六边形。

2)计算参数选取

需要选取的参数有:变形模量 E_o,弹性模量 E_d,密度 γ,泊松比 μ,土的黏聚力 c,土的内摩擦角 φ。

路堤填土:$E_o = 1.8 \times 10^4 \text{kPa}$,$E_d = 2 \times 10^4 \text{kPa}$,$\gamma = 19 \text{kN/m}^3$,$c = 25 \text{kPa}$,$\varphi = 21°$,$\mu = 0.25$。

地基土:$E_o = 3.0 \times 10^4 \text{kPa}$,$E_d = 3.3 \times 10^4 \text{kPa}$,$\gamma = 19 \text{kN/m}^3$,$c = 45 \text{kPa}$,$\varphi = 20°$,$\mu = 0.35$。

3)仿真计算结果与分析

对依托工程 K5+536 的计算结果见图 7-68 所示。从图 7-68b)可看出,考虑下卧地基与填土体都有变形时的最终沉降形态是路堤中部大,两边小。应注意,计算出的变形是各部分土体变形总合,实际上有一部分沉降值在填上层土时已被新填土补平和随时间所消化掉了。

图 7-68c)表示模拟不同填土厚度时路堤下部第一水平测面上填土高与沉降量的关系。

对 K5+536,填土高分别为 5m、10m、15m、20m 时,沉降量为 5cm、13cm、21cm、28cm。

从计算结果上看,计算值与现场实测值较接近。

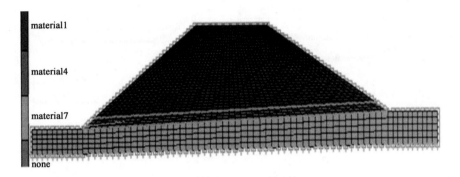

a) K5+536 计算几何模型

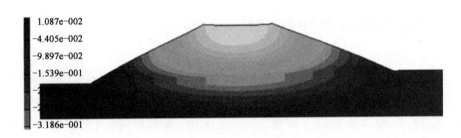

b) K5+536 计算变形图

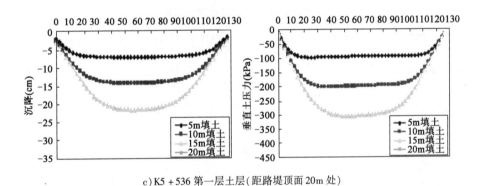

c) K5+536 第一层土层(距路堤顶面20m处)

d) K5+536 第二层土层(距路堤顶面10m处)

图 7-68

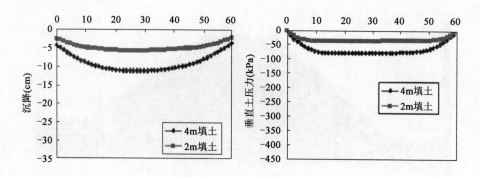

e) K5+536 第三层土层(距路堤顶面4m处)

图 7-68 计算模型和计算结果

7.4.4 高路堤沉降变形的设计控制指标

1) 高路堤压实度分区及压实标准确定

基于前面章节分析,在考虑超载因素的情况下,最小应力深度为1.43m,即路基工作区为自路面顶以下1.43m范围。除去路面结构层厚度(目前的路面结构层厚度一般达到70cm左右),最小应力区在路面底面以下深度73cm范围内,基本与现行《公路路基设计规范》(JTG D30—2004)规定路床范围(路床范围为路面底面以下深度0~80cm)相同。

表7-5为不同行车荷载下的最小应力深度。

不同行车荷载下的最小应力深度 表7-5

等量土体重度 γ(kN/m³)	车轮荷载 P(kN)	等效圆直径 D(m)	最小应力深度 Z(m)
17.0	100	0.2130	0.5651
17.5	100	0.2130	0.5592
18.0	100	0.2130	0.5536
18.0	200	0.3012	0.8856
18.0	400	0.3012	1.1277
18.0	800	0.3012	1.4303
18.5	400	0.3012	1.1171
18.5	800	0.3012	1.4170
18.5	100	0.2130	0.5482
19.0	400	0.2130	0.8820
19.5	800	0.2130	1.1074

表7-6所示为兰海高速公路黄土室内压缩试验结果。

不同荷载下不同压实度土体的体积压缩系数　　　　表7-6

荷载 (kPa)	重型击实压实度			
	90%	93%	95%	98%
0	0.278	0.202	0.178	0.070
50	0.163	0.095	0.079	0.029
100	0.159	0.093	0.074	0.029
200	0.102	0.056	0.038	0.028
400				
800	0.079	0.043	0.041	0.027
1600	0.040	0.040	0.046	0.032

试验最大干密度 1.85g/cm³，最佳含水率12%，采用重型击实标准。从表中可以得出如下结论：

(1) 当荷载达到 800~1600kPa 时，不同压实度土体其体积压缩系数基本相同。可以说明该种土体压实度为 90%~93% 时即可以满足应力要求，但为了地基表层压实相适应，最佳压实度可考虑提高一个级别，即为 94%。

(2) 当荷载位于 0~800kPa 范围时，压实度越大，体积压缩系数越小。考虑到经济性，最佳压实度应达到 95%。

由上述压实度及前述高路堤应力、变形分析，在满足工后总沉降量的前提下，同时考虑经济效益及安全因素，建议高路堤压实度分区及压实度标准如表7-7所示。

高路堤压实度分区及压实度标准建议值　　　　表7-7

类型	路面底面以下深度 (路基高 H)(m)	压实度(K)	
		高速公路、一级公路	其他等级公路
填方路基	0~0.8	≥96%	≥95%
	0.8~1.5 $\left(0.8 \sim \dfrac{2}{3}H\right)$	≥95%	≥94%
	>1.5 $\left(\dfrac{2}{3}H \sim H\right)$	≥94%	≥93%

2) 路基容许工后不均匀沉降指标确定

计算采用相应指标，见表7-8。

高路堤路面设计指标及设计方案　　　　表7-8

结构层次	组合方案		20℃抗压模量 (MPa)	15℃抗压模量 (MPa)	劈裂强度 (MPa)	APDS程序验算结果 (MPa)	设计或容许指标 (MPa)
	结构层材料	厚度 (cm)					
上面层	AC-16I 型	4	950	1600	0.8	-0.19	0.26
中面层	AC-20I 型	5	1150	1750	1.1	-0.07	0.36

续上表

结构层次	组合方案		20℃抗压模量（MPa）	15℃抗压模量（MPa）	劈裂强度（MPa）	APDS程序验算结果（MPa）	设计或容许指标（MPa）
	结构层材料	厚度（cm）					
下面层	AC-25I 型	6	900	1250	0.9	−0.03	0.26
基层	CSA	31	1300	1300	0.4	0.1	0.20
底基层	CSA	20	600	600	0.3	0.07	0.12
土基			$E=39\text{MPa},32.5\text{MPa};B=24.5\text{m}$				

以基层容许拉应力（$\sigma_R=0.2\text{MPa}$）作为不均匀沉降值的控制指标，则可由式(7-8)求得高路堤容许不均匀沉降值为3.75cm。考虑到计算过程中数据的近似取舍，最终确定高路堤容许不均匀沉降值为3.7cm。

对于路基总宽度为24.5m的高路堤，其容许沉降坡差为：

$$3.7/1294 = 2.86‰ \tag{7-8}$$

综合计算结果，建议设计黄土高路堤时，应将容许不均匀沉降量3.7cm，或容许沉降坡差2.86‰作为控制高路堤沉降变形指标。

对于高路堤容许工后横向不均匀沉降量的求取，设 n 为路边缘点，m 为路中轴点，即 $L_{mn}=B/2$，则可定义容许沉降坡差为：

$$\frac{S_m-S_n}{L_{mn}} \leqslant 2.86‰ \tag{7-9}$$

式中：S_m、S_n——路基中轴和路基边缘的剩余沉降量。

根据固结度的定义，固结度为：

$$U = \frac{S_t}{S_\infty} \tag{7-10}$$

式中：S_t——经过 t 时间土基所产生的变形量；

S_∞——土基的最终变形量，可以用相应沉降公式推算出来。

则有 S_m、S_n 分别为：

$$S_m = (1-U)S_{m\infty} \tag{7-11}$$

$$S_n = (1-U)S_{n\infty} \tag{7-12}$$

令：$\frac{S_{n\infty}}{S_{m\infty}} = \beta$，有：

$$S_m - S_n = (1-\beta)(1-U)S_{m\infty} \tag{7-13}$$

综合式(7-9)和式(7-13)可以求出路中轴点 m 的容许沉降量 S_{mr} 为（路基总宽度为24.5m）：

$$S_{mr} \leqslant \frac{3.504}{1-\beta} \tag{7-14}$$

3）路基纵向容许工后沉降量分析

汽车舒适性有关的参数主要参数有沉降面离心加速度 a 和沉降面长度 λ，现分述如下：

(1)沉降面离心加速度 α。汽车行驶在竖曲线时,将产生径向离心力,在凹形竖曲线上表现为增重,在凸形竖曲线上表现为减重,当增重与减重达到某种程度时,旅客就有不舒适的感觉,同时对汽车的稳定性也产生不利影响。所以在公路的纵断面设计过程中,通常对离心加速度加以控制。综合我国客车舒适性评价指标限值(见表7-9)和ISO2631-1:1997(E)标准,得到 $\alpha_{max} = 0.8 \text{m/s}^2$。加速度加权均方根值,对人主观感觉的影响如表7-10所示。

我国客车舒适性评价指标限值(GB/T 12475—1990)　　　　表7-9

评价指标	大、中型客车				轻型客车	
	旅游		长途	城市	高级	普通
	空气悬挂	非空气悬挂				
加速度加权均方根 (m/s^2)	≤0.4595	≤0.7079	≤1.0247	≤1.1220	≤0.6833	≤0.8123
等效均值(dB)	≤113.0	≤117.0	≤120.0	≤121.0	≤116.5	≤118.0
降低舒适界(h)	≥2.5	≥1.0	≥0.5	≥0.4	≥1.2	≥0.8

加速度加权均方根值与人的主观感觉之间的关系　　　　表7-10

加速度加权均方根值 $a_w (\text{m} \cdot \text{s}^{-2})$	加权振级 L_{aw} (dB)	人的主观感觉
<0.315	110	没有不舒适
0.315~0.63	110~116	有一些不舒适
1.0~1.5	114~120	相当不舒适
0.8~1.6	118~124	不舒适
1.25~2.5	112~128	很不舒适
>2.0	126	极不舒适

(2)沉降面长度 λ。根据有关资料研究,可用不同的路面激励波长表示路面损坏的不同程度。汽车行驶性能的研究表明,用汽车响应频带可计算出相应的路面激励波长,即:

$$\lambda = \frac{v}{f} \tag{7-15}$$

式中:v——汽车通过波长路段范围的车速(m/s);

f——波长对汽车产生的激励频率(s^{-1})。

研究表明,一般响应频率为 0.5~2Hz 时,人体感觉比较敏感,因此本研究中取汽车响应的频率 $f = 1.0 \text{Hz}$,同时取高速公路设计速度为 $v = 120 \text{km/h}$,代入式(7-15)可得 $\lambda = 33.33 \text{m}$。考虑到工程实际情况,取 $\lambda = 30 \text{m}$。

离心加速度与半径间存在以下公式:

$$R = \frac{v^2}{a} \tag{7-16}$$

式中:R——竖曲线半径(m)。

将 $\alpha_{max} = 0.8 \text{m/s}^2$ 和 $v = 120 \text{km/h}$ 代入式(7-16)可得 $R = 1388.889 \text{m}$,为了计算方便,可取 $R = 1388 \text{m}$。将 R、x 值代入式(7-14)求得沉降参数 $b = 0.0003602$。

则车速 $v = 120 \text{km/h}$ 下的抛物线方程可表达为:

$$y = 0.0003602x^2 \tag{7-17}$$

同理,可以求出不同计算行车速度下所对应的抛物线方程和计算沉降值(因沉降面为半对称面,故计算时取 $x/2$ 值),所得结果如表 7-11 所示。

路基纵向容许工后沉降量指标参考值　　　　　　　　　　表 7-11

计算行车速度 (km/h)	竖曲线半径 R(m)	参数 b 计算值	计算最大沉降量 (cm)	最大沉降量参考值 (cm)
120	1388	0.0003602	8.10	8
100	965	0.0005181	11.66	12
80	617	0.0008104	18.23	18
60	347	0.0014409	32.42	32

7.5 黄土高路堤沉降计算方法

7.5.1 改进的分层总和法

若在侧限一维压缩条件下土样在某级荷载作用下的稳定变形为 S_i,土样在不加荷时的高度为 H_0,则可定义:$\varepsilon_{si} = S_i/H_0$ 为土样在第 i 级荷载作用下的侧限压缩应变,由前面知道 $\varepsilon_{si} = p_i/(A + Bp_i)$ 又 $E_{s0i} = p_i/\varepsilon_{si} = A + Bp_i$。

结合土力学计算土体最终沉降的分层总和法思想,经过严密的数学推导,割线模量计算最终沉降量的公式可表达如下:

$$\Delta\varepsilon_s = \varepsilon_{s2} - \varepsilon_{s1} = \frac{p_2}{E_{so2}} - \frac{p_1}{E_{so1}} = \frac{p_2 E_{so1} - p_1 E_{so2}}{E_{so1} E_{so2}}$$
$$= \frac{p_2(A + Bp_1) - p_1(A + Bp_2)}{E_{so1} E_{so2}} = \frac{A(p_2 - p_1)}{E_{so1} E_{so2}} = \frac{A}{E_{so1} E_{so2}}\Delta p \tag{7-18}$$

式中:$\Delta\varepsilon_s$——在 Δp 应力增量作用下的竖向应变增量;

E_{so1}——相应于 p_1 作用下的割线模量;

E_{so2}——相应于 p_2 作用下的割线模量;

A、B——侧限压缩试验参数,分别为直线的截距和斜率。

像分层总和法一样,把需要计算沉降的某点地面以下的土层分成若干层,假定共有 n 层土,若某一土层的厚度为 H_i 附加应力为 Δp_i 则该土层的沉降变形为:

$$\Delta S_i = \Delta\varepsilon_{si} H_i = \frac{A}{E_{so1} E_{so2}}\Delta p_i H_i \tag{7-19}$$

则总的沉降变形为:

$$S_\infty = \sum_{i=1}^{n} \frac{A}{E_{so1} E_{so2}}\Delta p_i H_i \tag{7-20}$$

式中:E_{so1}——第 i 层土的相应于平均自重应力时的割线模量;

E_{so2}——该层土相应于平均自重应力加平均附加应力时的割线模量；

Δp_i——第 i 层土的平均附加应力值。

用上述方法计算最终沉降量的好处是没有 e_0 等计算参数误差的影响,并且十分易于实现计算机自动计算。将此种方法用于高填方路基在自身作用下的沉降计算,不但有以上的好处,而且用此种方法还不用考虑土层的状态,无论是正常固结状态、超固结状态,还是欠固结状态只需知道土层所受的力的大小、知道土层的参数就可以进行计算。具体应用如下：

$$\Delta S_i = \frac{A}{E_{soic}E_{soiz}}\Delta p_i H_i = \frac{A}{(A+Bp_{ic})(A+Bp_{iz})}\Delta p_i H_i \quad (7\text{-}21)$$

式中：ΔS_i——第 i 层填方在其上填方作用下沉降变形值；

E_{soic}——第 i 层填方在自身重力作用稳定下的割线模量；

E_{soiz}——第 i 层填方在其上填方附加应力和自身重力作用稳定下的割线模量；

Δp_i——在第 i 层填方在其上填方附加应力作用下的应力增量,其表达式为 $p_{iz} - p_{ic}$；

H_i——第 i 层填方的厚度；

A、B——为侧限压缩试验参数。

故填方部分的总的沉降 S 为：

$$S = \sum_{i=1}^{n} \Delta S_i \quad (7\text{-}22)$$

7.5.2 压实黄土沉降变形计算模型

对于高填方路基,路基填方本身的沉降也是不可忽略的。要计算竣工后的工后沉降量的大小,还必须知道到施工完成后已完成的沉降量。这就涉及变形与时间的作用关系。实际上,地基土的压缩、构筑物的沉降以及稳定性,都与时间有密切关系。而对于人工填土来说就更加复杂了,最主要的原因就是人工填土属于非饱和土体,而非饱和土的固结理论迄今为止是不成熟的(前面也谈过建立非饱和土的固结方程的难度所在)。但是路堤填方的沉降是不容许被忽略的。因此,寻求一种简单可靠且能同时考虑荷载、时间与沉降相互关系的数学模型来计算填方的变形是很有必要的。

时间对数计算模型的建立,在某级荷载作用下有 $\Delta S = a + b \times \ln t$,认为原型与模型的 b 值相等即 $b = b'$。

b 和 b' 分别为原型与模型的参数；

又

$$b = \frac{\Delta S}{\ln t} \quad (7\text{-}23)$$

$$b' = \frac{\Delta S'}{\ln t'} \quad (7\text{-}24)$$

所以

$$\frac{\Delta S}{\ln t} = \frac{\Delta S'}{\ln t'} \quad (7\text{-}25)$$

$$\frac{\Delta S_\infty}{\Delta S'_\infty} = \frac{\Delta \varepsilon_\infty \times H}{\Delta \varepsilon'_\infty \times H'} = \frac{\ln t}{\ln t'} \quad (7\text{-}26)$$

又因为模型与原型的土的参数是一致的,所以 $\Delta\varepsilon_\infty = \Delta\varepsilon'_\infty$。

所以

$$\frac{H}{H'} = \frac{\ln t}{\ln t'} \tag{7-27}$$

也即

$$t' = e^{\frac{H' \times \ln t}{H}} \tag{7-28}$$

在此基础上,再引用上一节相似理论中模型与原型压缩度是相等的,即:

$$U^z_{vijt} = U^{z'}_{vjt'} \tag{7-29}$$

$$U^{z'}_{vjt'} = \frac{\Delta S'_{jt'}}{\Delta S'_{j\infty}} \tag{7-30}$$

$$\Delta S'_{jt'} = a_j + b_j \times \ln t' \tag{7-31}$$

$$\Delta S'_{j\infty} = \frac{A \times \Delta p \times H_j}{(A + Bp_j)(A + Bp_{j-1})} \tag{7-32}$$

式中:j——荷载的级数,$2 \leq j \leq n$,n 为填土总层数;

i——土层的层数,$1 \leq i \leq n-1$,n 为填土总层数;

$\Delta S'_{jt'}$——在模型中模拟原型受荷情况下第 j 级荷载 t 时刻的变形;

$\Delta S'_{j\infty}$——在模型中模拟原型受荷情况下第 j 级荷载最终的变形值。

这样就可以得到时间对数的同时考虑力、变形和时间的本构模型。

7.5.3 分级荷载作用下沉降量叠加计算

虽然上面已经建立了力、变形和时间互动关系的沉降计算数学计算模型,但是还不能进行直接的计算,因为没有考虑到前一次填方 P_{ij} 作用下压缩尚未完成时就施加了下一级荷重 P_{ij+1} 时的沉降值。这就涉及沉降量的叠加问题。本书推出如下的解决办法:

叠加的基本假定如下:

(1)每一级填方荷载增量引起的固结过程是单独进行的,和上一级或者下一级荷载增量所引起的固结无关。

(2)每级荷载是在加荷完成时一次瞬时施加的。

(3)每级荷载在 t 时刻的压缩变形与在荷载作用下经过时间 $(t - t_j)$ 后的状态是一致的。如果 $t_{j-1} < t < t_j$ 时,忽略了第 j 层引起的沉降变形。其中 t_{j-1}、t_j 分别是第 j 级和第 $j-1$ 级荷载作用完成时的时刻。

(4)某一时刻 t 的总的沉降量等于该时刻各级荷载作用下的沉降量的叠加。

根据上面的几个假定,就可以进行任意填土在任意时刻的固结变形了。计算模型的一系列公式如下:

$$S_t = \sum_{i=1}^{n-1} \sum_{j=i+1}^{n} S_{ijt} \tag{7-33}$$

$$S_{ijt} = U^z_{vij(t-t_j)} S_{ij} \quad (7-34)$$

$$U^z_{vij(t-t_j)} = U^{z\prime}_{vjt'} \quad (7-35)$$

式中：S_t——原型（路基填方）在 t 时刻的变形值；

S_{ijt}——路基填方第 i 层在第 j 层填方荷载作用下 t 时刻的变形值；

$U^z_{vij(t-t_j)}$——路基填方第 i 层在第 j 层填方荷载作用下 t 时刻完成的压缩度；

$U^{z\prime}_{vjt'}$——与 $U^z_{vij(t-t_j)}$ 相等的模型在相同荷载增量作用下经过时间 t' 的准压缩度；

t'——与原型经历时间 $(t-t_j)$ 等价的模型所需的时间；

时间对数模型的一系列公式为

$$t' = e^{\frac{H' \times \ln(t-t_j)}{H}} \quad (7-36)$$

$$\Delta S'_{jt'} = a_j + b_j \times \ln t' \quad (7-37)$$

$$\Delta S'_{j\infty} = \frac{A \times (p_j - p_{j-1}) \times H_j}{(A + Bp_j) \times (A + Bp_{j-1})} \quad (7-38)$$

t'——与原型经历时间 $(t-t_j)$ 等价的模型所需的时间；

j——荷载的级数，$2 \leq j \leq n$，n 为填土总层数；

$\Delta S'_{jt'}$——在模型中模拟原型受荷情况下第 j 级荷载 t 时刻的变形；

$\Delta S'_{j\infty}$——在模型中模拟原型受荷情况下第 j 级荷载最终的变形值。

利用上面的公式计算得到 t 时刻填方的总变形值 S_t。由于填方部分的沉降量一般很小，计算它自身的沉降变形主要是为了控制它的工后沉降量。因此，在进行压缩度的叠加时，所做的假定是从施工结束后算起的，这样计算的工后沉降量是偏于安全的。

利用时间对数模型计算结果与试验数据比较，如图 7-69 所示。

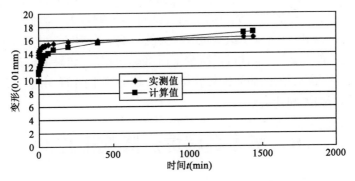

图 7-69　50kPa 利用时间对数模型计算结果与试验数据比较图

7.5.4　高路堤沉降计算的工程验证

对于工后沉降量的确定，路面施工前路堤地基的剩余沉降量的控制是十分重要的，它直接影响工程的质量及工程完工后的安全使用。对于高填方路基的剩余沉降量问题，其自身部分

是不容许忽略的。由(式7-39)知道公路竣工后的剩余沉降量由4部分组成,即:

$$S_r = S_{r1} + S_{r2} + S_{r3} + S_{r4} \tag{7-39}$$

式中:S_{r3}——路堤填土本身的未完成的压缩量及其上部荷载引起的沉降量,cm。

根据前面的计算方法,就可以算出在路基竣工后 t 时刻的剩余沉降量 S_{r3}

$$S_{r3} = S_\infty - S_{施工完成时} \tag{7-40}$$

式中:S_∞——高填方路基在自身荷载作用下的最终变形量;
$S_{施工完成时}$——高填方路基在自身荷载作用下施工完成时刻已经完成的变形量;

下面举例说明实体工程的工后沉降量计算。

设工程填方高度为20m,按照施工组织计划的要求,路基填方施工的施工期为半年,填筑过程采用的是匀速填筑。计算施工完成后的工后沉降量。

最终沉降量的计算:分别应用 e-p 曲线和割线模量法计算,为了既保证计算的精度而又能免去不必要的计算繁杂,所以每 1m 作为一个计算层。计算过程省略。计算结果为 S_∞ =184mm。

施工结束时填方自身已经完成的沉降量 $S_{施工完成时}$ 计算:该部分的沉降变形的大小计算采用本书建立的双曲线计算模型,填方的分层方法与计算最终沉降的方法是相同的,仍然采用每 1m 作为一个计算层。计算得到的 $S_{施工完成时}$ =130mm。

施工结束时的工后沉降量 $S_{r3} = S_\infty - S_{施工完成时}$ =184mm-130mm=54mm

竣工后一年后填方自身已经完成的沉降量 $s_{一年}$ 计算方法与计算 $S_{施工完成时}$ 的方法是相同的,得到的结果为:$S_{一年}$ =177mm

竣工一年后的未完成的沉降变形 $S_\infty - S_{一年}$ =184mm-177mm=7mm

非匀速填筑速率施工完成时完成的沉降变形 $S_{施工完成时}$ =113mm

非匀速填筑速率施工结束时的工后沉降量 $S_{r3} = S_\infty - S_{施工完成时}$ =184mm-113m=71mm

竣工后一年后填方自身已经完成的沉降量 $S_{一年}$ =177.3mm

从计算结果来分析,竣工一年后的未完成的沉降变形就已经很小了,且不同的填方速率对其影响是很小的。但是对于施工完成时的工后沉降量的影响很大。因此,对于高填方路基自身的工后沉降的大小,如何进行施工组织也有很大的影响。合理的安排填筑速率,让已经填筑的部分有时间完成一部分变形,这样可以减少工后沉降。相反,如果填筑速率不合理(例如前期很慢,后期填筑的很快),填土的变形来不及发生,就铺筑了路面,由于工后沉降变形过大,将会带来严重的经济损失和社会效益。

7.6 黄土高路堤沉降变形控制

7.6.1 背景描述

通过研究,认为产生路基湿陷、沉降病害原因主要是设计时勘察标准过低。山区地形复杂,填方、挖方、填挖交界各种地形都有,每种地形的地质条件又各不相同。若不探明地基的土质、分布、厚度、性质等情况,就无法进行有目的的设计,设计的盲目性必带来隐藏的问题。

首先应处理好路堤下的地基,地基的处理原则是以路堤为垂直荷重,以勘测资料为依据,估算路堤下地基各断面的工后沉降量和可能的湿陷量,并计算相邻两断面的沉降差。以公路软基设计与施工规范所列的路基各不同断面允许工后沉降量为参考量。

7.6.2 高路堤沉降变形预测模型

1) 非饱和土三维固结计算法

在工程实际中,最关心的是路堤的固结沉降过程和最终沉降量。对于前者,本课题利用非饱和土固结理论进行分析;而对于后者,则采用分层总和法、等比级数曲线模型和 GM(1,1) 灰色理论模型进行预测求解。

采用前述非饱和土三维固结方程,对黄土高路堤的固结沉降变形进行研究。对于土基固结可认为是一维固结形式,则公式可变为:

$$\left. \begin{array}{l} \dfrac{2G\mu}{1-2\mu}\dfrac{\partial^2 u}{\partial x^2} + \beta\dfrac{\partial(u_a-u_w)}{\partial x} - \dfrac{\partial u_a}{\partial x} = 0 \\[2mm] \dfrac{\partial \varepsilon_v}{\partial t} - \dfrac{1-S_w}{\rho_a g}\left[\dfrac{\partial}{\partial x}\left(k_a\dfrac{\partial u_a}{\partial x}\right)\right] - \dfrac{S_w}{\rho_w g}\left[\dfrac{\partial}{\partial x}\left(k_w\dfrac{\partial u_w}{\partial x}\right)\right] = 0 \\[2mm] m_1\dfrac{S_w k_w(1-nS_w)}{n\rho_w g}\dfrac{\partial^2 u_w}{\partial x^2} + m_2\dfrac{S_w k_a(1-S_w)}{\rho_a g}\dfrac{\partial^2 u_a}{\partial x^2} + \left(m_1\dfrac{S_w}{n} - m_2\right)\dfrac{\partial \varepsilon_v}{\partial t} = 0 \end{array} \right\} \quad (7\text{-}41)$$

式中,吸力、孔隙气压、孔隙水压、孔隙水渗透系数、孔隙气渗透系数、孔隙水饱和度、孔隙率、密度等参数均可由试验求出,故计算较为简便。

2) 等比级数曲线模型

许多事物的发展规律类似于生物的自然增殖过程,可以用一条近乎 S 型的曲线来描述,即发展接近于某一增长极限时,增长速度会很慢。对于道路路堤沉降而言,其发展规律也符合等比级数曲线(增长曲线),表达式为:

$$\hat{S}_t = e^{(b_0+b_1 t)} \quad (7\text{-}42)$$

或可变换为:

$$\ln\hat{S}_t = b_0 + b_1 t \quad (7\text{-}43)$$

式中:$\hat{S}_t$ ——时刻 t 的路堤沉降预测值;

　b_0、b_1 ——模型回归系数;

　　e ——自然对数的底;

　　t ——时间变量。

3) 灰色预测模型

灰色系统理论是我国著名学者华中理工大学邓聚龙 1982 年创立的一门新兴学科,它以"部分信息已知,部分信息未知"的"小样本""贫信息"不确定性系统为研究对象,主要通过对"部分"已知信息的生成、开发,提取有价值的信息,实现对系统运行规律的正确描述和有效控制。该理论已在计划、经济、科教、工农业生产、环保、气象、军事、行政等众多领域获得了成功应用。

取沉降观测点在某一时刻或某一高度的沉降量为原始序列(等步长),即:

$$S^{(0)} = \{S^{(0)}(1), S^{(0)}(2), \cdots S^{(0)}(t)\} \quad (t = 1, 2 \cdots n) \tag{7-44}$$

对式(7-44)作一次累加生成(AGO),可得:

$$S^{(1)} = \{S^{(0)}(1), S^{(0)}(2), \cdots S^{(0)}(t)\} \tag{7-45}$$

或

$$S^{(1)}(t) = \sum_{i=1}^{t} S^{(0)}(i) \tag{7-46}$$

则由上式所生成的数列,可建立灰色预测等步长模型的微分方程为:

$$\frac{dS^{(1)}(t)}{dt} + aS^{(1)}(t) = u \tag{7-47}$$

其解为:

$$\hat{S}^{(1)}(t+1) = \left[S^{(0)}(1) - \frac{u}{a}\right]e^{-at} + \frac{u}{a} \tag{7-48}$$

式中参数 a、u 可由下式(7-28)和式(7-29)计算:

$$\begin{bmatrix} a \\ u \end{bmatrix} = (B^T B)^{-1} B^T S_n \tag{7-49}$$

$$B = \begin{bmatrix} -\frac{1}{2}[S^{(1)}(1) + S^{(1)}(2)] & 1 \\ -\frac{1}{2}[S^{(1)}(2) + S^{(1)}(3)] & 1 \\ \cdots \\ -\frac{1}{2}[S^{(1)}(n-1) + S^{(1)}(n)] & 1 \end{bmatrix} \tag{7-50}$$

$$S_n = [S^{(0)}(2), S^{(0)}(3) \cdots S^{(0)}(n)]^T \tag{7-51}$$

由式(7-48)得到的预测生成沉降数列 $\hat{S}^{(1)}(t)$,进行累减运算后,即得到预测沉降数列 $\hat{S}^{(0)}(t)$,即:

$$\hat{S}^{(0)}(t+1) = \hat{S}^{(1)}(t+1) - \hat{S}^{(1)}(t) \tag{7-52}$$

由上看出,$\hat{S}^{(1)}(t+1)$ 为最终的预测沉降量,当 $t \to \infty$ 时,其值为 $\frac{u}{a}$。

7.6.3 高路堤沉降变形控制

山区地形复杂、填方、挖方、填挖交界各种地形都有,每种地形的地质条件又各不相同。在地形、地质情况已探明的情况下,路基的施工工艺及沉降处治措施应遵循尽量减小不均匀沉降的原则进行设计。

首先应处理好路堤下的地基,地基的处理原则是以路堤为垂直荷重,以勘测资料为依据,估算路堤下地基各断面的工后沉降量和可能的湿陷量,并计算相邻两断面的沉降差。对于低于2m 的路堤,若地基的沉降量、湿陷量大于规范允许的相应值,则需对地基进行处理。处理后的标准是地基产生的沉降差不会引起路面和路面基层材料的开裂。

对于2m 以上的路堤,因路堤越高,可消除地基不均匀沉降的量越大,路堤越高,施工期越长,则在施工期可消除地基不均匀沉降的量和效果就越好。因此,地基处理的标准就可随着路堤高度而越来越放宽一些。根据湿陷性黄土的性质,当路堤填方高度大于 50m 时,可不考虑地基的湿陷变形而仅考虑其压缩变形计算地基的沉降量,并用于地基处理设计。

挖方路段地基处理原则主要应考虑消除黄土的湿陷性。半填半挖路段主要应考虑用工程处理措施来消除或降低填挖交界面上第四纪原状堆积土的沉降量和湿陷量。地基处理的手段可根据具体情况采用强夯、换填、搅拌桩复合地基、粉喷桩复合地基、注浆、预压等工艺。

对于路堤填土高度大于 20m,且地基土层软硬分布不均匀的工程可降低第一层填土的压实度。建议将第一层填土的压实度控制在 70%,且厚度不超过 1m,这样可用来消除部分地基的不均匀沉降量。

第8章 公路黄土高边坡工程

8.1 概 述

当公路线形在黄土地区沿沟谷布设时,极易形成数量众多的黄土高边坡。黄土高边坡虽有直立性好的优点,但也具有裂隙发育、植被生长困难和易受集中降雨影响的缺点,导致在公路工程实践中出现了大量公路黄土高边坡工程问题,如黄土高边坡的稳定性问题、防护措施问题以及生态环境问题。我国现行的《公路路基设计规范》,主要适用对象为高度小于30m的路堑边坡,而不适用于高度大于30m的公路黄土高边坡。为了解决公路黄土高边坡工程问题以满足实际工程需求,亟须利用黄土高边坡直立性好的优点进行黄土高边坡合理坡型及生态防护设计研究。

为此,在对公路黄土高边坡进行详细的研究基础上,本章以黄土地区已建公路高边坡运营现状的调查分析为基础,采用"点"与"面"结合、室内试验与现场试验相结合以及理论计算与实体工程验证相结合的技术手段,从黄土地区非饱和黄土物理力学性质、公路黄土高边坡地质结构模型、边坡冲刷实验、高边坡破坏机理、高边坡合理坡形的设计、高边坡防护技术等方面展开研究,重点解决公路黄土高边坡稳定形状研究、合理坡型的选择、公路黄土高边坡防护技术(特别是植物生态防护技术)等技术难题,提出一套适合黄土高边坡(其他土坡也可借鉴)的稳定性分析、设计和防护决策的方法,可对高速公路建设中黄土高边坡的设计、施工与防护提供有效的指导作用,以确保黄土地区高速公路的安全施工与运营以及生态环境美观。

8.2 公路高边坡地质结构模型

8.2.1 背景描述

通过对黄土地区已建公路边坡的现场调查,在综合分析黄土地区的气候差异、地理地貌特征、地质构造以及黄土工程地质特性的基础上,编制了黄土地区公路工程地质图。为了给公路黄土高边坡的设计与防护提供地质依据,在原公路路基设计手册中划分的东南区(Ⅰ区)、中部区(Ⅱ区)、西部区(Ⅲ区)和北部区(Ⅳ区)4个黄土路基区采取典型黄土样品,开展了大量的室内试验,重新统计了各区黄土的主要物理力学性质指标,划分了公路黄土高边坡的地质结构模型,分析了各类地质结构模型的分布规律和基本特征。

第8章 公路黄土高边坡工程

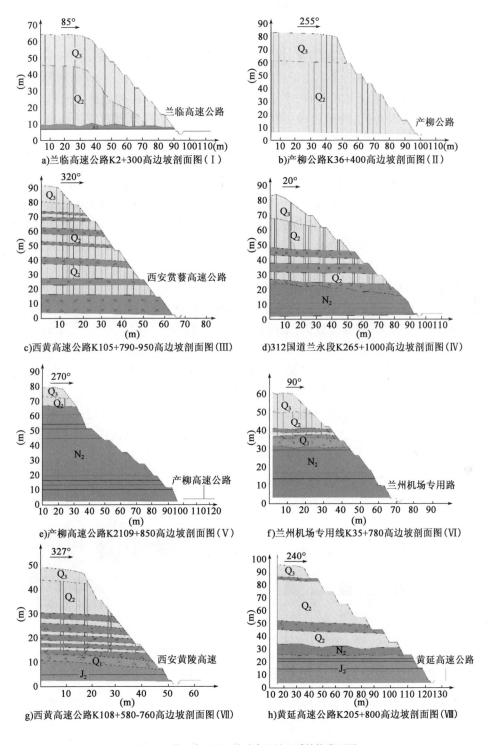

图 8-1 黄土高原地区公路高边坡地质结构类型图

8.2.2 地质结构模型及其主要特征

1)边坡结构类型及特征

根据公路、铁路等工程的实际情况,在黄土高边坡地质结构模型的划分中,考虑了以下多方面的因素:①地形地貌条件;②黄土的成因时代;③黄土的土性特征;④黄土的厚度及地层结构;⑤土层构造特征;⑥水文地质条件;⑦不良地质现象。通过对已建公路黄土高边坡的详细调查,依据黄土的成因时代、物质组成、结构构造、水文地质条件以及地质结构模型的划分原则,并考虑单面坡和多面坡的形状结构组合情况等,将黄土地区公路黄土高边坡划分为八大类:新黄土单一结构(Ⅰ)、新老黄土组合型(Ⅱ)、老黄土单一结构型(Ⅲ)、老黄土与古黄土组合型(Ⅳ)、老黄土与红黏土组合型(Ⅴ)、黄土与基岩组合型(Ⅵ)、新黄土与阶地冲积层组合型(Ⅶ)和老黄土与红黏土及基岩组合型(Ⅷ)。通过大量调查分析,编制出黄土地区公路高边坡地质结构类型图(图8-1),常见的主要为前六类,可作为边坡稳定性计算和优化设计的依据。各类地质结构黄土边坡的分布及主要特征见表8-1,可为公路黄土高边坡稳定性分析以及防护工程设计(包括植物防护设计)提供重要依据。

2)各类边坡地质结构模型分布现状

根据上述公路黄土高边坡地质结构模型的划分原则、依据及主要特征,开展了251个黄土边坡对象的野外详细调查和统计分析,发现新黄土单一结构(Ⅰ)有36个,占15%;新老黄土组合型(Ⅱ)有103个,占42%;老黄土单一结构型(Ⅲ)有48个,占20%;老黄土与古黄土组合型(Ⅳ)有6个,占2%;老黄土与红黏土组合型(Ⅴ)有33个,占13%;黄土与基岩组合型(Ⅵ)有5个,占2%;新黄土与阶地冲积层组合型(Ⅶ)有10个,占4%;老黄土与红黏土及基岩组合型(Ⅷ)有5个,占2%(附图Ⅲ)。各种黄土边坡地质结构模型数量统计柱状图及所占比例分别见图8-2和图8-3。上述数据表明,不同的公路工程地质区内出现的黄土边坡地质结构模型各有不同,在实际工作中应该注意鉴别。

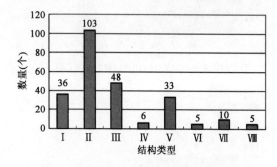

图8-2 黄土边坡地质结构模型数量统计柱状图

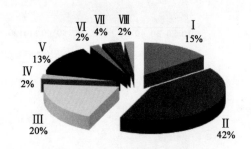

图8-3 黄土边坡地质结构数量比例图

8.2.3 地质结构模型与边坡稳定性

鉴于地质结构模型对黄土边坡稳定性具有明显影响,在基于计算与分析开展公路黄土高边坡的坡型设计时,必须充分考虑以下情况:

(1)新黄土单一型(Ⅰ),单级坡高不宜设计过大,单级边坡坡比应尽量取小值,不宜设置大平台。

第8章 公路黄土高边坡工程

表8-1 公路黄土高边坡地质结构模型及其主要特征表

边坡地质结构模型	分布	地层结构	土层构造	水文地质条件	不良物理地质现象
新黄土单一结构（Ⅰ）	陕北、陇东黄土塬边及梁峁、丘陵沟壑区	新黄土（Q₃）顺坡堆积，厚度一般小于15m，结构均一	原生节理发育，构造节理不发育	地下水埋藏深	黄土具湿陷性，边坡顶部往往有陷穴或溶落水洞分布，局部存在小崩塌
新老黄土组合型（Ⅱ）	陕北、关中、陇东、陇西等地区常见	新黄土漫覆于老黄土（Q₂）之上，厚度3～10m，其下位老黄土含多层古土壤	原生节理发育，关中地区黄土构造节理较发育	地下水埋藏深，局部见层间湿润带	新黄土具湿陷性，边坡顶部往往有陷穴或溶落水洞，老黄土坡面剥落较严重
老黄土单一结构（Ⅲ）	陕北、关中、陇东地区常见	黄土与古土壤多层结构，含古土壤3～9层，钙质结核多，偶有钙板层	原生节理发育，关中地区黄土构造节理较发育	地下水埋藏深，局部见层间湿润带	坡面剥落较严重，尤其是古土壤剥落严重
老黄土与古黄土组合型（Ⅳ）	零星分布于陕北、关中、陇西等地区黄土塬边及沟谷两侧	主体由Q₂老黄土组成，Q₁古黄土仅在坡脚出露，其土质坚硬，含多层密集钙质结核，偶有河流相砂砾层	原生节理发育，关中地区黄土构造节理较发育	地下水埋藏深，局部见层间湿润带	整体稳定性较好，古土壤剥落严重
老黄土与红黏土组合型（Ⅴ）	零星分布于陕北、关中、陇西等地区黄土塬边及沟谷两侧	主体由Q₂老黄土组成，三趾马红土（N₂）仅在坡脚出露，厚度变化大，富含钙核，黄土与三趾马红黏土为不整合接触	原生节理发育，关中地区黄土构造节理较发育	地下水埋藏深，偶见三趾马红土顶面有泉水出露	若三趾马红土顶面有泉水出露，则边坡稳定性差，可产生滑坡；若无地下水，则边坡稳定性较好
黄土与基岩组合型（Ⅵ）	陕北、陇西、河西走廊地区黄土塬边及沟谷多见	主体由新、老黄土组成，砂、页岩层多位于坡脚，产状近水平，黄土与基岩为不整合接触	黄土原生节理发育，砂、页岩层构造节理较发育	地下水埋藏浅，偶见砂、页岩顶面有地下水溢出	若黄土水溢出接触面有地下水溢出，则边坡稳定性差，可产生大规模滑坡；若无地下水，则边坡稳定性较好

表 8-2 黄土高原各区黄土物理力学性质指标汇总表（据文献修改）

黄土分区 名称	气候	地貌	土层	病害	黄土分类	天然含水率(%)	天然密度(g/cm³)	干密度(g/cm³)	孔隙率(%)	颗粒组成(%) >0.05(mm)	颗粒组成(%) 0.05~0.005(mm)	颗粒组成(%) <0.005(mm)	可塑性(%) 液限	可塑性(%) 塑限	可塑性(%) 塑性指数	力学强度 C(kPa)	力学强度 φ(°)	力学强度 q(kPa)	易溶盐含量(%)	碳酸钙含量(%)
Ⅰ 东南区	较湿润，年平均降雨量 500~750mm	山地与盆地	土质黏性重，致密，土层厚50~100m。汾渭河谷—梁西冲积平原及山前坡地、梁峁地广泛分布有黄土类土	路基较稳定，但冲刷剧烈	Q₃	15.2	1.54	1.4	48.02	21.9	62	16.1	31.8	18.6	13.3	31.9	21.9	37	0.1	11.4
					Q₂²	14.3~16.1	1.48~1.6	1.2~1.6	42.6~52.6	12~38	16~88	6~34	26.3~34.5	15.6~22.3	10~15.2	26.4~37.4	19.4~24.4	30~150	0.05~0.16	7~15
					Q₂²	12.9	1.71	1.52	46.98	15	60.3	24.7	31.42	17.53	13.88	67.2	17	256	0.137	11.4
					Q₂¹	10.8~15.0	1.66~1.77	1.4~1.7	40.6~56.6	4~32	41~82	10~38	29.2~33.4	16.7~18.2	11.2~16.4	57.9~76.4	12.8~21.1	20~540	0.02~0.45	3~20
					Q₂¹	10.33	—	—	46.4	—	—	—	29.74	17.91	11.83	42.25	27.68	—	—	—
Ⅱ 中部区	年平均降雨量 350~600mm	典型黄土高原区，具有塬、梁、峁、沟的地貌形态，冲沟密布	黄土连续覆盖区，土层厚100~150m，最厚者可达200m。土质较粉，黄土桥在全区最多	路基有病害冲刷及层间潜水所引起的翻浆、滑塌等	Q₃	14.5	1.5	1.33	50.84	72.7	68.2	9.1	29.74	17.91	11.83	43.9	26.5	—	—	12.5
					Q₂²	11.2~17.8	1.15~1.85	1.25~1.4	48.4~53.8	13~37	58~77	5~13	26.8~32.1	17~19.3	9.6~13.2	26.6~61.1	16.1~36.9	—	—	9~15
					Q₂¹	17.2	1.71	1.42	47.69	16	69.8	14.2	31.18	18.54	12.64	60.9	25.2	—	0.113	10.2
					Q₂¹	14.0~20.3	1.39~2.03	1.26~1.55	43.41~53.18	8~29	61~82	8~24	27.7~35.5	17.4~19.9	10.3~15.6	44.5~77.3	18.4~32.0	—	0.07~0.47	5~15
Ⅲ 西部区	年平均降雨量 250~500mm	山地和盆地相间	大部为黄土覆盖，西部和北部土层厚100~300m，洞内穴50~100m，加有较多的砂、砾石层，为自重湿陷性黄土，节理发育	路基有塌陷、穴、冲刷等	Q₃	18.88	—	1.45	46.62	9.83	69.67	20.5	49.13	19.08	13.67	71	28.12	—	—	—
					Q₂²	14.3~26.6	1.36~1.54	1.36~1.63	39.8~49.9	1~21	50~82	13~30	29.4~35.9	17.8~20.4	11.6~15.5	59~97	23.1~31.9	—	—	—
					Q₂¹	6.8	1.43	1.26	53.38	—	—	8.5	29.44	17.11	12.33	30.8	22.1	—	—	—
					Q₂¹	4.6~9.0	0.88~1.98	1.14~1.31	51.4~57.7	27.8~30.5	—	15.6~18.4	15.6~18.4	10.5~14.5	23~39	9.6~34.4	—	—	—	—
					Q₂¹	9.2	1.53	1.49	44.57	16	—	11.63	29.23	18.06	11.17	37.9	24.7	—	—	—
					Q₂¹	6.3~12.1	0.98~2.07	1.37~1.65	39.1~49.2	8~32	—	6.5~13.3	20.7~32.1	14.2~19.7	6.5~13.3	32~49	11.0~38.3	—	—	—
					Q₂¹	5.33	—	1.45	46.3	—	—	—	29.5	18.52	10.98	—	—	—	—	—
					Q₂¹	2.6~7.8	1.36~1.54	—	42.8~49.5	—	—	—	28.4~30	17.5~19.1	9.3~11.8	—	—	—	—	—
Ⅳ 北部区	北滨沙漠，属干旱区，年平均雨量 250~400mm，地表植被稀少	黄土梁峁	新黄土为砂质黄土，疏松，多孔，定性差，土层厚100~200m	路基湿陷多，塌陷，冲刷等	Q₃	8.7	1.5	1.45	48.05	28.8	62.75	8.5	26.5	17.45	9.05	18.8	26.5	—	0.081	9.5
					Q₂²	6.4~11.0	1.02~1.97	1.33~1.62	43.6~50.8	16~34	57~74	6~10	24.9~29	17~18.3	7.8~10.7	10.1~27.5	14.3~38.6	30~180	0.02~0.12	7~11
					Q₂¹	11.8	1.7	1.48	45.16	16	72.38	11.63	27.43	18.06	9.89	35.8	29.5	—	0.119	9.8
					Q₂¹	9.1~14.5	1.31~2.10	1.42~1.55	40~51.3	8~32	62~80	6~21	25.5~29	16.9~18.3	8.6~10.9	23.1~48.6	19~40.1	—	0.02~0.43	3~28
					Q₂¹	8.41	—	1.53	43.54	23.3	63.63	13.13	25.93	17.34	8.6	47.88	31.09	—	0.101	—
					Q₂¹	2.7~14.5	1.43~1.64	1.39~1.47	39.1~47.2	5~49	44~73	7~25	22.7~28.9	16.4~18.3	6.3~10.6	29~75	24.6~37	—	0.02~0.23	—

(2)新老黄土组合型(Ⅱ)和老黄土单一型(Ⅲ),大平台尽量设在有钙板或钙质结核集中的位置处,若无古土壤层出露,大平台可设在边坡高度的1/3附近。

(3)老黄土与古黄土组合型(Ⅳ),古黄土层部分单级边坡坡比可以取小值,大平台宽度可适当减小。

(4)老黄土与红黏土组合型(Ⅴ),不宜设大平台,红黏土出露部分的单级边坡坡比宜取小值。

(5)黄土与基岩组合型(Ⅵ),单级边坡坡比可取小值,基岩层部分单级边坡坡高可适当增大,可以不设大平台。

(6)新黄土与阶地冲积层组合型(Ⅶ),大平台应设在黄土与阶地冲积层的接触部位,单级边坡坡比不宜过大。

(7)老黄土与红黏土及基岩组合型(Ⅷ),大平台不宜设在红黏土层部分,红黏土层部分单级边坡坡比取小值,坡型最宜选取上缓下陡型。

8.2.4 公路黄土参数的统计分析

在岩土工程的设计过程中,土性参数的统计分析是基本内容之一,其结果的可信性直接影响工程的可靠性。土性参数对确定的时空而言是一个确定的值,但是,土性参数的"真值"是未知的,它的大小只能通过有限的室内或现场试验的量测或观察去了解,其测值是变化的,而且离散性很大,具有很强的不确定性。土性参数的不确定性(或变异性)通常来源于两个方面:一是土的固有变异性;二是系统的不确定性。

在黄土地区选取代表性路段,采取原状土样,通过大量室内试验,研究黄土物理力学性质的区域变化规律,重点对不同公路工程地质区黄土主要物理力学性质指标进行概率统计分析,研究黄土土性的空间自相关性问题,计算黄土土性的自相关距离以及黏性土变异系数成果,为黄土高边坡稳定性评价中土性参数的选择提供依据,对各地黄土的主要物理力学性质指标进行了统计分析,各区黄土的主要物理力学性质指标汇总于表8-2。

8.2.5 问题讨论

依据黄土的成因时代、物质组成、结构构造及水文地质条件等,将黄土地区四个工程地质分区内公路黄土高边坡划分为8大类地质结构模型:新黄土单一结构(Ⅰ)、新老黄土组合型(Ⅱ)、老黄土单一结构型(Ⅲ)、老黄土与古黄土组合型(Ⅳ)、老黄土与红黏土组合型(Ⅴ)、黄土与基岩组合型(Ⅵ)、新黄土与阶地冲积层组合型(Ⅶ)和老黄土与红黏土及基岩组合型(Ⅷ)。此外,总结了各黄土高边坡地质结构模型的分布规律和特征,可为公路黄土高边坡稳定性分析以及防护工程设计(包括植物防护设计)提供切实帮助。

8.3 公路黄土高边坡的破坏机理

8.3.1 背景描述

关于黄土高边坡破坏机理的研究过去多基于地质模型试验和数值模拟分析,且研究对象多为重塑压实黄土边坡,难以更加准确地反映公路黄土高边坡的破坏机理。作为迄今为止相似性最好的力学模型试验方法,土工离心模型试验将整体土工结构物作为模拟对象,不仅能够满足试验模型受力条件与原型相同,也能再现自重应力场以及与自重有关的变形破坏过程,还能考虑时间因素的影响。因此,离心模型试验被广泛应用于边坡工程问题的研究中。我国公路部门曾对黄土路堤边坡的稳定性做过一些离心模拟试验研究,但对黄土路堑边坡,特别是路堑高边坡的研究极少。目前,尚未找到非扰动黄土路堑边坡稳定性的离心模拟试验研究资料。此外,我国在离心机上模拟人工降雨对边坡稳定性的研究也较少。为揭示黄土高边坡在自重应力和降雨作用下的破坏机理,进而确定黄土高边坡的合理坡型和综合坡率,首次进行了多组原状黄土高边坡离心模拟试验研究。

8.3.2 黄土高边坡的离心模拟试验

为了达到良好的试验效果,采用了非扰动土大件试样制作了离心模型试验边坡模型,并严格控制了边坡模型的制作工艺。根据试验目的,设计制作了4组不同坡型的黄土边坡试验模型,它们分别为直线形、折线形、大平台形、阶梯状多级矮坡形。其中,直线形边坡模型3件,折线形边坡模型3件,大平台形与阶梯状多级矮坡形边坡模型各1件,总共8件边坡模型。离心模型试验使用天然黄土的物理性质指标见表8-3,黄土力学性质试验指标见表8-4。离心模型设计参数见表8-5。

黄土天然物理性质指标　　　　　　　　　　　表8-3

地层	含水率（%）	天然密度（g/cm³）	干密度（g/cm³）	土粒比重	孔隙比	饱和度（%）	液限（%）	塑限（%）	塑性指数
Q3	22.45	1.76	1.49	2.71	0.764	79.07	31.92	19.26	12.66
Q2	15.65	1.81	1.54	2.69	0.574	33.01	29.65	20.85	8.80

黄土力学性质试验指标　　　　　　　　　　　表8-4

地层	压缩系数 a_{1-2} (MPa⁻¹)	压缩模量 E_{s1-2} (MPa)	湿陷性指标 $\delta_{2.0}$	三轴不排水剪 c (kPa)	三轴不排水剪 φ (°)	直剪固结快剪 c (kPa)	直剪固结快剪 φ (°)	直接快剪 c (kPa)	直接快剪 φ (°)	重塑土直剪 c (kPa)	重塑土直剪 φ (°)
Q3	0.063	28.98	0.002	35.0	21.2	45.0	28.35	36.0	22.25	28.0	25.4
Q2	0.06	27.36	0.001	45.0	20.3	36.0	30.23	46.0	22.75	37.0	27.2

离心模型特征指标　　　　　　　　　　　表8-5

类型	编号	坡型	坡阶	总坡高（cm）	单坡坡高（cm）	单坡坡率	综合坡率	地基厚度（cm）	气候水文条件
3	MS1	单坡	—	25	—	1:0.2	—	15	—
3	MS1B	单坡	—	25	—	1:0.3	—	15	降雨
2	MS2	2折线上缓下陡	上段	42	18	1:0.5	1:0.4	6	—
2	MS2	2折线上缓下陡	下段	42	18	1:0.3	1:0.4	6	—
2	MS2A	2折线上陡下缓	上段	42	15	1:0.3	1:0.53	6	降雨
2	MS2A	2折线上陡下缓	下段	42	21	1:0.7	1:0.53	6	降雨

续上表

类型	编号	坡型	坡阶	总坡高（cm）	单坡坡高（cm）	单坡坡率	综合坡率	地基厚度（cm）	气候水文条件
2	MS3	3折线中缓上下陡	上段	36	12	1:0.3	1:0.67	6	—
			中段		12	1:0.7			
			下段		12	1:0.5			
	MS3B	单坡	—	27	—	1:0.75	—	6	降雨
3	MS5	12级矮坡	12级	38	5	1:0.3	1:1.0	6	
			1~11级		3				
	MS5A	与MS5坡型相同，固结后作降雨模拟							降雨
2	MS6	设大平台	上段	32	22	1:0.6	1:0.89	8	高水位与高含水量
			大平台		宽6	1:0			
			下段		10	1:0.6			

模型固结，通过离心加载过程中设置多级加载平台，与加载过程合并一次完成。加载平台设置间隔为 $5\sim10g$，平台延续时间 $5\sim15\min$，离心加载直至模型破坏。离心加速度达到最大后，若边坡模型不破坏，打开模拟降雨系统开关，进行降雨模拟试验。模拟降雨量根据阎良区一年中最大月降雨量 400mm 设计，模型降雨量为实际降雨量的 $1/n$，模型降雨持续时间根据离心 g 值确定，为一个月的 $1/n^2$，一般为 $3\sim5\min$。n 为模型缩小倍数。

1）MS1 与 MS1B 试验结果分析

MS1 与 MS1A 为一组材料同质。MS1A 是在模型边坡自重应力不变的条件下，通过增加土体内部含水率，减小土体内部的抗剪强度（c、φ 值），来改变边坡力学状态。模型边坡土体内部含水率的增加通过模拟大气降雨实现。MS1 试验结果见图 8-4a) ~ 图 8-4c)。离心试验过程中，模型边坡的沉降量与破坏特征见表 8-6。

模型边坡的沉降量与破坏特征　　　　表 8-6

离心加速度 g 值	50	60	70	90	110	110	150	160
原型坡高(m)	12.5	15	17.5	22.5	27.5	27.5	37.5	40
原型基底厚度(m)	7.5	9.0	10.5	13.5	16.5	16.5	22.5	24.0
沉降量(mm)	不明显	4	9	13	15	18	21	26
边坡破坏特征	—	微小裂隙	明显破坏	—		滑塌	—	

注：原型坡高与原型基底厚度指发生沉降以前的高度与厚度。

MS1B 试验前已经过 $160g$ 的固结，然后在 $160g$ 维持 60min 后，打开降雨系统开关，模拟降雨。降雨时间 3min（对应原型降雨时间 1 个月）。MS1B 试验结果见图 8-4d)。降雨引发边坡破坏，破坏滑体下部始于边坡坡脚，上部至坡顶，滑体下部呈圆弧状，上部呈直线状。

MS1 与 MS1B 试验数据对比揭示出黄土路堑边坡具有以下 4 点特性：(1) 黄土堑坡的最稳

定坡型为上陡下缓型,其次为单坡型;(2)对于大于14m以上的黄土路堑边坡,降雨与否不影响边坡的综合坡比;(3)受降雨影响原型黄土路堑边坡的极限直立高度由14.4m降至8m,降低了44%;(4)边坡顶部越高,下部须越缓,以维持必要的极限坡率。

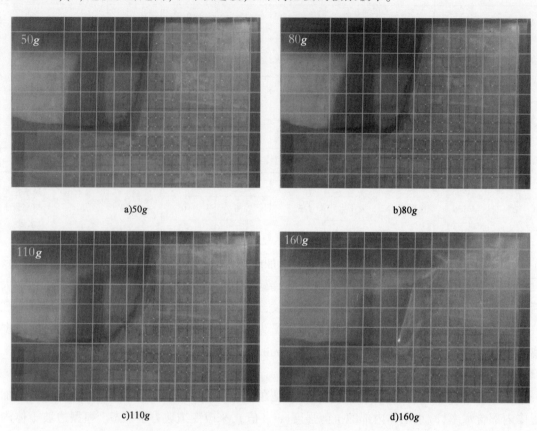

图8-4 MS1与MS1B试验结果图

2)MS2与MS2A试验结果分析

MS2试验结果见图8-5。离心试验过程中,模型边坡的沉降量与破坏特征见表8-7。

MS2模型边坡的沉降量与破坏特征 表8-7

离心加速度g值	60	70	80	90	95.3	99	100
原型坡高(m)	21.6	25.2	28.8	32.4	34.2	35.6	36.0
原型基底厚度(m)	3.6	4.2	4.8	5.4	5.7	5.94	6.0
沉降量(mm)	不明显	2	4	5	5	5	6
边坡破坏特征	—	—	—	坡脚破坏滑塌		边坡上部滑塌	

注:原型坡高与原型基底厚度指发生沉降以前的高度与厚度。

MS2A试验结果见图8-6。离心试验过程中,模型边坡的沉降量见表8-8;边坡破坏发展特征下表8-9。模拟降雨。降雨时间3min(对应原型降雨时间1个月)。

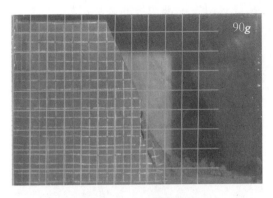
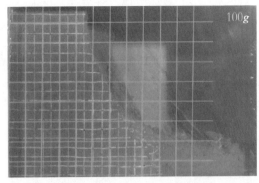

图 8-5　MS2 试验结果图　　　　　　　　图 8-6　MS2A 试验结果图

MS2A 模型边坡的沉降量与破坏特征　　　　　　　　　　表 8-8

离心加速度 g 值	80	100	150	160	170	180	190	190	190	190	190
原型坡高(m)	28.8	36.0	54.0	57.6	61.2	64.8	68.6				
原型基底厚度(m)	4.8	6.0	9.0	9.6	10.2	10.8	11.4				
沉降量(mm)	4	6	7	15	17	19	21	23	25	27	28

注:1. 原型坡高与原型基底厚度指发生沉降以前的高度与厚度。
　　2. 190g(包括190g)以后的沉降量为边坡滑体沉降量。

MS2A 边坡破坏发展特征　　　　　　　　　　表 8-9

离心加速度 g 值	原型坡高(m)	边坡破坏及发展特征
150	54.0	坡脚部位的坡高11cm处发生微小剪裂破坏
170	61.2	剪裂破坏向下发展至13cm坡高的坡面,向下发展至9cm坡高处
180	64.8	坡脚剪裂面继续向上发展至坡高15cm处
190	68.6	坡顶向后8cm(原型为15.2m)处发生破坏,并下沉 坡顶破坏面向下发展至距坡顶12cm处,坡脚剪裂面向上发展至18cm处。破坏滑体下滑1cm(原型为1.9m)

　　MS2 与 MS2A 均为 Q2 黄土堑坡模型,并在离心条件下进行了充分固结。两者破坏后的稳定边坡特征对比见表 8-10。

Q2 黄土堑坡模型边坡的稳定特征　　　　　　　　　　表 8-10

模型编号	破坏前坡型及综合坡率	降雨条件	稳定坡型	模型坡高(cm)	原型坡高(m)	坡率	综合坡率	原型总坡高(m)
MS2	上陡下缓 1:0.4	否	顶直	7	7	1:0	1:0.49	35
			中陡	10	10	1:0.34		
			下缓	18	18	1:0.76		
MS2A	下缓上陡 1:0.53	降雨	上缓	24	45.6	1:1.03	1:0.94	62.7
			下陡	9	17.1	1:0.7		

MS2 模型的破坏滑塌首先发生于坡脚部位,并依次引发上部边坡的破坏滑塌,为典型的牵引式破坏。牵引式破坏是自然界黄土高边坡的坡脚遭受雨水冲刷侵蚀后,发展成为滑坡或滑塌破坏的普遍形式。

MS2A 模型详细而逼真地演示了边坡的滑裂面的形成、发展、联通的全过程。但边坡下部剪裂面形成的起始位置并非通常认为的坡脚部位,而是边坡高度的 1/3 处,坡面并由坡面(坡率为 1∶0.7)垂直向下 2cm(原型为 150×0.02=3m)处。

3) MS3 与 MS3A 试验结果分析

MS3 试验结果见图 8-7a)~图 8-7c)。离心试验模型边坡的变形与破坏特征表 8-11。

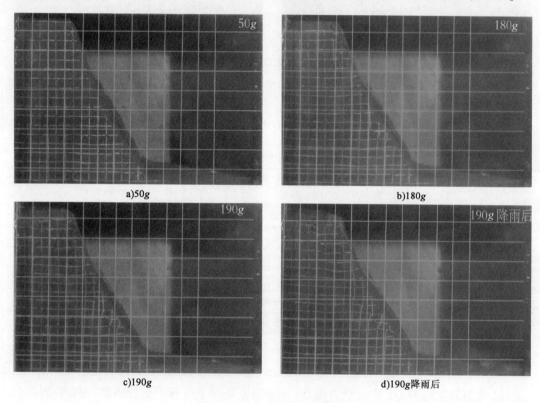

图 8-7 MS3 与 MS3B 试验结果图

MS3 模型边坡的变形与破坏特征 表 8-11

离心加速度 g 值	60	70	80	90	100	110	110	114	120
模型高(cm)	35.7	35.4	35.3	35.0	34.8	34.4	34.8	33.2	33.2
模型沉降量(mm)	3	6	7	10	12	16	22	28	28
原型高(m)	21.4	24.8	28.2	31.5	34.8	37.8		37.8	39.8
模型最大水平位移(mm)	—	—	—	—	8	12	16	18	—
原型最大水平位移(m)	—	—	—	0.8	1.32	1.56	2.01	滑塌	
破坏与变形特征	80g 时,模型上部形成剪裂; 100g 时,最大水平位移发生于坡高 7cm 处; 后 110g 时段,坡高 1.8cm 出形成剪裂								

MS3 模型试验数据反映以下 2 种黄土路堑边坡变形破坏特征:

(1)边坡坡型对边坡下部起始剪裂隙的形成位置具有重要影响,上缓下陡坡型剪裂隙的形成起始位置,相对于单坡坡型,具有下移趋势,这一点结论与 MSA 模型试验结论一致。

(2)边坡坡率较缓(缓于或等于 1:0.5)时,滑塌破坏前在坡脚位置会发生明显水平位移。发生最大水平位移的位置与坡型及其他因素有关。

MS3B 试验结果见图 8-8d)。试验结果显示,黄土边坡模型坡高 26.5cm,离心加速度 190g(对应原型坡高 50.3m),坡率为 1:0.85 时,边坡处于极限稳定状态,仅在坡脚处有局部挤压破坏。该边坡经历降雨季节后,在坡脚浅部发生剪裂破坏,破坏深度局限于坡面下(垂直距离)2cm 处(对应原型为 3.8m)。

MS3B 试验说明,即使对较缓边坡,降雨对其坡稳定性影响也仅局限于浅层次。本次试验中降雨影响深度不超过 3.8m。

4)MS5 与 MS5A 试验结果

MS5 试验结果见图 8-8a)~图 8-8c)。该模型为 12 级低边坡组成的高边坡。离心加速度增至 170g 时,模型高 32cm,对应原型坡高 54.4m。离心加载后,模型坡率由原来的 1:1 减缓为 1:1.19。模型边坡未发生大的破坏或明显破裂现象,边坡稳定。但边坡发生较大水平位移变形。

MS5A 模型采用 MS5 离心固结后的模型进行降雨模拟试验见图 8-8d)。试验结果证明,若高边坡的综合坡率能保障边坡的整体稳定,即使在降雨条件下,在其坡面上设置次一级矮坡不影响该边坡的稳定性。

通过 MS5 与 MS5A 离心模型试验,可以得出以下点结论:

(1)非饱和黄土缓边坡在发生破坏前,会发生明显的侧向位移,最大水平位移发生于 1/3 坡高,坡脚向内平距的 2/3 位置;

(2)非扰动黄土边坡发生侧向位移变形时,向坡内方向很短距离即为无水平应变区,大约为坡宽的 1/5,若坡面设置大平台时,建议大平台宽度最大值不超过总坡宽的 1/5;

(3)次级矮坡的坡高相对于高边坡的坡高小到一定尺度,则高边坡的稳定性主要受宏观坡率的控制,次一级矮坡的存在不会威胁高边坡的整体稳定性;

(4)在干旱半干旱气候地区,若地层中不存在积水条件,尽管梯状多级矮坡坡型会增加坡面的降雨入渗量,但只要不出现降雨的局部聚积,则这种坡型边坡的稳定性基本不受影响。

(5)离心模型试验证明,以坡体无破裂发生为稳定标准,则黄土高边坡设计为梯状多级矮坡坡型,宏观坡率为 1:1.2,次级矮坡的阶数、坡高、坡率、小平台宽度参数分别为 12 级、4.5m、1:0.36、3.78m 时,同时考虑降雨入渗的影响,56.5m 为其安全设计坡高(由于离心机容量限制,该坡高并非极限值)。

5)MS6 试验结果与分析

MS6 模型土样饱和达到 90%,为饱和土。模型坡高 32cm,综合坡率 1:0.89。该模型在离心加速度运行至 40g(对应原型为坡高 12.4m)时,发生滑塌破坏,破坏面呈圆弧状(图 8-9)。由于浸水,对边坡稳定性验算采用圆弧状破坏滑动面是合理的。

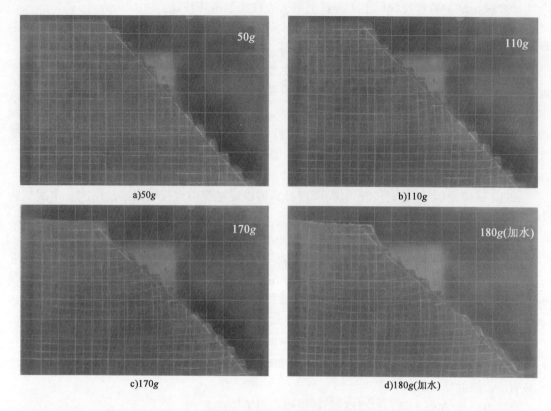

图 8-8 MS5 与 MS5A 试验结果图

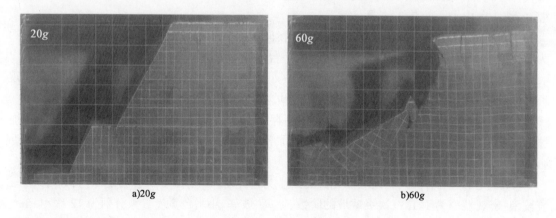

图 8-9 MS6 试验结果图

6）离心模型试验结论

(1) 由于非扰动黄土的力学性状与重塑黄土有差异，黄土路堑边坡的变形性状与路堤边坡不同。黄土路堑边坡在破坏前发生急剧压缩沉降，而侧向位移不显著。若非扰动黄土路堑边坡发生明显侧向位移，则边坡已发生破坏。

(2) 降雨对黄土路堑边坡的坡率影响仅限于浅层范围，即黄土高边坡的顶部坡率受降雨影响较大,而整个边坡的综合坡比不受影响。

(3)通过离心试验,可以确定黄土的极限直立高度。Q3 黄土的直立高度分别为 8~14.4m。利用 Rankine 主动土压力理论,求得内摩擦角 φ 为 22°时,黏聚力 c 分别为 48.5kPa、25.5kPa。

(4)对 Q2 黄土边坡,若坡脚部位过陡,容易发生牵引式滑塌破坏。工程上应重视黄土高边坡坡脚部位的雨水侵蚀防护。

(5)Q2 黄土高边坡滑裂面的形成是一个渐进破坏过程。边坡下部的起始剪切破坏发生于坡高 1/3 处。在此过程中,边坡下部剪裂隙首先形成,其次边坡顶部形成张裂隙。剪裂隙向上下两个方向发展,张裂隙向下发展。两者贯通后边坡随之失稳破坏。

(6)边坡坡型对边坡下部起始剪裂隙的形成位置具有重要影响,上缓下陡坡型边坡剪裂隙的形成起始位置,相对于单坡坡型,具有下移趋势。

(7)边坡坡率较缓(缓于或等于 1:0.5)时,滑塌破坏前在坡脚位置会发生明显水平位移。发生最大水平位移的位置与坡型及其他因素有关。

(8)缓而高的边坡在发生破坏前,会发生明显的水平位移。

(9)缓边坡的最大水平位移发生于坡高 1/3 处,边坡内平距的 2/3 处位置。

(10)非扰动黄土边坡向坡内很短距离即为无水平应变区。

(11)若高边坡的综合坡率能保障边坡的整体稳定,即使在降雨条件下,在其坡面上设置次一级矮坡不影响该边坡的稳定性。

(12)高含水率对黄土边坡稳定性影响极为显著。

8.3.3 高边坡稳定性分析的极限平衡法

对于黄土高边坡稳定性极限平衡分析法,目前常用的有圆弧条分法、裂隙圆弧法和裂隙法。选用两个典型黄土高边坡为计算实例进行稳定性验算,3 种方法计算结果见表 8-12。

三种方法计算结果　　　　　　　　　　表 8-12

坡 型	综合坡比	圆 弧 法	裂隙圆弧法	裂 隙 法
直线	1:0.3	0.817	0.768	0.747
	1:0.4	0.872	0.842	0.816
阶梯型	1:0.83	1.162	1.134	0.932

工程实例验算和离心模拟试验研究表明,对线性坡型即一坡到顶,坡度较大的黄土边坡,3 种方法计算结果比较接近。公路路基设计手册中推荐的裂隙法对坡高不超过 30m、坡度较大的直线型黄土边坡是适合的,而对阶梯型黄土高边坡,圆弧条分法计算结果最大,裂隙圆弧法次之,裂隙法最小。因此,裂隙法对于线性坡型即一坡到顶,坡高不超过 30m,坡度较大的黄土边坡稳定性评价是适合的;而对于折线形和阶梯形黄土高边坡研究结果建议采用裂隙圆弧法对黄土高边坡进行稳定性评价。

8.3.4 黄土高边坡稳定性分析的数值方法(强度折减、可靠度)

迄今为止,边坡工程设计中常用的稳定性分析方法均为传统的定值安全系数法,这些方法几乎无一例外的是建立在极限平衡理论基础上的,以安全系数 Fs 为度量指标的一种方法。这些方法经过长期的工程实践证明是一种有效的实用设计方法,但存在一个最大的缺陷,即未考虑计算参数任何内在的变异性,因而计算结果并不一定能表征边坡的实际安全程度,致使实际工程中出现"边坡安全系数大于1而破坏的情况"。实际上,边坡安全系数应该是一个由设计因素的变异性所决定的随机变量,因此,若能在设计中定量的考虑这些不确定性因素,将更切合工程实际。因此,近年来土坡稳定可靠性评价方法得到了重视和发展,并已取得了不少有用的成果。采用蒙特卡罗模拟法来研究公路黄土高边坡稳定的可靠性,其计算过程见图 8-10,为公路黄土高边坡的设计提供可靠依据。

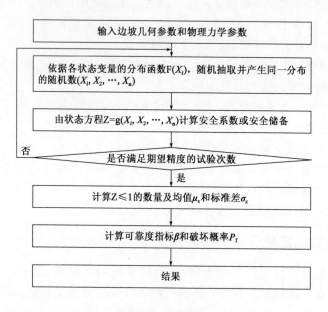

图 8-10 蒙特卡洛法的计算步骤

8.3.5 问题讨论

本节通过原状黄土高边坡的离心模拟试验研究,揭示了如下规律:边坡变形破坏是一个渐进过程,即在坡高 1/3 处首先发生剪切破坏,形成剪裂隙,接着在边坡顶部产生张裂隙,随后边坡下部剪裂面与顶部张裂隙的不断扩展,最后致使边坡滑裂面贯通而发生整体失稳。对于高 30~40m 的直线形坡面黄土边坡,当边坡比位于(1:0.2)~(1:0.3)时,其滑面形状上部为直立面,中部为一直线,下部为圆弧形。对于下陡上缓型、下缓上陡型和阶梯型黄土高边坡,其滑面形状上部为直立面,中下部近似为圆弧形。

黄土地区往往相对较为干旱而雨季降雨集中,水分在黄土高边坡内部的运移是一个长期的变化过程。因在非饱和黄土方面的研究工作国内起步比较迟,而非饱和土的研究对试验仪器要求很高,在全面地认识非饱和黄土的强度与变形特性的基础之上开展黄土高边坡破坏机理研究还远远不够。因此,还需要做更多深入细致的研究与分析工作,并不断在工程实践进行检验。

8.4 黄土高边坡合理坡型与生态防护

8.4.1 背景描述

在集中降雨作用为主的影响下,坡体变形失稳是公路黄土高边坡最常见的破坏形式之一,从数量上分析,坡体失稳较坡面侵蚀破坏的段落、总里程都要少,但是对公路营运安全、广大驾乘人员人身安全和财产安全的威胁要比后者大得多。因此,此类破坏的突发性和成灾性,更值得关注。基于大量的公路黄土高边坡调研和分析,发现坡体失稳破坏的形式主要表现为滑坡、滑塌和崩塌。坡面侵蚀破坏也是黄土地区公路边坡常见的现象。针对黄土高边坡坡面的冲刷、剥蚀、风蚀破坏等的防护,目前还没有统一的行业标准。为此,基于已有相关研究成果,提出了充分利用黄土直立性好的优点确定边坡合理坡型和综合坡比,并通过在边坡坡面和平台种植植物开展生态防护,形成了以宽台陡坡、平台植树为主的黄土高边坡设计理念。

8.4.2 公路黄土高边坡的合理坡型

黄土高边坡坡型设计是指在安全可靠的前提下,尽可能对不同高度边坡的坡比、平台进行优化设计,以达到经济合理与施工方便的目的。同时,在黄土高边坡坡型设计中应兼顾考虑边坡的生态防护问题。

坡高、坡比和坡型是设计中的重要问题,在特定条件下,坡高、坡型和坡比三者之间存在统一的辩证的关系。一般情况下,坡高越高,将坡比放小,即可保证安全。但是坡比越小,开挖的工程量就会加大,投资也会增加,同时坡比放小还受场地条件、原斜坡的地形和弃土堆放条件等限制。更为重要的是,随着坡比减小,边坡坡面的冲刷加剧,引起坡面破坏,甚至导致坡体整体发生破坏。因此,在保证安全可靠的前提下,黄土高边坡设计的指导思想是对坡高、坡型和坡比进行最优化的组合。

以工程地质区与边坡地质结构模型为依据,通过现场调查、坡面冲刷试验、物理模拟试验和综合分析计算,对目前黄土高边坡设计方法进行了分析,在继承前人研究成果的基础上,形成了宽台陡坡的设计理念,提出了黄土地区公路高边坡的坡型设计推荐方案,如表8-13所示。目前,黄土地区公路高边坡坡型设计推荐方案已在多个省已建和拟建公路黄土边坡设计中推广使用(图8-11),填补了现行公路路基设计规范中有关黄土高边坡设计的空白,主要结论如下:

(1)黄土高边坡坡型的设计须把稳定性、经济性、抗冲刷性结合起来才可得出比较合理的形式。

黄土地区公路高边坡坡型设计推荐表   表 8-13

公路工程地质区域	地区	地质结构模型	30m<H≤40m 综合坡比	30m<H≤40m 坡型	40m<H≤50m 综合坡比	40m<H≤50m 坡型	50m<H≤60m 综合坡比	50m<H≤60m 坡型	H>60m 综合坡比	H>60m 坡型
东南区	东南区(吕梁山以东,关中盆地,晋中南,豫西地区)	I	1:0.95~1:1.1	单坡高4~6m,台宽2.5~4m,坡比1:0.4~1:0.5~1:0.75	—	—	—	—	—	—
东南区	东南区(吕梁山以东,关中盆地,晋中南,豫西地区)	II	1:0.9~1:1.05	单坡高5~6m,台宽3~4m,坡比1:0.4~1:0.5	1:1.05~1:1.1	单坡高8~10m,台宽3~5m,坡比1:0.5~1:0.75	1:1~1:1.2	单坡高4~6m,中部设15m宽台,坡比1:0.5~0.75	1:1.2~1:1.3	单坡高8~10m,台宽4~6m,中部设15~20m宽台,坡比1:0.5~1:0.75~1:1
中部区	中部区(吕梁山以西,六盘山以东,晋西,陕北,陇东地区)	II	1:0.8~1:1	单坡高6~8m,台宽3~4m,坡比1:0.4~1:0.5	1:1~1:1.05	单坡高4~6m,台宽4~6m,坡比1:0.4~1:0.75	1:1~1:1.15	单坡高4~6m,中部设10m宽台,坡比1:0.5~0.75	1:1.15~1:1.25	单坡高8~10m,台宽4~6m,中部设15~20m宽台,坡比1:0.5~1:0.75~1:1
中部区	中部区(吕梁山以西,六盘山以东,晋西,陕北,陇东地区)	III	1:1~1:1.15	单坡高4~6m,台宽2.5~4m,坡比1:0.5~1:0.75~1:1	—	—	—	—	—	—
西部区	西部区(六盘山以西,陇西,宁南地区)	II	1:0.8~1:1	单坡高3.5~5m,台宽3~4m,坡比1:0.4~1:0.5	1:1~1:1.1	单坡高3~5m,台宽4~6m,坡比1:0.5~1:0.75	1:1.1~1:1.2	单坡高4~6m,中部设10m宽台,坡比1:0.5~1:1	1:1.1~1:1.3	单坡高8~10m,台宽4~6m,中部设15~20m宽台,坡比1:0.5~1:0.75~1:1
西部区	西部区(六盘山以西,陇西,宁南地区)	V	1:0.75~1:0.9	单坡高8~10m,台宽3~4m,坡比1:0.4~1:0.5	1:1~1:1.1	单坡高3~4m,台宽4~6m,坡比1:0.5~1:0.75	1:1.05~1:1.15	单坡高3.5~5m,中部设10m宽台,坡比1:0.75~1:1	1:1.1~1:1.25	单坡高3.5~5m,中部设15~20m宽台,坡比1:0.4~1:0.5~1:1,0.75~1:1

续上表

公路工程地质区域	地区	地质结构模型	30m<H≤40m 综合坡比	30m<H≤40m 坡型	40m<H≤50m 综合坡比	40m<H≤50m 坡型	50m<H≤60m 综合坡比	50m<H≤60m 坡型	H>60m 综合坡比	H>60m 坡型
北部山区	北部区（吕梁山以西,六盘山以东,内蒙、宁）	Ⅱ、Ⅲ	1:1~1:1.1	单坡高6~8m,台宽3.5~5m,坡比1:0.5~1:0.75	1:1.05~1:1.2	单坡高8~10m,台宽3.5~5m,坡比1:0.5~1:0.75~1:1	1:1.15~1:1.25	单坡高8~10m,台宽4~6m,中部设10~15m宽台,坡比1:0.5~1:1.15,1:0.75~1:1	1:1.2~1:1.35	单坡高8~10m,中部设台,宽4~6m,中部设10~15m宽台,坡比1:0.5~1:0.75~1:1.15,1:1~1:1.15
	北部区（具有黄土、古土壤,晋西北、陕北以北以及河西走廊地区）	Ⅶ、Ⅷ	1:0.7~1:0.9	单坡高8~10m,台宽2~4m,坡比1:0.5~1:0.75	1:0.9~1:1.1	单坡高8~10m,台宽3~5m,坡比1:0.5~1:0.75	1:1.05~1:1.15	单坡高3~5m,中部设台,宽15m,坡比1:0.5~1:0.75~1:1	1:1.1~1:1.25	单坡高3~5m,中部设台,宽10~15m,坡比1:0.3~1:0.5,1:0.75~1:1

注：1. 大平台位置根据不同地质结构模型区别对待。
2. 具有黄土、古土壤，钙质结核互层结构的坡体，单级坡比可取下限值。
3. 高等级公路坡比应取上限值。
4. 平台应设置排水沟，其断面尺寸应根据当地降雨量和坡体高度确定。

a) 阎禹高速公路　　　　　　　　　　　　b) 绛法高速公路

图 8-11　黄土边坡的宽台陡坡案例

(2) 黄土高边坡的坡型宜采用阶梯型(平台型)，单级边坡坡比(1∶0.5)~(1∶0.75)。单坡坡高 8~10m，当坡高大于 40m 时，在边坡中部设 10m 的大平台较理想，大平台有消除应力向下传递，减小坡脚压应力和剪应力的效果，只要单级坡不破坏，整体将是稳定的。

(3) 新黄土单一型(Ⅰ)、新老黄土组合型(Ⅱ)、老黄土单一型(Ⅲ)边坡在相同坡高、相同坡形情况下稳定性偏小，坡脚处剪应力集中明显，而且值也比较大；而老黄土与古黄土组合型(Ⅳ)、老黄土与红黏土组合型(Ⅴ)、黄土与基岩组合型(Ⅵ)、新黄土与阶地冲积层组合型(Ⅶ)和老黄土与红黏土及基岩组合型(Ⅷ)高边坡相对于前三种而言，稳定性就很好。坡体中 Q1、阶地冲积层以及 J2 基岩的存在，使坡脚剪应力集中现象减弱，这说明在公路高边坡坡型设计时必须充分考虑地质结构模型对边坡稳定性的影响。

(4) 坡比处于一定的范围最佳，一般以(1∶0.4)~(1∶0.75)为宜。从减少坡面冲刷的角度来讲，黄土边坡不宜太缓，否则易受到冲刷；同时也不宜太陡，否则易使降雨对坡面上裂隙、节理产生冲蚀作用，产生剥落或局部坍塌；坡长与侵蚀并没有一个确定的关系。

(5) 台阶对边坡安全系数的影响是随着台阶宽度的增大而增大。在平均坡比一定的情况下，边坡按平均坡比计算的安全系数一般小于按实际坡型计算的安全系数值，大平台的位置设在坡高的中部最有利于边坡的整体稳定性。

8.4.3　黄土高边坡坡面生态防护

1) 植物护坡机理

植物护坡主要依靠坡面植物的地下根系及地上茎叶的作用保护坡面不受冲刷侵蚀，其作用可概括为根系的力学效应、茎叶的水文效应及植物的蒸腾排水效应 3 个方面。植物护坡的机理如图 8-12 所示。植物根系分为草本类植物根系和木本类植物根系两种类型，其力学加固效应有所不同；植被的水文效应包括削弱溅蚀和抑制径流冲刷的作用。

2) 黄土高边坡复合型生态防护技术

近几年来，土钉墙在建筑基坑的边坡支护上应用较广泛，而其支护工程大多数为临时性措施，且加固边坡的高度均在 15m 以内。本书以公路黄土高边坡生态防护技术为目的，深入研究了土钉墙的概念、作用机理与工作性能，讨论了土钉墙的内部稳定性计算和辅助设计计算，并通过实体工程验证，在较详细掌握黄土的物理力学性质和高边坡破坏机理的前提下，对土钉墙应用范围进行了发展,将土钉墙技术应用于加固绛法公路桥台黄土高边坡,开发了土工材料复合型生态防护,且边坡高度能达32m,包括以下3种类型:平铺式土工格室护坡(图8-13a)、叠置式土工格室护坡(图8-13b)与(图8-15)、绿化防护板护坡(图8-14)。提出了平台植树、土工格室和绿化防护板等3种新型生态防护技术,通过实体工程验证,取得了良好的效果,具有很好的推广应用前景。

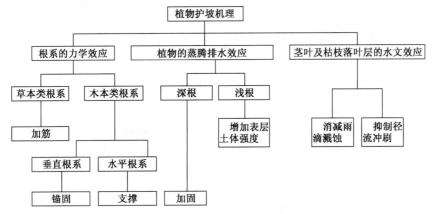

图8-12 植物护坡机理框图

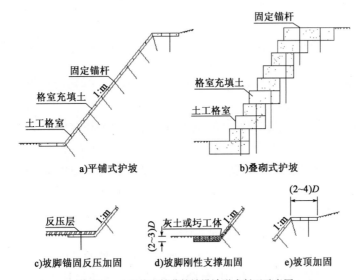

图8-13 土工格室植草护坡设计形式断面示意图

土工材料复合型生态防护可以应用于边坡坡比不陡于1∶0.3的任何稳定黄土边坡。较缓边坡(坡比缓于1∶1)采用平铺式土工格室护坡,较陡边坡(坡比陡于1∶1而缓于1∶0.3)采用叠置式土工格室或绿化防护板护坡。

叠砌式土工格室护坡适用于任何层位的黄土陡边坡。而绿化防护板护坡一般用于强度较高的Q2、Q1黄土陡边坡。Q2、Q1黄土一般出现于黄土隧道出入口高边坡的坡脚部位。绿化防护板护坡较叠砌式土工格室护坡更经济,造价仅为叠

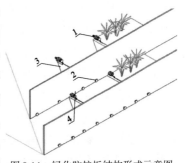

图8-14 绿化防护板结构形式示意图

砌式土工格室护坡的1/4。

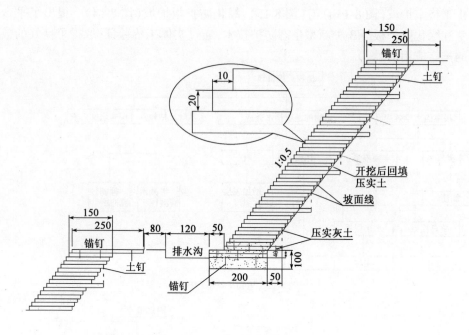

图8-15 叠置式土工格室生态护坡设计图(尺寸单位:cm)

平铺式、叠砌式土工格室护坡的每级坡高不应高于10m。绿化防护板护坡的每级坡高不应高于4m。

需要说明的是,当黄土高边坡坡面开展生态防护存在困难和效果不良时,可以在平台种植植被(草和灌乔木)作为主要的生态防护手段,而不必在边坡坡面开展生态防护。这样,伴随着平台植被的快速生长和草种自由传播,成长的平台植被会遮掩原先裸露的黄土坡面,没有进行生态防护的边坡坡面上也会自动生长起植被来,最终也可形成美丽的黄土高边坡景观并达到良好的生态防护效果。

3)黄土高原植物防护植被分区和植物防护物种推荐表

在综合考虑工程地质分区、气候区划和边坡地质结构模型的基础上,通过现场实体工程试验和调查分析,对黄土边坡植物防护机理、草种的选择和综合防护技术进行了系统研究,建立了黄土高原植物防护植被分区图,提出了黄土地区公路高边坡防护的推荐技术,推出了黄土地区公路边坡植物防护物种推荐表(表8-14),对提高黄土地区公路边坡防护技术水平、保护生态环境、修订和完善有关规范都具有重要的理论指导和实际意义。

4)黄土高边坡生态防护降水冲刷试验

通过对黄土边坡病害调查和失稳形态分析,结合现有黄土边坡的防护形式,给出合理的防护结构形式,重点研究了植被板防护、植物纤维护坡、土工格室护坡、拱形骨架防护,并对这几种防护进行了降水冲刷试验(见图8-16),对各种防护形式进行防护机理、稳定分析和安全评价,为黄土边坡防护技术及其施工技术提供设计参数。

a)植被板冲蚀

b)拱形骨架防护

c)植物纤维防护和无防护冲刷对比

d)土工格室护坡

图 8-16　黄土高边坡几种生态防护现场试验

黄土地区公路边坡植物防护物种推荐表　　表 8-14

工程地质分区	防护措施	植物物种
东南区	三维网植草,液压喷播,厚层基材喷播,坡面植树,截、排水沟+平台植树,综合防护措施	刺槐、泡桐、山杨、旱柳、柽柳、紫穗槐、火炬树、柠条、荆条、黄背草、白草、菅草、狼尾草、大油芒、艾蒿、紫花苜蓿、黑麦草、本氏羽茅、克氏针茅、大针茅、胡枝子、长芒草、结缕草、莎草
	液压喷播,厚层基材喷播,截、排水沟+平台植树,综合防护措施	
	厚层基材喷播,截、排水沟+平台植树,综合防护措施	
中部区	三维网植草,液压喷播,厚层基材喷播,综合防护措施	杂交苜蓿、河朔尧花、无芒雀麦、铁杆蒿、白羊草、短花针茅等
	液压喷播、厚层基材喷播综合防护措施	
	厚层基材喷播、综合防护措施	

续上表

工程地质分区	防护措施	植物物种
西部区	三维网植草、液压喷播、厚层基材喷播、坡面植树,截、排水沟+平台植树、综合防护措施	沙棘、紫穗槐、柠条、柽柳、杞柳、狼牙刺、虎榛子、胡枝子、荆条、冷蒿、西北针茅、紫花苜蓿、铁干蒿、黄背草、锦鸡儿
	液压喷播、厚层基材喷播、坡面植树、截、排水沟+平台植树、综合防护措施	
	厚层基材喷播、坡面植树、截、排水沟+平台植树、综合防护措施	
北部区	三维网植草、厚层基材喷播、综合防护措施	荒漠锦鸡儿、沙棘、杂交苜蓿、草木樨、铁杆蒿、大针茅、沙生针茅、冷蒿、狼牙刺、短花针茅、芨芨草、骆驼刺、沙打旺、柠条锦鸡儿、猫儿刺、本氏羽茅、沙生针茅、簇蒿、铁杆蒿、小黄菊、三裂艾菊、鹅冠草、芨芨草、白刺
	厚层基材喷播、综合防护措施	
	厚层基材喷播、综合防护措施	

注:温暖带半湿润气候区可以使用乔木,但慎用。其他分区不能使用。

8.4.4 黄土高边坡工程设计要点

大量的野外调查与分析发现,影响边坡变形破坏的因素很多,但归纳起来可分为:内在因素、外界条件和人为活动三个主要方面。其中内部因素主要包括黄土特殊的内部结构和物理力学特性;外部条件主要包括边坡所处环境条件的影响。

影响边坡防护的因素很多,根据研究区的地质地貌、气象水文特性及公路高边坡结构特点,将影响工程设计主要因素概括为综合坡比、地质结构模型、单级坡高、降雨量、施工条件。为此,构造出图8-17所示的设计影响因素模型。在进行黄土高边坡设计时,应充分考虑上述影响因素,并同时考虑地震以及地下水位变化的影响,从而更好地进行黄土高边坡工程设计。

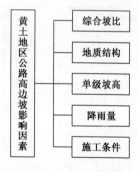

图8-17 设计影响因素模型

8.4.5 问题讨论

通过在黄土地区的大量科学研究,重点解决了公路黄土高边坡的一系列技术难题,提出了一套适合黄土高边坡(其他土坡也可借鉴)的稳定性分析、设计和防护决策的方法,可用于确保黄土地区高速公路的顺利施工与安全营运,改善公路沿线的生态环境,提高黄土地区公路高边坡设计、施工和防护技术水平,加强保护生态环境。这些研究对修订和完善有关规范都具有重要的理论指导和实际意义。相关研究成果已在陕西省已建和拟建公路黄土边坡设计中推广使用,填补了现行公路路基设计规范中有关黄土高边坡设计的空白,对黄土地区的公路建设将产生深远的影响。

目前,已建公路黄土边坡的坡面植物防护在1~2年后,因遭受病虫害、枯萎退化、当地野草与微生物入侵开始出现不同程度的植物退化,导致植物防护的涵水固土能力大打折扣。如何有效地防止边坡坡面防护植物退化,还有待更进一步深入研究。

第9章 黄土路基边坡支挡工程

9.1 概　　述

在黄土地区公路建设中,公路将穿越各种类型的黄土地貌单元,如梁、峁、塬等,也可能经过沟谷造成填挖方工程量较大。支挡构造物是用来支承路基填土或山坡土体,防止土体失稳变形的构造物。当地面横坡较陡时,在边坡下侧或靠近山侧设置支挡构造物可以有效避免刷坡,也保护了天然植被;较平缓的地区在路基两侧设置支挡结构,可以节省占地;在滨河路段或临近其他建筑物时,支挡结构可以收缩坡脚,避免冲刷或避开建筑物;在高路堤、深路堑路段可以设置支挡结构以减少土石方量。黄土地区常用挡土墙的特点及适用范围见表9-1。

黄土地区常用挡土墙的特点及适用范围　　　　表9-1

类　型		结构示意图	特点及适用范围
刚性挡土墙	重力式挡土墙		主要依靠墙身自重保持稳定,取材容易,形式简单,施工简便,适用范围广泛。当地基承载力较低时,可于墙底设钢筋混凝土基座,以减薄墙身,减小开挖量
	衡重式挡土墙		利用衡重台上的填土和全墙重心后移增加墙身稳定,减小断面尺寸。墙胸陡,下墙背仰斜,可降低墙高,减小基础开挖。适用于山区、地面横坡陡的路肩墙,也可用于路堑墙或路堤墙

续上表

类	型	结构示意图	特点及适用范围
刚性挡土墙	悬臂式挡土墙		采用钢筋混凝土材料,由立壁、墙趾板、墙踵板三个部分组成;断面尺寸较小。墙高时力臂下部的弯矩大,耗钢筋多。适用于石料缺乏地区及挡墙高度不大于6m地段,当墙高大于6m时,可用扶壁式
	扶壁式挡土墙		沿墙长方向每隔一定距离加一道扶肋,把墙面板与墙踵板连接起来。在高墙时,比悬臂式经济
	桩板式挡土墙		由钢筋混凝土锚固桩和挡板组成。利用深埋的锚固段的锚固作用和被动抗力抵抗侧向土压力,从而维护挡墙的稳定。适用于岩质地基、土压力较大、要求基础埋深的地段。墙高不受一般挡墙高度的限制。开挖面小,施工较为安全
半刚性挡土墙	加筋挡土墙		由墙面板、拉筋和填土三部分组成,借助拉筋与填土之间的摩擦作用,把土的侧压力传给拉筋,从而稳定土体、施工简便、外形美观、占地面积少,而且对地基的适应性强。适用于缺乏石料的地区和大型填方工程
	锚杆挡土墙		由肋柱、挡板、锚杆组成,靠锚杆拉力维持挡墙的平衡,肋柱、挡板可预制,适用于石料缺乏、挡墙高度超过12m或开挖基础有困难的地区,一般较宜用于路堑墙。小锚杆挡墙;锚杆短,适用于岩层边坡覆盖土薄地段

续上表

类　型		结构示意图	特点及适用范围
半刚性挡土墙	锚定板挡土墙		结构特点与锚杆挡墙相似,只是在锚杆的端部用锚定板固定于稳定区。填土易将锚杆压弯,产生次应力,适用于缺乏石料的路堤墙和路肩墙,墙高时可分级修建
	土钉墙		由土体、土钉和护面板三部分组成。利用土钉对天然土体就地实施加固,并与喷射混凝土护面板相结合,形成类似于重力式挡土墙的复合加强体,从而使开挖坡面稳定。常用于稳定挖方边坡、挖方工程的临时支护
柔性挡土墙	土工格室柔性挡土墙		由墙体、基础和拉筋体等部分组成。土工格室和充填料组成结构层,按一定坡度叠加,加筋体系由土工格室充填填料按一定间距布置,并采用专用连接件与墙体连为一体。一般适用于石料匮乏的地区、承载力较小的地基和环境要求较高的工程。可作为路堑墙、路肩墙和路堤墙使用

　　根据墙体刚度的不同,挡土墙分为刚性挡土墙、半刚性挡土墙和柔性挡土墙。刚性挡土墙是指墙体本身刚度较大,在土压力作用下墙体基本不变形或变形很小的挡土墙,如用砖、石、混凝土、钢筋混凝土等材料建筑的重力式挡土墙、悬臂式挡土墙、扶壁式挡土墙等,在计算这种挡土墙上的土压力时,可以不考虑墙体变形对土压力及其分布的影响。半刚性挡土墙是指墙体具有一定刚度,在土压力作用下墙体本身会产生变形的挡土墙,如锚定板挡土墙、加筋土挡土墙等,在计算这类挡土墙上的土压力时,应考虑墙体变形的影响。刚性和半刚性支挡结构物在公路工程中得到广泛应用,但其尚有一定的局限性,主要表现在圬工数量大、劳动强度高,在石料匮乏的地区工程造价高,同时由于其自身重量大,对地基承载力要求较高,特别是圬工墙面无法进行绿化,一定程度上影响了公路沿线景观的美化。土工格室柔性挡土墙由三维网状结构的土工格室和充填料组成的结构层,按一定坡度(1:0.25 ~ 1:0.5)层层叠加形成的一种新型支挡构造物,相比石砌圬工挡墙造价可降低15% ~ 30%。与常见的支挡构造物相比,具有结构轻、施工简便、造价低廉、美化环境等优点。因此,得到了岩土界一致认可和广泛应用,也取得了很好的经济效益和社会效益。柔性挡土墙与刚性挡土墙、半刚性挡土墙的最大不同在于:柔性挡土墙墙身模量较低,具有一定的柔性,其墙身在土压力作用下,可与土体发生协调变

形而不致开裂,同时少量的变形可释放部分土压力,可减缓局部应力集中现象。与常见的支挡构造物相比,具有结构轻、施工简便、造价低、美化环境等优点。

9.2 刚性挡土墙

9.2.1 重力式挡土墙

重力式挡土墙在黄土地区公路工程建设中应用较多,墙体用浆砌片(块)石,混凝土或钢筋混凝土砌筑。由于重力式挡土墙依靠自身重量维持平衡,墙身截面大,圬工数量较大,因此对地基承载力要求高,不适于在软弱地基上修建。当墙体过高时,耗材过多,因此墙体高度一般在8m以下。重力式挡土墙的墙背可以做成俯斜、仰斜、垂直、凸形折线(凸折式)和衡重式,如图9-1所示。

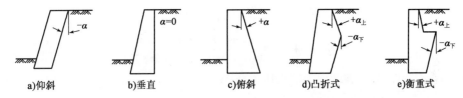

图 9-1 重力式挡土墙墙背形式

作用在重力式挡土墙墙背上的主动土压力一般采用库仑理论计算,墙背土体中破裂棱体的力系及墙背土压力如图9-2所示(E_a为墙背土压力的反力),墙背主动土压力按式(9-1)计算。

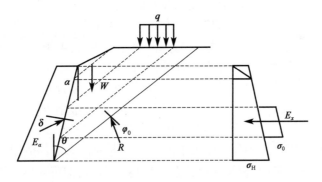

图 9-2 破裂棱体上的力系及墙背水平土压应力分布

$$E_x = \frac{W}{\tan(\theta + \varphi_0) + \tan(\delta - \alpha)} \quad (9\text{-}1a)$$

$$E_y = E_x \tan(\delta - \alpha) \quad (9\text{-}1b)$$

式中:E_x——墙背所承受的水平土压力,kN;

E_y——墙背所承受的竖向土压力,kN;

W——破裂棱体的重力及破裂面以内的路基面上荷载产生的重力,kN;

θ——墙背岩土内产生的破裂面与竖直面的夹角,°;

φ_0——墙背岩土综合内摩擦角,°;

δ——墙背摩擦角,°;

α——墙背倾角,°。

当土体出现第二破裂面时,用库仑理论的一般公式计算土压力就不适用了,此时应按照破裂面出现的位置来计算土压力,即第二破裂面法(图9-3)。作用于第二破裂面的土压力按式(9-2)计算。

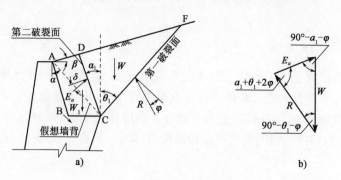

图 9-3 第二破裂面法计算图式

$$E_a = W \frac{\cos(\theta_i + \varphi)}{\sin[(\alpha_i + \varphi) + (\theta_i + \varphi)]} \qquad (9-2)$$

式中:E_α——作用在第二破裂面上的土压力,kPa;

θ_i,α_i——第一、二破裂角,°;

W——第一破裂面与第二破裂面之间土体的重力,kN。

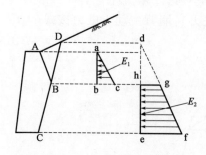

图 9-4 延长墙背法计算下墙土压力

墙背为折线可简化为两直线段来计算土压力,下墙段的土压力可采用力多边形法或延长墙背法计算。延长墙背法是一种近似方法(图9-4),忽略了延长墙背与实际墙背之间的土体重力及作用其上的荷载,又多考虑了由于延长墙背与实际墙背上的土压力作用方向的不同而引起的竖直分量差,二者不能相互抵消,因此会给计算带来一定误差。此外,在计算假想墙背土压力时,认为上墙破裂面和下墙破裂面平行,而一般情况下二者是不平行的,这是产生误差的另一原因。

力多边形法依据极限平衡条件下作用于破裂棱体上的诸力应构成闭合力多边形原理,来求下墙土压力。在力多边形中,根据几何关系,如图9-5所示,即可求出下墙土压力。

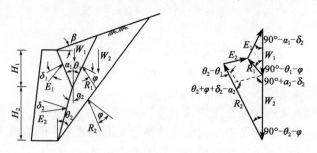

图 9-5 力多边形法求下墙土压力

$$E_2 = W_2 \frac{\cos(\theta_2 + \varphi)}{\sin(\theta_2 + \varphi + \delta_2 - \alpha_2)} - \Delta E \tag{9-3}$$

$$\Delta E = R_1 \frac{\cos(\theta_2 + \theta_i)}{\sin(\theta_2 + \varphi + \delta_2 - \alpha_2)} \tag{9-4}$$

$$R_1 = E_1 \frac{\cos(\alpha_1 + \delta_1)}{\cos(\theta_2 + \varphi)} \tag{9-5}$$

式中：W_2——挡土墙下墙破裂棱体的重力，包括破裂棱体上的荷载(kN)；

　　　θ_i——上墙第一破裂角，°；

　　　θ_2——下墙破裂角，°；

　　　R_1——上墙破裂面上的反力，kN；

　　　E_1——上墙土压力，kN；

　　　α_1——上墙墙背倾角，°；

　　　α_2——下墙墙背倾角，°；

　　　δ_1——上墙墙背摩擦角，°；

　　　δ_2——下墙墙背摩擦角，°。

由于重力式挡土墙依靠自身重力来维持平衡稳定，因此，墙身截面大，圬工数量也大，在软土地基上修建往往受到承载力的限制。如果墙过高，材料耗费多，因而不经济。当地基承载力较高，墙高不大，且当地又有石料时，一般优先选用重力式挡土墙。

仰斜墙背所受的土压力较小，用于路堑墙时，墙背与开挖面边坡较贴合，因而开挖量和回填量均较小，但墙后填土不易压实，不便施工。当墙趾处地面横坡较陡时，采用仰斜墙背将使墙身增高，断面增大，所以仰斜墙背适用于路堑墙及墙趾处地面平坦的路肩墙或路堤墙。俯斜墙背所受土压力较大，其墙身断面较仰斜墙背的大，通常在地面横坡陡峻时，借陡直的墙面，以减小墙高。俯斜墙背可以做成台阶形，以增加墙背与填土间的摩擦力。垂直墙背介于仰斜与俯斜墙背之间。凸折式墙背上部仰斜、下部俯斜，以减小上部断面尺寸，多用于路堑墙，也用于路肩墙。衡重式墙背，在上下墙之间设有衡重台，利用衡重台上填土的重量使全墙重心后移，增加墙身的稳定性。因采用陡直的墙面，且下墙采用仰斜墙背，因而可以减小墙身高度，减小开挖工作量。适用于地形陡峻处的路肩墙和路堤墙，也可用于路堑墙。

重力式挡土墙设计时应注意：

(1)墙身宜用片(块)石砌筑；在缺乏石料的地区，可采用水泥混凝土预制块砌筑或直接用水泥混凝土浇筑。

(2)重力式挡土墙墙高不宜超过8m，干砌挡土墙的高度不宜超过6m。当墙身为浆砌时，墙顶宽度不应小于0.5m；当墙身为干砌圬工时，墙顶宽度不应小于0.6m。

(3)衡重式挡土墙的衡重台与上墙背相交处应采取加强措施，提高该处墙身截面的抗剪能力。

9.2.2 薄壁式挡土墙

薄壁式挡土墙是由钢筋混凝土材料构成的轻型挡土墙，包含悬臂式和扶壁式两种形式。悬臂式挡土墙由立壁(墙面板)和墙底板(包括墙趾板和墙踵板)三个立壁组成，呈倒T字形。

当墙身较高时,在悬臂式挡土墙的基础上,沿墙长方向每隔一定距离加设扶肋,即为扶壁式挡土墙。扶壁式挡土墙由立壁(墙面板)、墙底板(包括墙趾板和墙踵板)及扶肋(扶壁)组成。扶肋把立壁与墙踵板连接起来,扶肋起加劲作用,以改善立壁和墙踵板的受力条件,提高结构的刚度和整体性,减小立壁的变形。

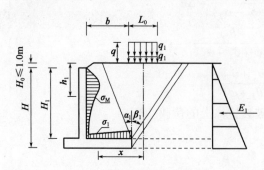

图 9-6　墙背水平土压力与踵板竖向土压力分布图

薄壁式挡土墙设置在路肩时,可按弹性理论计算土压力,挡土墙土压力分布如图 9-6 所示。荷载产生的水平土压应力应按式(9-6a)计算,在踵板上荷载产生的竖向土压力应按式(9-6b)计算。

$$\sigma_{hi} = \frac{q}{\pi}\left[\frac{bh_i}{b^2+h_i^2} - \frac{h_i(b+l_0)}{h_i^2+(b+l_0)^2} + \arctan\frac{b+l_0}{h_i} - \arctan\frac{b}{h_i}\right] \quad (9\text{-}6a)$$

式中：σ_{hi}——荷载产生的水平土压应力,kPa;
　　　b——荷载边缘至立臂板的距离,m;
　　　h_i——墙背距路肩的垂直距离,m;
　　　q——作用在路基面上的列车和轨道单位荷载,kN/m²;
　　　l_0——荷载分布宽度,m。

$$\delta_v = \frac{q}{\pi}\left(\arctan X_1 - \arctan X_2 + \frac{X_1}{1+X_1^2} - \frac{X_2}{1+X_2^2}\right) \quad (9\text{-}6b)$$

$$X_1 = \frac{2x+l_0}{2(H_1+H_0)} \quad X_2 = \frac{2x-l_0}{2(H_1+H_0)} \quad (9\text{-}6c)$$

式中：δ_v——荷载在踵板上产生的竖向压应力,kPa;
　　　x——计算点至荷载中线的距离,m;
　　　H_1——立臂板的高度,m;
　　　H_0——墙顶以上填土高度,m。

薄壁式挡土墙设置于路堤时,填料和路基面以上荷载产生的土压力均可按库仑理论计算。土压力计算如图 9-7 所示,可根据库仑理论按式(9-7)计算。

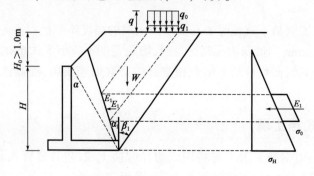

图 9-7　墙背水平土压力分布图

$$E_x = \frac{W}{\tan(\beta+\varphi_0)+\tan(\delta+\alpha_i)} \quad (9\text{-}7a)$$

$$E_y = E_x \tan(\delta+\alpha_i) \quad (9\text{-}7b)$$

式中：E_x——墙背所承受的水平土压力，kN；

E_y——墙背所承受的竖向土压力，kN；

W——破裂棱体的重力及破裂面以内的路基面上荷载产生的重力，kN；

δ——土压面上的摩擦角，°，$\delta=\varphi_0$；

α_i——土压力面为第二破裂面时与竖直方向的夹角，°；

α——当无法产生第二破裂面时，土压面与竖直方向的夹角，°；

β——第一破裂面与竖直方向夹角，°。

薄壁式挡土墙依靠墙身自重和踵板上方的填土重力来保持稳定，所设的墙趾板增大了抗倾覆稳定性，减小了基底应力。薄壁式挡土墙的主要特点是构造简单，施工方便，墙身断面较小，自重较轻，可充分发挥钢筋混凝土材料的强度和性能，能够适应承载力较低的地基。但需耗用一定数量的钢材和水泥，特别是墙高较大时，钢材用量急剧增加，影响其经济性能。一般情况下墙身高度在6m以内多采用悬臂式。采用扶壁式挡土墙（一般在8~9m）虽然提高了建筑高度，但使用的水泥量及断面配筋量较大，造价较高且不利于机械化施工。它们适用于缺乏石料及地震地区，扶壁式挡土墙宜整体浇筑，也可采用拼装，但拼装式扶壁挡土墙不宜在地质不良地段和地震烈度大于或等于8度的地区使用。由于墙踵板的施工条件，薄壁式挡土墙一般用于填方路段，多应用于承载力较低的地基上或有抗震要求的地区。

薄壁式挡土墙设计时应注意：

(1)悬臂式、扶壁式挡土墙应采用钢筋混凝土浇筑，墙身混凝土主要受力钢筋直径不小于12mm。

(2)扶壁式挡土墙立壁的顶宽不应该小于0.2m，地板厚度不应小于0.3m。扶壁式挡土墙分段不宜超过20m，每一分段宜设不少于3个扶壁。装配式的扶壁式挡土墙不宜在地震动峰值加速度大于或等于0.2g的地区使用。

(3)当挡土墙受滑动稳定控制时，应在墙的底面下设置防滑榫，其深度应保证榫前土体不被挤出，厚度应满足榫的抗剪强度要求且不应小于0.3m。

9.2.3 桩板式挡土墙

桩板式挡土墙是钢筋混凝土结构，由桩和桩间的挡土板两部分组成，利用桩深埋部分的锚固段的锚固作用和被动土抗力维护挡土墙的稳定。适用于土压力大墙高超过一般挡土墙限制的情况，地基强度的不足可由桩的埋深得以补偿，可作为路堑、路肩和路堤挡土墙使用。多用于表土及强风化层较薄的均质岩石地基及桩基锚固段地层条件较好的黄土地基，也可用于地震区的路堑和路堤支挡等特殊地段的治理。

桩板式挡土墙墙背土压力（包括车辆荷载所引起的侧向压力）的计算与重力式挡土墙的土压力计算方法相同，即以挡土板后的竖直墙背为计算墙背，按库仑主动土压力理论计算。在滑坡地段，则应按滑坡推力进行计算。桩和板的计算仅考虑土压力的水平分力，而墙背主动土压力的竖向分力及墙前被动土压力一般忽略不计。

桩板式挡土墙设计时应注意：

(1)锚固桩应锚固在稳定的地基中,桩的悬臂长度不宜大于10m;挡土板与桩的搭接长度末端不宜小于1倍桩厚。

(2)挡土板外侧墙面的钢筋保护层厚度应大于35mm,板内侧墙面保护层厚度应大于50mm。桩的钢筋保护层净距不应小于50mm。

(3)采用拱形挡土板时,不宜用素混凝土浇筑,应沿径向和环向配置构造钢筋,直径不小于10mm。

(4)加锚索的锚固桩应保证桩与锚索协调变形。

9.3 半刚性挡土墙

9.3.1 加筋土挡土墙

加筋土挡墙是利用加筋土技术修建的一种支挡构造物,加筋土是一种在土中加入拉筋的复合土,它利用拉筋与土之间的摩擦作用,改善土体的变形条件和提高土体的工程性能,从而达到稳定土体的目的。加筋挡土墙由填料、在填料中布置的拉筋以及墙面板三部分组成。加筋土的基本原理存在于拉筋与土之间的相互摩阻连接之中,这些基本原理一般可以归纳为两点予以解释:摩擦加筋原理和准黏聚力原理(莫尔-库仑理论)。加筋土挡土墙一般为条带式挡土墙,多应用于地形平坦且有充足布筋空间的填方路段。

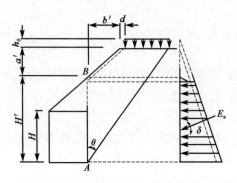

图9-8 加筋土挡土墙土压力计算图示

根据加筋土挡土墙墙后填土的不同边界条件,采用库仑理论计算作用于加筋体的主动土压力。但应注意,此时墙背为AB,如图9-8所示,墙高则为H',墙背摩擦角δ为

$$\delta = \min(\varphi_1, \varphi_2) \tag{9-8}$$

式中:φ_1——加筋体填土的内摩擦角;

φ_2——墙后填土的内摩擦角。

加筋土挡土墙组成加筋土的墙面板和拉筋可以预先制作,在现场用机械(或人工)分层填筑。这种装配式的方法,施工简便、快速,并且节省劳力和缩短工期。加筋土能够适应地基轻微的变形。在软弱地基上修筑时,由于拉筋在填筑过程中逐层埋设,所以,因填土引起的地基变形对加筋土挡土墙的稳定性影响较对其他结构物小、抗振动性强,地基的处理也较简便。加筋土挡土墙占地面积小,造型美观。由于墙面板可以垂直砌筑,可减小占地。挡土墙的总体布设和墙面板的形式图案可根据周围环境特点和需要进行设计。加筋土挡土墙造价比较低。与钢筋混凝土挡土墙相比,可减少造价一半左右。而且,加筋土挡土墙造价的节省随墙高的增加而愈加显著。因此它具有良好的经济效益。

加筋土挡土墙在设计应注意:

(1)采用单级加筋土挡土墙时,墙高不宜大于12m;采用多级墙时,每级墙高不宜大于10m;上、下级墙体之间应设置宽度不小于2m的平台,并设向外倾斜的不小于2%的排水横坡。

(2)墙面板宜采用钢筋混凝土预制件,墙面的平面线形可采用直线、折线和曲线,相邻墙面间的内夹角不宜小于70°。墙面未砌筑在石砌圬工、混凝土构件上或地基非基岩时,均应设置宽度不小于0.4m、厚度不小于0.2m的混凝土基础。基础埋置深度,对土质地基不应小于0.6m。基底可做成水平或台阶形。

(3)拉筋可采用钢带、预制钢筋混凝土带、土工带等材料,高速公路和一级公路上的加筋土挡土墙应采用钢带或钢筋混凝土带。拉筋应具有较高的强度,受力后变形小能与填料产生足够摩擦力;抗腐蚀性好;加工、接长和与面板的连接简单。

(4)在满足抗拔稳定的前提下,墙高大于3m时,拉筋长度宜大于0.8倍的墙高,且不宜小于5m。墙高小于或等于3m时,拉筋长度不应小于3m。采用预制钢筋混凝土拉筋时,每节长度不宜大于2.0m。筋带与面板的连接应坚固可靠,并与筋带有相同的耐腐蚀性能。

(5)加筋土挡土墙宜采用渗水性良好的中粗砂、砂砾或碎石填筑;采用黄土填料时选择粗粒组的黄土。填料与筋材直接接触部分不应含有尖锐棱角的块体,填料最大粒径不应大于100mm。加筋土挡土墙顶面,宜设置混凝土或钢筋混凝土帽石。采用细粒填料时,上级墙的面板基础下应设置砂砾或石灰土垫层。

9.3.2 锚杆挡土墙

锚杆挡土墙是利用锚杆技术形成的一种挡土构造物。锚杆是一种受拉杆件,它的一端与挡土墙联结,另一端通过钻孔、插入锚杆、灌浆、养护等工序锚固在稳定的地层中,以承受土压力对挡土墙所施加的推力,从而利用锚杆与地层间的锚固力来维持挡土墙的稳定。锚杆挡土墙是由挡土板、肋柱和锚杆组成。肋柱是挡土板的支座,锚杆是肋柱的支座,墙后的侧向土压力作用于挡土板上,并通过挡土板传给肋柱,再由肋柱传给锚杆,由锚杆与周围地层之间的锚固力,即锚杆抗拔力使之平衡。

由于墙后有锚杆的存在,受力状态比较复杂,目前设计中大多仍按库仑主动土压力理论近似计算。对于多级墙,应利用延长墙背法分别计算每一级墙背土压力。计算上级墙时,视下级墙为稳定结构,不考虑下级墙对上级墙的影响,计算下级墙时,则考虑上级墙的影响。为简化计算,可近似按照图9-9实线所示的土压力分布考虑,即土压力分布简化为三角形或梯形。

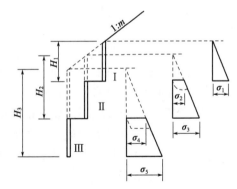

图9-9 分级锚杆挡土墙土压力分布

锚杆挡土墙适用于缺乏石料承载力较低的软弱地基,其他具有锚固条件的路堑墙也可以使用,还可用于陡坡路堤墙。在锚固条件不好的新黄土地层不宜采用锚杆挡土墙,在老黄土地层中应慎用。

锚杆挡土墙在设计时应注意:

(1)锚杆挡土墙可采用肋柱式或板壁式,墙的总高不大于18m,采用多级墙时每级墙高不宜大于8m,并在上下两级墙之间设置带有横坡的平台。

(2) 肋柱式锚杆挡土墙的肋柱间距为 2.0～3.0m,肋柱垂直布置或向填土一侧仰斜,仰斜度不大于 1∶0.05。

(3) 每级肋柱上的锚杆层数可为双层或多层,锚杆按弯矩相等或支点反力相等的原则布置,向下倾斜,与水平夹角为 15°～25°,锚杆层间距不小于 2.0m。

(4) 锚孔直径与锚杆直径相配合,不小于 10cm,锚固在老黄土层中的锚孔直径适当增大。

9.3.3 锚定板挡土墙

锚定板挡土墙是我国铁道部门首创的一种新型的支挡结构形式,发展于 20 世纪 70 年代初期,在公路支挡工程中也得到广泛应用。锚定板挡土墙是一种适用于填方路段的轻型支挡结构,该结构由墙面系、钢拉杆、锚定板和填土共同组成,钢拉杆的一端与工程构造物联结,另一端埋置于路基中,承受由土压力所产生的拉力。锚定板技术可视为锚杆技术的一个衍生形式,其抗拔力来源于锚定板前填土的被动土压力,对墙后填料及埋设锚定板后的土方压实要求较高。锚定板挡土墙中构件多为预制构件,现场安装,但施工中面板、肋柱安装较严格,接缝较多容易导致大气降水入渗而影响墙后填料的稳定性。设计单级墙高一般为 6m 左右,多级挡土墙应采用阶梯形进行布置。

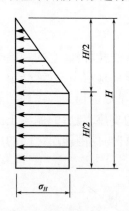

图 9-10 锚定板挡土墙土压力分布

现场实测和室内模型试验表明,土压力值大于库仑主动土压力计算值,但小于静止土压力值。为简化计算,锚定板挡土墙设计时,作用于墙背上的恒载土压力可以库仑土压力或者静止土压力理论为基础进行近似计算。由填料产生的土压力分布如图 9-10 所示,土压力按式(9-9)计算。

$$\sigma_H = \frac{1.33 E_x}{H} m \tag{9-9}$$

式中:σ_H——水平主动土压力,kPa;

E_x——主动给土压力的水平分力,kN;

H——墙高,m,分级墙时,为上下级墙高之和;

m——土压力修正系数,一般为 1.2～1.4。

锚定板挡墙的构件断面小,结构质量轻,使挡土墙的结构轻型化,与重力式挡土墙相比,可以节约大量的圬工和节省工程投资;有利于挡土墙的机械化、装配化施工,可以减轻笨重的体力劳动,提高劳动生产率;不需要开挖大量的基坑,能克服地基挖基的困难,并利于施工安全。锚定板挡墙适用于承载力较低的软弱地基和缺乏石料的地区。锚定板挡土墙可作路肩墙或路堤墙使用,但在滑坡、坍塌地段以及膨胀土地区不能使用。

锚定板挡土墙设计时应注意:

(1) 锚定板挡土墙可采用肋柱式或板壁式,墙高不宜超过 10m。当墙高超过 10m 时,可分级设置,每级墙高不宜大于 6m。上、下级墙体之间应设置宽度不小于 2m 的平台。

(2) 肋柱式锚定板挡土墙的肋柱间距宜为 1.5～2.5m,每级肋柱高 3～5m。肋柱应采用垂直或向填土侧后仰布置,并预留拉杆孔道。肋柱下端应设置厚度不小于 0.5m、襟边宽度不小于 0.1m 的基础。肋柱受力方向的前后侧面内应配置直径不应小于 12mm 的通长受力钢筋。

(3) 板壁式挡土墙的每块墙面板至少连接一根拉杆,拉杆直径宜为 22～32mm。

(4) 锚定板宜采用钢筋混凝土板,肋柱式锚定板面积不应小于 0.5m^2,无肋柱式锚定板面积不应小于 0.2m^2。

(5) 拉杆、拉杆与肋柱及拉杆与锚定板连接处,应做好防锈处理。

(6) 锚定板挡土墙应在墙背底部至墙顶以下 0.5m 范围内,填筑厚度不小于 0.3m 的反滤层,并应采取排水措施。

9.3.4 土钉墙

土钉技术是一种在原位土体中安置土钉而使土体的力学性能得以改善,从而提高边坡稳定性的新型支护和支挡技术。土钉墙的主要构造包括护面板和土钉,土钉沿通长与周围土体接触,依靠接触界面上的黏结和摩擦作用,与其周围土体形成复合土体,土钉在土体发生变形的条件下被动受力,并主要通过其受拉作用对土体进行加固,而土钉间土体变形则通过护面板予以约束。作用于土钉墙墙面板的土压应力分布如图 9-11 所示,土压应力根据墙背计算点至墙顶的距离按式(9-10a)和式(9-10b)计算。

当 $h_i \leqslant 1/3H$ 时

$$\sigma_i = 2\lambda_x \gamma h_i \tag{9-10a}$$

当 $h_i > 1/3H$ 时

$$\sigma_i = 2\lambda_x \gamma H \tag{9-10b}$$

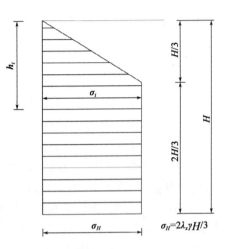

图 9-11 土钉墙墙背土压应力分布图

式中:σ_i——水平土压应力,kPa;

λ_x——水平主动土压力系数,$\lambda_x = \lambda_a \cos(\delta - \alpha)$,其中 λ_a 为主动土压力系数,δ 为墙背摩擦角,°,α 为墙背与竖直面间的夹角,°;

γ——边坡岩土体重度,kN/m^3;

h_i——墙顶距第 i 层土钉的竖直距离,m。

土钉墙适用于一般地区和地震地区土质及破碎软弱岩质路堑边坡在腐蚀性地层、松散土质边坡及地下水较发育地段,一般不采用土钉墙。黄土地区路基支挡工程中,常采用土钉墙作为临时支护。土钉墙对水的作用特别敏感,土体含水率会降低土的抗滑强度和土钉与土体之间的界面黏结强度。大量工程实践表明,土钉工程发生事故多与水的作用有关,因此必须在地表和土钉墙内部设置完善的排水系统以疏导地表径流和地下水。对于永久性工程,应考虑长期使用过程中土体含水率的变化对土体抗剪强度的不利影响。土钉墙可用于路堑边坡的加固,适合于硬塑或坚硬的黏质土、胶结或弱胶结的粉土、砂土、砾石、软岩和风化岩层等路堑边坡,作为边坡开挖的临时支护和永久性支挡结构,高度一般不应大于 18m;也可用于支挡结构的维修、改建与加固。

土钉墙在设计时应注意:

(1) 土钉墙设计与施工应遵循"保住中部、稳定坡脚"的原则,中部的土钉适当加密、加长,坡脚用混凝土加固,并使之与土钉连成一个整体。

（2）土钉墙分层开挖高度应在0.5~2.0m，土质条件较好时可适当提高。

（3）钉孔注浆材料强度不低于25MPa，采用孔底注浆法，注浆压力在0.2MPa左右。喷射混凝土面层厚度不低于50mm，模筑混凝土强度不低于C20且厚度不低于20mm，并在喷射混凝土面层和模筑混凝土内应各配置一层钢筋网。

（4）土钉墙应设置仰斜排水孔，排水孔长度略大于土钉长度，孔内设置透水管或凿孔的聚乙烯管并充填粗砂。

9.4 柔性挡土墙

9.4.1 背景描述

土工格室属于特种土工合成材料，具有蜂窝状的三维结构，一般由土工织物、土工格栅、土工膜、条带聚合物等构成。它伸缩自如，运输方便，使用时张开并充填土石或混凝土料，构成具有强大侧向限制和大刚度的结构体。

土工格室最早是由法国路桥实验室研制的，20世纪80年代初以"Armater"命名推出其产品；1982年，英国Netlon公司也提出了类似的想法，生产了一种由土工格栅构成的土工格室。20世纪70年代后期，美国工程兵师团和普利斯德公司合作研制了一种土工格室，并对三维结构的土工格室进行了性能研究与野外现场试验，主要用于沙漠和滩涂的军事演习。GeoWeb现在已经形成了不同规格的系列产品，并被广泛应用于防护工程、铁路基床、道床、场地基层和面层、各种临时道路等多种工程领域。我国对土工格室的应用和研究始于20世纪90年代初，主要集中在条带聚合物土工格室。对于土工格栅装配起来的土工格室，铁道部门曾做过少量的应用研究，主要用于坡面防护。1993年开始生产的土工格室产品均为网格状结构，由HDPE或者改性共聚丙烯条带经超声波强力焊接而成，其构造和技术参数与GeoWeb接近。目前我国对土工格室进行了试验性的应用与研究，取得了一些经验与成果。随着我国基础建设的逐渐加大，我国对土工格室及其加固技术的研究也逐渐深入，目前土工格室已经广泛应用于土木工程的各个领域，并取得了良好的社会效益和经济效益。

土工格室柔性挡土墙最大特点在于施工完后，表面可以进行绿化，这一点克服了刚性支挡结构物表面不能进行绿化的缺陷。由于其墙身具有一定的柔性，可与土体协调变形，能够释放部分土压力，使墙后土体的土压力重新分布，向有利于整体稳定的方向发展。在公路建设中，土工格室柔性挡土墙能够满足恢复生态、绿化墙面、美化沿线景观的要求，应用前景十分广阔。

土工格室柔性挡土墙分为路堑挡土墙和路堤挡土墙，其中路堤挡土墙又分为路肩式和路堤式。土工格室柔性挡土墙主要由墙体、基础和拉筋体等部分组成，路堤与路肩式柔性挡墙结构基本相同，均包含这几部分，如图9-12所示。挡墙是由具有三维网状结构的土工格室和充填料组成的结构层按一定坡度层层叠加形成的支挡构造物。层与层之间采用锚钉连接，加筋体系由1~2层土工格室充填填料（如级配碎石或天然砂砾等）按一定间距布置于路堤中，并采用专用连接件与墙体连为一体。路堑式柔性挡墙没有拉筋体部分。面板格室形式按需要特制，与拉筋格室连接安置于墙体外缘，具有易装配、抗老化性能好、焊缝抗剥离强度高等特点。

墙面板可以采用不同的颜色(如墨绿色、土黄色等)与周边环境相协调。墙体部分有叠砌式与面板式,前者由土工格室砌筑而成,后者则还包括面板格室。工程实景如图9-13所示,左侧为叠砌式柔性挡墙,右侧为面板式柔性挡墙。

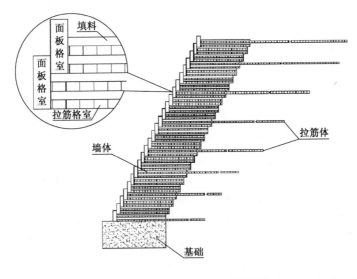

图9-12 土工格室柔性挡土墙结构图

图9-13 土工格室柔性挡土墙外观

9.4.2 作用机理与土压力分布

1)作用机理

土工格室柔性挡土墙作为一种复杂的结构体系,其中土工格室起着核心作用。土工格室是一种新型的土工合成材料,它由高分子聚合物片材经超声波焊接而成,具有三维网状立体结构。土工格室加固土体是机械式的,主要通过土工格室与加固体两者之间的相互作用来达到加固的目的。它的加固机理主要表现在对土体的侧向约束作用、对土体的摩擦作用和土工格室的网兜效应三个方面,但在不同的条件下起主导作用的方面不同。在土工格室柔性挡土墙中,其作用机理可归纳为以下三点:

(1) 柔性墙体的支挡作用

土工格室由于具有三维网状结构、在格室内充填土石等材料,利用填料与格室产生的摩阻力和格室本身对填料的侧向约束力,构成一个具有较大抗剪强度和刚度的结构体。土工格室柔性挡墙对其后土体具有一定的支挡作用,在这一点上,与刚性挡土墙和半刚性挡土墙的支挡作用相同。土工格室柔性挡土墙具有一定的重量,墙身具有一定的强度,可限制墙后填土的侧向位移,保证了墙后土体的稳定。层层叠加的土工格室结构具有较大的抗剪强度和一定的刚度,也保证了墙体本身的稳定。

(2) 墙体柔性的减力作用

土工格室柔性挡墙在墙背作用下,墙身与墙后土体协调变形,变形最先从墙背应力最大点处开始,当此处发生一定的变形后,墙背应力也就得到了一定的释放,从而使墙背应力重新分布。如此重复作用,使应力分布向有利于墙体及墙后土体整体稳定的方向发展,最终达到稳定的状态。

(3) 土工格室加筋层的加筋作用

土工格室加筋层具有较大的抗拉刚度,一方面,通过其抗拉性能直接限制了墙体的侧向位移,另一方面,加筋层通过其界面作用,限制了土体的侧向变形,提高了填土的抗剪强度,从而减小了墙后填土对墙体的推力,分担了部分土压力,相应地提高了整个结构的承载力。

2) 土压力分布

(1) 路肩式柔性挡土墙

路肩式挡土墙结构形式如图 9-14 所示。作用在挡土墙上的力系,包括填土自重及上覆荷载产生的土压力 E_a,可分解为水平土压力 E_x 与垂直土压力 E_y;墙身自重 G;拉筋拉力 T_i。

为了方便起见,柔性挡土墙的墙背土压力的计算可考虑采用库仑土压力理论进行。此时挡土墙如同仰斜式重力式挡土墙一般,依靠其庞大的墙身来抵抗土压力的作用,维持自身稳定。墙背后填土表面常有车辆荷载作用,使土体中产生附加的竖向应力,从而产生附加的侧向应力。土压力计算时,对于作用于墙背后填土表面的车辆荷载可以近似地按均布荷载来考虑,并将其换算为密度与墙后填土相同的均布土层。

根据库仑土压力理论,得到墙背土压力分布如图 9-15 所示,库仑压力系数的计算如式(9-11)所示。

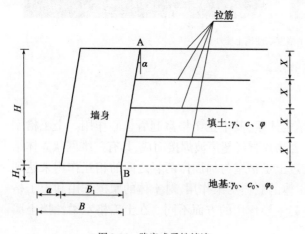

图 9-14 路肩式柔性挡墙

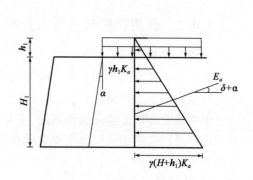

图 9-15 墙背土压力分布

$$K_a = \frac{\cos^2(\varphi - \alpha)}{\cos^2\alpha\cos(\delta + \alpha)\left[1 + \sqrt{\dfrac{\sin(\varphi + \delta)\sin\varphi}{\cos(\delta + \alpha)\cos\alpha}}\right]^2} \quad (9\text{-}11)$$

式中：δ——墙背摩擦角，°；

α——墙背倾角，°，当墙背俯斜时 α 为正，仰斜时为负；

K_a——库仑土压力系数；

取单位墙长，所得的假想墙背主动土压力 E_a（kN）的表达式为：

$$E_a = \frac{1}{2}\gamma(H + h_1)^2 K_a = \frac{1}{2}\gamma H'^2 K_a \quad (9\text{-}12)$$

沿墙高的土压应力 σ_a，可通过 E_a' 对 H' 求导而得到：

$$\sigma_a = \frac{dE_a'}{dH'} = \gamma h K_a \quad (9\text{-}13)$$

式中：H'——假想墙背高度，m。

截取假想墙背土压应力分布中与墙身高度相应的部分，得到实际墙背土压力分布，如图 9-16 所示。

$$E_a = \frac{\gamma \times h_1 K_a + \gamma \times (H + h_1) K_a}{2} H = \frac{H\gamma \times K_a(H + 2h_1)}{2} \quad (9\text{-}14)$$

$$H_{E_a} = \frac{\gamma \times h_1 K_a H \dfrac{H}{2} + \gamma \times H K_a \dfrac{1}{2} H \dfrac{H}{3}}{\dfrac{H}{2}\gamma \times K_a(H + 2h_1)} = \frac{H(H + 3h_1)}{3(H + 2h_1)} \quad (9\text{-}15)$$

（2）路堤式柔性挡土墙

路堤式加筋挡墙的结构断面如图 9-17 所示。

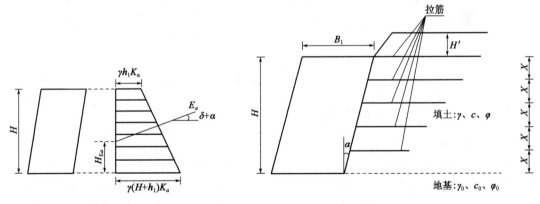

图 9-16 实际墙背土压力分布　　图 9-17 路堤式土工格室挡墙

将挡土墙上填土重力按下式换算成等代土层厚度计算：

$$h_1 = \frac{H}{2m} \quad (9\text{-}16)$$

式中：h_1——挡土墙上填土换算成等代均布土层厚度，m，当 $h_1 > H'$ 时，取 $h_1 = H'$；

m——路堤边坡率；

H——挡土墙墙身高度,m;

H'——加筋体上路堤高度,m。

车辆荷载换算的等代均布土层厚度 h_2 应按下式计算:

$$h_2 = \frac{\sum G}{BL_0\gamma} \tag{9-17}$$

式中:B——荷载布置长度,m;

L_0——荷载布置宽度,m,采用路基宽度;

γ——墙背后填土密度,kN/m^3;

$\sum G$——布置在 BL_0 面积内的轮载或履带荷载,kN。

B 的取值如下:

①汽车-10级或汽车-15级作用时,取挡土墙分段长度,但不大于15m;

②汽车-20级作用时,取重车的扩散长度(计算方法见式9-17)。当挡土墙分段长度在10m及以下时,扩散长度不超过10m;当挡土墙分段长度在10m以上时,扩散长度不超过15m;

③汽车-超20级作用时,取重车的扩散长度,但不超过20m;

④平板挂车或履带车作用时,取挡土墙分段长度和车辆扩散长度两者之较大值,但不超过15m。

车辆的扩散长度 B' 按下式计算:

$$B' = L' + a + (2H' + H)\tan 30° \tag{9-18}$$

式中:L'——汽车或平板挂车的前后轴距(履带车为零),m;

a——车轮或履带的着地长度,m。

将挡土墙上填土重力和车辆荷载均换算为等代均布土层厚度之后,可以计算出挡土墙墙背的土压力,如图9-18所示。

$$E_\alpha = \frac{\gamma K_\alpha[2(h_1 + h_2) + H]H}{2} \tag{9-19}$$

式中各符号意义同前。

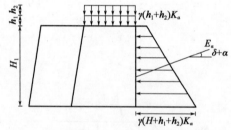

图9-18 墙背土压力分布图

9.4.3 工程适用性与设计要点

1)工程适用性

土工格室柔性挡土墙同刚性挡土墙一样,存在自身的特点,在工程中应用存在适应性问题。从土工格室柔性挡土墙的自身特性出发,对柔性挡土墙的适应性进行分析,进一步明确其适用及不适用工况,对挡土墙设计及支挡方案的比选具有重要的指导意义。根据柔性挡土墙的特点,并结合工程要求和经济性考虑,其主要适合在以下工程中应用。

(1)石料匮乏的地区

在石料匮乏的地区,石料一般要从较远处运输,运输成本很高,这将大大增加圬工工程的造价。大量石料从外地运输,不仅增加了工程造价,而且难以满足工程进度的要求。土工格室柔性挡土墙对格室填料要求不是很高,一般均可就地取材,这一点正好克服了圬工支挡结构物在这些地区的缺点,不仅可以满足工程需求,还可以大大降低工程造价。

(2)地基承载力较小的情况

当地基承载力较小,处理成本又很高时,在相同的条件下,柔性挡土墙的方案要明显优于刚性圬工挡土墙。土工格室柔性挡土墙墙身重度比刚性挡土墙的墙身重度小,在相同结构尺寸的情况下,其墙身重量比刚性墙身重量小,因而其对地基承载力的要求比刚性挡土墙低。此外,柔性挡土墙的墙身、基础和背土体协调共同作用,发生一定的变形而不破坏,对地基不均匀沉降的要求相对较低。

(3)环保要求较高的工程

目前,公路事业迅猛发展,公路工程不仅在质量方面提高了要求,在美观和环保方面也提出了更高的要求,很多公路要求修建完后恢复绿化。在有些风景区还要求沿线景观尽可能没有圬工结构外露。在这地区,刚性支挡结构虽然能满足安全方面的要求,但在绿化方面比较困难。土工格室柔性挡土墙施工完后,可在其墙面直接进行植草绿化,在美观方面完全能达到要求。

2)结构概况

柔性挡墙典型断面如图9-19所示。

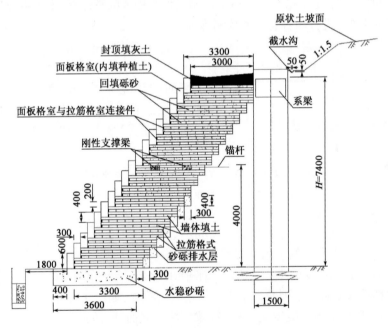

图9-19 柔性挡墙典型断面图(尺寸单位:cm)

(1)材料规格

①面板格室与拉筋格室规格分别为:面板格室的围空面积30cm×50cm,面板高度60cm,拉伸长度5m或3m一幅,格室壁厚1.2mm;拉筋格室的焊距40cm(等效直径25.5cm)格室高度10cm,拉伸尺寸5m×3m一幅,格室壁厚1.0mm。格室外露面呈阶梯状。

②面板格室和拉筋格室的质量技术要求为:拉伸强度大于20MPa,焊点剥离强度大于100N/cm,连接处强度大于200N/cm,低温脆化温度-60℃,维卡软化温度125℃。

③柔性挡墙面板格室与拉筋格室采用 $\phi12$ 锚钉连接,锚钉长 0.1m;面板格室的采用 $\phi12$ 锚钉连接,锚钉长 0.6m。

(2)挡墙构造

①基础:柔性挡墙基础回填采用水稳砂砾(1:10),压实度应大于 90%;厚度 0.5m,宽度 3.6m,长度 120m。

②墙顶:最后一层封顶采用二八灰土(质量比2:8),压实度应大于 90%;沿墙长方向的纵坡设计 1.8%,横坡设计 20%。

③墙面:墙面与墙背的坡度设计为 1:0.75。

④墙身:墙身设计高度 8m,墙身填料为砂砾,要求最大粒径不超过 5cm,含泥量在 70%以内。

3)设计要点

以路肩式土工格室挡墙为例,按荷载组合 I 进行结构设计,挡土墙结构示意图如图 9-14 所示。设拉筋等间距布置,间距为 x,共布设 n 层。可知: $H = nx$。

由于挡土墙的墙身具有一定的柔性,在墙后填土及车辆荷载引起的土压力的作用下,墙身必将产生一定的变形,但变形不宜过大,以保证挡土墙的正常工作及稳定性的发挥。考虑到土工格室的强度利用模数、土工格室与土体的协调变形和挡墙的整体性,本书中以墙身的最大变形不超过墙宽的 1.5% 进行墙身宽度的控制标准。

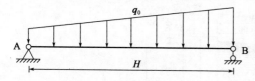

图 9-20 墙身受力变形模式

(1)不考虑拉筋作用

设计中分别从控制墙身的变形和保证挡土墙的整体稳定安全系数出发,设计墙身宽度,并取二者中的较大者。将墙身按两端铰支的简支梁进行受力、变形分析,模型如图 9-20 所示。

$$q_0 = \sigma_A \cos(\delta + \alpha) = \gamma h_1 K_a \cos(\delta + \alpha) \quad (9\text{-}20)$$

$$q_n = \sigma_B \cos(\delta + \alpha) = \gamma (H + h_1) K_a \cos(\delta + \alpha) \quad (9\text{-}21)$$

式中: σ_A ——墙背 A 点所受的土压应力,kN/m;

σ_B ——墙背 B 点所受的土压应力,kN/m;

q_0 ——墙背 A 点所受的土压应力的水平值,kN/m;

q_n ——墙背 B 点所受的土压应力的水平值,kN/m。

将墙身计算模式分解为下列两种基本计算模式的叠加,如图 9-21 所示。

根据叠加原理,梁的最大挠度 y_{max} 发生在梁的跨中截面处,即:

$$y_{max} = y_{\frac{H}{2}} = \frac{5 q_0 H^4}{384 EI} + \frac{5(q_n - q_0) H^4}{768 EI} = \frac{5(q_0 + q_n) H^4}{768 EI} \quad (9\text{-}22)$$

$$I = \frac{B_1^{\ 3}}{12} \quad (9\text{-}23)$$

式中: EI ——梁的抗弯刚度,kN·m²;

I ——梁截面惯性矩,取单位墙长,m⁴;

分别将式(9-20)、式(9-21)、式(9-23)代入式(9-22)中,得:

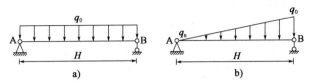

图 9-21 墙身计算模式分解

$$y_{max} = \frac{5\gamma K_a (H + 2h_1) H^4 \cos(\delta + \alpha)}{64 E B_1^3} \quad (m) \tag{9-24}$$

由 $y_{max} \leq 0.015 B_1$，得

$$B_1 \geq \sqrt[4]{\frac{125 \gamma K_a (H + 2h_1) H^4 \cos(\delta + \alpha)}{24 E}} \tag{9-25}$$

取等号，作为不考虑加筋作用时墙身厚度的初步设计。

下面从墙身稳定性出发，对墙身厚度 B_1 进行进一步设计。墙身受力如图 9-22 所示。

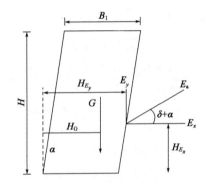

图 9-22 挡土墙墙身受力图示

①抗滑稳定性分析

$$K_c = \frac{\mu N}{T} = \frac{\mu(G + E_y)}{E_x} = \frac{\mu[\gamma_1 B_1 H + E_a \sin(\delta + \alpha)]}{E_a \cos(\delta + \alpha)} \geq [K_c] \tag{9-26}$$

②抗倾覆稳定性分析

$$K_0 = \frac{\sum M_y}{\sum M_0} = \frac{G H_G + E_y H_{E_y}}{E_x H_{E_x}} \geq [K_0] \tag{9-27}$$

$$H_G = \frac{\frac{1}{2} H \tan\alpha H \left(\frac{2}{3} H \tan\alpha + B_1 + \frac{1}{3} H \tan\alpha\right) + (B_1 - H \tan\alpha) H \left(H \tan\alpha + \frac{B_1 - H \tan\alpha}{2}\right)}{B_1 H}$$

$$= \frac{B_1 + H \tan\alpha}{2} \tag{9-28}$$

$$H_{E_y} = B_1 + H_{E_x} \tan\alpha = B_1 + \frac{(H + 3h_1) H}{3(H + 2h_1)} \tan\alpha \tag{9-29}$$

③墙底偏心距分析

$$e' = \frac{B_1}{2} - \frac{\sum M_y - \sum M_0}{N} = \frac{B_1}{2} - \frac{G H_G + E_y H_{E_y} - E_x H_{E_x}}{G + E_y} \leq \frac{B_1}{6} \tag{9-30}$$

④基底偏心距 e 和基底应力分析

下面设计基础的高度和底部宽度,如图9-23所示。

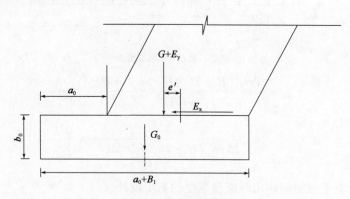

图9-23 基础断面示意图

$$e = \frac{a_0 + B_1}{2} - \frac{(G + E_y)\left(a_0 + \frac{B_1}{2} - e'\right) + G_0 \frac{a_0 + B_1}{2} - E_x b_0}{G + E_y + G_0} \leqslant \frac{a_0 + B_1}{6} \quad (9\text{-}31)$$

$$\sigma_{\max} = \frac{G + E_y + G_0}{a_0 + B_1} + \frac{6(G + E_y + G_0)e}{(a_0 + B_1)^2} \leqslant k[\sigma] \quad (9\text{-}32\text{a})$$

$$\sigma_{\min} = \frac{G + E_y + G_0}{a_0 + B_1} - \frac{6(G + E_y + G_0)e}{(a_0 + B_1)^2} \geqslant 0 \quad (9\text{-}32\text{b})$$

式中:H_{E_y}——土压力的垂直分力 E_y 对墙趾 o 点的力臂,m;

H_{E_x}——土压力的水平分力 E_x 对墙趾 o 点的力臂,m($H_{Ex} = H_{Ea}$);

H_G——墙身重力 G 对墙趾 o 点的力臂,m;

K_c——基底抗滑稳定系数;

$[K_c]$——基底抗滑要求安全系数;

K_0——抗倾覆稳定系数;

γ_1——墙身的密度,kN/m³;

$[K_0]$——抗倾覆要求安全系数;

$\sum M_y$——各力系对墙趾的稳定力矩之和,kN/m;

$\sum M_0$——各力系对墙趾的倾覆力矩之和,kN/m;

b_0——基础的高度,m;

$\sigma_{\max}$——基础底面的最大压应力,kN/m;

$\sigma_{\min}$——基础底面的最小压应力,kN/m;

$[\sigma]$——修正后地基土的容许承载力,kPa;

k——地基土容许承载力提高系数。

由式(9-26)得:

$$B_{11} = \frac{E_a[\cos(\delta + \alpha)[K_c] - \mu\sin(\delta + \alpha)]}{\mu\gamma_1 H} \quad (9\text{-}33\text{a})$$

由式(9-27)得:

$$B_{12} = \frac{\sqrt{\left(E_y + \frac{\gamma_1 H^2 \tan\alpha}{2}\right)^2 - \frac{2\gamma_1 H^2 (H + 3h_1)(E_y \tan\alpha - E_x[K_0])}{3(H + 2h_1)}} - \left(E_y + \frac{\gamma_1 H^2 \tan\alpha}{2}\right)}{\gamma_1 H}$$

(9-33b)

取 B_{11} 和 B_{12} 的较大值,作为 B_1 的进一步设计值。再取 B_1 的初步设计值和 B_1 的进一步设计值的较大值作为不考虑拉筋作用时墙身厚度 B_1 的设计值。

最后,根据式(9-30)、(9-31)、(9-32a)和(9-32b),进行对墙底偏心距、基底偏心距和基底应力的验算,若不满足,增大 B_1 值,直到满足要求为止。

(2)考虑拉筋作用

设计中分别从控制墙身变形和保证墙身稳定性出发,设计墙身宽度,并取二者中的较大者。

①从控制墙身变形出发,进行墙身厚度 B_1 的初步设计

因为共布设了 n 层拉筋,将墙身分成了 n 段,所以将墙身离散为 n 个两端铰接的简支梁进行分析。分析模式如图9-24所示。

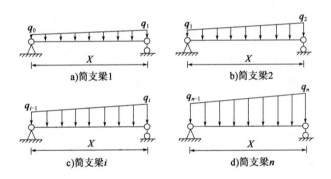

图9-24 墙身简化分析模式

因为拉筋等间距布设,而简支梁 n 受力最大,变形也最大,所以以简支梁 n 的变形量不超过墙宽的1.5%来初步确定墙身宽度 B_1。又因为拉筋共布设 n 层,间距均为 x,所以

$$H = nx \tag{9-34}$$

进而推出:

$$q_1 = q_0 + \frac{1}{n}(q_n - q_0) \quad q_2 = q_0 + \frac{2}{n}(q_n - q_0) \cdots \quad q_i = q_0 + \frac{i}{n}(q_n - q_0)$$

综上得:

$$q_i = q_0 + \frac{i}{n}(q_n - q_0) \quad (i = 0, 1, 2, \cdots, n) \tag{9-35}$$

同样,根据叠加原理,梁 n 的最大挠度 f 发生在其跨中截面处,且:

$$f = \frac{5q_{n-1}x^4}{384EI} + \frac{5(q_n - q_{n-1})x^4}{768EI} = \frac{5\gamma K_a \cos(\delta + \alpha)[2(H + h_1) - x]x^4}{64EB_1^3} \leq 0.015B_1 \tag{9-36}$$

推导出：

$$B_1 \geqslant \sqrt[4]{\frac{125\gamma K_a \cos(\delta + \alpha)[2(H + h_1) - x]x^4}{24E}} \qquad (9\text{-}37)$$

可见，$B_1 = f(x)$ 或 $B_1 = f(n)$。

②从墙身稳定出发，进行墙身厚度 B_1 的进一步设计，如图 9-25 所示

计算拉筋拉力时的三条假定：

a. 各层拉筋的锚固区长度相等，均为 L_m；

b. 各层拉筋的拉力设计值由其抗拔力决定；

c. 将锚固区的土工格室加筋体视为均匀等代层，与填土之间的抗拔摩擦系数为 f^*（由试验确定）。

下面求各层拉筋的极限抗拔力：

$$S_i = 2\sigma_i f^* L_m \qquad (9\text{-}38)$$

式中：S_i——第 i 层拉筋的极限抗拔力，kN；

σ_i——作用在第 i 层拉筋上的法向应力，kPa。

所以，各层拉筋的拉力设计值 T_i 为：

$$T_i = \frac{S_i}{[K_f]} = \frac{2\gamma(i-1)xf^* L_m}{[K_f]} \quad (i = 1, 2, \cdots n) \qquad (9\text{-}39)$$

式中：$[K_f]$——抗拔稳定要求安全系数。

墙身受力如图 9-26 所示。图中各符号意义同前。

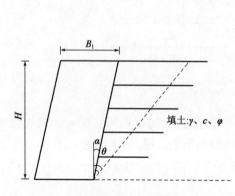

图 9-25 破裂面示意图

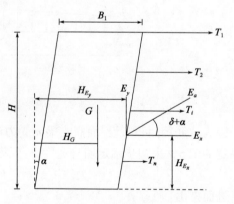

图 9-26 挡墙受力图示

对于墙体稳定破坏，考虑两部分阻力：①挡墙本身提供的阻力；②拉筋提供的阻力。

③抗滑稳定性分析

$$K_c = \frac{\mu N + \sum_{i=1}^{n} T_i}{E_x} = \frac{\mu(G + E_y) + \sum_{i=1}^{n} T_i}{E_x} \geqslant [K_c] \qquad (9\text{-}40)$$

④抗倾覆稳定性分析

$$K_0 = \frac{\sum M_y}{\sum M_0} = \frac{GH_G + E_y H_{E_y} + \sum_{i=1}^{n} T_i(n - i + 1)x}{E_x H_{E_x}} \geqslant [K_0] \qquad (9\text{-}41)$$

⑤墙底偏心距分析

$$e' = \frac{B_1}{2} - \frac{\sum M_y - \sum M_0}{N} = \frac{B_1}{2} - \frac{GH_G + E_y H_{E_y} + \sum_{i=1}^{n} T_i(n-i+1)x - E_x H_{E_x}}{G + E_y} \leqslant \frac{B_1}{6}$$

(9-42)

⑥基底偏心距和基底应力分析

设计基础的宽度和高度,如图9-27所示。

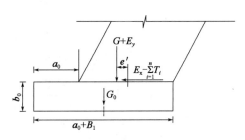

图9-27　基础断面示意图

基底偏心距$e(\mathrm{m})$的计算公式:

$$e = \frac{a_0 + B_1}{2} - \frac{G_0 \frac{a_0 + B_1}{2} + (G + E_y)\left(a_0 + \frac{B_1}{2} - e'\right) - (E_x - \sum_{i=1}^{n} T_i) b_0}{G + E_y + G_0} \leqslant \frac{a_0 + B_1}{6}$$

(9-43)

$$\sigma_{\max} = \frac{G + E_y + G_0}{a_0 + B_1} + \frac{6(G + E_y + G_0)e}{(a_0 + B_1)^2} \leqslant k[\sigma]$$ (9-44a)

$$\sigma_{\min} = \frac{G + E_y + G_0}{a_0 + B_1} - \frac{6(G + E_y + G_0)e}{(a_0 + B_1)^2} \geqslant 0$$ (9-44b)

由式(9-40)得:

$$B_{11} = \frac{[K_c]E_x - \dfrac{n(n-1)\gamma x f^* L_m}{[K_f]} - \mu E_y}{\mu \gamma_1 H} = \frac{[K_c]E_x - \dfrac{H\left(\dfrac{H}{x} - 1\right)\gamma f^* L_m}{[K_f]} - \mu E_y}{\mu \gamma_1 H}$$ (9-45)

由式(9-41),得:

$$B_{12} = \frac{\sqrt{\left(\dfrac{\gamma_1 H^2 \tan\alpha}{2} + E_y\right)^2 - 2\gamma_1 H\left\{E_y H_{E_x}\tan\alpha - E_x H_{E_x}[K_0] + \dfrac{\gamma H f^* L_m (H^2 - x^2)}{3x[K_f]}\right\}}}{\gamma_1 H} - \dfrac{\dfrac{\gamma_1 H^2 \tan\alpha}{2} + E_y}{\gamma_1 H}$$

(9-46)

取B_{11}和B_{12}的较大值,作为B_1的进一步设计值。再取B_1的初步设计值和B_1的进一步设计值的较大者,作为考虑拉筋作用时墙身宽度B_1的设计值。最后,根据式(9-42)、式(9-43)、式(9-44a)和式(9-44b),进行对墙底偏心距,基底偏心距和基底应力的验算,若不满足,增大

B_1 值,直到满足要求为止。

4)挡土墙整体滑动稳定性分析

设拉筋的长度不超过可能发生的滑动面,如图9-28所示。可以用普通的圆弧法计算。

$$K_s = \frac{\sum(c_i L_i + W_i \cos\alpha_i \tan\varphi_i)}{\sum W_i \sin\alpha_i} \geqslant [K_s] \tag{9-47}$$

式中:C_i,L_i——第 i 条块滑动面上的黏聚力(kPa)和弧长(m);
$\quad\quad W_i$——第 i 条块自重及其荷载重,kN;
$\quad\quad \varphi_i$——第 i 条块滑动面上土的内摩擦角,°;
$\quad\quad \alpha_i$——第 i 条块滑动弧的法线与竖直线的夹角,°。

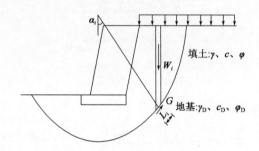

图9-28 圆弧滑动面条分法验算图示

5)沉降分析

地基土因墙身自重及其他荷载引起的沉降(尤其是不均匀沉降),必须控制在容许范围内。柔性挡墙墙身具有一定的柔性,在地基不均匀沉降方面,柔性挡墙对地基不均匀沉降的适应性比刚性墙要强得多,当地基产生不均匀沉降时,刚性墙可能会在不均匀沉降处产生应力集中而开裂,使墙体破坏;而柔性墙由于墙身具有一定的柔性,在不均匀沉降处墙身会发生一定的变形,使应力重新分布,从而消除应力集中现象,墙体可产生一定的变形而不破坏,因而对地基方面的要求比刚性挡墙要低得多。但过大不均匀沉降会使墙的外观发生扭曲,也可能导致墙体失稳破坏,因此,设计时还应对地基的最终沉降量进行计算,应满足挡墙稳定性的要求。对于柔性挡墙来说,地基的工后沉降量应不大于10cm。在预计有较大不均匀沉降的地段,可把挡土墙在构造上分为若干段,段间设置沉降缝,尤其是与桩基、桥台及涵洞等的连接部分应加设沉降缝。挡土墙地基的沉降计算方法和其他建筑物计算一样,即土力学中浅基础沉降和填土沉降计算方法(一般采用分层总和法)。

地基的工后沉降量一般采用分层总和法来计算。分层总和法是建立在一维变形假定上的一种计算地基最终固结沉降的常用方法,它是在地基压缩层范围内,按土的特性和应力状态的变化分成若干层,然后利用完全侧限条件下土的压缩性指标计算各分层的压缩量,最后求其总和。

分层总和法的一般计算式为:

$$S = \sum_{i=1}^{n} \frac{e_{0i} - e_{1i}}{1 + e_{0i}} h_i \tag{9-48}$$

式中：S —— 最终固结沉降量；
  n —— 压缩层内土层分层的数目；
  e_{0i} —— 地基中各分层在自重应力作用下稳定孔隙比；
  e_{1i} —— 地基中各分层自重应力和附加应力共同作用下稳定孔隙比；
  h_i —— 地基中各分层的原始厚度。

如果地基计算工后沉降量过大于 10cm，应采取一定的措施对地基进行处理，处理效果满足沉降要求后，再进行挡墙施工。

6）设计步骤

土工格室挡墙的设计步骤如下：

(1)测定填料的指标和界面上的摩擦角。

(2)设定墙身高度、加筋间距。

(3)根据式(9-29)，进行墙身宽度的初步设计。

(4)根据式(9-34)和式(9-35)，进行墙身宽度的进一步设计，得到墙身宽度 B_1 和加筋锚固长度 L_m 的关系。设定加筋锚固长度 L_m，得到墙身宽度设计值。

(5)根据式(9-31)到式(9-33)，对墙底偏心距、基底应力和基底偏心距进行验算。

(6)对墙身抗剪进行验算。

9.4.4 工程应用案例

1）土工格室柔性挡墙设计简况：

祁临高速公路灵石 K2+350～K2+402 土工格室柔性挡墙高 12m，坡度 1:0.25，墙宽 4m，加筋间距 2m，加筋长度布置如图 9-29 所示。

2）现场测试

为了明确墙背土压力的实际分布，以求了解土工格室柔性挡墙在实际工程中的工作性状并与数值计算结果比较验证，为工程的效果评价提供依据，为施工控制提供参考，本工程在土工格室柔性挡墙墙体的墙背处埋了若干个土压力盒以测量相应位置上的土压力。现场测试布设主测断面和辅测断面各一个，共埋置土压力盒 23 个用以测量墙背与墙体中的土压力值及其随时间和沿墙高的变化趋势。测量墙背土压力的土压力盒布置典型断面如图 9-30 所示。

3）测试结果

图 9-31 给出了部分土压力盒所测得的土压力值随时间变化的曲线。从图中可以看到在施工过程中墙背侧向土压力随时间的推移（即填土高度的增加）而不断增大，到施工结束（120d）之后，墙背土压力值趋于稳定。同时，侧向土压力值随埋置深度的增大而增大，最大值产生于墙底。

4）计算分析

运用 MARC 软件对祁临高速公路灵石连接线土工格室柔性挡土墙进行了数值仿真分析。计算参数见表 9-2，其中由于土工格室柔性挡土墙坐落于软岩之上，故地基的各项参数取值较高。

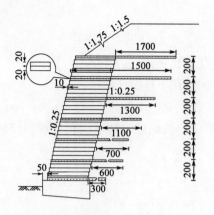

图 9-29 祁临高速公路灵石连接线土工格室柔性挡土墙(尺寸单位:cm)

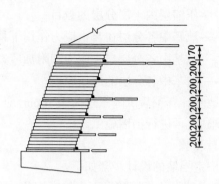

图 9-30 土压力盒埋置示意图(尺寸单位:cm)

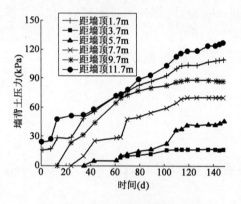

图 9-31 实体工程部分实测墙背土压力

(1)位移曲线

从图 9-32 可以看出挡墙的墙背位移沿墙高非线性分布,最大位移发生在距离墙顶 7m 左右处,最大墙背位移为 2.6cm,远未达到土工格室柔性挡土墙的破坏标准(0.12m)。

(2)墙背应力曲线

图 9-33 给出了墙背侧向土压力实测值与有限元计算值的比较曲线。从图中可以看出,有限元得出的墙背应力值随距墙顶距离的增大而增大,在加筋层处发生突变,并在局部范围内改变了墙背应力的分布,如不计加筋层处应力集中点,墙背应力最大

值产生于距墙 10.84m,为 143.57kPa。而实体工程中由于压力盒埋置数量有限,墙背实测压力值无法连续反映墙背土压力的变化趋势,但从墙背实测点应力的连线看,墙背侧向土压力沿埋置深度的增大呈线性增加趋势,最大值(约为 128kPa)发生在墙底,与计算曲线比较,除加筋层处应力变化较大外,其变化趋势基本一致,表明本书采用的有限元计算模型能够较好地模拟柔性挡土墙的工作性状。

祁临高速公路灵石连接线土工格室柔性挡土墙计算参数　　　　表 9-2

分析域	墙身	加筋体	墙后填土	地基
弹性模量 E(MPa)	60	200	30	120
泊松比 μ	0.25	0.25	0.35	0.2
重度 γ(kN/m³)	17	17	17	20
黏聚力 c(kPa)	60	60	30	100
内摩擦角 φ(°)	40	40	25	40

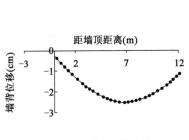
图9-32 墙背位移曲线

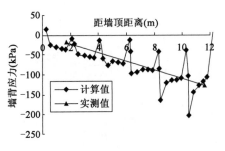
图9-33 墙背应力曲线

9.4.5 问题讨论

不同的墙体参数变化对土压力及其分布的影响存在差异。

(1)墙体厚度、坡比和弹性模量等参数的变化对墙背土压力及分布的影响比较显著。随着墙身厚度增加,墙背应力逐渐增大,且增大幅度较大,但增大趋势逐渐减小,见图9-34a);挡墙坡比减小时,墙背的应力分布以8m为界,应力在8m以上减小,8m以下增大,上部变化的幅度较下部小,见图9-34b);随着墙身弹性模量的逐渐增大,墙背水平应力也在逐渐增大,同时,墙背应力分布曲线也出现明显的变化,见图9-34c)。

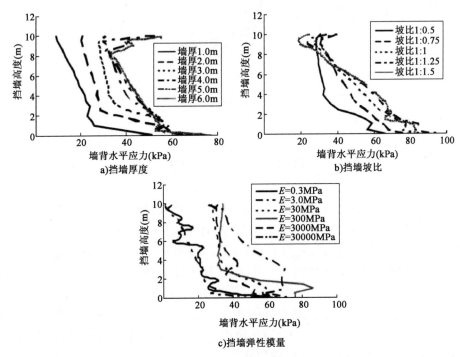

图9-34 墙体几何参数变化的影响

(2)黏聚力和内摩擦角的变化对土压力及其分布的影响程度有范围限制。黏聚力为10~30kPa时,对墙背应力影响较大,当黏聚力大于30kPa时,对土压力不产生影响,见图9-35a);内摩擦角也表现出相似的规律,以30°为界,在10°~30°时,墙背应力随着内摩擦角的增大而增大,当内摩擦角大于30°时,对墙背应力不产生影响,见图9-35b)。

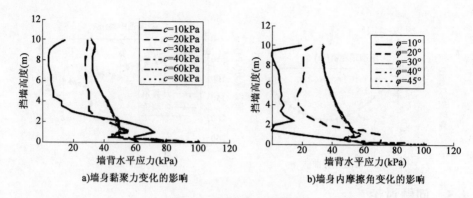

图 9-35　物理参数变化的影响

（3）墙体重度的变化对土压力影响很小，从图 9-36 可以看出，挡墙墙身重度 γ 在 15～23kN/m³ 范围变化时，墙背应力大小及分布变化均比较小，可认为墙身重度变化对墙背应力影响较小。

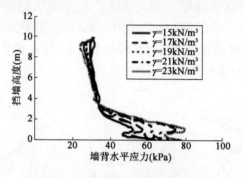

图 9-36　挡墙墙身重度变化的影响

9.5　小　　结

刚性挡土墙是最古老的支挡结构形式，由于料源丰富、取材方便、形式简单、施工简便，仍然是目前应用较广泛的支挡结构。随着公路等级和使用要求的提高以及科技水平的发展，对支挡结构的技术要求也在不断提高，为了适应不同的使用要求和不同地区的建筑条件，技术人员研究开发了各种形式的半刚性挡土墙。近年来，随着社会经济的发展和人民生活水平的提高，对环境保护的要求也越来越高，因此，怎样才能设计出既安全、经济，又利于环境保护，且绿化环境的挡土墙是黄土地区支挡结构设计的动力所在。在以往众多的挡土墙设计中，墙面板虽然能够采用不同形式的图案与周围环境相协调，但其采用的钢筋混凝土面板或钢面板并不能起到绿化环境的作用。采用土工格室建造挡墙，结构稳定性好，可防止陡坡表面被雨水冲蚀，与圬工墙体相比，造价降低 15%～30%，同时表面可种花草，美化环境。所以，从环境保护的要求出发，采用柔性挡墙，社会效益不可估量且具有不可替代的优越性和技术经济效益。

第10章 黄土高填路堤涵洞工程

10.1 概 述

第四纪以来新构造运动的影响致使黄土高原逐渐抬升,加上人为因素的影响,自然环境的破坏加剧,河流下切幅度加大,侵蚀地貌发育明显,进而造成了目前黄土地区沟壑纵横地貌的现状,这也是在我国西部公路建设中,黄土地区高填方路堤涵洞大量存在的根本原因。在最初的统计中平均每公里路基要修建3到4个涵洞,甚至是更多。从目前的情况看,已建成的涵洞普遍存在工程病害,据统计,产生工程病害的涵洞约占统计量的60%以上,而局部地区,特定类型的涵洞工程病害占总统计数的100%。从已有的研究成果和国内外文献资料来看,黄土地区产生涵洞工程病害的原因有:

(1)黄土地区高填路堤涵洞设计理论不成熟,对涵洞承受的周边土压力的大小与分布情况认识不清,国内各土建行业对涵洞土压力的规范计算公式也不统一,所以土压力估算不当是目前黄土地区高填涵洞因结构受力过大而产生破坏的主要原因。

(2)同一类型的涵洞,可采用不同的方法进行施工,但不同的施工方法,可使涵洞承受不同大小的周边土压力,现有的文献仅注意到这个问题,但没有提出解决方法。

(3)涵洞是土体内的构造物,它与周围土体共同工作,受力和变形相互协调,传统方式取脱离体的结构设计方法不适用于高填涵洞工程的设计。

(4)缺少高填涵洞工程病害程度的测评办法,合理的测评办法与指标是保证黄土地区高填涵洞工程安全经济设计与应用的前提。

顾安全最早对涵洞的病害进行了调研和分析,在调研的303座涵洞中,管道开裂破坏者占63.5%,其中70%属纵向开裂(设计土压力小于实际土压力)。魏红卫指出:2000—2001年在湖南两条公路圆管涵裂缝的调研中,填土高于6m的圆管涵裂缝较普遍、个别涵洞发生坍塌。赵立岩认为,在平原地区,混凝土圆管涵占涵洞的80%以上,有的几乎达到100%,多数混凝土圆管涵洞在使用3个月到2年后即出现程度不同的各种病害,其中约有8%的涵洞需要进行大、中修或改建。李亚东指出:109线二期工程的K181~K182段,涵洞处在砂性土路基中,工程竣工通车不久,逐渐发现该路段涵洞出现明显的裂缝,甚至破坏。通过调查发现4处孔径1.5m,填土高度16~20m的圆管涵全部出现严重裂缝甚至断裂。娄亦红、王秉勇指出:在广东、湖南、湖北等地的某些高速公路项目建设过程中,相继发现已完工的圆管涵工程在道路未通车之前就出现开裂、受挤压变形等现象。病害的主要特征是管径严重压缩变形,严重的部位沿竖向管径缩小10cm;开裂部位大都在管顶,严重的甚至出现环向钢筋外露,被拉直的现象。

此外通过调研还发现:①受地质、地貌、气候条件、建筑材料、涵洞用途、施工条件,甚至是设计人员个人爱好等因素的影响,同一条线路上涵洞的结构形式一般都基本相同。②涵洞的破坏主要是由土压应力集中引起的纵向结构破坏、由沉降不均匀引起的横向结构破坏,或由这两个原因共同引起的结构斜向破坏。③缺少涵洞勘察资料与涵洞设计验算资料是产生涵洞病害的原因之一,甚至可以说现有的涵洞设计标准图也对涵洞的设计产生一定程度的负面影响。④有些涵洞病害是由施工不当原因引起的。⑤有些涵洞病害是由人为的主观因素引起的,如某条线路上,为减少由台背沉降差引起的跳车问题,在桥台、涵背填土体上普遍进行了强夯处理,这样的处理虽压实了土体,但也对涵洞结构造成了一定程度的损伤。

10.2 高填路堤涵洞土压力特征

10.2.1 背景描述

涵洞埋设在土中,它与周围填土、地基共同作用,构成一个变形、受力相互协调、彼此间相互关联、相互影响的统一结构体系,称其为"涵土结构"。在这个体系中,由于填土的工作特性比较特殊而导致涵洞受力与变形问题的复杂性。填土首先是涵洞埋置其中的环境,其次对于涵洞和地基而言它又是一种外荷载;同时,它又是支撑和传递荷载的介质,能将路面荷载及其重力荷载传递到涵洞结构物和地基中。由于涵洞与填土和地基共同工作,因此涵洞的受力与变形特性与其周围填土、地基的受力与变形特性息息相关。为了使计算出的涵洞受力状态更符合实际,需要将涵洞与土体视为统一体,要求既满足力的平衡条件,又满足变形条件,进而计算整个涵土结构的变形与受力。

目前,学术界对涵洞的研究主要集中在埋涵土压力大小及分布、涵管与土体共同工作的机理、涵管土压力减荷措施、涵管破坏的病因分析等几个主要方面。

10.2.2 涵洞土压力作用机制

涵洞与填土体共同工作的机理与作用机制问题一直是涵洞工程问题研究的重点,多年来一直受到岩土工程界诸多专家学者的关注。

1) Marston 的等沉面计算模型

美国艾奥瓦州立大学的 Anson Marston,1913 年发表了论文《沟埋管道荷载理论及水泥管、陶土管和污水管的试验》,开创了埋管土荷载计算方法的先河。Marston 首先利用散体极限平衡条件提出一个沟内埋管上覆填土垂直土压力的计算模型,并推导出计算公式(此公式就是现在公认的 Marston 公式),然后将其进一步推导至上埋式管道垂直土压力的计算。Marston 公式的提出有以下 3 个假设(图 10-1):

(1)剪切面假定:沿管道水平直径两端点,向地面引垂线,交于 a、b 两点。垂线 aa' 与 bb' 把管周土体分割为三部分:管顶上方为内土柱,其两侧为外土柱。在土体沉陷变形过程中,内外土柱通过其界面 aa'、bb'(即剪切面)作相对运动,并产生剪切力。

(2)极限平衡状态假定:内、外土柱间的相对运动,用极限平衡状态表示。

(3)管顶垂直土压力分布呈抛物线形式。另外,Marston 引入了等沉面的概念,即管顶管顶内外填土存在沉降差异,这种沉降差异随着填土高度的增加而逐渐减小,当填土高度达到某一临界值 H_e 后(图 10-2),这种差异可忽略不计,H_e 以上填土可认为是均匀沉降,相应于 H_e 的平面,称为等沉面。

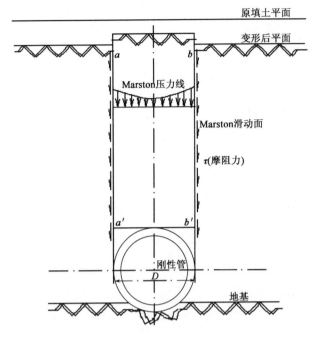

图 10-1　Marston 计算假设图

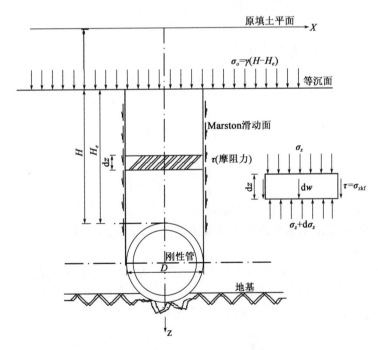

图 10-2　Marston 上埋式管道计算模型

设刚性管管道外径为 D,在管顶内土柱内,取 dz 高度及沿 y 轴方向(即管道轴线方向)单位长度的微元体作为隔离体,作用其上的力系在 z 轴方向的合力为零($\sum F_z = 0$),列出平衡方程式：

$$\sigma_z \cdot (D \cdot 1) + \gamma \cdot (D \cdot 1 \cdot dz) + 2[f \cdot (K \cdot \sigma_z)] \cdot (1 \cdot dz) = (\sigma_z + d\sigma_z) \cdot (D \cdot 1) \tag{10-1}$$

式中：D——刚性管管道外径；

K——侧向土压力系数；

σ_z——z 轴方向的应力；

f——剪切面上的摩擦因数；

γ——土重度。

公式可写为：

$$\frac{d\sigma_z}{dz} - \frac{2fK}{D} \cdot \sigma_z = \gamma$$

求解此微分方程，得

$$\sigma_z = -\frac{\gamma D}{2fK} + C_2 \cdot e^{2fK \cdot \frac{z}{D}} \tag{10-2}$$

式中：C_2——系数。

引入边界条件 $z=0, \sigma_z=0$，得

$$C_2 = \frac{\gamma D}{2fK}$$

则有

$$\sigma_z = \frac{\gamma D}{2fK}\left(e^{2fK \cdot \frac{z}{D}} - 1\right)$$

其中，当 $z=H$ 时，作用在管顶的垂直土压力合力 G_s 为：

$$G_s = \frac{\gamma D^2}{2fK}\left(e^{2fK\frac{H}{D}} - 1\right) \tag{10-3}$$

式(10-3)可改写为：

$$G_s = K_s \cdot \gamma \cdot H \cdot D \tag{10-4}$$

其中

$$K_s = \frac{1}{2fK}\frac{D}{H}\left(e^{2fK \cdot \frac{H}{D}} - 1\right)$$

式中：K_s——上埋式管道垂直土压力集中系数。

式(10-3)、(10-4)的适用条件为填土高度 $H < H_e$，即假定沿整个回填土高度 H 均出现滑动面。

若埋置深度 $H > H_e$，即滑动面达不到填土全部高度 H，而只发生在 H_e 范围内，Marston 提出在 $H - H_e$ 部分的土体为均匀沉降，并按均布土压力施加于等沉面上，此时改变边界条件，将 $z = H - H_e$ 时，$\sigma_z = \gamma(H - H_e)$ 代入式(10-2)中便得到

$$\sigma_{(H-H_e)} = -\frac{\gamma D}{2fK} + C'_2 \cdot e^{2fK \cdot \frac{H-H_e}{D}} = \gamma \cdot (H - H_e)$$

求解后，得

$$C'_2 = \left[\frac{\gamma D}{2fK} + \gamma(H - H_e)\right] \cdot e^{-2fK\frac{H-H_e}{D}}$$

代入式(10-2),并令 $z = H$ 便有:

$$\sigma_z = \frac{\gamma D}{2fK}\left(e^{2fK\frac{H_e}{D}} - 1\right) + \gamma(H - H_e) \cdot e^{2fK \cdot \frac{H_e}{D}} \tag{10-5}$$

式中:H_e——回填土均能出现滑动面的回填土高度;
  H——埋置深度。

这样,管顶垂直土压力的合力为:

$$G_s = \frac{\gamma D^2}{2fK}\left(e^{2fK\frac{H_e}{D}} - 1\right) + \gamma D(H - H_e) \cdot e^{2fK\frac{H_e}{D}} \tag{10-6}$$

可改写为 K_s 表示形式,即:

$$G_s = K_s \cdot \gamma \cdot H \cdot D \tag{10-7}$$

其中

$$K_s = \frac{1}{2fK} \cdot \frac{D}{H}\left(e^{2fK\frac{H_e}{D}} - 1\right) + \frac{H - H_e}{H} \cdot e^{2fK\frac{H_e}{D}}$$

上述公式中,还需要确定的计算参数有 f、K 和 H_e。f 代表剪切面上的摩擦因数,一般取用 $\tan\varphi$,φ 为填土的内摩擦角;K 表示侧向土压力系数,其值介于主动土压力系数 K_a 和静止土压力系数 K_0 之间,Marston 采用主动土压力系数 K_a;Marston 根据等沉面必须满足管顶外土柱的总沉降量,等于管道基础的沉降量加上管子本身的变形量以及管顶内土柱的压缩量之和的条件,较为粗略地提出: $H_e = 2.25D$。通过制定 K_s-H/D 曲线,可以简捷地得到管顶的垂直土压力。对于埋管侧向的土压力 σ_h,Marston 建议在求得埋管的垂直土压力 σ_z 之后,可直接代入 $\sigma_h = K\sigma_z$ 中,对于刚性管道,K 取用主动土压力系数 K_a。

Marston 第一次在管涵垂直土压力计算理论中指出:管涵埋设的填土方式(沟埋式、上埋式)、管、土的相对沉降量,都将直接影响到管顶的垂直土压力。另外 Marston 公式的应用,使人们摒弃了涵管土压力以卸荷拱理论为基础的隧洞土压力计算法,避免了管涵由于土压力计算偏小而可能造成的工程事故。另一方面,马氏"等沉面"概念的提出,也为进一步研究管涵土压力提供了理论基础。

2)国外其他学者研究成果

Marston 等沉面高度是根据假定推导出来的,Marston 的学生 M. G. Spangler 也提出了不同的假定来确定 H_e 值。他认为:无论直接作用在管子上的土柱沉降,还是其侧面填土沉降都会使直接位于管上的填土体产生压力,而且管子侧面的土压力均布作用于包括管径部分的全宽度上,因此所得 H_e 的计算公式不同于 Marston 公式。同时,发展了柔性管道的计算方法和理论,推导出艾奥瓦公式。苏联的克列恩(Г. К. клейн)对弹性理论公式计算结果与松散体极限平衡理论计算结果进行比较,提出了上埋涵管管顶土压力集中系数。捷克的普鲁什卡(M. L. Pruska)于1961年发表论文,提出了坝下上埋式管道的计算方法。他假定坝身是均匀和各向同性的,或者由水平成层的均质土组成,运用胡克定律提出了由于不均匀变形而引起管顶除土柱自重以外的次生力 P 的观点,然后用弹性理论应力公式求得次生力 P,从而得到管顶的土压力。

3)国内学者研究成果

1960年,曾国熙对 Marston 公式做了修正。Marston 公式中滑动面上的摩阻力 τ,是根据朗肯土压力理论,将管顶内土柱 dz 高度的微土体上作用的土压力乘以主动侧向土压力系数得到其水平侧向力,然后再乘以土的摩擦因数而得到的,其中略去了土的黏聚力。曾国熙认为滑动面上的摩阻力 τ 是外土柱对内土柱的作用力,应将它表示为外土柱对内土柱的主动侧向土压力进行计算,同时不应将土的黏聚力略去不计。据此,曾国熙对 Marston 公式进行修正,推导了管顶垂直土压力的计算公式。刘祖典于 1963 年也对 Marston 公式进行了修正,使计算结果更接近于管道的实际受力情况。

1963 年,顾安全将影响涵洞洞顶垂直土压力的各种因素归结到涵顶平面内外土柱沉降差 δ 这一变量上。涵顶平面外的土柱沉降量大于内土柱的沉降量,则沉降差为 $+\delta$,反之为 $-\delta$。$+\delta$ 引起涵顶的土压力集中,使涵顶的垂直土压力大于其上的土柱自重;而 $-\delta$ 则引起涵顶的土压力分散,即涵顶的垂直土压力将小于其上的土柱自重。顾安全假定涵顶填土中的应力分布与半无限均质线性变形体内的应力分布相当,以刚性涵洞基础与地基为推导公式的基本前提,从变形条件出发,以弹性理论为基础得到涵顶垂直土压力计算公式:

$$\sigma_z = \gamma H + \frac{\gamma \left(H + \frac{h}{2}\right) h E}{\omega_c D (1 - \mu^2) E_h} \eta \qquad (10\text{-}8)$$

可改写为

$$G_s = K_s \cdot \gamma \cdot H \cdot D$$

其中

$$K_s = 1 + \frac{\left(1 + \frac{h}{2H}\right) h E}{\omega_c D (1 - \mu^2) E_h} \eta$$

式中:h——涵洞凸出地面高度;
　　　E——涵顶以上填土的变形模量;
　　　E_h——涵洞两侧同高度 h 填土的变形模量;
　　　μ——涵顶填土的泊松比;
　　　ω_c——与刚性涵洞的长宽比(L/D)有关的系数,可查表得到;
　　　η——涵洞截面(包括基础)的外形影响系数,$\eta = D_1/D$,D_1 为截面换算宽度,按地面以上的截面面积 A 与涵洞凸出地面高度 h 之比确定,即 $D_1 = A/h$。

式(10-8)又称顾安全公式,其观点新颖,与实测结果较吻合,已引入到我国冶金部门制定相关的规范中,并获得了全国科学大会奖。

涵洞埋设的地形因素对其受力也有较大影响。1986 年,长安大学的折学森利用室内模型试验研究了地形条件(沟谷地形中)对涵洞受力的影响规律,同样以刚性涵洞基础与地基为推导公式基本前提,提出了沟谷地形中涵洞土压力计算公式,验证了沟谷地形条件对涵洞受力的减荷影响。同年,长安大学的王晓谋利用室内模型试验研究了涵洞垂直土压力的减荷措施,通过在涵顶铺设一定厚度的柔性材料(EPS),研究柔性填料的厚度、变形模量以及涵洞凸出地面高度等因素对涵顶垂直土压力的影响规律,从涵洞周围填土的变形入手,以弹性理论为基础,应用叠加原理推出减荷条件下涵洞垂直土压力计算公式。

1994 年,田文铎利用散粒体极限平衡理论和假设的计算模型推导了刚性管道和柔性管道的土压力计算公式。1996 年,肖勤学采取土中"压力拱"的概念推导涵洞土压力计算公式,该公式仅在某些具体情况下适用。2001 年,刘全林假定了管道变形后引起的土滑动体破坏形状,提出土压力计算模型,推导出计算公式。2002 年,王秉勇假设涵洞与其上填土形成一倒三角形楔形稳定体,以此推导涵顶土压力的计算公式。韩拴奎、刘成志、冯忠居等人也对涵洞的受力进行了大量的理论和实践研究工作。

湖南大学的魏红卫根据刚性圆管、柔性圆管与土体共同工作的机理,用位移协调法导出了上埋式圆管涵结构计算方法及公式,可以认为虽然该计算方法的适用性很有限,其可靠性也有待进一步验证,但在解决和分析涵管土压力问题上开了一个先河。

刘静根据有限元仿真分析结果、实体工程的现场实测结果、理论分析结果,于 2004 年也建立了一套埋管土压力计算公式

$$\sigma_z = \frac{\gamma\tan\alpha}{A}(D + \mathrm{ctan}\alpha \cdot H)^A \cdot D^{1-A} - \frac{\gamma\tan\alpha}{A} \cdot D \tag{10-9}$$

$$\sigma_z = \frac{\gamma(H - H_e)A + \gamma B\tan\alpha}{AB^{1-A}} \cdot D^{1-A} - \frac{\gamma\tan\alpha}{A} \cdot D \tag{10-10}$$

上式做适当简化后为

$$\sigma_z = \frac{\gamma\tan\alpha \cdot (B_H^2 - D^2)}{2D} \tag{10-11}$$

$$\sigma_z = \frac{G_H + \gamma \cdot \tan\alpha \cdot (B^2 - D^2)}{2D} \tag{10-12}$$

4) 国内相关规范与设计手册

现行《公路桥涵设计通用规范》(JTG D60—2015)对涵洞受力计算做了如下描述:

填土对涵洞的土压力,分为竖向土压力和水平土压力两种。竖向压力的计算,有三种计算方法:等沉面理论、卸荷拱法、土柱法。等沉面理论现在用得比较广泛,计算结果竖向压力为最大,新填土涵洞与实测结果比较接近;卸荷拱法,由于其形成条件不易满足,在多数情况下用不上,只有沟埋式或顶管法施工的涵洞可以考虑采用,竖向压力最小;土柱法计算比较简便,计算结果在上述两法之间,与按新填土涵洞实测结果比较,一般偏小,但对高填土涵洞还是比较接近的。公路部门自 20 世纪 50 年代以来一直按土柱法计算。用土柱法计算,涵洞两侧填土必须夯实,否则两侧填土下沉大于洞顶填土下沉将产生附加压力。涵洞的水平土压力,公路上一直采用主动土压力计算,现仍不变。

因此现行《公路桥涵设计通用规范》(JTG D60—2015)规定作用在涵顶上的竖向土压力值为 $p = \gamma H$,即等于上覆土柱的重量;而作用在涵洞两侧的水平土压力值为 $p = \lambda\gamma H$,式中 λ 为侧压系数,取的是主动土压力系数,即 $\lambda = \tan^2(45° - \varphi/2)$。

《公路桥涵设计手册—涵洞》按涵洞的结构将涵洞分为刚性管和柔性管,并给出了判定关系式,对于土压力也进行了以下的工况区分:

(1) 涵洞基底变形,未压实的路堤沉降。

(2) 涵洞基底不变形,而路堤有沉降。

(3) 涵洞基底变形,但路堤压实很好不发生压缩变形(不可能)。

(4) 涵洞基底不变形,路堤压实很好。

除了区分工况,还将各工况下涵顶土压力可能值与上覆土压力进行了定性比较,最后提出了 3 个土压力公式:

第一公式

$$q_v = c\gamma B^2 \tag{10-13}$$

式中：c——荷载系数；

B——管顶沟宽；

γ——土的密度。

该公式适用于开槽法修建的涵洞。

第二公式

$$q_v = \gamma H \tag{10-14}$$

式中：H——由计算截面到路面顶的高度；

γ——土的密度。

该公式适用于上埋式柔性涵管，属公路规范公式。

第三公式

$$q_v = \gamma D c_H \tag{10-15}$$

式中：D——涵洞外径；

c_H——系数。

该公式适用于上埋式刚性涵管，类同于铁路规范。

10.2.3 土压力计算与对比分析

10.2.1 节已经阐明涵洞与周围填土、地基共同作用，构成一个"涵土结构"，其受力与变形问题很复杂。因此，除了对土压力分布进行理论分析外，应用有限元软件对不同结构类型和填土高度的涵洞进行受力计算，也是目前定量研究高填涵洞土压力特征的重要手段。

以下分别对拱涵和盖板涵应用有限元软件进行建模，并将计算结果进行对比分析。为使得各类型涵洞具有可对比性，两种涵洞的高、宽值均取相同数值，填土与地基土的土性参数的选用如表 10-1 所示。

材料计算参数　　　　　　　　　　表 10-1

项目	变形模量 E_0(kPa)	弹性模量 E_d(kPa)	密度 γ(kN/m³)	黏聚力 c(kPa)	内摩擦角 φ(°)	泊松比 μ
填土	1.9×10^4	2×10^4	18	30	21	0.25
地基土	2.6×10^4	3.8×10^4	19	45	25	0.22
涵洞	—	3×10^7	25	3430	54	0.15
垫层	—	2×10^7	23	2430	45	0.17

1）拱涵

选取某一拱涵实例，建立计算模型，分析涵洞、填土与地基共同工作特性。涵洞为某一高速路段一个混凝土现浇拱涵，全长 184.5m，涵顶填土高度为 36.6m。涵洞净宽 4.0m，净高 3.6m，底板厚 1.5m，涵洞设置在 2.0m 厚的水泥稳定砂砾垫层上，涵洞洞身横断面图如图 10-3 所示。

建立有限元模型,单元划分如图10-4所示。材料计算参数的选用如前面的表10-1所示。计算宽度取40m,地基厚度取20m,涵顶填土高度取40m,不考虑分级加载对计算的影响。分别讨论填土、地基和涵洞的受力与变形特性。

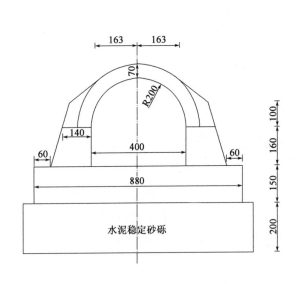

图10-3 涵洞横断面图(尺寸单位:m)

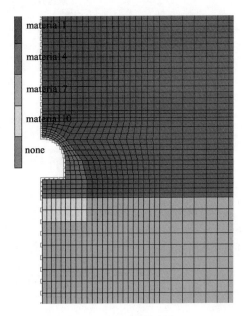

图10-4 计算简图

分别选取距涵顶高度为0.6m、2.0m、6.0m、12.0m、20.0m、30.0m和38.0m的填土土层,通过有限元的仿真计算,得到上述各个高度填土土层的沉降变形曲线,如图10-5所示。

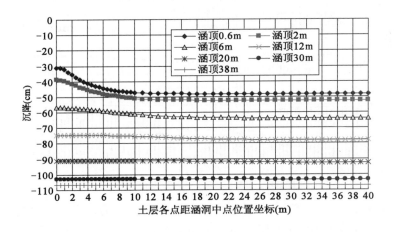

图10-5 拱涵涵顶各个土层沉降变形曲线

从图中可以看到,在距涵顶20m、30m和38m处的土层沉降变形曲线基本为直线,即土层近似为均匀沉降,此即为Marston理论中的等沉面以上的均匀变形的土体。涵洞两侧填土土层的沉降变形规律与涵顶上填土土层的沉降变形规律一致,在紧邻涵洞侧土层的沉降值小于远离涵洞位置处的沉降值。具体填土的沉降变形规律见有限元计算结果图10-6。

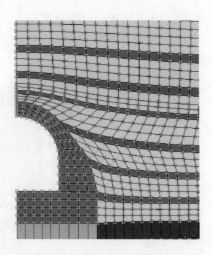

图 10-6　拱涵周边填土变形图

由于涵顶填土土层的上述变形特性，必然影响涵顶填土中土压力的分布情况。分别选取距涵顶高度为 0.6m、2.0m、6.0m、12.0m、20.0m、30.0m 和 38.0m 的填土土层，通过有限元的计算，得到涵洞周围填土土层中垂直土压力及地基压力分布，如图 10-7 所示。

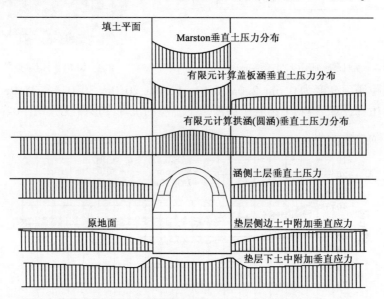

图 10-7　拱涵周边填土及地基的土压力分布

将距涵顶 0.6m 处土层的垂直土压力经过处理后，近似作为作用在涵顶处的垂直土压力。有限元计算涵顶处的最大垂直土压力 σ_z = 1019.6kPa，远远大于其上的土柱自重（γH = 720kPa），涵顶范围内垂直土压力均大于土柱自重；而涵顶外侧的垂直土压力随着距涵洞距离的增大而逐渐减小，当达到某一最小值后，则又随着距涵洞距离的增大而逐渐增大，并逐渐趋于涵顶土柱自重。在本例中，距涵顶中点距离为 8m 处（1 倍的涵宽）的垂直土压力最小，为 672kPa，比涵顶土柱自重减少了 6.7%。正是由于涵顶承担了较多的上部土体传递来的自重荷载，必然减少其两侧土体承担的上部土体荷载。另外，有限元计算垂直土压力分布与 Marston 垂直土压力分布曲线规律有一定差异。

2)盖板涵

建立盖板涵有限元模型,计算宽度取40m,地基厚度取20m,涵顶填土高度取40m,不考虑分级加载对计算的影响。有限元计算得到变形云图如图10-8所示。

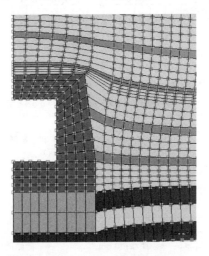

图10-8 盖板涵周边填土变形图

盖板涵计算的填土与地基土的变形云图与拱涵的计算变形云图规律一致。分别选取距涵顶高度为0.6m、2.0m、6.0m、12.0m、20.0m、30.0m和38.0m的填土土层,通过仿真计算,得到相应高度填土土层的沉降变形,如图10-9所示。

土层沉降变形规律与拱涵填土土层的变形规律基本一致。土层的不均匀沉降在距涵顶高度小于12m的范围突出,以距涵顶中点0~8m范围内较明显,其范围约为涵洞宽度的2倍左右。由于盖板涵涵顶几何性状的影响,涵顶0.6m处土层的沉降在涵顶范围内基本均匀沉降,涵顶中点处沉降值略大于边角处沉降值,而后随距涵洞中点距离的增大而逐渐增大,并趋于稳定值。拱涵涵顶0.6m处土层的沉降从涵涵洞中点就开始随着距涵洞中点距离的增大而逐渐增大,趋于稳定值。

分别选取距涵顶高度为0.6m、2.0m、6.0m、12.0m、20.0m、30.0m和38.0m的填土土层,通过仿真计算,得到相应高度填土土层的垂直土压力分布曲线,如图10-10所示。

盖板涵涵顶各个土层土压力分布大体上与拱涵的一致,除了距涵顶高度为0.6m、2m、6m和12m处的填土土层中的垂直土压力在涵顶处大于涵顶范围外,涵顶高度为20m、30m和38m处的填土土层的垂直土压力呈均匀分布。距涵顶0.6m处土层在涵顶范围内的土压力分布则与拱涵的截然不同,由于盖板涵涵顶的几何性质,使得土压力在涵顶边角处出现较大的应力集中现象,涵顶中点的垂直土压力为涵顶范围内的最小值,涵顶土压力分布呈现抛物线形,这与Marston的涵顶土压力分布曲线一致。而拱涵的涵顶中点处的土压力是涵顶范围内的最大的土压力值。

3)小结

综上所述,涵洞结构断面不同对于涵顶填土中的垂直土压力分布与沉降变形有一定的影响。

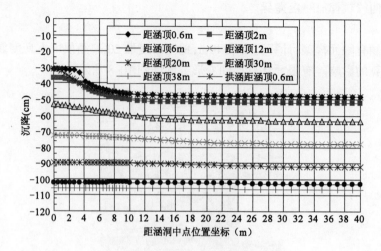

图 10-9 盖板涵填土土层的沉降变形

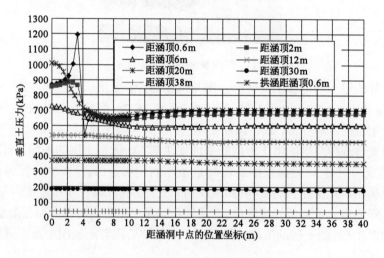

图 10-10 盖板涵填土土层的垂直土压力分布

拱涵在涵顶中点处沉降变形值最小,在涵顶中点出现最大的垂直土压力;盖板涵涵顶填土土层中的沉降值在涵顶中点处略大于其边角处,其涵顶中点处的土压力是涵顶范围内土压力值的最小值,而在边角处则存在较大的应力集中现象。

10.2.4 问题讨论

从发展水平来看,目前学术界提出的涵管的土压力计算公式大约有 20 来个。若以涵顶柱状填土重 γH 为分母,实际的涵顶竖向土压力 σ_z 为分子,定义土压力集中系数为 $K_s = \sigma/\gamma H$,则所有的土压力计算公式按 K_s 值可分为 3 类:(1) K_s 随填土高度 H 的增加而增加;(2) K_s 不随 H 的变化而变化;(3) K_s 随 H 的增加而减小。再具体一点说明,马斯顿公式的土压力集中系数 K_s 随填土高度 H 的增大几乎线性地增加,根据等沉面理论分析显然实际上不会产生这样的结果。用有限单元法分析涵洞与土体共同工作是一个很好的方法。则通过理论分析、实体工程的测试分析、计算分析发现,用有限单元法计算得到的压力集中系数 K_s 与实体工程的测试结果基本吻合。顾安全所提的公式考虑的问题最全面,计算的结果与实测结果推理结果也较相近。刘静的公式在推理上说服力不很强,但计算结果与实测结果和推理结果较相近。

有限元计算固然能够定量的分析各种不同类型涵洞在不同填土高度和施工工况下填土的土压力特征,但由于填土为离散介质,本构关系复杂,分析的正确性取决于计算参数的选取,在目前阶段仍存在诸多不足之处。

高填涵洞工程的影响因素较多且工况多变,这些都是传统的计算理论和计算手段难以全面考虑的。不同的施工工法、涵体的刚度、地基刚度、埋设形式和填土性质等都对涵洞周边的土压力分布有重要的影响。总的来说,目前行业内外所提出的土压力计算公式没有一个可全面适用于高填涵洞的所有工作状况。因此,高填涵洞土压力问题的研究远没完结。

10.3　涵洞减荷机理与减荷技术

10.3.1　背景描述

根据 Marston 土压力理论,在涵顶上方填土中,存在一个内土柱,其两侧为外土柱;在土体沉陷变形过程中,内外土柱通过其界面(即剪切面)作相对运动,并产生剪切力。当涵洞刚度远大于填土刚度,且属于上埋式在自然状态下填筑时,涵洞范围内填土土层沉降量将会小于涵洞两侧填土土层沉降量,外土柱产生相对于内土柱向下滑动的趋势,即外土柱将会施加给内土柱一个向下的摩擦力。此时,涵顶不仅受到其上填土土柱自重,还要受到一个附加力,即外土柱施加给内土柱的向下的摩阻力,则涵顶垂直土压力存在应力集中,土压力集中系数 K_s 大于 1。

而填土荷载引起的涵顶土压力集中现象,常常会造成涵身的横纵向开裂等。因此,如何经济有效地对涵洞采用适当的减载措施,一直是国内外学者关注的重点问题。

10.3.2　涵洞减荷作用机理

涵洞受力减荷措施即指在人为作用下,一定程度上改变填土土体沉陷变形特性,使得外土柱作用于内土柱上的摩擦力减小,降低作用在涵顶上附加力,从而改善涵顶受力状况;甚至完全改变填土土体沉陷变形特性,使涵洞范围内填土土层沉降量大于涵洞两侧填土土层沉降量,外土柱产生相对于内土柱向上的滑动趋势,即外土柱施加给内土柱一个向上的摩擦力,实现将涵顶所受的集中应力向台背外侧填土扩散;此时,涵顶所受土压力将会小于其上填土自重,涵顶垂直土压力集中系数 K_s 小于 1,如图 10-11 所示。

10.3.3　涵洞减荷方法与技术

许多学者都对涵洞减荷措施进行过深入研究。顾安全在 1959—1962 年通过大量的室内模型试验,研究了各种情况下涵洞受力特性,包括在涵洞洞顶铺筑谷壳作为柔性填料研究其减荷效果。试验表明,在涵顶铺筑柔性填料可以取得较好的减荷效果,并在工程中切实可行。1969—1992 年先后 3 次在国内某尾矿坝涵洞上,采用改变涵洞断面形式、在涵洞两侧回填不同粒径填料、施工工艺采用平埋式和半沟埋式以及在涵顶铺设稻草层等方式进行涵洞减荷措施的研究。研究结果表明,采用半沟埋式和在涵顶填筑柔性填料层具有显著的减压效果。

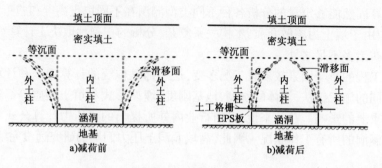

图 10-11 涵洞减荷示意图

王晓谋于 1986 年以相似理论为基础,用海绵模拟柔性填料铺设在涵顶进行室内模型试验。试验结果表明,柔性填料变形模量 E^* 值较小,在填土低时减荷效果显著,随着填土高度增加,减荷效果衰减很快,E^* 值较大则相反;柔性填料厚度 h^* 值较大,减荷效果较好,但随着 h^* 的增大,Δh^* 所起的减荷效果衰减很快。因此,柔性填料变形模量 E^* 和厚度 h^* 值的取用必须与填土高度 H 相协调。王晓谋从变形条件入手,以弹性理论为基础,应用迭加原理,推导了涵顶铺设柔性填料情况下新的土压力计算公式。

1997 年,白冰、李遇春通过有限元数值仿真,分析讨论了在涵顶铺设聚苯乙烯泡沫塑料(EPS)情况下涵洞垂直土压力受力情况。计算结果表明,当填土高度 $H > 4.5 m$,铺设 EPS 板减荷措施效果才开始凸显出来,且当 EPS 板的厚度 $h^* > 40 cm$ 时,涵顶垂直土压力系数 K_s 可降到 0.3 以下。其有限元计算没有全面讨论铺设 EPS 板后,涵洞周围填土中的应力与变形的分布特点,EPS 板埋设位置、范围、厚度及 EPS 板模量对涵洞受力及其周围填土的影响也没有进行全面系统的讨论。

2002 年,金滨依托某一实际工程涵洞试验段,以 EPS 板作为主要研究对象,测试了对应不同填土高度、不同减荷材料厚度下涵顶土压力。测试结果表明,EPS 板具有一定压缩性和压缩强度,作为涵洞减荷材料,效果显著;作为涵洞减荷用柔性填料,EPS 板模量与厚度的确定取决于填土高度 H、涵洞具体几何尺寸等因素。另外,金滨在测试段尝试选用了铺筑松土层减荷方式,测试结果表明,松土作为减荷材料,也具有一定的减荷效果,但适用范围相对较小。现场测试取得了一定成果,但由于其现场测试规模较小,测试元件埋设数量和范围有限,没有全面测试减荷情况下,涵洞及其周围填土的受力与变形特性。

目前,对于高填方涵洞的减荷措施一般是通过改变沉降特性完成的,即减少涵洞上部土体与外侧土体的沉降差,甚至使涵洞上方土体沉降大于外侧土体沉降,人为地造成土拱效应,从而达到减少竖向土压力的效果。

10.3.4 基于变形控制的涵洞调荷技术

根据减荷措施的工作机理,同时考虑到公路路基工程特点,要求采用的减荷材料应具备以下 3 个条件:①具有较大的压缩性;②具有一定的压缩强度;③耐久、不易腐烂。目前,采用软黏土、树皮、槽捆、锯末等柔性填料来减轻压力已有一些研究成果,但应用尚不普遍。这除了理论计算尚不完善外,另一原因是没有一种理想的柔性填料。

自1971年挪威道路研究所首次使用EPS代替1m厚普通填料,成功抑制了桥梁与桥头路堤间不均匀沉降开始,EPS作为一种新型工程材料逐步受到世界各国工程界人士的青睐,不断被用于公路工程,并较圆满地解决了软基过渡沉降、路堤与桥台连接处的差异沉降问题。近年来EPS在我国也引起了相当的重视。

1) EPS 材料特性

EPS 为聚苯乙烯泡沫塑料,是一种轻型高分子聚合物。它是采用聚苯乙烯树脂加入发泡剂,同时加热进行软化,产生气体,形成一种硬质闭孔结构的泡沫塑料。EPS 的密度一般介于 $10 \sim 45 \text{kg/m}^3$ 之间,工程中使用的 EPS 其表观密度一般在 $15 \sim 30 \text{kg/m}^3$,压缩强度为 $100 \sim 350 \text{kPa}$,具有耐久、加工和施工容易等特点,材料的尺寸通常为 $(6 \times 1.2 \times 0.63) \text{m}^3$,可根据需要进行切割。

研究表明 EPS 是目前较为理想的柔性填料,性质稳定,施工质量易于控制,且具有一定的结构强度,即在压力较低时变形小,当压力较高(如大于80kPa)时才逐渐产生较大的变形,容易在后期起到拱的作用。

2) EPS 力学特性

为了解 EPS 的应力—应变关系,选取了市场上有代表性的不同密度的几种 EPS 进行单轴压缩试验,其密度分别为 13kg/m^3、16kg/m^3、17kg/m^3、18kg/m^3、22kg/m^3 和 25kg/m^3。单轴压缩试验是在标准固结仪上进行有侧限压缩,采取应力控制式的加荷方式。试件的尺寸为 $\phi 50 \text{mm} \times 20 \text{mm}$。另外,对同样试件作无侧限压缩试验,以进行对比。通过试验,得到不同密度 EPS 的应力—应变曲线、蠕变特性及反复荷载作用下的回弹特性,如图 10-12 ~ 图 10-15 所示,结果表明:

(1) 如图10-12、图10-13所示,EPS块体整个受压变形过程大致分为3个阶段:线弹性阶段、弹塑性过渡阶段(屈服阶段)和塑性阶段。EPS块体受压变形时,其体内空腔结构从最初的均匀密闭到逐渐破坏表现为应力—应变曲线由直到曲的逐渐变化,当空腔结构完全破坏后材料产生明显的塑性变形。

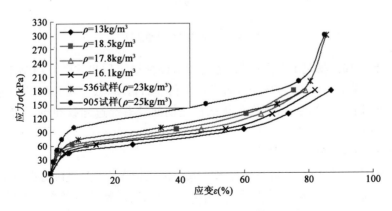

图 10-12　EPS 应力—应变曲线(应力控制有侧限)

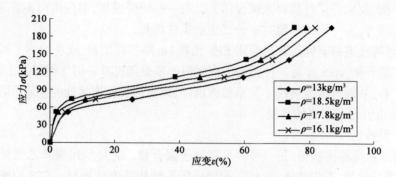

图 10-13 EPS 应力—应变曲线(应力控制无侧限)

(2)材料受压下其应力—应变曲线上不存在弹性与塑性间的明确分界点。这说明 EPS 的抗压强度取值位于材料塑性区域,当接近或超过该值的受压状态下材料将产生不可恢复的变形,即此时 EPS 的空腔结构已遭破坏,产生明显的塑性变形。国内外多数研究资料认为可取压缩应变为 5% 时对应的应力值作为抗压强度。

(3)随着密度的增大,EPS 块体在达到相同应变时所对应应力值也增大;同种密度的 EPS 块体,因 EPS 材料中的气泡之间没有摩擦力,侧压力也会导致结构连接破坏,故有侧限时的抗压强度要明显低于无侧限时的抗压强度。这和白冰等试验结果是类似的。

(4)由图 10-14 可以看出,不同密度 EPS 其应变随时间的变化规律有所不同:当 $p \geq 75$ kPa 时应变在短时间内迅速增大;而当 $p < 75$ kPa 时应变增长较慢,可以认为 $p = 75$ kPa 是 EPS 发生屈服与否的标志。这就给出了该种材料的工作范围。

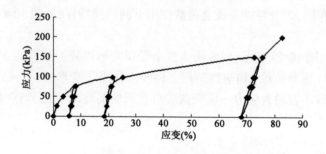

图 10-14 EPS 蠕变性能试验曲线

(5)图 10-15 是加荷稳定 12h 后读数,之后卸荷回弹稳定后再读数。由图中可知,在压缩过程中当达到某一荷载值(如 $p = 75$ kPa)时进行卸荷然后再压,会发现 EPS 的回弹再压缩曲线像是前段荷载作用下的压缩曲线的延续,犹如在此期间没有经过卸载和再压的过程一样。这一点与土较为类似。

3)基于变形控制的涵洞调荷技术

选用本章 10.2.3 计算模型,计算讨论采取减荷措施情况下(主要讨论在涵顶一定范围内铺设柔性填料的减荷方法),涵洞受力及填土中的受力与变形特性以及柔性填料材料选用、铺设位置、铺设范围、铺设厚度对于减荷效果的影响;并讨论对应不同的填土度 H,各种减荷措施的适用范围。

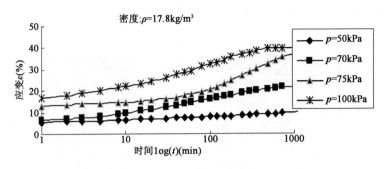

图 10-15 EPS 回弹试验曲线

(1) 计算模型的确定

以拱涵和盖板涵为例,建立其计算模型,填土高度 $H=40\text{m}$,地基土厚度 $H_d=20\text{m}$,柔性填料铺设在距涵顶 0.6m 处,宽度近似取为涵洞宽度,厚度选用 40~60cm,以聚苯乙烯泡沫塑料(EPS)作为柔性填料层。

EPS 材料的本构模型选用 Von Mises 准则,在偏应力张量的 3 个不变量中,$J_1 = S_{ii} = S_{xx} + S_{yy} + S_{zz} = 0$,忽略 J_3 对屈服函数的影响,则标准的 Von Mises 屈服准则为:

$$F(J_2) = \sigma_{ep} - \sigma_y = \sqrt{\frac{3S_{ij}S_{ij}}{2}} - \sigma_y = 0 \qquad (10\text{-}16)$$

式中:σ_y——单轴均匀应力状态下的屈服应力;

$$S_{ij} = \sigma_{ij} - \frac{1}{3}\sigma_{kk}\delta_{ij}\text{。}$$

材料各向同向硬化,并用多条折线近似模拟室内试验得到的应力与塑性应变曲线。EPS 材料的本构模型中材料参数的选用依据室内试验的应力—应变曲线确定,如图 10-16 所示。

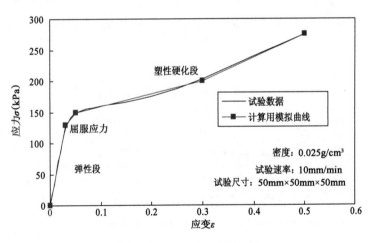

图 10-16 EPS 应力—应变曲线

拱涵及盖板涵的计算几何模型及单元划分如图 10-17 所示。

(2) 采取减荷措施后涵顶填土压力分布特征

采取减荷措施后,必然改变涵顶土层中垂直土压力分布特性。分别选取距拱涵和盖板涵涵顶高度为 2.0m、6.0m、12.0m、20.0m、30.0m 和 38.0m 填土土层,通过有限元计算,得到相应高度填土土层垂直土压力分布曲线,如图 10-18 和图 10-19 所示。

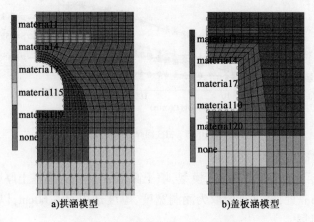

图 10-17 计算几何模型及单元划分

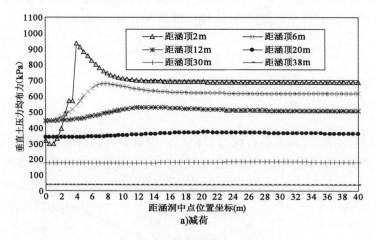

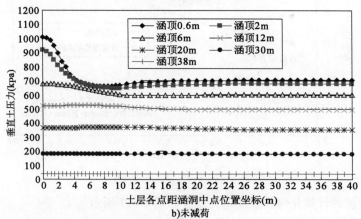

图 10-18 拱涵各土层垂直土压力分布

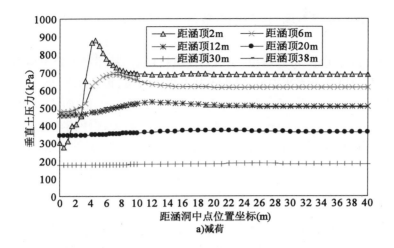

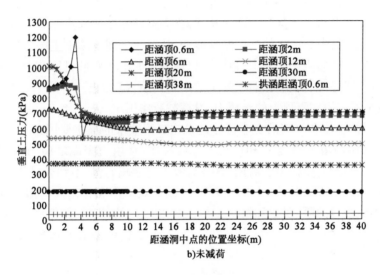

图 10-19 盖板涵各土层垂直土压力分布

从图 10-18 看出,紧邻涵顶土层(距涵顶 2~6m)在涵顶范围内的垂直土压力远远小于涵洞外侧土体中的土压力值,且小于其上填土自重;在涵洞范围外土层中的垂直土压力在紧邻涵洞处较大,随着远离涵洞距离的增大,土压力值逐渐减小,并趋于稳定值(即其上填土自重)。其受力规律与未采取减荷的计算规律完全不同。随着土层距涵洞中点距离的增大(距涵顶大于 12m),土压力值在涵洞范围内外的差距逐渐减弱,趋于均布,数值上接近于其上的填土自重,并与为采取减荷的计算结果一致。

由图 10-19 看出,各个土层中垂直土压力分布规律与拱涵计算结果基本一致。即紧邻涵顶土层(距涵顶 2~6m)在涵顶范围内土压力值较小(在 EPS 材料边沿处出现应力突变,不予考虑),远远小于涵洞外侧土体中土压力值,且小于其上填土自重;涵顶范围外土层,在紧邻涵处土压力较大,随着距涵洞距离增大,土压力值先逐渐减小,后趋于稳定值(其上的填土自重)。与未采用减荷措施填土土层中土压力分布情况相比,在涵顶范围内其土压力值明显小于未采用减荷措施下土压力值。随着土层距涵洞中点距离增大(距涵顶大于 12m),土压力值在涵洞范围内外的差距逐渐减弱,趋于均布,数值上接近于其上的填土自重,与未采取减荷计算结果一致。

从上述计算分析讨论中,可以看出:填筑柔性填料层后,紧邻涵顶处土层在涵顶范围内土压力小于未采取减荷措施下土压力值,且小于其上填土自重,即相对减小了作用在涵顶上土压力,改善了涵洞受力状况;在涵顶范围外土层,紧邻涵洞处土压力值则大于未采取减荷措施下土压力值,即涵洞范围外土层承担了较多土压力。距涵顶距离较远土层,土压力分布规律与大小与未采取减荷措施下的情况基本相同,即柔性填料层的铺设对其受力基本无太大影响。

10.3.5 问题讨论

通过以上的计算讨论和分析,可以得到以下几个主要结论。

(1)计算表明,在涵顶铺设一定厚度的柔性填料(EPS板),可以取得较好的减荷作用(土压力集中系数 K_s 可达到0.5左右)。由于柔性填料变形模量远远小于其两侧填土的变形模量,在填土荷载作用下,将会产生较大的塑性应变,且远大于周围填土土层的沉降变形,紧邻柔性填料的填土土层在变形协调作用下,也随之出现较大的沉降变形,且大于柔性填料范围外的土层沉降变形量。即涵顶内土柱相对于外土柱产生向下滑动的趋势,外土柱对内土柱产生向上的摩阻力,减小了作用在涵顶上的土压力,发挥减荷作用。

(2)柔性填料的厚度和材料的变形特性是影响减荷效果的最主要因素。对于同种柔性填料,其厚度的选取应与填土高度 H 相匹配。厚度过小,在填土完成之前,其压缩变形就已完成,无法再产生沉降变形,则在填土后期,其减荷效果将会减弱,达不到其最佳减荷效果。当柔性填料的厚度达到某一程度时,继续增加其厚度,减荷效果不会有太大增加,反而会造成工程上的浪费。当柔性填料的厚度相当时,对于填土高度较大的涵洞,密度大的EPS板取得的减荷效果优于密度小的EPS材料;而填土高度较小的涵洞,密度小的EPS板取得的减荷效果则优于密度大的EPS材料。

总之,柔性填料(EPS板)的厚度和种类的选取应与填土高度 H 相匹配。使得在整个填土过程中,柔性填料始终在产生压缩变形量,对其周围填土产生变形协调作用,发挥其减荷作用,且柔性填料(EPS板)铺设范围以涵洞宽度范围为最佳。

10.4 黄土高填涵洞设计与应用

10.4.1 背景描述

随着我国高等级公路的迅猛发展,尤其是在西北和西南地区地势起伏大,由于高等级公路线形标准的要求和地形条件限制,使得山区高等级公路的高填方路基及相应的高填方涵洞越来越多。因其功能与小桥类似,而造价和施工条件要求又低得多,故得到设计和施工人员的优先选择。

为了确保涵洞结构物的安全使用,涵洞结构物合理设计的关键,一方面是要准确确定作用于涵洞上的土压力,另一方面则是对涵洞结构物地基采取合理的处置措施。然而对涵洞的设计与计算理论至今仍不完善,导致计算结果和实际相差很大,致使涵洞病害不断发生,严重影响到了高速公路的正常运营和人们对高等级公路的综合评价。

10.4.2 涵洞土压力设计取值

对于黄土高填方路堤涵洞工程,土压力的影响因素有很多,尝试以涵顶处土层内外沉降差δ来表征作用在涵顶处的垂直土压力,影响涵顶处土层内外沉降差δ的因素即是影响涵洞受力的主要因素。涵顶处土层内外沉降差δ的大小是由涵洞断面特性、填土特性及地基土特性共同决定的,因此,涵洞断面特性、填土特性和地基土特性即是影响涵洞受力的最主要因素。

就涵洞断面几何特性而言,首要因素是涵洞高度,在涵顶填土高度不变的情况下,涵洞越高,其突出地面高度也就越大,则涵洞两侧填土的压缩土层就越厚,引起涵顶处填土土层内外沉降差δ的绝对值就越大,涵顶受到的垂直土压力相应增大;其次是涵洞的几何形状特性,拱涵涵顶中点处产生最小的沉降量,因此涵顶中点处的垂直土压力最大。而盖板涵涵顶中点处会产生一定的挠曲变形量,使得在涵顶范围内,中点处的垂直土压力值最小。

填土特性包括填土高度和填土土性。填土高度越大,涵洞两侧土体的压缩层厚度就越大,引起的涵顶处填土土层的内外沉降差δ的绝对值就越大,涵顶受到的垂直土压力相应增大。填土的变形模量越小,当土体压缩层厚度一定时,引起涵顶处填土土层内外沉降差δ的绝对值就越大,涵顶受到的垂直土压力也会相应增大。

对于涵洞地基,地基的变形模量越大,涵顶处土层内沉降值S_n会相应减小,而涵顶处土层外沉降值S_w主要由涵洞外测一定厚度的填土由于自重固结沉降产生,因此地基的变形刚度对S_w影响很小。所以,地基刚度的增大,也会引起涵顶处填土土层内外沉降差δ的绝对值的增大,导致涵顶受力增大。

另外,涵洞的现场施工方式方法、填土速度、涵洞埋设地形、涵洞埋设段的地质情况等都会对涵洞的受力产生不同的影响,这也是使得涵洞受土压力问题比较复杂的一个原因。

10.4.3 黄土高填涵洞选型与适应性分析

从西部地区5省17条高速公路182个涵洞的调研资料和甘肃省上千个涵洞设计统计结果可以看出,受地质、地貌、气候条件、建筑材料、涵洞用途、施工条件,甚至是设计人员个人爱好等因素的影响,同一条线路上涵洞的结构形式一般都基本相同,如在陕西省几条高速公路上盖板涵高达76%左右,这种忽视涵洞结构形式与相应填土高度之间关系的设计方法,无论是是在经济上还是结构上都是不合理的,必然造成材料上的浪费和后期病害的产生。

常见的涵洞结构形式按构造形式分有圆管涵、盖板涵、拱涵、箱涵等4种,特殊的有钢或其他材料的波纹管涵。

(1)钢筋混凝土圆管涵孔径一般为0.5~1.5m,最小填土高度为0.5m。受力情况良好,圬工数量小,造价较低,在有条件集中预制和运输比较方便的地段多采用钢筋混凝土圆管涵。

但是在选用钢筋混凝土圆管涵时,要考虑填土高度与圆管直径的关系,因填土高度涉及涵管受力大小,涵管直径涉及涵管结构特性,二者共同作用涉及一般管形结构的合理(技术允许尺寸、造价、施工条件)形式。钢筋混凝土圆管涵不同涵管半径的填土上限如表10-2所示。

钢筋混凝土圆管涵管径填土高度对照表　　　　表10-2

涵管管径(cm)	75	100	125	150
填土上限(m)	50	38	27	18

(2)钢筋混凝土盖板涵建筑高度较低,适用于低路堤路段使用,一般用作明流涵。在考虑盖板涵跨径前提下,填土高度不超过25m。如对于跨径为4m的盖板涵,在满足正截面强度、最大裂缝宽度和抗剪强度要求的前提下,当上部填土20m时,盖板厚度已达到45cm,这已达到常规梁的厚度,显然经济上是不合理的。另外钢筋混凝土盖板涵用钢材较多;相对于圆管涵来说,在填土高度20m时,相同跨径的情况下,盖板涵所用钢材量是圆管涵的2倍之多,因此在缺少钢材的地区,不宜采用盖板涵。

(3)拱涵适用于高填方涵洞,因为拱形结构可承受较大的分布土压力。因此一般情况下高填方涵洞中可优先选用钢筋混凝土拱涵。其次可选用砌石拱涵。钢筋混凝土拱涵的拱可设计为三铰拱形,因为拱的水平抗力有周围填土的保证,这样施工难度较小。施工期拱受力损坏或出现的裂缝也较少。当然有条件的工程也可设计成无铰拱,这样比较节省材料。

在高填上路段设置涵洞过去使用石拱涵较多,主要是由于石拱涵整体性好,结构稳定,用钢量少。但由于高填上石拱涵的砌筑圬工较大,砌筑质量不易控制,地基承载力要求较高,并且在已建成的高填上石拱涵中有很多发生了病害,如拱圈变形或台墙推移,有的甚至局部坍塌。因此,在施工质量有保证,石材丰富,钢材缺少,经济不发达的地区,或在等级较低的公路工程上,高填路堤时还应优先选用砌石拱涵,也可选用砌砖拱涵。

所有拱涵的涵节应尽量短些,最好不要超过1.5m。这样就可仅验算横向受力,不考虑涵洞的纵向受力,且可减少在纵向力作用下或土体沿涵洞纵向不均匀变形条件下涵洞结构的破坏。为保证这一条件,涵洞基础的沉降缝也应设置成与涵体一样长。

钢筋混凝土拱涵的基础最好按柔性设计,砌石拱涵的基础可按刚性设计。也可按倒拱设计,这样基础的尺寸就小些。

(4)若涵洞需求的跨度较大,路堤填方又高,造成建桥费用过大,这时用拱涵结构因跨度大、受力过大会产生设计上的不合理,也可选用钢筋混凝土箱涵。

箱涵的涵节也最好短些,这样可仅在涵洞的纵向布置构造钢筋。并可减小箱涵的横向裂缝病害程度。

(5)此外还有另一种结构形式的涵洞——整体式基础暗盖板涵。此类涵洞的结构形式为:整体式基础与台墙固结,形成倒门式框架。盖板与涵台采用锚栓连接,板端与涵台背墙间采用高强度等级砂浆填塞、顶紧,使盖板与涵台、基础形成封闭的框架结构。这种结构整体受力非常相似于箱涵,整体基础暗盖板涵是介于盖板涵与箱涵之间的产物,既吸收了箱涵整体性好的特性,又采用了盖板涵的设计思想,同盖板涵相比,克服了盖板涵整体性(即四铰刚架的静不定体系)差,对地基承载力要求较高,需要进行地基处理的弱点。

10.4.4　高填路堤涵洞调减荷设计方法

从前面的分析中可知,铺设在涵顶填土中的EPS板会使得涵顶的土压力系数减小,具有较好的减荷功能。但白冰等人的模型试验亦证明,土压力系数值并不会无限制的减小,而是随着填土高度的增加而趋于一个定值。另外,从经济的角度讲,也不宜谋求更小的土压力系数值。由此可知,存在一个最佳减荷效果和经济厚度的问题。作为设计控制,建议按 $K = 0.4$ 而合理选择不同密度和厚度的 EPS 板。

首先在既定填土高度和减荷效果的条件下,由公式求出 Δh ,:

$$\Delta p = 0.005\Delta h^2 + 16.522\Delta h + 7.1306 \tag{10-17}$$

$$\Delta p = K\gamma H$$

式中:K——垂直土压力系数(建议 $K = 0.3 \sim 0.4$);

γ——填土密度;

H——填土高度。

由于 EPS 板相对填土来讲很薄,而其压缩性又很大,故可以近似认为 EPS 板上下表面的垂直土压力是相等的。加之 EPS 板与涵顶的距离较近,又可认为作用在 EPS 板上的垂直土压力就等于涵顶所受的垂直土压力。于是可找出减荷后作用在涵顶上的土压力 p 与实测 EPS 变形量 Δh 的变化关系,得出相应的拟合公式:

$$p = 0.0288\Delta h^3 - 1.394\Delta h^2 + 23.233\Delta h - 4.13185 \tag{10-18}$$

这样,只要给定所需要的减荷量 Δp ,代入公式(10-17)反算出相应的变形量 Δh ,并将其代入公式(10-18)即可求出作用在涵顶上的土压力值。

公式(10-17)、(10-18)是根据既定的 EPS 厚度和密度及一定填土高度条件下的实测数据拟合出来的。为了将其推广到适用任意填土高度及不同 EPS 厚度和密度的情况,就需要将室内试验结果与实测数据联系起来。这样,我们可以认为当达到最佳减荷效果时,作用在涵顶上的土压力就近似等于 EPS 室内试验应力—应变关系曲线上的第二个拐点所对应的应力值。此外,在满足工程要求的前提下,为了使计算力求简单,我们将室内 EPS 应力—应变曲线近似为三段折线。如图 10-20 所示,图中第一拐点所对应的应变为 ε_e ,该点所对应的应力为屈服应力,该点与坐标原点所连直线的倾角即为弹性模量。与第二个拐点所对应的应变称为屈服应变 ε_y ,认为当应变超过该值之后,EPS 开始进入硬化阶段,逐渐失去减荷作用。故将 ε_y 作为达到最佳减荷效果的标志。并且通过室内试验证明 EPS 密度与相应的 ε_y 及弹性模量 E 间都存在很好的线性关系(如图 10-21 所示),其表达式为式(10-19)和式(10-20)。

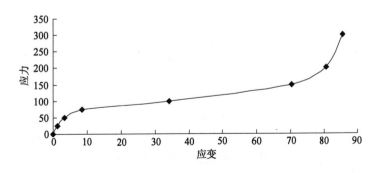

图 10-20 简化后的 EPS 应力—应变曲线

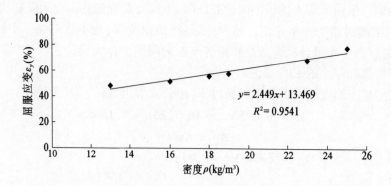

图 10-21　屈服应变与密度关系曲线

$$\varepsilon_y = 2.449\rho + 13.469 \tag{10-19}$$

$$E = 0.0864\rho - 0.41278 \tag{10-20}$$

再根据变形量 Δh 与应变 ε_y 间的关系 $\varepsilon_y = \dfrac{\Delta h}{h}$，可推出 EPS 厚度：

$$h = \dfrac{\Delta h}{\varepsilon_y} \tag{10-21}$$

这样在既定填土高度和减荷效果的条件下，由公式(10-17)求出 Δh，再由公式(10-19)求出所选定的 EPS 密度所对应的 ε_y，代入公式(10-21)，即可求出所需要的 EPS 板的厚度 h。于是在一定减荷效果(取 $K=0.4$)的条件下，给出一系列的填土高度，通过上述方法即可求出不同密度 EPS 板所对应的厚度。为了方便使用，将不同填土高度、不同 EPS 板厚度和不同密度关系绘制在图 10-22 中，这样工程设计中，就可根据填土高度来确定要使用 EPS 的厚度和密度。

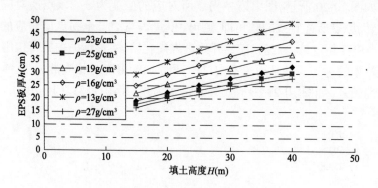

图 10-22　填土高度与 EPS 板厚度的关系曲线

由于 EPS 的减荷将涵顶上一部分土压力转由两侧填土来承担，势必会在一定深度范围使得结构所受的侧向土压力有所增加，通过对实体工程的有限元分析(图 10-23)可知，EPS 的埋设宽度对结构的受力影响很大。因此合理地选择埋设宽度也是很关键的。通过在其他条件相同的情况下，对不同结构形式、尺寸及埋设宽度进行数值仿真分析、得出表 10-3，可供设计参考。

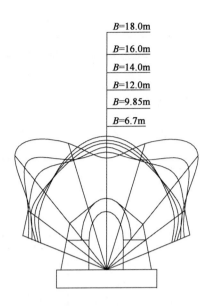

图10-23 填土高度 $H=40\mathrm{m}$ EPS板厚度 $h=0.63\mathrm{m}$ 时不同埋设宽度 B 时涵洞土压力分布

不同断面形式与合理埋设宽度表　　　　表10-3

名　称	平均外径尺寸 $D(\mathrm{m})$	突出地面高度 $H(\mathrm{m})$	减荷材料铺设宽度 $B(\mathrm{m})$	备　注
上拱结构	2.0	1.0	3.5	尽量使拱脚处受力不要过大
	3.0	1.4	5.5	
	4.0	1.8	7.5	
	5.0	2.4	9.0	
	6.0	3.0	11.0	
	7.0	3.6	12.5	
	8.0	4.2	14.0	
圆形结构	2.0	1.0	3.0	尽量使结构受力呈均匀分布
	3.0	1.4	4.0	
	4.0	1.8	5.0	
	5.0	2.4	6.5	
	6.0	3.0	7.5	
	7.0	3.6	9.0	
	8.0	4.2	10.5	

续上表

名　　称	平均外径尺寸 D(m)	突出地面高度 H(m)	减荷材料铺设宽度 B(m)	备　　注
简支板墙结构	2.0	1.0	4.0	使侧墙受力较小些
	3.0	1.4	6.0	
	4.0	1.8	8.0	
	5.0	2.4	10.0	
	6.0	3.0	12.0	
	7.0	3.6	14.0	
	8.0	4.2	16.0	
箱体结构	2.0	1.0	3.5	使顶板和墙体所受弯矩较小
	3.0	1.4	5.5	
	4.0	1.8	7.5	
	5.0	2.4	9.0	
	6.0	3.0	11.0	
	7.0	3.6	13.0	
	8.0	4.2	15.0	

10.4.5　工程应用案例

1) 工程概况

兰州至临洮高速公路为设计速度 80km/h、路幅全宽 24.5m、全立交、全封闭、控制出入的 4 车道高速公路。全段路线共长 38.271km，其中涵洞 117 道共长 5341.08m。路线经过地区以黄土梁峁地形为主，侵蚀切割严重，梁峁之间冲沟较发育，多呈 V 形沟。其路基工程中，K5+905 涵洞为钢筋混凝土拱涵，涵洞断面设计如图 10-24 所示。

K5+905 涵洞全长 200.63m，共 36 个涵节，洞身及基础每隔 4~6m 设一道沉降缝。涵洞净高 4.7m，净宽 4.0m，涵洞底板厚 1.5m，最高填土高度为 32.7m。涵洞布设在沟谷地形中，具体布设如图 10-25 所示，图 10-26 为现场实拍照片。

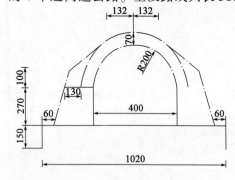

图 10-24　K5+905 涵洞断面设计图(尺寸单位:cm)

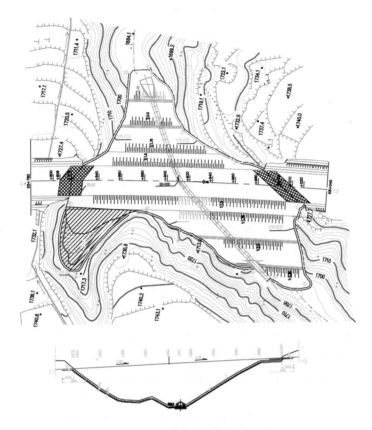

图 10-25 K5+905 涵洞布设地形

图 10-26 K5+905 涵洞现场照片

2) 测试总体方案

测试主要侧重于涵洞减荷措施的研究。主要措施：在测试段涵洞距涵顶 0.6m 处，一定范围内铺设不同厚度的 EPS 板（共四种厚度，分别是 0.63m、0.42m、0.31m 和 0.21m），讨论研究减荷措施情况下，涵洞结构受力特性；不同厚度的柔性填料所取得的减荷效果的差别；涵顶填土中的受力与变形特性。

具体测试方案为：在涵洞填土较高段选取若干典型断面，布设压力盒，测试涵洞全断面土压力分布；在涵顶填土中，沿涵洞轴线方向以及在涵洞横断面方向选取若干断面，布设压力盒与沉降杯,测试涵顶受力以及填土中的受力与变形特性;EPS板的压缩变形量随填土高度的变化情况;涵洞沿轴向整体沉降测试。K5+905涵洞测试元件布设图如图10-27所示。

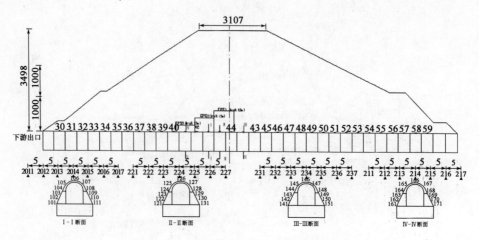

图10-27　K5+905涵洞测试元件布设(尺寸单位:m)

3)测试成果分析

(1)涵洞涵顶各断面土压力分布

测试得到涵顶各个断面土压力分布图,如图10-28~图10-31所示。

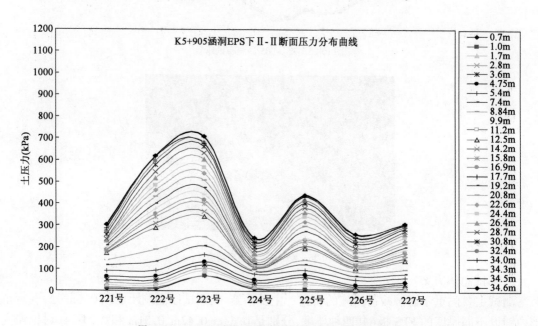

图10-28　K5+905涵洞Ⅱ-Ⅱ断面土压力(0.63m EPS板下)

由于柔性填料层减荷作用,使得涵顶处土压力较小,当填土高度达到34.6m时,采取减荷措施的3个测试断面涵顶中点处土压力值平均为300kPa,远远小于其上填土自重;相应地,紧邻涵洞两侧土体中土压力则较大,Ⅰ-Ⅰ和Ⅳ-Ⅳ断面测试得到最大土压力为1100kPa,

远远大于其上填土自重,而Ⅱ-Ⅱ断面测试得到最大土压力为750kPa左右,也大于其上填土自重。柔性填料层的铺设,减小了作用在涵顶上土压力,但却引起涵洞两侧土体中应力集中。

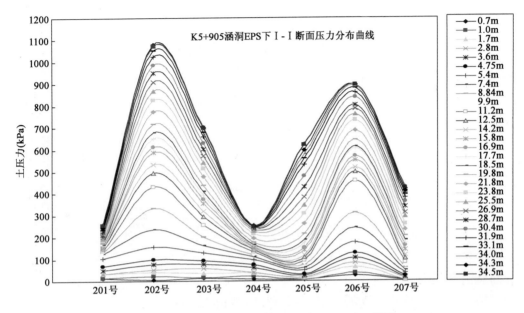

图10-29　K5+905涵洞Ⅰ-Ⅰ断面土压力(0.42m EPS板下)

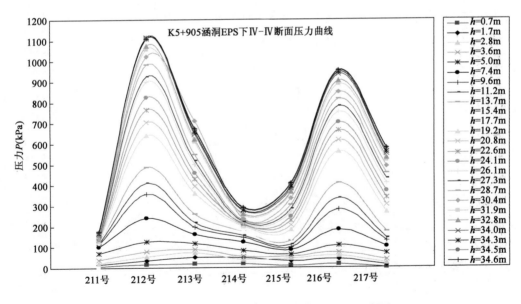

图10-30　K5+905涵洞Ⅳ-Ⅳ断面土压力(0.21m EPS板下)

由于柔性填料层厚度不同,各个断面涵顶处的土压力值有一定的差别,柔性填料厚度增大,在一定程度上提高了减荷效果,但作用有限。未进行减荷处理的Ⅲ-Ⅲ断面涵顶处土压力出现应力集中,远大于紧邻其侧测点土压力,大于其上填土自重。

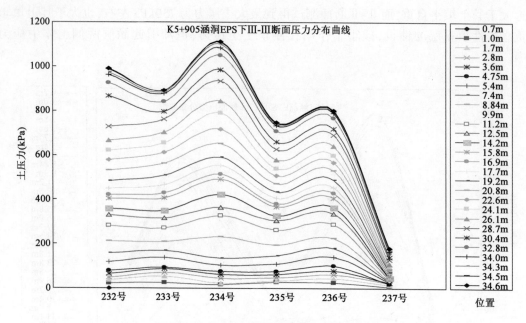

图 10-31　K5+905 涵洞Ⅲ-Ⅲ断面土压力(未减荷)

(2)涵洞纵向受力

本次测试得到涵顶沿涵洞纵向土压力分布,如图 10-32 所示。

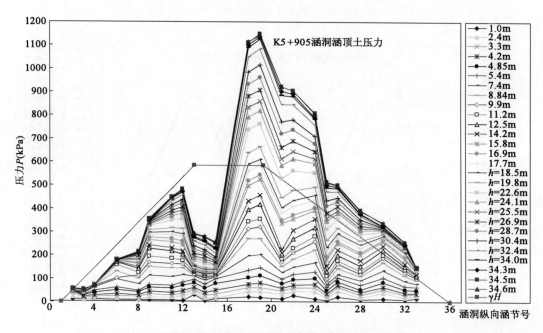

图 10-32　K5+905 涵洞沿涵洞纵向土压力分布

K5+905 涵洞减荷段(12~17 涵节)土压力明显降低,远远小于其上填土自重;而紧邻减荷段的第 18~24 涵节土压力则明显增大,且远远大于其上填土自重;第 1~12 涵节测得的土压力与其上填土自重基本一致,略小于其上填土自重,第 25~33 涵节的土压力略大于其上填土自重。

从测试结果来看,柔性填料层的铺设的确取得了良好的减荷效果,但却在一定程度上引起沿涵洞纵向受力不均匀性。因此,如何确定柔性填料铺设范围和厚度,使得其即能降低作用在涵顶上的土压力,同时又可尽量避免涵顶受力不均匀性,是一个需要继续探讨的问题。

(3)涵洞减荷效果

测试得到涵顶各点土压力随填土高度 H 变化图和涵顶各点土压力集中系数 K_s 随填土高度 H 变化图,如图 10-33 和图 10-34 所示。

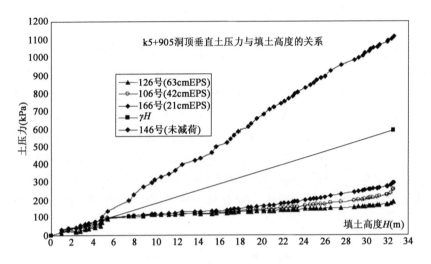

图 10-33 K5+905 涵洞涵顶各点土压力随填土高度 H 变化

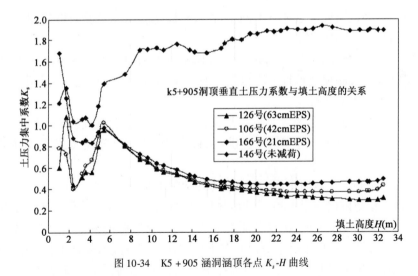

图 10-34 K5+905 涵洞涵顶各点 K_s-H 曲线

由图 10-33 看出,当填土高度较小时(H 小于 5m),各测点土压力值差别不大,且与其上填土自重基本一致。随着填土高度 H 增大,49 号(未减荷)土压力增长较快,且大于其上填土自重。而采取减荷措施的各测点(126 号、106 号和 166 号)土压力增长缓慢,填土高度小于 20m 时,其土压力值区别不大;随着填土高度 H 的继续增大,166 号土压力增长趋势较 106 号和 126 号增长趋增快。

同样,从图 10-34 看出,未减荷测点土压力集中系数 K_s 在填土初期,大体上随填土高度 H 增大而增大,而后随着填土高度 H 增大,基本趋于稳定值。测试得到最大土压力集中系数 K_s 在 1.9 左右。而减荷措施下各测试点在填土初期,土压力集中系数出现一些跳跃,当填土高度为 5m 时,土压力集中系数 K_s 表现为 1;随着填土高度 H 继续增大,土压力集中系数逐渐减小。由于柔性填料厚度不同,在填土高度大于 20m 后,各测试点土压力集中系数 K_s 存在差异。166 号(21cm 厚 EPS)土压力集中系数 K_s 随着填土高度 H 继续增加而缓慢增大;106 号(42cm 厚 EPS)土压力集中系数 K_s 随着填土高度 H 继续增加而基本保持不变;126 号(63cm 厚 EPS)土压力集中系数 K_s 随着填土高度 H 继续增加而继续缓慢减小。

由于 EPS 材料在填土初期处于弹性阶段,弹性变形量有限,此时其减荷作用没有开始发生,因此各个测点测试得到土压力值接近,基本上等与其上填土自重;而随着填土高度 H 增大,EPS 材料进入塑性变形阶段,产生较大塑性变形,通过与周围土体变形协调作用,开始发挥其减荷效果,此时土压力集中系数 K_s 随填土高度 H 增大开始逐渐减小。随着填土高度 H 继续增大,21cm 厚 EPS 板首先达到其极限变形量,无法再提供能够起减荷作用的塑性变形,则其土压力增长速率加快,表现为其土压力集中系数 K_s 随着填土高度 H 增大逐渐增大的规律性;而 63cm 厚 EPS 板在整个填土期间,始终处于塑性变形阶段,其减荷作用在整个填土期间始终存在,表现为土压力集中系数 K_s 随着填土高度 H 增大始终减小的规律性;42cm 厚 EPS 板介于二者之间。

10.5 小　　结

通过大型现场测试结果及通过对不同密度 EPS 板材的压缩试验及既定材料的现场试验成果的分析,得到以下主要结论:

(1)未采取减荷措施下,涵洞结构断面受力不均,主要在涵顶处和两侧拱角处出现应力集中。本次测试得到最大涵顶处垂直土压力集中系数 K_s 在 1.9～2.9 之间,涵顶处的土压力集中现象在结构设计中不能忽视。

(2)未采取减荷措施下,紧邻涵顶处土层沉降变形曲线呈上凸性,涵洞范围内沉降较小,沉降量主要由涵底下地基土沉降变形量提供,涵洞范围外土层沉降较大,沉降量主要由涵侧填土沉降变形量提供。

(3)作用在涵洞侧墙上侧向土压力较小,其值仅在 $0.1～0.4\gamma H$ 之间。

(4)在涵顶一定范围内铺设 EPS 柔性填料层可以取得良好减荷效果。实测土压力集中系数均小于 1。EPS 材料厚度不同,减荷效果存在差别,减荷措施的采取,增大了作用在涵洞范围外填土中土压力,引起涵顶土层中应力分布不均匀性。该方法值得在工程中推广使用。

(5)实际工程中减荷材料技术参数的选择不仅要使其达到预定减荷效果,还要考虑减荷后对结构受力影响,同时还应从经济的角度加以考虑。

参 考 文 献

[1] 罗宇生,汪国烈.湿陷性黄土研究与工程[M].北京:中国建筑工业出版社,2001.
[2] 王永焱.黄土与第四纪地质[M].西安:陕西人民出版社,1982.
[3] 刘东生.黄土与环境[M].北京:科学出版社,1985.
[4] 杨勤业,吴绍洪,郑度.自然地域系统研究的回顾与展望[J].地理研究,2002,21(4):407-417.
[5] 康庆华,李江华.公路三级区划中环境参数的提出[J].交通环保,2007(3):42-44.
[6] 杨景春.地貌学教程[M].北京:高等教育出版社,1985.
[7] 李斌.公路工程地质[M].北京:人民交通出版社,1990.
[8] 张雨化.道路勘测设计[M].北京:人民交通出版社,1999.
[9] 关文章.湿陷性黄土工程性能新编[M].西安:西安交通大学出版社,1993.
[10] 冯连昌,郑晏武.中国湿陷性黄土[M].北京:中国铁道出版社,1982.
[11] 张宗祜.中国黄土[M].石家庄:河北教育出版社,2003.
[12] 苗英豪,王秉纲.气候对公路影响的指标体系[J].北京工业大学学报,2007,33(11):1168-1186.
[13] 景可,卢金发,梁季烟,等.黄河中游侵蚀环境特征和变化[M].郑州:黄河水力出版社,1997.
[14] 贾恒义,彭琳.黄土高原地区土壤养分资源分区及其评价[J].水土保持学报,1994,8(3):22-28.
[15] 吴成基,甘枝茂,孙虎,等.黄河中游多沙粗沙区亚区划分[J].人民黄河,1999,21(12):22-24.
[16] 杨文治,马玉玺,韩仕峰,等.黄土高原地区造林土壤水分生态分区研究[J].水土保持学报,1994,8(1):1-9.
[17] 王治国,王春红,王曰鑫,等.晋西黄土地区侵蚀地貌特征及其分区的研究[J].土壤侵蚀与水土保持学报,1995,1(1):34-42.
[18] 韩友续,张汉舟,王永生,等.甘肃公路自然区划及环境参数的研究[J].公路交通科技,2007(11):29-30.
[19] 蒋定生,黄国俊.地面坡度对降水入渗影响的模拟试验[J].水土保持通报,1984(4):10-13.
[20] 魏天兴,朱金兆.黄土残塬沟壑区坡度和坡长对土壤侵蚀的影响分析[J].北京林业大学学报,2002,24(1):59-62.
[21] 胡世雄,靳长兴.坡面土壤侵蚀临界坡度问题的理论与实验研究[J].地理学报,1999,54(4):347-356.
[22] 杨吾扬.中国陆路交通自然条件评价和区划概要[J].地理学报,1964,30(4):301-308.
[23] 高国瑞.黄土湿陷变形的结构理论[J].岩土工程学报,1990,12(4):1-10.
[24] 高国瑞.兰州黄土显微结构和湿陷机理的探讨[J].兰州大学学报,1979(2):123-134.
[25] 郑晏武.中国黄土的湿陷性[M].北京:地质出版社,1982.

[26] 刘世凯,陆永清.公路工程地质与勘察[M].北京:人民交通出版社,1999.

[27] 刘保健.公路路基沉降过程试验与理论分析[D].西安:西安理工大学,2005.

[28] 黄雪峰,陈正汉,哈双,等.大厚度自重湿陷性黄土场地湿陷变形特征的大型现场浸水试验研究[J].岩土工程学报,2006,28(3):382-389.

[29] 朱元青,陈正汉.原状黄土的非饱和力学特性试验研究[C].全国黄土地区工程建设学术交流会,2007.

[30] 安鹏,张爱军,邢义川,等.伊犁深厚湿陷性黄土浸水入渗及沉降变形特征分析[J].岩土力学,2017(2):557-564.

[31] 王强,邵生俊,陆斯,等.西安地铁明挖黄土隧道湿陷变形工程特性分析[J].地下空间与工程学报,2014,10(s1):1640-1645.

[32] Top G C, Davis J L. Electromagnetic Determination of Soil Water Content Measurement in Co-axial Transmission Lines[J]. Water Resources Research, 1982(2).

[33] Top G C, Davis J L. Time-Domain Reflectometry (TDR) and its Application to Irrigation Scheduling.[J]. Advanced in Irrigation, 1985(3).

[34] Top G C, Davis J L. Measurement of Soil Water Content Using Time-Domain Reflectometry (TDR): A field evaluation [J]. Soil Sci Am. J, 1985(11).

[35] G Habibagahi, M. Mokhberi. A Hyperbolic Model for Volume Change Behavior of Collapsible Soils [J]. Can Geotech, 1998.

[36] Alonso E E, Gens A, Josa A. A Constitutive Model for Partially Saturated Soils[J]. Geotechnique, No. 3.

[37] Li Xiaojun, Wang Zhiren, Yin Jingze. CT Discrimination of Fabric change of Unsaturated Compacted Loess during Compression Process[J]. Chinese Journal of Rock Mechanics and Engineering, Vol. 21, No. 1.

[38] 谢永利.大变形固结理论及其有限元法[M].北京:人民交通出版社,1998.

[39] 张原丁.论黄土的湿陷敏感性[J].岩土工程学报,1996,18(5):79-83.

[40] 苗天德,刘忠玉,任九生.湿陷性黄土的变形机理与本构关系[J].岩土工程学报,1999,21(4):383-387.

[41] 彭建兵,李喜安,陈志新,等.公路黄土暗穴分布规律研究[J].公路交通科技,2005(s1):5-9.

[42] 李喜安.黄土暗穴的成因及其公路工程灾害效应研究[D].西安:长安大学,2004.

[43] 李小波.黄土暗穴对公路的危害及其致灾机理研究[D].西安:长安大学,2004.

[44] 李滨.晋西黄土暗穴成因及其对公路危害研究[D].西安:长安大学,2006.

[45] 乔平定,李增均.黄土地区工程地质[M].北京:水利电力出版社,1990.

[46] 刘祖典.黄土力学与工程[M].西安:陕西科学技术出版社,1997.

[47] 于新国,白明洲,许兆义.西安地区饱和软黄土工程地质特征研究[J].工程地质学报,2006,14(2):196-199.

[48] 王志强.甘肃引洮供水工程饱和黄土工程地质研究[J].工程地质学报,2005,13(4):471-476.

参考文献

[49] 刘海冲.关于强夯加固地基影响深度的研究[J].勘察科学技术,1993,(3):19-22.

[50] 张留俊,王福声,李刚.公路地基处理设计施工应用技术[M].北京:人民交通出版社,2004.

[51] 叶书麟.地基处理[M].北京:中国建筑工业出版社,1988.

[52] 杨晓华.土工格室加固饱和黄土地基工程性状及承载力[J].长安大学学报(自然科学版),2004,24(3):5-8.

[53] 周建民,张国澍.深层搅拌桩处理饱和黄土地基的应用研究[J].甘肃工业大学学报,2001,27(1):89-92.

[54] 冯瑞玲.柔性基础下复合地基性状研究[D].西安:长安大学,2003.

[55] 梅源.湿陷性黄土高填方地基处理技术及稳定性试验研究[D].西安:西安建筑科技大学,2013.

[56] 柳林中.湿陷性黄土地基处理试验及路基变形研究[D].长沙:国防科学技术大学,2007.

[57] 石刚,王晋国,支喜兰,等.黄土地区公路工程地基承载力分区计算方法[J].交通运输工程学报,2005,5(4):48-52.

[58] 刘怡林,付胜利,魏方震.湿陷性黄土地区公路地基承载力的评价[J].武汉大学学报(工学版),2008,41(3):87-90.

[59] 石刚,支喜兰,刘怡林,等.黄土地基承载力的模糊评判方法[J].长安大学学报(自然科学版),2006,26(2):14-17.

[60] 陈开圣.公路工程压实黄土的强度与变形及其微观结构研究[D].西安:长安大学,2006.

[61] 杨晶,白晓红.压实黄土非线性压缩应力—应变关系在地基沉降计算中的应用[J].岩土力学,2015,36(4).

[62] A W Bishop,G E Blight. Some Aspects of Effective Stress in Saturated and Unsaturated Soils, Geotechnique[J]. 1963,13(3):177-197.

[63] D G Fredlund, N R Morgenstern, R A Widger. The Shear Strength of Unsaturated Soils[J]. Can Geotech. J.,1978,15(3):313-321.

[64] Yu Shenggang, Ma Yongfeng, Wang Zhao. The Feature of Suction and Hyperbola Model for Shear Strength of Unsaturated Soil[C]. Proceedings of the second international conference on Soils, 1998.

[65] S K Vanapalli, D G Frelund, D E pufahl, et al. Model for the Prediction of Shear Strength with respect to Soil Suction[J]. Can. Geotech,1996,Vol.33.

[66] 景宏君,胡长顺,王秉纲.黄土高路堤沉降变形规律研究[C].中国岩石力学与工程学会2005年边坡、基坑与地下工程新技术新方法研讨会,2005.

[67] 谢永利,杨惠林,康佐.非饱和压实黄土变形规律的室内试验研究[J].公路交通科技(应用技术版),2006(5):49-50+57.

[68] 张卫兵,谢永利.考虑流变特性的黄土高路堤沉降过程计算方法[J].公路交通科技,2011,28(7):25-29.

[69] 刘争宏,郑建国,张继文,等.湿陷性黄土地区桥梁桩基工后沉降计算方法研究[J].岩土工程学报,2014,36(2):320-326.

[70] 董晓明.基于黄土非均匀湿陷变形的桥梁群桩基础承载特性研究[D].西安:长安大学,2013.

[71] 李晋.黄土地区桩基桩土共同作用性状仿真与试验研究[J].岩石力学与工程学报,2008,27(5):1081-1081.

[72] 冯忠居,谢永利,张宏光,等.地面水对黄土地区桥梁桩基承载力影响试验研究[J].岩石力学与工程学报,2005,24(10):1758-1765.

[73] 晏长根,王婷等.冻融过程中未冻水含量对非饱和粉土抗剪强度的影响[J].岩石力学与工程报,2019,38(06):1252-1260.

[74] 晏长根,孙巍锋.基于锚杆监测的单滑动面边坡动态预警分析及安全分级[J].中国公路学报,2018,31(06):188-194.

[75] 晏长根,孙巍锋.均质边坡离心试验锚杆的应力响应及布设探究[J].煤田地质与勘探,2017,45(06):96-101.

[76] Weifeng Sun, Changgen Yan, Wei Xu, et al. Deformation of Geogrid-Reinforced Segmental Retaining Wall due to Insufficient Compaction of Loess Backfill: Case Study in Shaanxi Province, China [J]. Journal of Performance of Constructed Facilities, 2019, 33(6): 04019071.

[77] 晏长根,顾良军.土工格室加筋黄土的三轴剪切性能[J].中国公路学报,2017,30(10):17-24.

[78] 谢永利,张宏光.特殊岩土体工程边坡研究进展[J].土木工程学报,2020,53(9):93-102.

[79] 康佐,杨晓华,谢永利,等.高填路堤下涵洞病害机理[J].长安大学学报(自然科学版),2006,26(2):22-26.

[80] 郭婷婷,顾安全.减荷措施下涵洞土压力与填土变形数值计算[J].交通运输工程学报,2010,10(5):12-16.

[81] 晏长根.砂夹层黄土路基水分迁移规律[J].交通运输工程学报,2016,16(06):21-29.

[82] 谢永利,冯忠居.基于沉降控制的高路堤涵洞纵向调荷技术[J].岩土工程学报,2019,41(10):1790-1799.

[83] 李瑞娥.黄土地区公路工程分区及指标体系研究[D].西安:长安大学,2009.

[84] 李瑞娥,谢永利.黄土地区地表形态指数的构建与实现[J].西安建筑科技大学学报(自然科学版),2015,2:229-234.

[85] 李瑞娥,谢永利.黄土地区公路工程分区中地表形态指数的计算[J].长安大学学报(自然科学版),2016,2:35-43.

[86] 谢永利,杨惠林.非饱和压实黄土变形规律的室内试验研究[J].公路交通科技,2006,05:48-56.

[87] 翁效林.循环荷载下重塑黄土变形特性[J].交通运输工程学报,2019,03:10-18.

[88] 张玉伟.Q_3原状黄土与重塑黄土的土水特性研究[J].水资源与水工程学报,2019,03:224-229.

[89] 翁效林.主应力轴旋转条件下黄土变形特性试验[J].中国公路学报,2018,05:9-16.

[90] 翁效林.大厚度黄土地层拓宽路基浸水破坏机制[J].同济大学学报,2016,08:1234-1239.

[91] 翁效林.差异沉降条件下黄土拓宽路基协调机制模型试验研究[J].岩石力学与工程学报,2013,S2:4002-4009.

[92] 张汉舟.高填土路堤下软黄土地基处理技术研究[D].西安:长安大学,2008.

[93] 翁效林.高速公路拓宽路基差异沉降控制技术研究[D].西安:长安大学,2009.

[94] 杨碧峰,杨晓华.超长旋喷桩在黄土隧道软基加固中的应用[J].公路交通科技(应用技术版),2007,05:16-18.

[95] 李又云.同时考虑加荷、变形和时间的公路软基固结沉降理论及仿真的研究[D].西安:长安大学,2000.

[96] 赵发章.黄土与湿陷性黄土地区路基加固试验研究[D].兰州:兰州理工大学,2003.

[97] 张洪亮.路桥过渡段车路动力学分析及容许差异沉降研究[D].西安:长安大学,2003.

[98] 李哲.粉喷桩复合地基承载力特性研究[D].西安:长安大学,2006.

[99] 王衍汇,倪万魁.二次抛物线破坏准则下的黄土边坡稳定性分析[J].地下空间与工程学报,2017,03:833-839.

[100] 王百升,倪万魁.多种因素作用下非饱和黄土边坡稳定性分析[J].水利与建筑工程学报,2017,05:159-162.

[101] 李焕焕,倪万魁.基于抗滑桩内力计算方法——"K"法的滑坡稳定性预警判据研究[J].防灾减灾工程学报,2017,01:93-98.

[102] 高德彬.公路黄土路堑高边坡稳定性研究[D].西安:长安大学,2008.

[103] 杨惠林.黄土地区路基边坡生态防护技术研究[D].西安:长安大学,2006.

[104] 翁效林.高填方路堤涵洞垂直土压力性状及考虑涵洞与土体共同作用的结构设计方法研究[D].西安:长安大学,2006.

[105] 周文欢.高填路堤下涵洞结构形式研究[D].西安:长安大学,2006.

[106] 周文欢,谢永利.高填路堤下圆管涵典型断面研究[J].公路交通科技,2010,02:20-25.

[107] 康佐.特高填土路堤下涵洞受力与减荷性状研究[D].西安:长安大学,2004.

[108] 康佐,谢永利,杨晓华,等.高填路堤下涵洞病害机理[J].长安大学学报(自然科学版),2006,02:22-30.

[109] 康佐,谢永利,杨晓华,等.减荷拱涵周围土体位移变化的离心模型试验[J].中国公路学报,2006,6:13-18.

[110] 康佐,谢永利.应用离心模型试验分析涵洞病害机理[J].岩土工程学报,2006,6:784-788.

[111] 景宏君,俞茂宏.黄土高路堤沉降变形预测模型研究[J].土木工程学报,2006,39(8):113-116.